倾听与发现：
妇女口述历史丛书

第6卷

追寻她们的人生
——女新闻工作者卷

卢小飞 主 编

中国妇女出版社

图书在版编目（CIP）数据

追寻她们的人生. 女新闻工作者卷/卢小飞主编. --北京：中国妇女出版社，2016.4
（倾听与发现：妇女口述历史丛书）
ISBN 978-7-5127-1279-9

Ⅰ.①追… Ⅱ.①卢… Ⅲ.①女性—新闻工作者—访问记—中国—现代 Ⅳ.①K828.5

中国版本图书馆 CIP 数据核字（2016）第 073730 号

追寻她们的人生——女新闻工作者卷

| 作　　者：卢小飞　主编 |
| 责任编辑：肖玲玲 |
| 封面设计：罗　洪 |
| 美术编辑：吴晓莉 |
| 印制总监：王卫东 |
| 出版发行：中国妇女出版社 |
| 地　　址：北京东城区史家胡同甲 24 号　邮政编码：100010 |
| 电　　话：（010）65133160（发行部）　65133161（邮购） |
| 网　　址：www.womenbooks.com.cn |
| 印　　刷：北京通州皇家印刷厂 |
| 开　　本：170×230　1/16 |
| 印　　张：32.25 |
| 字　　数：600 千字 |
| 版　　次：2016 年 4 月第 1 版 |
| 印　　次：2016 年 4 月第 1 次 |
| 书　　号：ISBN 978-7-5127-1279-9 |
| 定　　价：80.00 元（精装） |

版权所有·侵权必究　（如有印装错误，请与发行部联系）

编委会

主　任：张李玺

副主任：刘　梦　　李洪涛

委　员：（按姓氏笔画排序）

　　　　卢小飞　　左玉河
　　　　石　彤　　肖　扬
　　　　杨光辉　　杜芳琴
　　　　张荣丽　　李慧波
　　　　金一虹　　魏开琼

序

PREFACE

"倾听与发现：妇女口述历史丛书"共10卷。第1卷~第6卷为"追寻她们的人生"（妇女生命史访谈录），第7卷~第9卷为"记录她们20年的行动足迹"（北京+20妇女活动家访谈录），第10卷为"她们人生经历的价值诠释与探寻"（妇女口述资料的分析研究）。其中，"追寻她们的人生"和"记录她们20年的行动足迹"资料的收集和编撰由中华女子学院中国女性图书馆完成。

"追寻她们的人生"以时间为序，结合社会历史变迁，记录了受访女性的生命历程，包括她们的人生经历、事业追求、婚姻家庭、子女教育、人生感悟等方面。我们本着"自下而上"看历史的眼光，忠实地记录了妇女的社会生活经历和人生感悟，从国事、政事、家事、人生大事、趣事、故事等方面展现了女性在社会历史变迁过程中的经历和感受。受访者来自不同地区、不同行业，平均年龄在70岁以上。她们当中既有新中国成立前在革命队伍里成长的叱咤风云的女战士，也有为妇女解放事业而不懈追求和奋斗的妇女干部;既有刚直不阿、为新中国法治建设和妇女权益事业献身的法律工作者和新闻工作者,也有常年在野外作业的女工程师;既有献身祖国工业和新疆建设的女工人、女兵团战士,也有默默奉献的家庭主妇……可以说,每一位女性的生命历程都丰富多彩。从她们不甘命运驱使、坚忍不拔、乐观进取的精神中,我们看到了中国女性伟大的生命力量,也看到了中国近百年变迁过程中女性表现出来的坚忍、抗争、进取、耐劳、执着、勤奋、善良、宽厚、乐观、仁爱等诸多优秀品质。

"记录她们20年的行动足迹",是为了纪念1995年联合国第四次世界妇女大会(北京)召开20周年,由中国女性图书馆从各地高校遴选并培训的40多名年轻访谈员与参加过'95世妇会及推动《北京宣言·行动纲领》实施、推进社会性别平等的活动家合作的访谈成果。访谈主题包括:与'95世妇会结缘、对'95世妇会的认识、'95世妇会后的行动实践、20年来的成绩及对今后中国妇女发展道路的规划和展望等。我们希望以此来梳理和总结20年来中国妇女发展的路径,也希望通过两代人的对话,能让'95世妇会精神在青年一代中得到传承。北京+20妇女活动家的访谈活动得到国际国内专家的鼎力支持,在此我们向蔡一平、苏茜……表示诚挚的谢意!

我们在前9卷图书后都附上了相关研究文章。这些文章是中华女子学院中国女性图书馆以本校科研队伍为主要力量,联合校内外相关学术力量,运用专业方法对妇女口述历史资料进行多角度研究的成果。

"她们人生经历的价值诠释与探寻"旨在建构专业的妇女口述历史研

序
PREFACE

究工作模式，以此促进全社会的性别发展进程，涉及的内容包括：口述历史资料的收集模式、口述历史资料的伦理和法律问题研究、女性主体意识在口述资料中的挖掘与运用、妇女口述历史资料与社会性别平等建设等。

本丛书中的访谈资料凝结了访谈员们辛苦的劳动和智慧。从确定、联系受访者到制订访谈提纲，再到数次访谈，最后形成访谈整理稿，其中的喜悦、汗水和泪水无以言表。为了获得真实可靠的第一手资料，她们与受访者建立了情感和心灵的沟通。为了达到高质量的访谈效果，她们反复斟酌，多次补访。她们的努力使得我们的访谈资料不仅具有广度和深度，还有较高的学术研究价值。她们的辛勤努力抢救和保存了一批珍贵的历史资料。我们引以为傲的是：在探究中国妇女口述史料的收集与整理方面，我们的探索与积累意义重大。

《追寻她们的一生——女新闻工作者卷》是中国妇女发展基金会妇女新闻文化基金与中华女子学院中国女性图书馆的合作项目。这里采访的14名女新闻工作者中有编辑、记者、播音主持以及新闻机构的领导者，受访人物的遴选关照到了新闻工作的不同领域和民族背景的多样性，得以给读者更广阔的观察视角。

本丛书呈现了历史发展进程中妇女的卓越贡献，由此也填补了历史记录的空白。希望更多的有识之士进行中国当代妇女史的研究，为推进全社会关注和肯定女性的价值、赋权于女性发展而努力。

编　者

2014 年 11 月

目 录
CONTENTS

热爱音乐让我与广播结缘——贾玉芝访谈录

编者按 /2

1. 4岁失去父亲，寡母带大姐妹俩 /3
2. 从小就喜欢唱歌，读书念到了女师大 /4
3. 因病得福未返校，在家赶上"天晴了" /6
4. 迷上青年联合会，开启人生智慧 /7
5. 战略转移断舍离，一步迈进新天地 /8
6. 阴错阳差当教员，革命队伍称同志 /9
7. 巧机缘进了吉林台，傻大胆创办文艺组 /11
8. 吃午饭惹出玩笑话，长条凳牵来好姻缘 /13
9. 半生躬耕少儿部，廿载倾情"小喇叭" /15

访谈员后记 /22

从烽火硝烟中走来——朱军访谈录

编者按 /24

1. 金色童年，雅礼编织摇篮梦 /25
2. 八年离乱，少年饱尝愁滋味 /26
3. 五年耕读，革命启蒙在周南 /29
4. 木兰从军，倚马可待刀笔记 /32
5. "约法三章"，军旅夫妻战地情 /34
6. "战地玫瑰"，三千里江山放异彩 /36
7. 转业地方，事业家庭一肩挑 /43
8. 蹲点采访，新闻一线是咱家 /48
9. 勇于坚持，咬定青山不放松 /50
10. 关注进程，这才是我们的责任 /51
11. 新闻一线，给生命注入活力 /54
12. 热心公益，晚霞初照有余晖 /58
13. 遗憾多多，唯愿人祸天灾少 /59

访谈员后记 /62

在新闻这片"草原"上纵马驰骋——斯热歌访谈录

编者按 /64

1. 故乡本名达巴克，蒙汉通融大富屯 /65
2. 顺应历史之变，抓机遇草房致富兴文 /67
3. 随"八一一"起义，从"世战"前线到内战前线，再闯烽火前线 /70
4. 跌宕人生"四落四起"，感恩耀邦求实精神扶我再生 /80
5. 当桥梁抓问题，政治真诚带业务 /84
6. 捧接绵绵情，亲亲留人间 /88
7. 离而不休，尽第二生命职责 /90

访谈员后记 /96

我本一棵"三类苗"——周建英访谈录

编者按 /98

1. 父亲希望我做个英勇的女子 /99
2. 母亲给我的启发 /101
3. "亡国奴是不能笑的" /103

4. 少年时代的偶像有秋瑾 /105
5. 大学期间牢记父亲的三个叮嘱 /107
6. "三类苗"承受阳光雨露 /109
7. 南国山野和华南虎狭路相逢 /112
8. 猴眼敲醒了人脑 /116
9. 周总理关心救治烧伤女工 /118
10. 永远难忘的老师——李瑞环 /121
11. 从采访曹禺田汉到琢磨萝卜白菜 /124
12. 想当一辈子记者的总编辑 /127
13. "拂袖儿"和"撒气儿"的故事 /130
14. 12个共同爱好基础上的婚姻 /131
15. 与"浅薄"宣战 /134

访谈员后记 /136

在北京的十一年是我的天堂——塔吉古勒·米尔伊达叶提访谈录

编者按 /138
1. 党给了我有活力的生命，枯木逢春 /139
2. 对我一生影响最大的人，就是我的汉族恩师和同事 /139
3. 与庄学本一起采访 /141
4. 每一天都生活在幸福和激情当中 /142
5. 在北京，我什么福都享了；回新疆，我什么罪都受了 /144
6. 我这50年默默忍受、相夫教子，很多人早已忘了我曾是新华社记者 /145

访谈员后记 /148

人生不烦恼——李钟秀访谈录

编者按 /150
1. 我的童年和青少年时代 /151
2. 在北京日报社工作时期 /156
3. 在英文中国妇女杂志工作期间 /165
4. 在中国妇女出版社工作时期 /175
5. 退休生活和我的家庭 /177

访谈员后记 /183

梦想之路能走多远——金瑞英访谈录

编者按 /186

1. 出身皇族，祖父是光绪二品侍卫 /187
2. 我出生就成了"丧门星"，是家中弃儿 /189
3. 聪明学习好，家人开始刮目相看 /193
4. 误打误撞考进人大新闻系，与梦想擦肩而过 /196
5. 大学毕业"被爱情"，离开了北京 /200
6. 山西17年，我的青春洒在了黄土地 /203
7. "文化大革命"袭来，在深渊里苦苦求生 /210
8. 落户穷村，把自己炼成了农村妇女 /216
9. 1975幸运年，平反了，有了第二个孩子 /219
10. 调到中国妇女杂志社，成了"包公"记者 /220
11. 用爱心帮助青少年罪犯走向新生 /227
12. 为邓颖超写回忆录，重温伟人的情怀 /232
13. 半百之年办政协报，困境之中梦想起飞 /235
14. 转型公务员，参加十四届六中全会报告起草 /240
15. 不管命运如何，总得打好人生这副牌 /241

访谈员后记 /243

磨出的青印永远去不掉了——郭玲春访谈录

编者按 /246

1. 童年经历了生活的动荡 /247
2. 正直的父亲，善良的母亲，7个孩子一大家 /248
3. 小时候我嗓门大，胆大，演讲得了第一名 /254
4. 小学校里的"上海风情" /255
5. 男生送我贺卡，我意识到自己是女

目录

孩子 /259
6. 我迷上了读剧本，图书馆成了半个家 /259
7. 小时的作文比我写的新华稿好看 /261
8. 5年大学，结识一帮好友，学会独立思考 /262
9. 复旦剧社为我打开另一扇窗 /267
10. "四清"是我走向社会的开始 /268
11. "金山逝世"消息成为改进文风的契机 /272
12. 懒散的作风让我愧对作协，愧对巴老 /275
13. 记者生涯的最后几年 /277
14. 我的婚姻和两任丈夫 /280
15. 这辈子的欣慰与感激 /283

访谈员后记 /286

风雨平波有静潭——王秀琳访谈录

编者按 /288
1. 我的父亲母亲 /289
2. 童年时期的懵懂印象 /290
3. 新中国成立后才上小学 /290
4. 边准备考初中边干农活儿 /292
5. 我考上当地最好的中学 /293
6. 我考上了山东大学 /295
7. 母亲摆摊变卖家底支持我读书 /296
8. 我和我的爱人 /297
9. 工作没多久就赶上"文化大革命" /298
10. 《中国妇女》杂志复刊 /300
11. 万里长城万里行 /301
12. 谢绝了组织安排的"官职" /302
13. 创刊《中国妇女报》 艰苦又快乐 /304
14. 叫声"大姐"就觉得亲 /309
15. 这辈子没有什么遗憾的事情 /310
16. 我是个开明豁达的妈妈 /312

访谈员后记 /315

声音有约，40年意犹未尽——佟雅坤访谈录

编者按 /318
1. 我的父亲母亲：父亲特别谦和 /319
2. 从小爱唱歌：外号"小夜莺" /321
3. "文化大革命"中的转折：家人因出

身问题被遣返回老家 /322
4. "上完大学再去行不行?"——祖国需要就是你的志愿 /324
5. "练兵"作业播出：播音部飞出了"金凤凰" /326
6. 麻袋装信：最初没想报名主持人 /330
7. "别把自己当盘菜"：是中央台这"喇叭"大 /332
8. 恋爱受阻：出身不好的不让谈，出身好的还不让谈 /335
9. 如果岁月重来：还会选择做播音，还是愿意做女性 /338

访谈员后记 /343

我庆幸此生没有虚度年华——白玛乔访谈录

编者按 /346
1. 该跟父母撒娇的年纪我离开了家乡 /347
2. 糊里糊涂中决定了我一生的职业 /349
3. 初当记者 激情满怀 /350
4. 失意之时不曾动摇曾经的梦想 /353
5. 温暖的家庭是我前行路上最大的动力 /357
6. 有付出就一定会有收获，我庆幸此生没有虚度年华 /358

访谈员后记 /362

女闻天籁 润物细焉——叶咏梅访谈录

编者按 /364
1. 出生在黄浦江边，父母都是普通工人、共产党员 /365
2. 举家北上援建国棉二厂 开放的家有自己立家之本 /367
3. 活泼灵敏人称"叶猴" 从小受宠"吃小灶" /369
4. 我考上市级重点中学 最喜欢的是体育课 /372
5. 闹"文化大革命"赋闲去了工厂 搞文艺编创初露锋芒 /374
6. 当知青插队陕北星星沟 穿军装入伍西安小雁塔 /376
7. 当编辑引出了广播生涯 天作合有

情人终成眷属 /378

8. 老天厚爱，给我成事的缘分 /383

9. 广播人的由衷之情　成为作家期待的最高报酬 /385

10. 敏而行编织信息网　好记性不如烂笔头 /387

11. "无极之路"让我顿悟人生　看淡名利使我追求完美 /390

12. 退而不休编撰《天籁文库》　涉足绘画续写多彩人生 /394

访谈员后记 /398

我是一只自由飞翔的鸟——熊蕾访谈录

编者按 /400

1. 懵懂少时：一笑就收不住 /401
2. 兵团岁月：他们人是真好 /409
3. 南开时光：不学桥牌，英语就白学了 /415
4. 考研经历：政治60分算高分了 /419
5. 新闻生涯：硬碰硬的"特稿"数不胜数 /423
6. 退休授业：有一次把学生给吓坏了 /435
7. 最爱旅游：用英语表现了一把"吵架" /438

访谈员后记 /442

我和《中国日报》的故事——黄庆访谈录

编者按 /444

1. 我的父亲母亲 /445
2. 我考上了上外附中 /446
3. "文化大革命"中成为三班倒的工人 /447
4. 我成了上海外国语大学的学生 /448
5. 在堪培拉教育学院认识了我的他 /448
6. 为解决两地分居忍痛割"爱" /449
7. 《中国日报》筹备小组英才济济 /451
8. 参与《中国日报》创办工作 /453
9. 1981年6月1日《中国日报》正式创刊 /454
10. 《中国日报》的几个突破 /455
11. 《中国日报》对我的培养 /456

12. 1999年参加艾森豪威尔项目后的感想 /459

13. 新闻工作者是在记录历史 /461

14. 创办《二十一世纪英文报》/462

15. 发起全国大学生英语演讲比赛 /463

16. 世界妇女大会的会刊和论坛 /464

17. 对中国性别平等进程的忧思 /465

18. 对外传播,从自卫到自信 /467

19. 我又回到熟悉的大学讲堂 /468

20. 对于女性来讲,玻璃天花板哪里都有 /469

21. 至今清晰记得第一次英文采访 /471

22. 对于父母,我还有一点儿遗憾 /472

23. 退休后写字、画画、出去走走 /474

访谈员后记 /476

附录 时代、组织和性别三重结构下的职业人生 /478

热爱音乐让我与广播结缘
——贾玉芝访谈录

- 访 谈 时 间：2015年4月22日上午、12月24日全天
- 访 谈 地 点：北京真武庙贾玉芝家中
- 受 访 者：贾玉芝
- 访 谈 员：卢小飞
- 摄 影 师：王权增　陆海空
- 整 理 者：卢小飞

编者按

　　88岁的贾玉芝曾经担任中央人民广播电台少儿部副主任，是中央台著名栏目《小喇叭》节目组里坚持时间最长的老大姐，还是吉林台文艺节目的创始人。她凭着敏捷的天性、执着的个性和敬业的精神，与编辑部同仁一道，将《小喇叭》节目办成一个深受全国广大小听众喜爱且影响了几代人品格的传媒界优秀品牌。她坎坷而又丰富多彩的人生经历，也给人以深厚的教益和无穷的回味。

1. 4岁失去父亲，寡母带大姐妹俩

1927年10月，我出生在黑龙江省双城县。我父亲当时是双城县的县长，名字叫贾靖侯。在我不到1岁的时候，父亲卸任了双城县县长职务，我们一家人回到吉林市。我的祖籍是辽宁省北镇县，那是一个古镇，遗憾的是我从没有去过。

1931年，我父亲去世，母亲李惠卿那年才35岁，年轻守寡。她没有儿子，就生了我和我姐姐。我父亲的一些朋友认为我母亲可能守不住，因为在旧社会，家里没有儿子，就等于没有靠山。可是，母亲坚持下来了，一直供我们姐儿俩念书，我觉得母亲挺不容易的。

我家在双城那边有50垧地，一家人靠地租过活。我们在吉林住的房子是自己家的，家里的地是委托别人管理，被委托的那个人再把地转租给别人。我母亲只跟他打交道，每年他报个数字，寄多少钱就是多少钱。我们生活得还可以，虽不是大富大贵，但也够用，因为住的房子是自己的，不需要交房租。

母亲的原籍是辽宁北镇县，家中姐妹4个，母亲是老三。我有一个小姨，东北话叫老姨，就是我母亲的亲妹妹，一直跟着我们生活。我母亲家里是中农，家境不是很好，但也不是很差。我记得母亲说过，她从小比较爱打扮，没有钱，自己去帮人家锄草，东北叫薅草，帮人干点活儿挣点儿零钱买头绳。我估计她那会儿衣食什么的不是特别困难，但是想打扮就得自己去挣。

童年的记忆还有一点就是父亲去世以后，我们到北京来住了一阵子。我父亲有两个老婆，母亲是二房。我父亲去世的时候我很小，才4岁嘛，后来我们和大娘也没有分家。我那个大娘有一儿一女，都比我大。我母亲这边生了两个女儿，母亲并没有重男轻女，一直供我们念书。后来我考上女师大音乐系。我姐姐呢，中学毕业以后念了一年留学生预备校，上日本留学了，后来战事越来越紧，姐姐读了一年就回国了。姐姐上的是日本奈良女高师（现

在好像叫奈良女子大学），那是所老学校，所以我觉得母亲不简单，一个寡妇带大两个女儿。

那一次来北京的原因我也弄不清楚。好像是因为发生了"九一八"事变，东北不太平，我们全家都到北京来避难，住的时间很短。我记得是住在什么胡同，好像离什刹海比较近，我原来还记得，现在想不起来了。我们住了有一年。因为在东北都睡火炕，到了北京后母亲她们不太习惯睡床，还是喜欢睡火炕。在北京待的那一年，我印象挺深的。我大概就是4岁多点儿。我姐姐正上小学。我记得那个小学挺破的，窗户不是玻璃的，糊的是窗户纸。在北京待了一年就回吉林了。

2. 从小就喜欢唱歌，读书念到了女师大

我7岁上的小学。那时候，东北被日本人占领，教育也沿袭了日本教育的模式。小学也是6年制，小学五六年级的时候，男女生就分班了。上中学的时候，男女生就分校了，女生就上女中，男生就上男中。中学学制4年，不分初高中，四年级毕业以后就可以考大学了。中学毕业后，我考上了女子师范大学音乐系，1944年入学，念到二年级，相当于现在的高三。1945年，日本投降，学校就解散了。

我入学之前，那个学校是吉林师范大学的女子部，我入学那一年，我们女子部独立出来了，叫女子师道大学，就是女子师范大学。这个女子部就在长春。而男师大，就是吉林师范大学，在吉林市，当时吉林市是吉林省的省会。那时候长春是伪满洲国首都，日本人取名叫新京。

我比较喜欢唱歌，中学的音乐老师是日本人，钢琴弹得好，唱得也好。那个日本老师的丈夫可能结婚之前就当兵了，结婚以后没几天，又回他们部队去了。因为老师住的地方离我们家不太远，我们几个同学经常到她家里弹琴、唱歌。1946年，我参军了，我那个部队是吉北军分区宣传队，后来我们吉北军分区开英模大会，请吉林军区的文工团给我们演出。我意外发现我们

老师在这个文工团里,她居然参军了。我见到老师特别高兴。老师原来姓小松,结婚后随她丈夫姓吉村了。不过,我们还是叫她小松老师。她后来回日本了,也就没有音信了。这个老师跟中国同志关系特别好,那时候我们几个喜欢唱歌的老上她家去,每次去了,她总给我们弄点儿饮料喝。记得有一次,我们发现她情绪不高,我们几个同学挺纳闷,老师今天怎么了?为什么情绪不高呢?靠近一看,她在掉眼泪,她说:"日本没有大学生了,全都入营了。"他们管参军叫入营,所有大学生都被征兵入伍了。那已经是1944年了,至少是1943年,因为1944年秋我到长春上大学去了。原来我们在吉林市,我小学、中学一直在吉林市念书,跟小松老师交往是在吉林生活的时候。

  从老师的态度上看,我感觉她对战争其实是抵制的,她新婚丈夫跟她过了没几天就回部队了。记得我们每次去她都高高兴兴,那次她情绪就不好,满脸都是泪。我们没敢吭声,她是从广播里听到大学生都参军的消息。后来呢,有意思的是她也参军了,参加咱们解放军了。我是在吉北军分区的宣传队,她是吉林军区的文工团,比我们高一级。我们部队开英雄模范大会,请吉林军区文工团给我们演出,一看,我的老师在台上拉手风琴呢,手指在键盘上自如地活动。我一直都忘不了那次的相遇。

  日本人统治东北的那个时代,管中学叫国民高等学校,我们就是女子国民高等学校,简称就是"女高"。我那个小学叫永吉县立模范两级小学,两级就是初小跟高小。后来改了,在我小学毕业以后改叫河南街小学。现在这个学校应该还在。

  我小学就比较喜欢唱歌,我们小学有个老师挺棒的,音乐、体育都是他教,此外,他的书法也特别好。这个老师我记不住哪个是他的名,哪个是他的字,吉林市好多牌匾上的字都是他题的,落款是佩声,名字是赵玉振。他曾任吉林教体委主任、文联副主席、书法家协会主席。这个老师真的很棒。我很早识简谱,就是这个老师教的,他给我们打下了很好的基础。

3. 因病得福未返校，在家赶上"天晴了"

1945年的暑假，放10天假，从7月20日放到月底，8月1日开学。我正好是临放假的时候手上长了一个疔疮，身上开始发烧。举行毕业典礼的那天，我坐不住了，特别难受。后来还上火车站买了票，因为毕业典礼一结束就放假了，我们学校在长春，我家在吉林市，买火车票回吉林。回家以后，人有点儿昏迷，什么都不知道了。后来，家里请来一个中医给我看，结果是急性淋巴结发炎，老百姓叫起红线，就是这个手的伤口引起的炎症顺着胳膊往上走红线。

后来请中医开了药，我醒来的时候，手上套着一个套，是一个猪苦胆，是中医的方子，挺灵的。那个苦胆里可能有一些药，套在手上能消炎，没几天就好了。那时候，暑期放假10天，到开学的时候，我不是有了一个借口嘛，就赖着没回去。8月1日学校开学，我没回长春，这一拖就拖到苏联正式对日宣战了。

1945年8月8日，苏联对日宣战，当时的那个情景我还挺有印象的。我们东北睡的是炕，炕的里头一般都是没有后窗户的，我们那个屋子改良了，我家在炕里面的墙上开了一个后窗户，这样采光比较好。那些天里，日本人经常拉警报，拉得大家都习以为常了。那天夜里又拉警报，母亲拉开窗帘一看，那个照明弹照直就扔下来了，半空都是亮的，我们赶紧起来到院子里去了。第二天，听说老毛子跟日本人打起来了，就是说苏联对日宣战了。

那个时候，东北人都管苏联人叫老毛子。一听"老毛子跟日本人打起来了"，也不知道"打起来"意味着什么，弄得有点儿紧张。后来，还不断有空袭什么的。持续了一个多礼拜，日本就宣布投降了。时间就是1945年的8月15日。我因病一直没返校，在家里待着，一拖拖到日本投降了。

日本投降以后，苏联红军来了。后来听说有150万苏联红军进来，他们控制了东北各大城市和主要交通干线。有一段时间，社会秩序不太好。据说苏联红军一路打过来，闹不清楚东北是怎么个情况，以为是敌占区。确实有纪律不好的人，据说上级也处理过一些苏联红军。当时在吉林出了一件大事，吉林有一个中俄混血儿，姓杨，长得跟老毛子一样。这个人很坏，带着一拨人，强奸妇女，抢劫钱财，可是别人不知道，认为都是老毛子干的。这个人根本不是苏联人，给苏联红军败坏了名声，后来被当时的东北民主联军抓到了，后来把他枪毙了。这以后吉林就太平了。那时候社会比较乱，我们真的不敢出门，十几岁的大姑娘，在家里待着不敢出去，特别怕。

4. 迷上青年联合会，开启人生智慧

吉林市是苏联红军解放的，然后是共产党接收的。到1946年的时候，社会逐渐安定下来了。当时共产党组织中苏友好协会，中苏友好协会办了一所文史学校，我常去那所学校听课。现在想想，其实我也没听懂，他们讲艾思奇的《大众哲学》，讲社会发展史。我们一直在日本人统治下，从没接触过这些东西，听起来挺新鲜的，似懂非懂。就这样，我初步接受了共产党宣传的进步思想，包括参加他们组织的活动。

当时，还有吉林青年联合会，青年联合会下面有一个大学生分会，组织一些文艺活动，像排演话剧什么的。在参加活动的时候，我遇到了两位老同志，都是共产党员，男的叫徐国藩，女的叫高景芝。我觉得他们两个挺能干，他们也在吉林文史学校讲课，他们讲的那些东西青年学生都比较信服。

我有个好朋友叫龚谛，我俩中学和大学都是同学。她接触进步思想比较早，在女师大的时候，就开始读进步书籍。她从图书馆借过一些有关妇女解放的书。有一次，我们学校去人搜过学生宿舍，我不知道她们把书藏在哪儿了，那时候我不太明白，龚谛可能心里有数。日本投降以后，我受她的影响，也跟着一块参加活动。1946年5月，国民党进攻解放区，我们要从吉林撤退，我觉得我母亲肯定不同意我走，因为我4岁时父亲就去世了，我母亲守寡带着我们姐儿俩挺不容易的。如果我去跟她说，她肯定不让我走，所以就没有

跟母亲辞行。虽然当时并不知道去哪儿、多长时间回来，但还是没有犹豫，毕竟是有一种吸引力。

5. 战略转移断舍离，一步迈进新天地

在吉大没念几天，大概是1946年的5月，国民党首先占领长春，然后进攻吉林。我们当时正在搞宣传，得到消息，说是共产党要从吉林撤退了，于是就跟着宣传队从吉林市撤退出来了。当时也不知道多长时间才能回来，记得我们坐着马拉的胶皮轱辘大车，高高兴兴就走了。

走之前我去跟姐姐告别，她当时在吉林女中当老师。她在日本的学业还没结束，因为战事紧张，暑假回来就没有再去了。日本本土被轰炸得很厉害，另外，日本本土生活比东北更困难，因为东北是中国人的地盘，虽然是日本人统治，可是粮食什么的咱们有黑市，有走私的。日本缺粮食，所以姐姐在日本还是挺苦的，后来她们吃什么玄米，应该是去了壳以后大概脱一次皮的米，得煮好几个钟头才能熟。物资极端短缺，好多中国学生回家以后，不再去了，日本人也不追你回去。后来回中国的学生多了，当时我还在女师大念书。我姐姐是学历史的，我们学校也没有历史系，只好把她编到我们学校的家政系，念的时间比较短。日本投降的时候，我因为手上长疗疮没有返校，我姐姐回学校上学去了。日本人投降时，我姐姐还在长春，她和同学雇了一辆马车，从长春回到吉林。姐姐回来以后，我们娘儿仨在家待了几个月。1946年，我参加了文史学校，后来又去吉大念书，还参加吉林青年联合会的活动，到5月份，共产党从吉林撤退的时候我跟着走了。

这一走就进入了一个新的天地。当时并不清楚何时回来，也不能说有多高的觉悟，我只是觉得参加那些活动挺有意思。我离开时还上学校找我姐姐要钱去了，我说我马上要走了，姐姐劝我别走。我也不知那时候怎么那么坚决，跟着队伍走了。那会儿不是入伍，就叫吉林青年工作队。队里有我们吉林大学的教育长，叫何锡麟，后来是永吉地委宣传部长，这人是一个老区来

的教育家；还有邓小平的弟弟邓垦，当时是吉北地委宣传部长；还有一个叫白栋材，当时是干部第三大队队长兼政委，后来是吉林省委组织部部长，当过江西省政府的主席，我当时并不知道他们是什么人物，就知道是从关内来的老干部。

实际上，当时也没那么远大的理想，而是这个事业牢牢地吸引着我。我去吉林女中跟姐姐要钱，我姐当时好像给了我300块钱（就是当时的东北币，在解放区都是通用的）。我还找徐国藩跟高景芝那两口子，他们也做我的工作，徐老师说我给你钱，他给了我1000多块钱。拿了以后，我觉得这钱好像不该拿，从吉林撤退时我就把钱交给我们一个领队。我现在想，那会儿那么单纯，也没跟他要收条。后来就实行供给制了，也不需要自己花钱了，用什么都是公家的，吃饭也不花钱。

那个时候也不知道这就是加入组织了，反正就是工作队呗，也没有什么入党的要求，入党都是后来的事了。后来国民党举兵进攻，我们就一路撤退，撤退到五常市（就是出大米的地方，五常大米不是有名的嘛）。到那儿以后，可能是国民党在后面追，我们就跑、跑、跑，跑到五常以后停下来，局势稳定后又往回走，有些男同志回到离吉林比较近的地方，是吉林市东北部一个叫缸窑的地方，那个地方可能烧缸，就是老百姓家里那个水缸。我印象里，那个缸窑有很多烧出来的次品，当地老百姓都拿那些次品缸垒墙，远远看上去，一排排的大缸好像士兵列队站在那儿，走近一看，是缸做的墙，那个地方就叫缸窑，现在是个名镇。我们撤退的时候也是先路过缸窑，后撤退到五常。等五常稳定以后，我们开始往回返，停在了舒兰县。

6.阴错阳差当教员，革命队伍称同志

在舒兰县，我们遇到了两位解放区来的同志，他们过来说有个单位需要教唱歌的，问我愿不愿意去。我一听说教唱歌，这是我的拿手好戏啊，我马上答应说："好吧，我去。"我就跟着他们坐轧道车到了一个地方，这里有一

个部队宣传队。我到那儿一看，宣传员都比我小，文化水平也不怎么高，感觉跟我原来的同学不是一路人。这下我就不愿意在那儿待了，我就找邓垦去了，我当时也不知道他是什么官，反正他是负责的。我说我不愿意在这儿待，我想回去。我不懂什么是参军，什么是地方工作，也不懂什么调动工作。邓垦就说，你要安心工作，有什么意见可以提。我说我也没什么意见，就是觉得她们水平太低，业务上不行啊！他说，以后慢慢就习惯了。我等于像个音乐教员一样的，就那么一直在部队待了两年。这两年里，所有人都叫我"贾同志"。

我在部队一开始穿的衣服很简陋，我一直没有穿过正规的军装。那时候完全是供给制，吃饭不要钱，发衣服，发肥皂、毛巾什么的，抽烟的人发几包烟，也发点儿钱买烟，后来到地方上不穿军装了，也还是供给制。

从1946年到1948年，我在部队待了两年。那时候，我们都是住在老乡家里。我们那个部队有一个比我小的女生，她得了"回归热"。得上这个病以后先是发高烧，高烧不治自己体温又降下来，降下来再一次烧上去，反复高烧伴着浑身疼痛。如果你抵抗力还可以，高烧下来后会不治自愈。

我们这个女同志在得"回归热"时也不懂，当时都在老乡家里住，都在一个炕上睡觉，她开始发烧，大家来照顾她。等烧退了以后，她说想吃饭，当时天还比较冷，我披着棉袄跑到院子里揪一捆秫秸，然后用老乡的大柴锅，那么大的锅煮一口粥，给她煮熟了，盛给她，她又吐了，吐以后再吃，就这么折腾。她好了以后，我得上了，我们不知道是传染病。我当时不愿意折腾别人，就忍着。当时我一个人住在老乡家里，特别渴，我就爬起来，炕前面有一个水缸，水缸盖的上面有个铁皮的水舀子，我拿它舀了半瓢水，喝完，好像也没有治疗。正好这个时候，我们部队要转移，因为当时我们在老乡家，大批的宣传队员没跟我在一块儿了。他们要转移，就来接我。我走不了，他们就用担架抬着我，那时候我可能还发着烧，稀里糊涂的，不知道要把我抬哪儿去。后来我才发现怎么没看见我们宣传队的人，原来他们把我抬到一个安全的地方了。结果在那儿遇到我们宣传队一个比我晚参军的大连籍女同志，她叫吕真，参军后有肺结核，没有跟我们部队一起走，后来因为她有病，我生病，我们就被安顿到一块儿。后来，我们撤退到哈尔滨，在一个招待所住了些日子，我们又被转到绥化，绥化有一个第六后方医院，所谓住院，其实也是住在老乡家。

7.巧机缘进了吉林台，傻大胆创办文艺组

在那所后方医院没住多久，吉林解放了，我们部队宣传队派人到医院把我接出来，告诉我吉林解放了，然后把我送回吉林。

国民党统治吉林的时候，共产党的吉林市委、省委，还有电台、报社都撤到了延边，当初跟我一块参加进步活动的同学也都跟着党组织去了延边。吉林解放以后，他们也跟着回来了。我刚好病后初愈，听到消息就上电台看望我们原来的同学。

那时候，吉林台正是缺人手的时候，他们就动员我到电台工作，我也挺愿意，就过去了。然后，由吉林台跟部队取得联系，协商调动的事，我们部队的政治部寄来介绍信，我当时一点儿都没有这个意识，觉得不都是革命队伍嘛，哪不都像家似的？我也不懂组织手续什么的，后来才意识到，我要没有这封介绍信就麻烦了。所以，我一辈子感谢组织。

当时，是吉林台给我办的手续。吉林台有我们吉林大学的同学在那儿，他们很了解我的底细。有一个叫刘树林的，后来是吉化集团的领导。他也是我们音乐系的，但是比我高几级，岁数比我大。这个刘树林在我参军的那段时间，到延边电台去了，等吉林解放后，又回吉林来了。那时候吉林省会在吉林市，1954年，省会搬到长春。

吉林市是个有山有水、过日子的好地方。北京有四合院，吉林是三合院，一间正房，一间东西厢房，没有南房，因为南房朝北，冷，所以是三合院。有的三合院很高级，也有的没有那么高级，但是整整齐齐。高级的三合院可能是砖墙，差一点儿的是木板墙，反正都是有墙的。城市不大，街道都是正

南、正北、东西几条街，南北是胡同，特别方正。

那时都是自己家里做酱、腌咸菜，什么酱缸、咸菜缸都在后院，凡是正房和东西厢房都有后院，厕所在后院，那时候没有马桶，都是木板搭的厕所。院子不管是高级还是不高级，都有花坛。那时候，我们东北叫花池子，用瓦片错落着砌成一圈围子。我记得我们家院子中间有一棵榆叶梅，周围都是夜来香，后院还有李子树和丁香树。夜来香到晚上就开黄的四瓣儿花，特香，每天开一批，第二天蔫了，到晚上又开一批，上面一坨花骨朵，开的时间很长。

前院是主要生活区。没有南房，就是一间北房，一间东西厢房，通到每间房子的叫甬路，就是用砖铺的一条道，旁边的地上有用瓦片砌的花坛，还挺好的。院子跟院子不一样，有的高档一点，有的中档一点。后来城市搞改造把院墙全给拆了，太可惜了。我那时候已经到北京了。后来我回去过一次，已经找不到原来的模样了。

1948年5月，我正式到吉林电台上班。那个时候台里人手少，我的职责是组织播出文艺节目。开始的时候，叫文艺组，其实就我一个人，负责文艺节目播出。吉林市有一个文工团，那个团长叫高叶。我老去找他，他也没那么多节目。我就到处组织节目，在广播里播放。那时候还没有录音机，播出时间是一天3次，早上、中午、晚上各1次，孩子们来演出都是直播，我给伴奏。我还教唱歌，学唱的就是我们电台的几个人。我有时候自弹自唱。

那时候胆子特别大，对直播一点儿顾虑都没有，从不考虑出错什么的，错了也没关系，也不会整你。有时候要真错了，可能也得追究一下。在台里好像都是一家人，谁也不见外。当时没有录音机，我们第一次看到录音机都觉得特别神奇，那时候不是有东北大区、华北大区、华东大区吗，东北区是区台，有一次，区台的人提了一台钢丝录音机来吉林录音，那个录音机跟宝贝似的，放在台长办公室。听到录音机传出了我们的声音，我们觉得怎么这么神？怎么刚说的话就放出来了？后来我们就买了一台，比留声机稍微大一点儿，能提着。当时，这一盘带子可以放一个钟头，倒带子要6分钟。有一回，我上省里开会，省政府主席做报告，讲一个钟头就得休息，等着我们倒带子。当时，那些领导也都挺好奇，觉得这录音机挺神的，自己刚讲完的话就能放出来听。我们就趁机要求省里拨钱再买一台，还说有两台就不用领导等着倒带子了。就这样，我们就有了两台录音机。

我是吉林台文艺节目的创始人。那时候，我也谈不上有多大的魄力，主要是人与人之间的关系特别单纯，领导和群众都是一家人，即使出点儿错误也没关系，改了就完了，没那么多政治运动，没有整人的氛围，所以一点儿顾虑都没有，好在我也没捅什么大娄子。

我是在1955年大区撤销以后离开吉林台的。原来东北大区有个东北区台，然后底下才是省台、市台，在大区撤销时省会也要搬家，原来省会在吉林市，后来搬到长春。原来长春有一个市台，我们吉林台是省台，于是省台和长春台合并了，这时候富余出来很多干部。不久，我和老伴就调到北京来了。

8. 吃午饭惹出玩笑话，长条凳牵来好姻缘

那个时候的干部都比较年轻，我老伴王世民当时是吉林台台长，比我大5岁。我们是1949年的最后一天结婚的。说起我俩的婚姻，还是起因于同事的开玩笑。

那时候都是供给制，在食堂里吃饭，大家伙儿都坐一条长条凳吃饭。那天我们俩不知是谁给谁盛了一碗饭，本来坐外面的人帮着坐里面的人盛饭，是很平常的事儿，我当时什么都没有想，但是有一个同事就觉得好像我们俩有什么关系似的，其实真没有，他没有，我也没有。结果那个人一起哄，老王反倒有了感觉，他就开始追我，我那会儿觉得我俩并不合适。我喜欢搞文艺的，跟我有共同爱好的，我觉得他跟我没有什么共同爱好，不是一路人。后来朋友们说老王这个人很厚道，靠谱。我也觉得他是实实在在的人，便同意了，这一过就是一辈子。老王人品倒是挺不错的。他是吉林市人，高中毕

业以后便参加工作了。

我们是1949年最后一天结的婚，结婚照就是1950年元旦拍的。

贾玉芝、王世民夫妇

我们头一个孩子王沅是1951年2月出生的，那时候的生活条件还可以，脑子里没有想到生活水平要多高，但实际生活真不错。我们住的是一栋小楼，我们住楼上，好像是一个里外间，外面还有一个卫生间。后来，因为抗美援朝战争爆发，城市人口要疏散，而电台又不能疏散到太偏僻的地方，就疏散到吉林市靠近郊区的一个天主教教堂里。开始是用教堂的地下室当播音室，院子里的平房就成了编辑部办公室和电台职工宿舍。后来时局稳定了，我们又搬回市中心，那个院子就放弃了。省会搬家时，电台也整个搬到长春去了。搬到长春以后，我们两个台的文艺组也合在一块了。长春台文艺组的组长叫张万春，合并后，我当组长，他当副组长，两个人办公桌挨着，关系处得挺好。

老王是大区撤销的那一年——1954年来北京的，不到一年我就带孩子们来了。他负责地方广播，叫地方广播处，后来就改成地播部，他一直在那工作，我被分配在少儿部。刚来时我们住麻花胡同宿舍，厂桥那边的宿舍，是一个广播发射台，我们在那儿住的时间不太长。后来搬到石碑胡同，在平安里那边，后来那地方变成幼儿园，是广播局的全托幼儿园。

来北京的时候，我们已经有了大女儿王沅、二女儿丹丹。那时候家里有个老保姆，我们也带到北京来了。来后不久我就怀了老三小浚，然后又回吉林生孩子。当时带着丹丹回去的,我生完小浚后只把小浚带过来,丹丹在东北又留了几年。

那时候,我姐姐还没结婚呢,丹丹就留给她了,所以丹丹跟她姨的感情挺深的。我这几个孩子都是在吉林生的,都是娘家人伺候月子,家里面方便。我还有一个姨,一直在我们家生活,就完全是我们家的成员。

我这几个孩子出生时间都相差两年,其中王沅出生于 1951 年,丹丹 1953 年,小浚 1955 年,王洁 1957 年。我对孩子们要求比较严格,也没有刻意的教育。我觉得当时那个大环境比较好,按照现在的说法就是充满了正能量,我也没有追求一定要上什么学校。"文化大革命"刚开始的时候,王洁正上小学二年级,王浚四年级,丹丹六年级,王沅初二,社会上都在搞"运动",家里也都乱套了。孩子们出去串联什么的,尤其是大孩子,还时常对时局发表议论,真是让我担心。后来,老大去山西插队,老二去了黑龙江建设兵团,老三去了北京郊区延庆县插队,只有老四在家。好在孩子们都比较争气,经过各自的努力,都干得不错。如今老大在金融系统工作,老二在社会科学出版社,老三在北京电视台,老四在中央电视台。现在,除了老四,几个大的都退休了,家里还有一个孙子、两个外孙,平时常来常往,逢年过节团聚,也是热闹的一大家子。

9. 半生躬耕少儿部,廿载倾情"小喇叭"

1955 年,我调到中央人民广播电台,被分配到少儿部文艺组,担任音乐编辑,有一段时间还负责少年广播合唱团的日常组织工作,这跟我的专业比较对口。少儿部当时有两个组,一个叫政治组,一个叫文艺组,文艺组管文学、音乐这些节目,政治组负责时事报道,报道儿童生活,还有科学节目。

我们的部主任是一个老同志,叫孟启予,担任过中央电视台的台长。她是第一代的播音员,延安时代的老播音员、老大姐。后来不是跟苏联交换专家嘛,咱们有对苏广播,他们有对华广播,双方互派专家,孟启予被派到莫斯科广播电台当专家,就是我来的那年,她走后,郑佳是我们少儿部的主任。

那时候,很多东西都学苏联,我们音乐编辑也都向苏联学习,比如办广播杂志,实际上是声音的东西,不是纸制的媒体。当时少儿部办了几种杂志,《音乐广播杂志》《文学广播杂志》《体育广播杂志》《科学广播杂志》,这么几个杂志。我们办的《音乐广播杂志》,里面分一些小栏目,比如说讲音乐知识、介绍新歌等。

当时少儿部有30多人办这个节目,真是精雕细琢,特别是郑佳要求很严格。像我们的《小叮当》,是《小喇叭》里面的一个栏目,我们把小叮当设计成一个小木偶式的人物。《小叮当》的歌词是我们少儿部的刘涵创作的,作曲是她的爱人乔谷,他当时是中央民族歌舞团的创作员。那个歌词特别有趣儿:"鸡蛋皮小帽白光光,橘子皮做我的红衣裳,绿辣椒是我的灯笼裤,蚕豆皮鞋咔咔响。你要问我是哪一个?我是小木偶,名字就叫小叮当。我是小叮当,工作特别忙,小朋友来信我全管,我给小喇叭开信箱。"你看,我现在还能背下来。那个时候,这首歌曲家喻户晓,影响了一代孩子。

最早创办《小喇叭》的是吴影,开始就她一个人,单打独斗地闯天下,非常能干。1956年,她一个人把这个栏目办起来了,后来给她配了一两个人。1958年,她随着干部下放去了基层,后来调到电视台去了,是电视台青少部主任。她走以后,这个《小喇叭》节目就归在文艺组。

那时候,许多流行的儿童歌曲都是从我们那儿发源的。从组织作词、作曲、教唱,都是我们一手搞起来的。你想,这个影响多大啊!我们有少年广播合唱团。这个团是1951年成立的,新中国成立之初经常为这个团创作的词曲作家有马可、郑律成、时乐蒙、刘炽、张文纲、瞿希贤、李群、管桦、乔羽、金波等。他们创作的大量作品通过该团的演唱,在全国少年儿童当中广泛流传。经过几代人的奋斗,不仅成为少儿音乐节目的主力军,还为社会培养了许多人才。

我们那时候和作曲家、词作家联系特别密切,其中《让我们荡起双桨》《听妈妈讲那过去的事情》《我们多么幸福》《快乐的节日》《我们的田野》堪称经典。像作曲的张文刚、李群，作词的乔羽、放平等，都专门给少年合唱团写歌。有一年是少年广播合唱团成立多少周年，举行了一次大规模的活动，老中青三代、四代的演员都请回来了，组织他们唱当年唱过的歌，比如《让我们荡起双桨》，乔羽作词，刘炽作曲，也是我们首唱首播。当时电影《祖国的花朵》里的几首歌都是通过我们广播唱响校园的。

那会儿，潘振声为学龄前儿童写的歌比较多，他非常熟悉《小喇叭》的特点，写一个成一个。我们约他创作一首鼓励儿童做好事的歌曲，他把过去当少先队大队辅导员时的经历调动出来，创作了《一分钱》，歌词大意是小朋友在马路边捡到一分钱，后来交到警察叔叔的手里。据说，当年他们学校附近的路口有位交通民警，不管是刮风下雨，还是严寒酷暑，每天都护送同学们过马路，同学们过了马路总会说一句："叔叔，再见！"这首歌生动地再现了当年的场景。

1978年，《小喇叭》恢复广播，那时候国家强调四个现代化建设，如何给小孩子进行四个现代化的教育？我就把这个题目出给潘振声，他非常巧妙地从孩子的视角出发，创作了《我的好妈妈》，这首歌一下子唱响了大江南北。"我的好妈妈，下班回到家，劳动了一天多么辛苦呀，妈妈妈妈快坐下，妈妈妈妈快坐下，请喝一杯茶，让我亲亲您吧，让我亲亲您吧，我的好妈妈。"通过这样一个生动形象的表达，告诉孩子一些做人的道理。这种寓教于乐的方式一直是我们提倡的。我们办节目的就是通过讲故事或者文艺形式潜移默化地对孩子进行教育。还有，办节目的人要了解儿童心理，因为4～6岁的孩子毕竟跟大孩子有很多不一样，什么样的东西他会感兴趣？你需要给他提供什么样的内容？你用什么样的语言去给他们讲？

当年少儿部有30多人，部主任郑佳对节目要求非常严格，培养锻炼了一批人。那时候的工作流程是这样的，节目播出前要发节目预告，出《广播节目报》，出报就有排版印刷的问题，要留出足够的时间，报纸印出来要往外寄，差不多要提前一个礼拜的时间。所以我们基本上在节目播出前的两个礼拜，就要把节目预告发到节目组去。这当中编辑编稿子，组长和部主任还要审稿，不审定的稿子不敢发，没审定，万一把节目预告出去，你这边稿子被"枪毙"了怎么办？郑佳审稿是质量为先。万一稿子不能用，上哪儿找稿子去？抓瞎啊！所以那时候编辑的压力很大，但也确实是锻炼了一批人，大家的稿子编得比较精，而且没有一篇稿子是报纸或者刊物上刊登的东西直接拿来给播音员念的。我记得有一篇稿子叫《小辫子阿姨》，就是编辑在报纸上看到了几行字，提到公交车的一个售票员工作很出色，就那么两行字，编辑就给它变成一个小辫子阿姨的故事，夸她怎么为顾客着想，怎么热心给孩子服务等，人物也要做一些形象上的描写，比如长长的辫子，大大的眼睛，等于是虚构的人物。好的故事也需要一定虚构的成分，但它是根据报纸上的一个线索来的，是编辑根据新闻线索创作的。

那会儿，郑佳改稿子就跟给小学生改作文一样。我们当组长的，都学她那样，我们第一道审，也是改得很厉害的，包括文字上的修改，怎么有趣味性，怎么突出广播特点，因为是要用声音表达。那个时候不是有孙敬修爷爷给孩子讲故事吗？非常生动。我们提倡学习孙敬修的亲切、自然、口语化的表达，怎么给孩子讲故事，怎么表达亲切的口语，面对面的说话，而不是念稿子，这是我们编辑工作非常注意的问题。

少儿部一向注重和小听众的联系，"开门办广播"就是郑佳主任提出来的。开门办广播的意思是说广泛地联系听众和作者。为此，我们经常到幼儿园去征求意见。20世纪50年代末期，我们通过广播向小听众征求意见，孩子们来信很多，我们就发动编辑部同事的孩子，帮我们把信剪开，把信拿出来跟信封别在一起。我记得20世纪60年代初，我们收到一封家长的来信，他的孩子一直收听《小喇叭》，后来跟着父母到新疆了，有一段时间听不见《小喇叭》，这个孩子就特别着急。有一天，他忽然在收音机里听到《小喇叭》了，便高兴地喊："小喇叭来了，小喇叭来了！"他爸爸也很激动，给我们写了一封信。听说这个小孩这么喜欢《小喇叭》，光给他回一封信不行，我们又买了几本儿童图书寄给他。后来，他爸爸托人从新疆捎来了一包葡萄干和一包漠河烟。小听众跟《小喇叭》的这种感情，让我们编辑部的同志特别感动，也很受鼓舞。

1958年，我开始负责《小喇叭》，一直管到"文化大革命"《小喇叭》停播。当时还真不是上面下命令停播的，是办不下去了，"文化大革命"搞的都是极"左"的东西，而这个节目要讲究儿童特点，那时候，《小喇叭》就没法办了，一停就停了10年。

这期间，我去干校劳动过一年。此前，1965年时我还在北京郊区昌平县黑山寨参加了一年的"四清"，从"四清"工作队回来"文化大革命"就开始了。

1978年，《小喇叭》恢复广播，我和易杏英、钟小冬一起负责筹备工作。当时办公室已经没有了，原有人马也去别的组了。为了解决办公用房，尽快开展业务，我们决定自己动手。

1976年，唐山大地震发生后，广播局订了一批抗震材料，等到抗震材料运到的时候，地震救援工作早就结束了，因此这批材料一直堆在我们广播大楼后面喷水池旁边。这个喷水池实际上不是一个景观，而是一个冷却池，发射信号的真空管通过水散热。池子很大，里面喷出来的水都是温的，你在旁边都能感觉有热气。喷水池周围是一片草地，抗震材料在那堆着呢。后来经过我们局办公室批准，我们用抗震材料搭了一大排木板房。冬天木板房还没有暖气，我们就生炉子，那个房子里面生了几个炉子，晚上封火也封不住，第二天早上起来重新来，到处冒烟。我们在抗震房里工作了很长时间，《小喇叭》恢复广播就在这里。

搭房子的时候，我们几个女同志搭不起来，广播局有警卫，我们就请他们帮忙。那几个小战士挺高兴的，兴致勃勃地来干活儿，弄了砖砌的地面。小战士挺有情趣的，还用红砖在灰砖当中砌了一个喇叭造型。办公室张罗起来以后，正巧广播学院有个毕业生分到我们这儿来了，我一看是个小伙子，就跟他谈话。我说这个《小喇叭》节目很有意义，是值得你干一辈子的事。我说你想好了，你要愿意来，有决心在这干下去就来，想拿《小喇叭》当跳板就别来。后来他跟我说："我当时想，这个老太太这么厉害！"我就是有什么说什么，比较直爽。他后来跟我挺好的，我们关系一直不错。这个同志叫郝尚勤，来的时候20多岁，踏踏实实地一直干到60岁，写了不少儿童的书，当过少儿部副主任，后来在广播学会工作。

1978年后，《小喇叭》在开发幼儿智力、增强幼儿参与性方面有所突破。《和爸爸妈妈一块听》以家庭教育为主要内容；《悄悄话》为小朋友倾诉心事提供了场所。1990年，《小喇叭》办起了与小听众直接联系的《小喇叭》录音电话，这是我国第一个与幼儿直接通话的节目。还办了知识性栏目《可爱的中国》，带小朋友游览名山大川；还有《听音响、编故事、画图画》等，充分发挥孩子的想象力和创造力，深受小听众的喜爱。

后来好长一段时间里都是3个老大姐带着一个小伙子干。这时候，新闻媒体开始遭遇市场化冲击带来的压力，领导也开始看重创收，我们那个节目后来也有了广告。但说实在的，少儿节目真没什么广告好做，有一个小白兔牙膏，赚不了几个钱，也不能来来回回地播小白兔牙膏。当时各个部门都千方百计弄广告。后来《星星火炬》改成青少年节目了，《小喇叭》还一直坚持着。

在《小喇叭》40周年庆典上，与方明（左）、曹灿合影

现在听广播的人确实少了。新媒体这么多，很多人被电视吸引走了。现在可能听早晨的新闻报摘的人多一点儿，或者是在路上收听交通台。说实在的，现在办广播是真不容易。我们少儿节目一度就剩一个人了，叫李晓兵。我觉得这人挺不容易的，我还没退休的时候他刚来，我们搭档过很短的一段时间。现在也就几个人坚持在办节目，也不像以前那么精致。因为小朋友们都去看电视或者去玩别的游戏什么了。小听众的流失也是不得已的。

其实，听广播是一个很好的学习、娱乐方式，因为广播会给你留下很大的想象空间。关键是节目本身要好，要扬长避短。像少儿节目，就要抓孩子的特点，小孩最爱听讲故事，永远听不够的。如果没有广播，家长在家里肯定给孩子讲故事，所以讲好故事是广播的一个法宝。另外，因为我自己是搞音乐节目的，我始终觉得音乐节目要加强，音乐是要靠听的，不是看的。音乐里描写了什么，可以启发小朋友的想象。我们过去也搞过音乐故事，故事里有人物，有动作。比如小提琴表现的是个小姑娘，大提琴可能是只小熊，或者那个大贝斯可能就是一头大象。音乐故事有它的主题，挺有意思的。如果小孩还不能理解，可以用旁白解说给他一些提示，想象着狗熊是那样的，大象是这样的。这样，不仅有美育的教育，也会启迪他对生活的热爱。

1985年，我退休了。退休以后，我把主要精力放在组织老年合唱团上，组织了中央台的老年合唱团。后来，我又组织了广电总局的老干部合唱团，曾经先后当过这两个合唱团的团长。1998年，我们总局的老干部合唱团在无锡参加中央电视台"夕阳红"老年合唱比赛，获得了金奖的第一名，我们的指挥是著名指挥家聂中明。现在，总局的合唱团我不怎么参加了，只是偶尔还去我们台里的合唱团。

我这一生没有什么远大的理想，比较容易满足，所以也没有什么遗憾。我的身体比较好，可能就是因为我这人活得比较坦然、踏实。

　　认识贾玉芝是20世纪60年代中期，我和她大女儿是中学同学，经常去她家里玩。当时她的敏捷、犀利和对孩子们的严格要求，以及对孩子们健康成长留下的表率风范都给我留下深刻的印象。后来，因为工作各奔东西，一度中断了联系。这次重逢，她的热情爽朗和办事的干脆利落，包括语言风格以及处世的原则，居然一点儿都没有变。88岁的人了，记忆力还是那么好，知无不言，言无不尽，使得访谈进行得十分顺利。不料，临走时的健康祝福竟引出一段话来，原来她在2004年因患肺癌而切除了一片肺叶，还因为发现了心血管问题而搭了3根支架。对此她都不以为然。这正如她自己说的，活得比较坦然、踏实。

从烽火硝烟中走来
——朱军访谈录

- 访 谈 时 间：2015年6月15日全天
- 访 谈 地 点：北京海淀区朱军家中
- 受 访 者：朱 军
- 采 访 人：卢小飞
- 整 理 者：周志飞 卢小飞

编者按

　　朱军原名朱佩莉，祖籍江苏无锡，生长在一个知识分子家庭。青少年时代的经历让她与战场和纸笔结缘，成为中国人民解放军的一名随军记者，继而又经历了烽火硝烟的朝鲜战争，并将她英勇战士的风采带入和平年代。无论是在人民铁道报社担任记者，还是在光明日报社担任多个岗位的部主任，她始终像战士那样冲锋在新闻一线，用其擅长的消息、通讯、评论等十八般武艺精准传播。她不仅善于发现新闻，还敢于坚持真理。凭借"咬定青山不放松"的劲头，她每每"力排众议"，成为"敢吃螃蟹的第一人"。离休后，她依然活跃在新闻事业的舞台上，为首都女新闻工作者协会无私奉献了十数年。时至今日，她还在尽其所能地学习着新的知识和技能，周身散发着挡不住的青春活力。

1. 金色童年，雅礼编织摇篮梦

1930年，我出生在湖南长沙，原名朱佩莉。我们家女孩子的名字都是佩字辈，男的是廷字辈。上中学出黑板报的时候，我随手用"朱军"做笔名，1949年参军以后索性就用了这个名字。

先说说我的家谱。家对人的一生特别重要，父母是人生的第一任教师。我的父亲朱宝汉，当我知道事的时候，他是湘雅医学院和雅礼学校的教师。他的大哥发迹之后，就把几个弟弟都带出来学习，把我父亲送到雅礼中学，这是用庚子赔款建的学校。庚子赔款建的学校还有湘雅医学院。我父亲就在雅礼中学读书，学校的大学部是跟美国耶鲁大学合办的，所以他有两个大学毕业文凭。任课老师都是美国人，讲英语。父亲告诉我们他那时是怎么用功学习的，学英语是一本很厚的字典，一天背一页或两三页，背下来就撕掉，不要了，以此明志。他说："我们是把一本字典读进去的。"所以，他后来英语相当好。

父亲的老家是江苏无锡，无锡老家的房子我去找过，没找到。父亲的家庭算是城市平民家庭。父亲有兄弟5个，大哥比他大十几岁，长兄如父，后来就是大哥带着他们，送他们上学读书。到我父亲毕业之后，大哥去世了，兄弟们就各搞各的了。我父亲这一辈子是很苦的，我们家有6个兄弟姊妹，他得带着我们全家。我是老大，是大姐，在家里当老大就有责任。我下面一个弟弟，叫朱廷柏。长沙解放，他就参军去了。后来，他在铁路上当工程师，前些年得肺癌去世了。我的大妹妹朱佩莲是安徽医学院毕业的，一辈子干医务工作，后来在安徽和县当医院院长，当县人大主任，现已退休。第二个妹妹排行老四，叫朱佩兰，也是安徽医学院毕业，在南京市白下区人民医院当小儿科医生，治小儿疾病很有名气。听说有一个小孩子，哪儿都治不好，找到她，没花几个钱就治好了，她给开的是中草药。对此，我父亲开玩笑说，人家都治那么久了，都快好了！父亲很幽默，我没见过他对我们发脾气。他特别有修养,他对学生也这样,就是诱导式、启发式的谈话,都是讲道理,从不动怒。这跟我母亲性格完全是相反的。我母亲周长春是护士出身,在医院当助产士,湖南人,性格非常强悍,家里的事全是她管。母亲跟父亲结婚之后,父亲在湘雅和雅礼教书,工资很高,生活非常好。你看我小时候的照片,我们住小洋楼,还有大草坪。照片背景是雅礼学校,那是非常优越的生活,因为父母赚钱很多呀。后来母亲离职了。她有钱了嘛,再就是她一个接一个地生孩子,我们姊妹弟弟之间都是差1岁多,所以她就全职当家庭妇女了。我的小妹朱佩蓉,她是北京人民大学研究生毕业,先后任马鞍山市市长、市委书记及人大常委会主任,现已退休。小弟朱廷彬1962年毕业于北京石油学院石油炼制系炼油工程专业,先后任室主任、副总工程师、教授,现已退休。

2. 八年离乱,少年饱尝愁滋味

我小时候过得很优越,抗战开始,这种生活就完了。我的小弟弟朱廷彬一出生就赶上被日本飞机轰炸。日本鬼子轰炸湖南长沙的时候,我母亲早产,才7个月。小弟弟是1938年8月出生的。一般早产儿7个月带不活的,因为我母亲是学医的,把他养活了。弟弟没奶吃,学生就帮着到菜地里去拔萝卜、拔菜,搅成水这么喂他,不容易。我们家里这个最小的弟弟最聪明,读书老是得第一名。后来我们不是逃难吗?逃难路上,父亲教我们读书认字,最小的三个弟弟、妹妹们一个班。小弟弟书读得最好,考进了石油学院,他与他的爱人杨玉芳都是一个班的,他们班上还出了一位副总理吴仪。

我6岁上学,小时候是非常优越的生活。幼儿园上的是福湘女中办的幼儿园。上一年级后,那学校好极了,是长沙私立一小。有人踩着黄包车接送,叮当叮当响的那种黄包车,车接车送自在得很。

小时候的很多事我还记得,感觉就是家庭幸福,父母也好,读书环境又好。我的性格是好动的,我们大院里男孩子多,我整天跟他们一块玩儿,游泳、爬树，我都记得。幼儿园全是美国教师。有一个老太太是美国费城的，20世纪70年代，我托光明日报驻美国记者寇志中夫妇去看了她。这个老太太跟我们家特别好，经常带着我们玩儿。小时候我们经常要讲英语，外国孩子多着呢。我们一块打球、打架、骂人都是用英语。我小学就读了一年多，日本鬼子打来了，抗战爆发了。接下来就是逃难的日子，生活一落千丈。日本人打进长沙之前，国民党放火烧长沙，"长沙大火"是很有名的历史事件。就在长沙大火的头两天，父亲带着我们全家跑出长沙。逃出长沙是因为日本人常来轰炸，当时也不知道国民党要烧城。好多人没来得及逃跑，太惨了。我后来听父亲讲，国民党政府是真不关心老百姓啊。那时父亲的学校开始迁到湘西的沅陵。你要是自己能够走过去，你就去那儿报到；你要是不能去，那你就自己找工作。就这样，根本就是无依无靠的，没有什么这个单位、那个组织的，所以，我父亲就马上找了一个迁得比较近的学校，叫作广雅中学，在湖南湘乡。结果我们刚走两天，回头一看，长沙是一片火海。当时是走路，小的孩子坐在箩筐里请挑夫挑着，大的都得跟着走，一天最多走个二三十里，根本走不动。我母亲还抱着7个月早产的小弟弟。那个时候真苦啊！好在我父亲身强力壮，我还有一个姨，我母亲的妹妹，外公外婆去世早，她在我们家长大的，她比我大11岁，很能干，帮我母亲带孩子。我们就这么逃到乡下去了。相对来讲，乡下还安全一点儿。那个广雅学校办了两年，后来鬼子追来了，学校解散，我们又得跑。学校一解散，学生回家去了，教师就发点儿钱自己走。那时候父亲到了广雅工资就很低了，吃得也很差。逃难时，真是饥一顿饱一顿。记得最清楚的就是走在路上，我们已经把遣散费都花光了。花光之后，我们就把带的一些东西卖了，大家都记得，就剩下那一点儿钱买了一碗炒饭，父亲拿着勺，一个孩子喂一口，就像老鸟喂小鸟那样，一人吃一口，父母自己不吃。那时候，我懂事，我姨妈懂事，我们都不吃，给小的吃。苦成那样了。在逃难中，我们住过老乡的柴房，在柴堆上面，放上被子什么的就睡一觉。我们在湘乡待了两年，后来日本鬼子追来了，又从那儿逃到湖南东安县。

我们开始时全部走路，后来是坐小船。坐小船很危险，岸上国民党的兵在喊，你们不要过去了，那里面我们放水雷了。船老大吓得要命，我们也吓得要命。后来，这个船就慢慢地飘过去了，那大概是在湘江上游。过去之后，大家都松了口气，赶快上岸。逃到桂林时，我父亲看见了一个招聘翻译的广告。他去试了一下，马上被录用了，因为他能讲纯正的美国话。录用后马上就发了一点儿钱，缓解了一下生活压力。但是后来有个条件，就是他那个单位要迁走，他可以跟着走，但是不能带家属。我父亲一听这个就不干了。他在那儿工作时间不长，也就拿了一两个月的薪水。后来我们又逃到了江西。我父亲在盐务局找了一个工作。盐务局迁到江西的宁都之后，我们还得自己找房子住。我父亲就跑到基督教会，正好碰上了一个美国牧师，一听说我父亲也是基督徒，牧师就把我们一家安排在他们基督教会里住，给我们一间大房子，我们高兴得不得了。教堂旁边有房子，就像我们的庙宇旁边有僧房那样。住了有两三年，稳定了一些，父亲还是在盐务局工作。他去做礼拜时，我们小孩也跟去。为什么呢？因为做礼拜可以给小孩发糖，我们冲着这个糖去的。还发小卡片，唱赞美诗。赞美诗很好听，大家都跟着唱。我讲一个很有意思的插曲，1984年我带团访问瑞士时，是瑞士法语电视台接待的我们，那次是我们回访。我想看看他们怎么工作。对方就带我去参加他们的编前会，我在那转了一圈。最有意思的是他们问我信教不信教，我说我不信教，可是我在教堂做过礼拜，因为我父亲信基督教。我的讲话被播出以后，当地的基督教会马上送来了《圣经》，一本法文的，一本中文的。他们还说想来拜访我，我说算了，那是很多年前的事了，都记不起来了。我受母亲影响还是很大的，善于组织和团结人，在报社时人际关系非常好。我母亲后来一直没工作。那时很苦，我夜里醒来睁开眼睛，就看见她在那儿纳鞋底。她织毛衣织得特好，我们每年穿的毛衣，破的她给拆了，拼起来，给大的小的，一个个地织下去，干活儿真是泼辣。我10岁左右就帮她干活儿，带弟弟妹妹。所以我会做饭，做饭、炒菜、干家务都会。现在我85岁了，我跟我老伴没请保姆，我们能动会做。我们也请过一两次，感觉很不舒服。那次，我这老头不吃饭，我一看坏了，保姆炒菜味道不对，只有我做菜他才吃。

我母亲后来一直是做家务、带孩子，把我们6个孩子拉扯大，不容易啊！我参军之后，我把津贴都寄回家了。我家那时住长沙会里区，后来人家选我母亲当军烈属委员会主任。解放后她忙得要命，干工作了。

1945年8月15日，日本宣布投降，我们8月底坐着小船回长沙了，是从湖南湘西一个叫作乾城的地方回的长沙，因为我们后来从江西又转到湘西去了，父亲还是在盐务局工作。在那里我们没读书。因为学费交不起，在江西也没读。不过，就在那个教堂里，父亲母亲晚上教我们读书，从小就是这样，父亲教算术、英语什么的，母亲教我们背诵唐诗、三字经、治家格言。6个孩子都是父亲母亲教的，从外面买些课本回来，大的读高年级的，小的读低年级的。

3. 五年耕读，革命启蒙在周南

我小学就上了两年正规学校，弟弟妹妹都还没念书。日本一投降，父亲就带着我们往长沙跑。为什么呢？那些学校回迁了，回迁他就可以当教员，好像还是在广雅。这时，他不教英语，教的是生命科学。他很多学科都能教。回到长沙，我们就上学了。原来的房子全被烧掉了，回家后一无所有。我们在雅礼后门外租了一个二层楼住，这个我记得很清楚。新盖的房子也还不错，很结实。那里起码住了四五家。我们一家住楼上那一层。父亲那个时候工作比较稳定了，就送我们上学，但是这么多孩子，学费也是个问题。他的同学很多，他过去帮助过的人也很多。父亲有一个关系很好的同学在周南女中当老师。他就找那同学商量，说现在孩子先去读书，等将来有钱了再补交学费。

周南女中在湖南很有名。向警予、蔡畅、丁玲等名人都是这个学校毕业的。

我进周南女中就直接读初二，我弟弟妹妹读小学四年级，他们上的也是很好的学校，是长沙私立一小，都是因为我父亲的同学在那里，四个弟弟妹妹都在那儿。我大弟弟进了明德中学。周南是一所好学校，我有过两个语文老师，一个教古典文学，讲得特别好，让我对语文一下就感兴趣了。后来又来了一个老师，我不记得她是不是北大的了。这个老师对我特别好，我也特别喜欢听她讲课，她说一口北京话。所以，我那时候对语文特别感兴趣。初三，这老师就叫我主编一个墙报，我自己给取名叫《火炬》，那时候也接受一点儿进步思想。墙报一个礼拜或者两个礼拜出一期就行，后来办成了整个初三年级的墙报，办得还很火热。我还很喜欢打球，在学校里打排球。我在那个学校时，确实在各个方面都打下了良好基础。

初中毕业后，我被保送到本校高中。高二时，我就参加了长沙市的学生运动。我们同学的母亲是地下党的支部书记，当时，我们不知道。她来做我们的工作，我们就听她的，组织同学唱革命歌曲，组织学校的活动。那时候唱的都是抗日歌曲，《大刀向鬼子头上砍去》《义勇军进行曲》……我们开学生运动会，自己组织各种大型舞蹈，当然背后是他们，前台是我们。读高三时，解放军进城了。

我那时在学生中思想是很进步的。我们经常看一些进步作品，《新华日报》也看，新闻报道我看得很多，特别崇拜《大公报》的子冈，还有那个跟美国飞虎队大队长陈纳德结婚的陈香梅。我们看的一些东西可能就是地下党传过来的，地下党还动员我们参加新民主主义青年团，就是后来的共青团，主要是对抗三青团。那会儿三青团也在发展团员，我们新民主主义青年就抵制它。我知道新民主主义青年团的思想是中国共产党的思想，却没有见到党组织的人，或者是天天看见也不知道。我们同学的母亲，还经常请我们吃个饭，她公开的身份是一个师范学校的教师。我同学的父亲是做买卖的，她的叔叔是地下党。这个同学后来和我一块参军了。

在周南女中那几年，我们看了不少进步书刊，也不知道谁给的，有了就看。我们还传阅了毛主席的诗词《沁园春》。你说我胆子大不大？看完之后，我在黑板上把它写下来。"数风流人物还看今朝"，有同学帮我念，我就写。写不完，快上课了，怎么办？两个同学帮着一起写，我们把它全写到黑板上了。下面的课是语文课,我记得语文老师不是那个女老师了,来了一个老的、比较守旧的老师,没教我们多久,所以我对他印象不深。他进来,看着黑板,就把它念完了。我们哈哈大笑,他说:"谁写的?擦黑板!"我当然得承担,我怕他待会儿批评别的学生,反正我在那儿是调皮生。我说:"我写的,我上来擦。"他一看前面的字是我的,但没看后头的字不是我的,就让我把它擦了。他也没有批评我,就开始讲课了。

那时,我们读了很多的东西,是地下党给的。新中国成立之后,我们才知道同学的母亲是地下党的支部书记。还有一个演剧队,是抗敌演剧队北方区第五演出队。后来我才知道,五队的演员大部分都是进步文艺人士,是党的外围组织。他们经常来我们学校演戏,带我们去看他们的戏,经常给我们开座谈会,潜移默化地影响我们。他们看准了这一批思想进步的学生。

1949年8月5日,解放军入城,长沙和平解放。我当时是市学联的学生代表。那时候我胆子很大,我们学生会的会长被政府当局抓起来了,把我父母吓得呀,说你别一个人出去。我说我不怕。我还是学联的纠察大队长。男生不当,让我这女生当。周南女中和明德中学,一个女中,一个男中,两个学校对面。明德的男生经常到我们学校来打球,他们也就是些小男孩,所以我还是当大队长,带着我们的女生保卫同学,带着明德学校的那帮男生搞学运、搞游行。后来快解放了,我们到湖南省国民党政府请愿,向程潜主席递交请愿书。请愿就是希望和平。后来有一个电影纪录片是专门拍长沙那一段历史的,里面有这些和平请愿的内容,有女学生到城外去迎接解放军的镜头,那里面四个女的就有我一个。那天在电视上看到了,我老头说:"这不是你们吗?"片名好像是叫《长沙起义》,写得很真实,很多事情都是真的。我想,可能编剧就是我们同学,因为那些事件好多都是我们亲身经历过的。

这个请愿对于程潜最后下决心和平起义应该是有一定作用的,不光是我们中学生,还有来自湖南大学、湘雅医学院等各界的力量。那时他还没签字,我们就成立了一个长沙迎接解放联合会。这个联合会是由长沙各界人士组成的。学联在里面也起了一定的作用，学生还是天不怕地不怕的。解放那一天，我记得，联合会负责人突然通知要四个女生去献花，迎接解放军进城。解放军在城外，我们坐大卡车去的。车到了，我们下来，解放军一个师长带着部队干部过来，我们给他们献花。后来我参军就在"四野"46军，这位师长就是这个军138师的师长。

4. 木兰从军，倚马可待刀笔记

打那起，我就认识了那个师长，这不就有了后来的参军吗？他跟我们讲，部队要办军政干校，希望你们学生参军。我一听，回到学校就宣传。迎解放的这几天，我们忙得一塌糊涂。因为安排解放军进城之后，他们要了解情况，认识各界人士，到我们学校开大型座谈会。他们宣传党的政策时安排在我们学校大礼堂里边，都是我们这些学生来组织。几天后，我找到那个首长身边的干部，大概是个参谋或秘书，他经常跟我们交接工作。我问他："你们那个学校在哪儿？"他说："军部在湖南株洲，你可以组织一些同学去，我帮你们联系。"后来我就把我班上的同学带走了30多个，还号召别的班的人也去了，我们就直接去了株洲。我对这个印象很深。8月5日解放，8月11日那个参谋就带着我们上火车。我回家跟我父母讲了，他们一向支持我。我只知道他们在流泪，父亲说："那你要学会自己照顾自己。解放军是好，你要好好学习。"他有点儿惋惜地说："你看你还想上北大。"

我没上过大学，因为参军去了。我当时很想上大学，特别想上北大。我跟爸爸也讲过了，爸爸说："行，上北大吧，你要考得好还有公费。"但当时我感觉还是参军第一。革命，消灭反动派，解放全中国！那个时候就是这一股劲儿。

周南女中给我打下的文化、思想基础让我受益终身。那回我们学校去了上百人参军。参军后我发现，走到这儿是同学，走到那儿也是同学。我们到军政干校学习还没几个礼拜，又派我们回去招生了几次。我到了湘潭，毛主席的故乡，从那里招了30名同学。这些同学后来还都有联系。

在军政干校参军，上级安排我当这个女生大队的分队长。我跑到哪儿都当"长"，我就最不爱当"长"。后来，我就管这帮女兵。我们一个协理员挺好，叫薛红，前些年去世了。她是我们女兵的指导员，是个大学生，参军好几年了，给我们上课，讲进化史，说人是猴子变的。这我记得最清楚。我们还学中国共产党的章程，学毛主席的《新民主主义论》，学唱革命歌曲……在学校学了不到一个月，让我们填志愿书。我马上灵感来了，我想要当记者。我就写我看新华日报，知道一些女记者很不简单，我非常崇拜她们。军报的总编辑，还有新华社军事分社46军支社的社长也来干校招人。一翻到我的志愿表，两家都看中了我。后来他们说先到分社吧，因为军报社还在筹备。他们马上就把我调到新华社的46军支社，就这么调进去了，一共调了大概有10个人。到了20世纪50年代大转业，再到现在，就剩下我一个还坚持在新闻岗位。我进报社的那个老师，叫作山桥，他起了个日本人的名字。现今他就住在总后那边，快100岁了，耳朵听不见。我去看他，他高兴得不得了。他对我们这帮学徒特别好，我们这10个学徒由他带着，开始是实习记者。他带我们没多久，毛主席就在天安门城楼上宣告"中国人民站起来了"。我们有自己的手摇电台，随时发稿与后方联系。当时正在行军途中，我们在衡山上一个庙里休息，有人正在讲鬼故事吓人，我才不怕呢，哪有鬼？没鬼。正在那儿闹，报务员喊大家，快听！快听！听广播！就是10月1日中华人民共和国成立的那一天，我们高兴得不得了。领导就派我们到连队去收集反映，收集回来之后向他汇报，他就写稿子，写完就用手摇电台发过去，发到军里面。后来报纸来了一看，上面有我们的稿子，高兴得不得了。

部队进入衡阳，第一件事就是跟着社长当军代表，接收衡阳日报社。我们还在那里看了几天大样。部队安置好报社人员，又派人充实衡阳日报社。当时领导问我愿不愿意进这家报社工作，我说："我不，我要当随军记者。"结果我们这些人都没去，由部队接管，当时是1950年。

5. "约法三章",军旅夫妻战地情

这时,我们的军队已准备打海南岛。42 军和 46 军开进广东,我们先到广州,后驻扎在海陆丰一带,我们在普宁县。我们这个军分布在海陆丰沿线,海岸线很长,沿线有一条很好的马路。我们有时候下去采访,到饲养班找马,饲养员老实巴交的,看着我们女兵都脸红,光会说"嗯嗯嗯嗯"。我们牵着马去采访,要到哪个乡就骑马去。

我的结婚证书是在普宁县领的,我爱人叫王嘉林,他在政治部的保卫部,我在政治部的宣传部。那个时候呢,我和他不在一个单位,但在一个锅吃饭,几百人,那么多的人都在一个乡里,行军就认识了。行军时,他们保卫部在那边走,我们宣传部在这边走。他个儿高,长得挺英俊,当时是 1.83 米吧。他比我大 3 岁,河北唐山滦县人。他 1945 年抗日末期参加了唐山一带的地下武装,"四野"来了就参加了"四野",算是抗日干部。

因为他是中学生,有点儿文化,所以,一参军就当指导员,后来调到机关,一直做保卫工作。我们俩之间当然他追我了,不过,最后还是我选定的。那时部队干部从农村来的多,农村的老思想难整,女的 20 岁不结婚,好像就是老姑娘似的,所以结婚都很早。我们这帮学生知识分子哪有这样的事?所以我带头,说我们这些人 3 年不谈恋爱。那些写来的信,只要信封上写"内详",我们就扔到火里烧掉,不看。后来没人敢给我们写了。我们这 4 个女兵真厉害,都是湖南妹子。

我跟王嘉林是通过几次开会熟悉起来的,我们当记者的不是经常去参加各种会吗?司令部的会,政治部的会。不过,我们也没谈这些。一直到 1952 年初他写来信,你看他胆子大不大?他找一个小警卫员给我的,那警卫员经常跟我出个差、采访什么的。他说:"这是王嘉林写给你的,这个同志真好,你看看他的信。"我一看信,文字还挺不错。我又见过这个人,后来我说:"你给他捎个信,我现在还有事,还不谈。我要谈的时候,再说。"其实,我

是因为还不了解他的底细。我有更厉害的办法,我跑到组织部,借着下部队采访一位团长要查档案了解他们情况的机会,趁机把王嘉林调查了一下。我一看,家庭不错,大概是贫下中农。当时他很腼腆不会说话。我后来考察了几个月,觉得这个人还可以,就给他写了一封信,跟他说眼下不结婚,再等几年。

这时,军区突然把我调走。调我干吗呢?1952年召开全军第一届八一运动会。上级到我们军来看过我们打球,要我们队里3个女同胞马上去参加球队。那是1952年4月,不去不行。这是军区的调令,还是去参加全军运动会,而且我也想打。我就找他商量,我说:"我要走了。"他说:"那可以,我支持,我们领了结婚证你再走。"

嘿,这个人还挺有心机。我说:"我考虑考虑吧。"这些事其实根本不用跟家里商量,家远在长沙,跟父母报告就行了。结果后来我提了好几条约定:第一,你要支持我的工作,我是个职业女性,我绝对不会当随军家属。第二,将来要孩子只能要一个或两个。不能像那些随军家属养一大群。还有,对双方的父母都要尽职赡养。最后,咱们的婚姻就是一锤子买卖,要走到底。我的父母曾经教我们读《三字经》《女儿经》什么的。那会儿还没有"婚外情"这个词,但不能看别的女人,不能跟人家交往,我说:"这你做得到吧?"他说:"完全做得到。"然后,我们照相领了结婚证,说等我打球回来再办婚礼,不领结婚证他也不放心。

他这一辈子啊,真的做到了支持我工作。我在报社多累,经常夜班回不来,一个礼拜回来一次,两个孩子全归他管。老伴的工作保密性很强,有很多东西不能写。"文化大革命"中,有人要抓他把柄。他办过200多起案件没一个冤假错案。他思想是比较放开的,能解决问题就解决问题。有个老干部的子弟,前些年还在讲,他当时犯那个错误都吓死了,没想到保卫部王部长非常理性地跟他谈话,让他写个检讨,放过了,要不然那还了得。不过,后来派人查,也没查出什么问题来。

到北京参加全军第一届运动会,我们打的是那个九人排球。我打左边锋,靠前锋，打球是在周南女中训练打下的基础。我在周南都是打班队、校队。你别小看，那个时候的学习任务那么重，但说实在的，小时候的基础打好了，学习起来很轻松。文言文，我们小时候就背了很多，语文大部分是我母亲和我姨教的，我姨是读师范的。还有外语和自然科学，我也很有底子。后来在光明日报搞科技报道，人家说，你怎么对这些专业这么熟悉？我说我父亲教的。

我是四野体工队女子排球队长，当时开运动会的那张报纸我还留着。那时候四野正好要转成中南军区了，军区办的报叫作《战士报》，刊登了一大版。我们的照片什么的都登在上面。我们拿了亚军，本来应该拿冠军的。那一天，西南军区贺龙司令员亲自到现场给他们的球队打气，她们一下就来劲儿了，其实我们的技术比她们好。当时志愿军球队也来了，那会儿我还没入朝当志愿军呢。记得人民日报记者王金凤写了篇《志愿军代表队在北京打球》。那时我对王金凤不熟，但经常看《人民日报》，很崇拜她。转业后，有一次国庆活动采访，我在天安门广场见到了她。

6. "战地玫瑰"，三千里江山放异彩

1952年，我正在打比赛的时候，接到了王嘉林的信，说部队入朝，他们是8月几日从广州坐火车北上，我心都慌了，他们去朝鲜了！运动会从8月1日到11日共10天，我们是8月十几日回到广州的。一到广州我就找体工队领导，他们告诉我部队已经入朝了，在朝鲜的西海岸，靠近平壤，就是美军登陆的地方。我赶紧打报告，说我要回部队去。体工队还挽留，说你看你在这儿当队长挺好的。我说首先我的职业是记者，其次我的爱人上前线了，我能在后方吗？那时我的关系还在46军的尖兵报，我参军之后就在这，打球只是借调。后来体工队同意了。我自己就背着小背包，从武汉乘火车到了鸭绿江边，中途好像是在沈阳倒了一次车。我做记者训练得善于认路，胆子也大。当时从军里抽了3个人打球，一个有病；一个谈了对象，就在武汉，所以，

她也不走;我就一个人追部队去了。

我赶到鸭绿江边,一下就找到了我们军部的后勤部。那个地方当时叫安东,现在叫丹东,志愿军的后勤部就在那儿。后勤部的参谋都认识我,一看到我跑过来都很惊讶,也很高兴,他们知道我打球去了。我问怎么过去,有没有人过鸭绿江。他们说明天就有一辆车送冬装的,你跟这个车走。我说好,那我就休息去了。他们说你先别休息,先来换装。我穿的夏装,换的是棉军装。那时是9月,很冷了。我穿的大号军装,里面还塞了件部队的绒衣,还冷得很,朝鲜那边更冷。我印象最深的就是有个老参谋,我想不起他姓什么了。当时我看到那个靴子之后,也不懂什么,就摸摸说:"这个羊皮挺好的。"他在那个靴子堆里面翻了翻,说:"你穿这双鞋吧。"我说:"为什么?"他说:"这是狗皮,狗皮防寒。"给我换了一双鞋,结果我的脚没冻伤。我们好多女同志脚冻伤了,穿的羊皮的,羊皮没有狗皮防寒,我们也不懂,那老参谋懂,所以我特别感谢他。那地儿真冷,厕所都是野外,女同志真是没法去上厕所,一脱裤子就冻死了,所以经常是憋着尿。在朝鲜西海岸,我们也住过老乡家里,老乡家里烧着炕,不觉得特别冷。后来到三八线开城附近,就驻军在山沟的坑道里。我去

在朝鲜战场上

时，刚打完第五次战役，所以还没有多大的战事，只有飞机在那儿炸。美国的"油挑子"经常来轰炸，那 F84 飞机挂两个炸弹，加两个副油箱，我们叫它"油挑子"。那一炸，炸得可厉害了。我们军的司令部在我们政治部的西边山头，被炸的老是司令部，有次牺牲很多人，其中一个还是老王的同族亲戚，叫王九林。那时，我们也不在乎什么，真是保家卫国，就准备牺牲，不准备回来了，没有想到还能活着回来。

　　从 1952 年 9 月到 1955 年的 5 月，我在朝鲜战场待了 4 个年头，过了 3 个冬天。那冬天真难过。我深有体会什么叫冷，人家说冻得脊梁骨要结冰，脊梁骨是要结冰的，真有那个体会。我还遇到过几次生命危险。我一个人住在一个山头的坑道里，因为我们那个单位没有别的女同志，过去有，后来这些女同志都分散到各个部门了。所以，我一个人住在一个山头上面，两支手枪都顶着子弹，你说胆子大吧。我左手也会打枪，但是打不准。那个时候一般都是双枪，我老头是一把左轮，一把 54 式。我是两个 54 式，特别重，开始我把两支枪挂在腰上，神气吧？后来把腰都挂疼了，赶快摘了。子弹还得上膛，放在枕头旁边。那个时候手电都少，只有那种油灯。坑道门口，我在里面堆上好多装过子弹的空木箱子。我们经常吃罐头，罐头盒子留着，放在木箱上，一推门罐头盒子掉下来不就醒了吗？就想这些办法保护自己。也怕，也不能说不怕。毕竟是一个人住在那个山头，离另外一个山头喊话都听得见，但是要走下去，爬上去，起码得 20 分钟。这里没其他女同志，与男同志住一起也还是不方便，女同志总有女同志的事。事务长说："你一个人敢住吗？"我说："敢住。"他说："那个山头的坑道不错，你去住。"好吧，就去了，没有讨价还价的。原来我们有几个女同志都是政治部的，都在一块住，3 个人一个坑道，我这回一个人住一个坑道，很大的，可以住一个排。我就把那个箱子都摞起来，有一次轰炸，我门口的箱子掉下来了，把门给轰塌了，那上边有个天窗一样的口子，还有点儿亮。那时候我正赶写一篇东西，就是敌军部工作计划、路线、广播要播些什么东西。我想反正他们会来救我的，就趁着那点儿光亮，坐在那个子弹箱子上面继续写。我刚写完，自己还看了一遍，外面来人了，使劲儿喊我，我说："我在里面，没死呢！"假如那个坑道口被封住的话，那就没办法了，因为没空气了嘛。我们的坑道都是打一个洞进去，里面很大，大长炕一样的，大家都坐在炕上。他们喊，我听到他们的声音特紧张，还特高兴，他们听到我的声音后就赶快进来帮我把坑道口挖开。我就是胆子大。我的女儿王珠像我，胆子特大，她在北京市文化局任副局长。我的儿子王琪就跟他爸一样，特别小心翼翼，他在航天信息公司工作，现已退休。我还遇到在汽车上被追着炸，后边的汽车翻了，我们的汽车跑出了轰炸区。下部队采访，看到车来了，我一招手就跳上去。

正面的战场我们没去参加过，一般是停战的时候，我们上去采访，等到快打了，我们就撤下来。那时候我们几个人都是分头采访，我到了一个连队，那连队当然只有我一个女同志。小战士看见我这个大姐姐来，脸都红了。但是晚上回不去了，我就住在那个坑道里，连长说你就在靠里面那个地方休息吧。那些小战士特别好，有的晚上要起夜，就赶紧关上门，说别把那个大姐姐吹着了。战士们单纯得不得了，纯洁得不得了。我一个人跟一个排的战士在一个坑道里过了个夜。人家真是轻手轻脚关上门，特尊重女同志。解放军确实是解放军，纪律非常严明，非常友爱，尤其到了前线真是兄弟姐妹。我遇见过一位副连长，头天还采访过他，第二天就牺牲了，被抬回来了。那个连长好像姓于，我写过有关他的回忆文章。我们头天还聊，我说："仗打完了你想干吗？"他说："你想干吗？"我说："我没想好，我还当记者，或者我去读书。你呢？"他说："我想读书。"我说："你读什么呢？"他说："我特别喜欢历史。"他就给我讲他看过的历史书，秦王汉武什么。他说："我喜欢历史。我要读历史学。读历史到哪里读好？"我说："多的是，好多大学都有，看你到哪儿读了，你回你老家，湖北武汉大学就有。"他被抬回来时，我看了就揪心地哭了，从没哭得那么伤心过。这就是战友之间的感情。他好像比我小，20来岁，知识青年，刚参军没两年，跟我们差不多，这样的同志牺牲得多了，真让人难过。老王的警卫员要求下连队当侦察兵，停战前一天摸敌哨去了，结果没回来，牺牲了。

我和老王真正结婚是在朝鲜，也没办什么婚礼，就是战友们在一块吃点儿瓜子，这瓜子还是从国内带来的。反正大家都知道我俩的关系。我刚到朝鲜的时候，他不在军部。大概两个月后，他从前线回来了。我俩各住各的单位，见不到面。1953年停战以后，我就不再在敌军工作部，也在政治部了。这时，上级分给我们一个小的坑道，住在一块。

赴朝前夕，朱军和王嘉林的合影

最危险的一次是老王带了一百七八十个人坐着火车回国，是要将人家送回国来。那些人主要是有的人有政治问题，有的人长得像外国人。其中有一个（他的姐姐是我同学，现在还在北京），他妈妈是德国人，他爸爸是中国人，他长得特像德国人。人家分不清他是德国人，还是苏联人。这容易误会。那个时候苏联帮我们，苏联飞机一飞到我们那儿，我们就往上面发信号弹，叫它别过"三八线"了，飞行员一看到信号弹，"呜呜"回去了。我们那时候没有坐过飞机一点儿都不懂为什么我们在下面跑，敌机都看得见，追着我们打。有一次，我们3个女同胞到河边去洗头，朝鲜那个水特清，也不用肥皂，把头发放里面一冲就干干净净。突然两架敌机就过来了，我们3个人洗了一半就跑,跑最前面那个是我们军文工团的,我就使劲儿喊"趴下、趴下,别跑了",以为趴下了敌机就看不见,那时候也没这方面常识。她拼命跑,后来就负伤了。我们后面两个人没有跑,就趴在壕沟里面。子弹下来是三角排列的三颗子弹。跑着没法躲,你必须趴在壕沟里面。壕沟很多,趴在里面,安全多了。那个时候很危险。再说我老头那次送100多人回国,火车到青川江时美国飞机来了,把他们炸得一塌糊涂,那次死伤多少我忘记了。老王还开玩笑说这次大难不死,是他妈妈念佛保佑他吧。他参军之后,他妈妈天天在家念佛。飞机扔炸弹的时候,听得出来,"唰"的一声,他一听就往地上趴,一趴就有一条壕沟,他说那真是神了,他趴了好几次。飞机在上头,人都往外跑,他还喊"这些人怎么跑?"但是一扔炸弹,趴下去就有壕沟,他说真奇怪。轰炸完了,飞机走了之后,他赶快起来集合清点人数,他就看见他那个警卫员坐在一个牺牲的同志旁边哭啊哭,那个人穿的也是营团干部服装,穿的是皮靴,黄色的。我们老王说:"你怎么还在这里哭?"警卫员说:"这不是你啊?"老王说:"我的文件包呢?"警卫员说:"文件包还在那火车上。""快找去。"没办法,他们不能继续从原定路线走,只好绕着大同江那边走去了。这一走,就走了快一个月。本来坐火车一天就可以到了,但桥也炸了,路也炸了,过不去,绕了很远。那时没有通信设备,前方、后方都不明情况。我说那阵子怎么这么多人到我坑道里来看我?军长、政委都来了,他们以为找不到他了。后来收到国内电报,说他们已经到国内了,牺牲多少人,王嘉林准备什么时候回来。我记得军部那个军长的秘书高兴地跑到我坑道里就说:"王嘉林活着回来了!"我还什么都不知道,没人告诉我。我开始到朝鲜就是去报社,报社被炸,出不了报,我就到敌军工作部工作,主要是对敌宣传,用英语对敌广播,向他们宣传圣诞节到了,你们的妻儿父母想念你们,你们跑到万里之外打这场非正义战争……告诉他们今天我们几点到几点停止打炮,你们可以出来,出坑道呼吸呼吸空气,我们给你们送一些糖果,放在那个山头上,你们去取,我们保证不打枪。后来敌军从坑道里出来取我们的宣传品和糖果。后来抓到的俘虏说:你们的播音员很像我们美国很有名的播音员的声音。播音员除 3 位男同志是从 42 军留下来的以外，其他的都是我从各部门抽调来的，有男有女，都是以前的同学。审讯俘虏都是男翻译。播音员中间有 3 个女同胞，一个叫李淑芳，一个叫熊若盘，一个叫李世琦。熊回国后上了人民大学后来出国了。李淑芳学的纺织，分到新疆去了。李世琦回国后上北师大读书，后来在北京教书。那些男翻译回国后有的去了人民日报社、新华社，有的去了国家体委，后来我们在北京还见过面。

在朝鲜战场，我们出的是志愿军尖兵报，就我一个人留了这套报纸。后来，我们军办展览会给借去了，当时还是军政委高峰写的亲笔信。高峰是个大学生，抗日期间参军的，那手毛笔字写得挺好，我经常看，认得他的字，结果借去没还给我，后来等我看到他去世的消息就晚了。我说坏了，这报纸我找谁要去？我真是特老实，把我的这套报纸，还有我留的那个缴获的美国防弹背心都给了他们。过去我还留了一套宣传单，一套照片，是我用一个小破照相机照的审讯俘虏、对敌广播的照片，当时都借给他们了。我这个人也想得开，没了就没了。

我留的那些报纸有 20 多期。当时报纸大概一个礼拜出一期，也不定期出，有稿子就出，有时一个星期出两次，小报 4 开。我们就五六个人办的报纸，发到连队，好像没多少份，还不到 100 份。因为印刷机印不了多少，也没有纸张。后来坑道被炸掉，就不出了。

我是 1952 年到前线的，那时报纸就已经开始出了，我晚去了一个多月，1953 年初报纸就被炸停，然后我就去敌军工作部了。1953 年 7 月 27 日，和平谈判协议签字后，敌军工作部就撤销了，没有敌军工作做，我又到宣传部办报纸。就两三个人，出点简报。

1955 年 5 月，我从朝鲜回来了，我当时很想上北大读书，但当时已经怀孕 4 个月了，只好放弃。儿子是 1954 年生的，1955 年生女儿，都是在朝鲜怀孕回来生的。生完儿子一个月，我就把他交给我的父母了。这时，父亲已经调到安徽医学院教书，他们的生活比过去好了一些。父亲已经是教授了，但是当时有个问题，他们开始工资很高，结果不知道又有什么政策调整，就把

20世纪50年代的全家福

他们的工资往下调。我记得很清楚，我父亲当时一个月一百七八十块钱，给他一下调到一百四五十块，减去了好几十块。我那时在北京工资也不是很高，七八十块钱，比大学生多一些。我弟弟妹妹都考到北京来读书了，我就把我的工资全给弟弟妹妹读书用，我就花我老头的，老头工资也还算高的，那时候部队校官都拿到一百多。

7. 转业地方，事业家庭一肩挑

1955年，要授军衔，大批女同志转业。当时，我们部队后勤住在海城，组织上说你们自个儿愿意上哪儿，自己找也行，组织分配也行。面临档案随时转走的紧迫性，我突然想起，参军时的军政委段德璋在海军任副司令员，他的夫人在铁道部当人事部长，又听说铁道部叫作"第二红军"，组织纪律很好，心想投奔他转到"第二红军"不是挺好吗？我那时还不知道有《铁道报》。我就写了一封信给老政委，很快就收到回信，他要我马上来北京。我就

追寻她们的人生
——女新闻工作者卷

自己跑到北京来了，那时候还没办手续呢。老政委让我住到他们家里，他爱人陆恰对我特别关照，在他们家住了5天。第五天，我拿着介绍信就上《铁道报》了，特别顺利。脱军装，开始挺舍不得，后来一看这儿不错，又能干本行，挺高兴的，心中的惆怅自个儿就调整了。

1955年五一节一过，我就到铁道报社上班了。报社是编采合一，我还挺适应。比如上铁路去采访，铁路是很有组织纪律的，我跟着跑过车采访，采访列车员，跑二七车辆厂，跑铁道科研所最多。跑了一年多两年，"反右"运动来了，我这"大炮"不是爱提意见吗？还真提了不少意见，但并没有把我打成"右派"。因为当时有一个规定，军队的家属要保护，那时我丈夫还在朝鲜当志愿军，要不然也会被打成"右派"。

我在"文化大革命"中受了点儿冲击，也不算太大。我是光明日报社的"黑"支部书记。1958年，我一进光明日报社就被选成党支部书记，编辑部的党支部，编辑部就一个支部，那时候光明日报社一共才20多个共产党员。

《铁道报》后来又恢复了，有一年开周年纪念会，把我约回去，碰到原来我的采访部主任恽小圆，他跟我说："我当时真不知道'右派'这两个字这么沉重。"他是司徒雷登的学生，就为这个被打成右派。他外语特好，燕京大学毕业的，他不仅外语好，而且工作态度、为人都特别好，什么反动言论也没有，也被打成"右派"。后来才听说有指标的，真莫名其妙。那次在铁道报社碰到他，感觉讲了这么一句话，人老得不成样子，心里很难受。

《铁道报》停刊以后，有些老铁道部的人还留着了，我们这些外来户，来了没几年的，就交给中宣部新闻干部局，说是新闻干部还是少，不要流失了，就把档案交到那儿去了。去了之后问我愿意去哪儿。我说我还要干报纸。他们就说有两个地方你挑吧，一个是中央人民广播电台，另一个是光明日报社。我说广播电台看不见、摸不着，这个报纸是出来就看得见、摸得着，我还是去报社吧。我那时候二十七八岁了。我们那几个人有一个去了电台，在那儿一直干到退休。我选择了光明日报社。没几天就让我去报到了。我记得中宣部那时候在西交民巷，我找了半天才找到，然后拿着介绍信到光明日报社，先到人事报到。我记得那天还是三八节,当时还有个报到的同志也是部队转业的,是位大夫,姓彭,我们俩就一块到人事报到。当时正"反右",人事给我们介绍情况,说你们部队来的比较单纯,我们这个单位比较复杂,国民党留下的总编辑都好几个,把我吓蒙了。我说这怎么相处?好像国民党就是青面獠牙似的。我没有接触过社会,真是很可笑。我回到家里都想掉泪了,我自个儿选的怎么是这么个单位,那我以后怎么工作?后来想了半天,既然选择了那就去吧,还能怎么样,又不是打仗,于是就去了。去了之后一看,也没觉得什么,大家都挺好的。

我在光明日报社工作 34 年,其中在教育部、科技部工作了 22 年,在其他部门工作 12 年。1958 年,我到那儿,单位马上就给我分了房子,我就搬过来,没再住铁道部的房子了。搬到这边之后,就是那一间大房子,对面就是办公室,上班非常方便。两个孩子上文化部幼儿园,就在报社北边那条街,就是从石驸马大街出去,再穿过长安街,在民族宫的后头,很近。我们那院子的家长们轮流接孩子,今天排到谁,谁就去把这一群孩子接回来。我的儿子王琪小时在姥姥、姥爷家,到 1 岁半的样子,我生完女儿没几个月,我就让我妈妈和妹妹把儿子送来,我把他送到铁道部的幼儿园。我妈妈住了一阵子就回去了。刚接来时我还在铁道部,也不像光明日报社这样礼拜六加班加点,礼拜六有时间接孩子。我到光明日报社后,自己带孩子很不容易,就让儿子住校,他两岁多就自个儿住幼儿园去了,我请个保姆看着女儿。光明日报社分的那个房子很大,保姆和我们都住在一起,稍微隔一下。那时我老头还没回来,还在朝鲜。

我一边工作,一边弄这个家,真是非常紧张,压力很大。每到礼拜六、礼拜天,要接孩子,那事多着呢。我生完女儿才休了 30 天产假,就上班。铁道部还真不错,机关里面就有哺乳室,报社就在王府井二条,前面是北京饭店。那个时候女同志很多,都是孩子这么小的,孩子放到哺乳室去,一到时间就去喂奶,晚上自己抱回家。我这样坚持到 6 个月,后来请了一个好的保姆,女儿不吃奶了,就是保姆带。那个保姆相当好,像一个大家闺秀,斯斯文文，她干了一年多。孩子到 1 岁半时，就可以进幼儿园了。那时候我到了光明日报社，文化部幼儿园收光明日报社职工的孩子，我们这个大院里一群孩子都去了，一个星期接一次。幼儿园园长还是我们部队的一个军医，要没有她，我这个女儿真保不住了。老王从朝鲜回来了，住在大连休整，人家家属都去探望了，他也打电报给我叫我去。那是 1958 年，最后一次撤军，最后一批回来的。他那时是政治部保卫部的科长，相当于团级干部，少校。结果人家都去了，我说我也去看看吧，好几年没见了。火车票都买了，晚上的火车，我请了一天假，加一个礼拜六、礼拜天，准备 3 天来回。我先到幼儿园去看看孩子，跟园长交代交代。我一去看见儿子在外面玩，女儿没见，我就问老师，老师说她在屋里睡觉，我就跑进去看，一摸头烧得厉害，我赶快找园长，园长一量体温 39℃，一看出麻疹了，隔壁那个幼儿园出麻疹就扔掉了两个孩子。那天园长也吓坏了，她也真不知道孩子生病，要我不去看就真完了，园长赶快就把她抱到儿童医院去了。这样我就不能去大连了，票也废了。我打电话告诉老王孩子生病了，我不能去了。那次把我吓得，39℃多呀。女儿在儿童医院住院了一个礼拜，幼儿园老师轮流去陪，晚上下了班我去看女儿，那时候幼儿园负责任。有时，我一出差就跟园长讲，那就不去接了。我女儿无所谓，她到处玩，从小性格就那样。我儿子就不行，看着别人都走了，他就掉泪。我们报社国际部编辑邵儒珍经常帮我接孩子，我现在还很感谢她。

这时，我的弟弟妹妹来北京上学了，后来当上马鞍山市市长、书记的那个小妹妹朱佩蓉，她开始考上的是人大，后来北京体育学院非要她（她在安徽打篮球，是篮球队的），她就到了体育学院。在体育学院读了两年，就调出来当学生辅导员，世界冠军陈镜开都是她的学生。当时的那些冠军都在那儿读书。她当了两年辅导员后又考到人民大学，在那儿读的研究生。回到安徽后，开始在体委干，后来就到了马鞍山，她的丈夫钱宗昭在马鞍山钢铁公司工作，是个老革命的后代。她从马鞍山干到市长、市委书记，退下来是人大常委会主任。这是最小的妹妹。后来我带着女记协十几位记者到她那儿去采访，新华社经济参考报总编辑周建英写了一篇《美丽的城市》，因为马鞍山市是马鞍山钢铁公司所在地,炼钢烟雾很多,后来环保搞得特好。连周建英都讲:"真没想到,你还有这么个好妹妹。很难找到这样的市长,为什么?市长竟然得了营养不良病,很少有吧。"她从来不跟人家去吃喝,加上她又不会管家理财,她的爱人也有点儿书呆子气。我的爸爸妈妈那时还住在她那里,我们隔这么远,他们不愿意来,还在那边。我把我的钱都寄过去,但是她也不够花,她的秘书告诉我,她总是花下个月的钱。每天自己从家里带饭去单位,带一盒子饭,一点咸菜什么,老是吃这个。

"文化大革命"中,我父亲也挨斗,他那个时候已经不在安徽医学院了,后来成立的安徽大学(前身是芜湖的皖南大学)需要教师,问他愿不愿意去。我父亲就是老知识分子,只要你说要调我去哪儿,我就去哪儿。他不是我们讲服从组织分配到哪儿去,他是那种知识分子,你这儿不要我了,你让我到哪儿去我就到哪儿去。后来一次高教会上遇到安徽医学院校长,他跟我讲,我们只是征求一下朱老师的意见,老先生牛得很,打起背包就走了,就调到芜湖了,在安徽大学的生物系任教,另外,还教外语。"文化大革命"开始,航天部的造反派为了要整老王,跑到我父母的家里去调查,问我妹妹:"你姐姐夫怎么认识的?"我妹妹把他骂了一顿,说:"你太混蛋了,你不去问她,问我,我怎么知道?他们都在部队里。"他就问:"你爸爸洋学校毕业的,没有海外关系?"这么一瞎搞,也不知道他们跟那些系里的造反派教师说些什么,结果说我爸爸是特务,就抄我们家,也没抄出东西来,抄出来一块梨膏。我妈身体不好,她妹妹买给她的梨膏,梨膏不是黑的吗,他们也不认识,说搜出了鸦片烟,后来公安局来找鸦片烟,结果一看是补药。就这还开批斗会,让我爸爸把鞋子袜子脱了,我爸爸脚又不好,他那个脚长期走路有脚茧。安徽那地方又不像北京有修脚的,结果让他跪着,还戴高帽子游街。后来我妹妹急了就打电话给我,我也走不了,就打电话让我弟弟朱廷彬去了。我弟弟享受国务院专家特殊津贴,得过国家科技进步奖,发奖那天我值夜班,看到了朱廷彬获奖的新闻,真高兴!比我强。

8. 蹲点采访，新闻一线是咱家

刚开始去光明日报社的时候，我很紧张，后来我想管它呢，我干我的。开始要我跑文艺新闻，没跑两天，刚好赶上后来成为著名京剧演员的刘长瑜等这批人京剧院毕业，当时有些言论说京剧后继无人什么的，我去参加他们的毕业典礼，前面坐着梅兰芳等名家主考，我坐在后面听他们评论，然后，我就写了一篇《京剧界后继有人》。见报后反映很好。后来报社的教育部要人，就把我调到教育部去了。那时候正好搞"教育与生产劳动相结合"，要宣传这个主题，我把一些资料看了之后，正好赶上北京航空学院几个系的师生合起来自己造飞机，叫作"北京一号"。到了最后的那一个礼拜，我才知道这事，我就去了。我在航空学院住了一个星期，白天、黑夜跟师生在一起，掌握了很多线索。最后，我组织了7块版，我自己写了评论，组织教师、同学参与写作，拿回来拼版。第二天要试飞，我们一起到飞机场，试飞也很成功。因为我跟学生很熟了，收集的材料比较多。其中有个细节很有意思，有一个女学生告诉我，去年空军司令员刘亚楼到学校，学生送给他一个模型飞机，他说我不喜欢你们的模型，我要你们造个真的飞机。结果那天试飞刘亚楼来了，他们就跑上去跟他说："我们今天送你真飞机了。"刘亚楼高兴得不得了。这个细节就我一个人知道，我就写到我的通讯里，成了光明日报的独家消息。

后来我听北京空军副司令员李中权说，当时台湾正在大肆造谣，说是大陆要跟他们打仗，刘亚楼司令在福建前线备战，结果我们报道刘亚楼在这儿参加"北京一号"试航表演，还起到辟谣的作用了。这是1958年。这张报纸他们最近还找到了，很有意思。一次在国家图书馆，由中国新闻史学会等四单位主办的《庆祝新中国成立60周年新闻史料全国巡展》，1950年代的报纸摆在那儿。那天我们去看展览，我孙子王睛辉一眼就看见了这张报纸，他说奶奶你看看这个是你写的。就是"飞机上天"的那篇通讯，署本报记者朱军的名字。后来我们的高天副总编辑不知道听了谁说不能宣传得这么大，因为发动机不是他们造的，就给我砍掉了3块版，刊发了4块版。那些同学高兴极了，北航的沈院长也很高兴。以后我跑北航，那简直就像走亲戚一样。后来我听我们的老同志讲，当时总编辑还打电话问，这个是不是朱军写的？因为我那时刚去光明日报没两天，人家说是我写的，我下午4点多钟交的稿。我从南苑机场回到家里都下午1点多了，我吃了点儿饭，还打了一会儿盹才开始写。我写东西快，一个多钟头就写出来了。我那时候思维敏捷，手脚也快。

　　写完了这个报道，人家就对我有印象了。小记者一下就跑出了这么多稿子。1960年初，我在北大采访，后来我是定点跑北大，那一片好多学院，航院、医学院、地质学院……我以北大为中心跑这些学校，长期在那个地方住，一个礼拜回家一次。有一次，礼拜天接了孩子回来，老头儿也不在家，怎么办呢？约好了跟人家北大宣传部谈事，我就把两个孩子带去，把他们扔在工字楼前面的草坪上。那草坪上不是有个很大的石刻大乌龟吗，他们俩就在那大乌龟上玩儿，玩儿了两个钟头。那时候没人拐孩子。我一出来，两个人满头大汗还在那儿玩爬乌龟。所以，那个时候真够艰苦的。跑北大跑了这么多年，我觉得真是等于我读了两届大学。在那段时间，我有时候白天去听课。我要采访这个系，我就跑这个系听课；我采访那个动物系，我就跑去看他们做实验。我就住在那儿，因为北大给我们一间房。开始给我们教师楼里面一个单元，3间房。我晚上跟同学们谈，聊得非常好。北大的那些学生宿舍楼，我都进去过，在学生一食堂、二食堂、专家食堂都吃过饭。我在北大连续采访了8年，一直到了"文化大革命"。后来我还经常去，所以跟老师们特别熟。我在北大采访哲学系，很受启发。开始听那些老师的课，比如冯友兰教授讲课，有点儿结巴，但是后来发现其实课讲得特别好听。一个人把哲学学好了，对人、对世界的看法就会非常透彻。后来我发现这个现象，就跟他们聊，他们也是这么讲，哲学系的老师有25%以上是活到90岁以上，50%活到80岁以上。为什么？因为对世界的理解、对人的理解、对事物的理解，他们很坦荡。王选的秘书从中笑老师，我们经常在微信上联系，她介绍我看哲学系袁老师写的一篇为什么哲学系老师长寿的文章，还说，朱老师，您的青春不老也因悟出了人生的真谛，祝福您永远青春健康，幸福如意。

9. 勇于坚持，咬定青山不放松

在我的新闻生涯中，最值得我引为自豪的有两件事，一件是王选这个选题，我坚持到底了。另一件是 1984 年，我创意搞全国优秀班主任的评选。活动由光明日报教育部发起，并邀请人民日报、文汇报、中国青年报、中国教育报、中国体育报和健康报 7 家报社联合主办，评出了 2900 多名优秀班主任，150 多名代表来京参加颁奖仪式。这是全国第一次举行这么大规模的优秀教师评选活动，对教师队伍建设作用不小呢。

王选那个线索是计委科技司严谷良告诉我的，他专管科研院校重点科研项目，这个人是清华毕业的，特别有思想、有脑子。我们一起开过几次会，比较熟，有什么重点科研项目快突破了他就告诉我，所以记者必须有这些关系。你看我跑国家教育部，各司的司长办公室，我能随便进去。

严谷良告诉过我很多项目。他说这个叫汉字激光照排系统，是个大的项目，而且国外都已经用了。我曾带团出访瑞士，考察他们的电台、报社。在《21 点钟》报社参观时，那个报社记者还写了一篇对我的访问记。他们介绍说，他们驻美国的记者凌晨 3、4 点钟发来的报道，就能刊印在当天的报纸上了。计算机传送、制版、印刷全部电子化，5000 字的东西，从发过来到上版，要不了 1 个小时，我简直惊讶极了。那时，我们驻美记者要发一个 1000 字的消息，我得找译报员先把密码翻译过来，再找干事抄在稿纸上，我看了之后发排，1000 字起码排一个钟头，排完后打印出小样，看了之后，拼出大样，然后送审总编辑。一个新闻流程没两三天见不了报，我对这个印象非常深。所以我一听说这个项目，就盯住它，一到北大，就去他们那里转。

开始盯这个事的时间是 1975 年到 1976 年间，这个报道见报是 1979 年。我老在那儿看，看中文系的学生在那儿打孔。我盯了好几年。这期间，他们请过好多报社的记者，人家都不去关注。为什么？那个时候，英国蒙纳公司在中国推销计算机，非常优厚的签约条件，可以去几十个人到国外培训几个月，可以有出国考察的机会。后来开记者会，大家都不来，都说要买外国的，那时报纸还挣钱，也有条件买，再就是不相信你一个北大能搞出这技术来。我就认准了绝对出得来。为什么？因为我觉得北大的水平就是不一样。我跑过好多院校，这里的教师、学生、工作人员就是不一样，那个学风、为人就是不一样，我就信他们做得出来。那天，严谷良给我打电话，过了一会儿王选给我打电话，说第一张汉字激光照排的样张出来了！大家都特别高兴。我跟王选说，我现在过去写稿子，回来发排，还得送过去审，耽误时间，干脆你们过来吧，我们一块写。当天激光照排的一个样张，就是取了一张报纸的大样出来，这就是划时代的革命，大家高兴得不得了！

我那时是报社科学部负责人。我从成为办报组办公室负责人开始就是干正职的工作，"文化大革命"之后，总编辑杨西光派我组建了科学部，也叫科学部负责人。后来到教育部，也是教育部负责人，不知道为什么就是不正式任命。我也不问，我受传统教育很深，我觉得给什么待遇、职务是领导的事，自己只管干好工作就行。出访的时候，外事办的人说，你们怎么还有叫负责人的？后来，杨西光当总编辑时解决了我的任命，副总编王强华特别关注我的职务任命，中组部批下来后就赶快告诉我，任命我为教育部的主任。那时，我已经干了24年，其中大部分时间干主任的活儿。有关女干部的问题，社科院新闻所研究员陈崇山在世妇会发言，说中国新闻界女性进入决策层的越来越少，解放初期还占6%。不管你干了多少工作，组织领导过什么，提拔时都会有偏见。当时我还不知道，是我们报社的同事王忠人告诉我，说陈崇山把你当典型写到报告里了。他们是人民大学同学。

10. 关注进程，这才是我们的责任

再来说王选这个事，当时只有我一个记者写了稿子。王选当时跟我说：

"人家不宣传我们也是对的,毕竟还在试验过程。"我说:"假如等你做好了我再来宣传,那我不是给你做广告吗?只有在你们起步阶段,我们支持,才是报纸的责任。我们光明日报有宣传知识分子的责任,我还是科学部负责人呢,假如不去报道,我也对不起我自己,更是对不起你们。"我跟他们来往多,就像兄弟姐妹一样。

出样张那天下午,王选带了两位助手来报社,就在我办公室把桌子一拼。我反正也知道情况,就说咱们就一边说一边写,写一张,排一张,排样子抓紧嘛。你们就看小样,主要是确保专业技术名词的科学性和准确性。我安排排字工先排小样,我抓紧时间配写评论,然后到编前会上去呼吁,讲这个激光照排怎么回事,讲这是新闻出版进入电与光的时代,是一次技术革命,我说请你们把明天的头版头条让给我。会上没一个人跟我抢要头版头条,过去都要抢版面,那天大家都挺高兴的。

那时重要的新闻我都配评论,配编者按,配短评,都得配。所以问我到底写了多少短评,我也说不出来。凡是重要的消息我都配,配一个短评,或配一个按语,或者编后写几句话嘛,表达自己的见解,这样一下提高了思想深度,读者也愿意看。

晚上我请王选和他的助手们在报社食堂吃了饭,饭后又继续工作,直到深夜才定稿。那天我拿出10块钱(当时我月工资七八十元)请他们在报社吃了两顿饭,剩下一块多钱给他们几个人做回去的车费。他们来报社时为了省钱,坐几站公交车走几站路。当时公交车5分钱可乘6站,王选月工资只有56元。

王选的激光照排获奖了,500万元的奖金就得过两次。他对我说:"那时候我需要钱没有钱,现在那么多钱放在银行,我觉得不像我的。"后来王选把钱捐献了。

那天大概是夜里2点钟报纸开印,还不到3点,我拿着散发着油墨香味的第一张报纸,激动极了!这一天是1979年8月11日,我们报纸的头版头条报道了王选的发明成果,标题是《汉字信息处理技术的研究和运用获重大突破》，头版还配发了我写的评论员文章。他们拿到报纸也高兴得不得了！后来，我说："休息吧！"我把我们的贵宾室打开，贵宾室一般不让人进去的，我找到钥匙，把门打开了，里面有很好的沙发，我说你们在这儿住吧。都半夜了，那时候又没有车子。我就住在我们办公室楼上的夜班宿舍，我经常不回家，我老头对我支持真大，他一直都恪守着我们的约定。第二天早上，他们拿着报纸高高兴兴地走了。没想到，报纸登出来的当天，总编辑杨西光突然找我，他因为没有参加前一天的碰头会，所以早上一上班，就让秘书刘燕来叫我。我想，准是有人告状了。果然，有的新闻单位对那条消息不满，向杨总编告状了。他们为什么反对？因为当时英国蒙纳公司把他们的激光照排系统加上汉字处理功能后，在北京和上海搞了展览，有些人觉得国外产品可靠性比国产系统高，低估了我们的自主创新能力，加上对方给了一些所谓的优惠条件，他们便积极主张引进国外的系统，还说王选不会成功，不知道要拖多久，我们等不起，我们要买国外成熟技术等。当时，有个不成文的口头约定，就是对王选他们的项目先不做报道。我跟杨西光说："我们应该支持国内的科研成果，再说我也请示过方毅同志。"杨西光觉得我说的有道理。结果，我这不是抢先报道了吗？他们就很生气，就给杨西光打电话。我这个人不怕官，我进去时他的脸拉得那么长，劈头就说："你搞什么名堂？"我说："怎么了？人家都来告状吗？"他说："不让报道你怎么报道了？""谁不让报道？我说你别着急，"我嬉皮笑脸地说，"我给你科普科普吧。这个激光照排是怎么回事，你们大概不关心这些事，但这是未来的方向，是印刷的革命。"我还没有讲完，他说："知道了。"他知道了，我站起来就走了。还没一会儿，秘书又来找，我去了。他说："你看看，人家来了，反对的文章出来了。"署名是搞计算机的一些人。我看了之后把这个反对的意见记下来，马上打电话给王选。我说："他们讲的这些内容，请你写一篇东西过来驳，我是驳不了的，这是新技术问题。"没多久，他们就送来了文章，我也找杨西光给我发，杨西光也发了。发了之后，没过几天，又来了反对的文章，我就请王选他们再写一篇驳文。杨西光把我找去，他说："这个事就到此为止，反对的文章不发了，你也别写了。就到此为止吧。"当时，王选高兴得不得了，把那张《光明日报》压在他办公桌玻璃板下面，整整放了10年。他说，要用这张报纸激励自己。王选后来写了很多文章，老是表扬我，我都急了，我说你别这样做了。

这张报纸如今在王选的展览室挂着。他们研制40周年纪念时，王选的夫人陈堃銶老师邀我去参加，一共有二三十个人，回忆那段困难的岁月，陈堃銶教授当着大家面把我捧得很高，我挺不好意思。她说中央电视台的朱军，全国有名；光明日报的朱军北大有名。我说："陈老师，谢谢你，你可不能这么讲，我只是光明日报的一个工作人员，我当这个记者，只是做些报道，光明日报应该在北大有名，因为它宣传知识分子。"我当时还挺灵活的，我确实也是这么想的。后来他们要留我照相吃饭什么的，也因有事我赶快跑了，我真的是不好意思，我觉得这个事不值得太张扬。

你想，花大把的美元跑国外去引进那些系统设备，况且还是被实践证明是有缺陷的设备，那要损失国家多少财富？那个时候我就打了这么一仗，所以王选教授大概真的是觉得支持了他，很感激，到处写文章，好几篇都写到我。

11. 新闻一线，给生命注入活力

我没有脱离过采访一线。1960年，报社提我当副主任，我在北大接到通知后跑回报社来，请求总编辑撤销这个任命。那时候还有部队转业的编委吴林泉同志，起初就非要提拔我，说把这年轻的女记者给提起来。1960年，我不到30岁就当了文教部副主任，那次提了3个，两个女的。领导说，为什么要提你们年轻人？是让你们先锻炼，你看部主任都老了，四五十、五六十了，不培养年轻干部怎么办？我说我非常了解我自己，我要当个记者，努力地干，可能成为一个好记者。你要我当领导，去管人家，我怎么做也做不好，我从来没有想过我去领导人家，后面这几十年真够我苦的了，又要做部门的事，又要当部门领导,我是绝对不离开一线的。我说我要离开一线就完了,生命力都没有了,做新闻工作就没有什么意思了,因为采访一线接触各种人,而且还受教育,吸收很多东西,使人的思想、境界升华。

我这辈子一直是不想当官。可结果,我在光明日报社,除了没有在理论部工作过,哪个部都当过负责人。反正哪儿要人就把我调哪儿去,调哪儿去我都很听话,组织观念特别强。开始是文艺部、文教部,"文化大革命"时成立办报小组,我是办报小组办公室负责人,相当于总编室主任的职责,只留了20个人办报。所有国内新闻部门,日常工作,全在我这统筹。我还负责出内参,还要管二版,我白天把稿子看完,晚上自己拼版,真的是特别的辛苦。只有徐凯翔一个人给我做助手,他是驻上海记者站的记者,非常老实,我们俩24小时盯班。什么红机子、大印全在我手上。

这期间,报社工作非常艰难,很多人都被迫"靠边站"了,原领导班子只剩下副总编辑师海云一人带着夜班编辑坚持出版。1968年2月,上面发通知,说没有实现两派大联合,没有实行军管的单位,将停发财政拨款。这样一来,报纸的出版和日常运营都将受困,这可急坏了大伙。负责报社财务行政工作的陈国安四处奔跑,直到惊动了周总理。后来,总理作出批示,财政拨款问题才解决了。

"文化大革命"中,周总理要处理那么多事务,仍不忘外事宣传大局。有一次,我们收到了新华社批判日本军国主义电影的文章,是周总理亲自交办的,要求《光明日报》刊登。我和徐凯翔负责编辑加工,笔名陶蒂文还是我临时起的。文章刊出后,报社文艺部编辑潘仁山在外文出版社遇到日本专家谈起这件事,细心的潘仁山回来便写了谈话纪要,我编发了内参上报。后来外文局军代表用红机子打来电话,说总理要我们代表他本人向日本专家表达谢意。我也转告了潘仁山,总理的事必躬亲让我们深受感动,潘仁山还就此事写了回忆文章。

1973年9月19日深夜,我正准备给凌晨2点接班的同志做交接工作,有人送来一份国务院急件,是中国科学院《关于何鲁病故,拟在报纸上发表消息的请示报告》。何鲁是全国政协委员、民革中央委员、科学院研究员，报告上的批语由教育部刘西尧、周荣鑫、吴庆彤3人署名。按常规，领导批示，报纸照登就是了。可当时正值"文化大革命"，姚文元把持着宣传口的生杀大权，以自然来稿形式刊登这个讣告消息，"文化大革命"后没有先例，万一追查起来，对教育部的这几位领导也不利。情急之下，我当即给周总理写了报告，写完已经是20日的凌晨。没想到，当天下午报社就收到了总理的批示："一般的政协委员，自然科学家、社会科学家、哲学家、文学艺术家的逝世消息，似可在光明日报刊登，如何鲁先生病故即属此类……"后面是总理的署名：周恩来，还有日期：20/9/1973。我当时的心情就别提了，热泪盈眶啊。这份批示的复印件我一直保存着，总理的工作精神也深深刻在心里。

这一年，中组部调新华社的莫艾来报社当总编辑，我向他请假，当时我的身体已经严重透支，病得很厉害。我说医生两年前就要我住院，我没空去，现在实在不行了，已经贫血了。他很同情，让我去住院。我住了一个月医院，回来时报社已恢复原样了，各部门开始重建。原来我们两个人干的活儿，变成了十几个人干。当时要我去国内政治部，不久又调回教育部，接着去筹备成立科学部。没几年，教育部主任退休，又让我回教育部。真是哪里需要就去哪里。

在北大驻点时，我采访了很多系的工作。在王选之前我还采访了不少教师、教授，有一件有意思的事，"文化大革命"前夕，我和记者张天来采访了生物系生理教研室主任赵以炳，为什么呢？因为当时提倡教研室主任要双肩挑，又要做学生工作，又要教学。他在培养人才方面做得非常好，又是我国著名生理学家，我们采访了他。稿子写了很大一版，小样送审领导都签字了，因为有点儿改动，我又找到赵以炳教授，说请你再看看，就放在他那儿。没有两天，"文化大革命"开始了，稿子不能用了，都撤掉了，我们为这稿累了很久，这个就算没了吧，我们也没啥可说的。1987年，赵以炳去世了，他的学生、北京大学自然科学处长陈守良清理导师的遗物时，找到了这张清样，那上面的签字都有。后来开赵以炳诞辰百年纪念会，分布全国各地的他的学生都来了，不少名校的生物系主任、教授都是他培养的，来了100多人。陈守良居然发信邀请张天来和我去，而且在百年纪念册上，把我们没有见报的那篇文章放上去了，我非常感动，他们教育了我，我也帮了他们。

在跑国家教育部时，我要了解整个领域的动向，每个司局在做什么，我们怎么配合，我要知道学校在干什么，这个月我的宣传重点是什么。还得指导记者去跑，我告诉他们哪个学校有个什么题目，你去跑。稿子回来，有的写得不错，一看就过去了。有的稿子不好就得给记者当语文教师。有的交来一篇稿子，不过几百字，却二三十个错别字。我气得拿着小样用红笔大字写着正误，改稿有时简直把我烦得不行。我们做编辑记者的人，做文字工作的，不能不认真。所以新闻工作很苦。

我在文教部待的时间最长。开科学大会时，我在教育部。当时科学大会报道归我们教育部管，我带着在全编辑部抽来的人，当时抽人各部主任都支持。我抽了20个人上会报道，我自己也是科学大会代表。同时，还要审稿，往报社发稿。我真不想脱离记者一线，但也苦呀，要采访，晚上还要盯着改稿、看稿。

1982年，我又回到了报社的教育部。因为原来的部主任退休了，没有人来顶这个缺，他们又想起我了，而科学部来了不少人，可以替得上来。干吗拽我回去？我有点儿不高兴，我从教育部出来进去，进去出来，这是第三次进去了。后来我想，去就去吧，反正科学、教育都是通的，就回去了。我这个时候50多岁了，也更年期了，心情不是太好，看到有的不用功的记者，我特别反感。有的时候态度不好，所以人家对我就有些意见。到了58岁时，我坚决不干了。到60岁还有两年，怎么办呢？后来当时的总编辑就找我，问我是愿意休息，还是愿意再干。我说教育部、科学部我是不去了，做夜班编辑我又太老了，你们看看还有什么地方可以去。他们说外事办公室希望你去帮帮忙。我说好，帮忙嘛，我不用负责任，这样我就到那儿去帮助他们工作。

12. 热心公益，晚霞初照有余晖

1991年，我退休了，想玩一玩，轻松轻松，或者整理整理过去的资料。结果没多久，人民日报社的王金凤找我，说："你到女记协做做义务劳动吧？"女记协是首都女新闻工作者的社团组织，成员包括在京所有新闻机构的女性，王金凤是主要发起人，她动员我去，我不能推辞。

那些年，不光义务劳动，我还贴了不知道多少钱。为什么？我喜欢摄影，有好多照相机，又专门买了一套照相设备。我为女记协出的那本画册，里面好多照片都是我拍的。为组织这本画册，我真是呕心沥血，花了不少工夫。还有编《中国女记者》丛书，后来两册都是周建英和我编的。再就是活动的组织，我从学生时代起就组织这些事，怎么组织，主题应该搞什么，请谁来讲话，我都是轻车熟路，所以我策划的次数比较多。

20世纪90年代，有一个全国的知识女性经验交流会议，由各省市妇联轮流举办，北京市妇联负责主办第十一届会议。市妇联找了各个群众团体开会，商量这怎么接待组织。我听各个团体提了一些意见，后来我出了一个主意，我说这些知识女性代表到北京来，我们要给人家看一些高科技的东西。我们可以请她们来看看我们新闻单位的计算机系统怎么编报，看看我们女记者的工作。后来，我给了一个单子，列出应该怎么做、选什么单位等。后来我这个策划案多数被采纳，如妇联所属各群众团体每家出1~3个宣传版，我们女记者协会承担一个接待任务。中国青年报社谢湘（副会长）主动承接了代表去中青报参观，后来反映效果不错。北京市妇联对我们女记者协会称赞有加，还给我评了一个"三八红旗手"奖。

我在女记协干了四届，一直干到79岁，从第一届干到第四届。后来，我说我们下来吧。第五届我就没去了。大家在一块工作，也没有什么个人利益，都一心为女新闻工作者做事，大家商量着干，而且还互相关照，我自己也觉得更年轻了。

13. 遗憾多多，唯愿人祸天灾少

我们自1959年搬进这个大院后，就没离开过这个院。老伴是从航天部政治部副主任位置退下来的，还是航天部京区党委副书记。军队真是一个大熔炉，一点儿都不错，你说当初我们学生兵不都是很嫩吗，它让我们坚强起来，知道敌我，而且我们被日本人逼得都懂得有国才有家。

心态健康是最重要的，我特别喜欢儒学，儒学中很多道理真是深透了，"仰不愧于天，俯不怍于人"，很多事你只要这样脑子一过，这个心结马上就开了。"以德养人"，有些东西你不去求又有什么损失？你又能求得什么？即使你有广厦万千，你不就是睡张床吗？即使你有金山银山，你不就是三餐饭吗？……儒家的很多观念是很有道理的，我这都靠小时候学过的那些，再就是靠在北大听课学习。

出国，我倒是出访有两次了。离休之后，没有自己出去玩过。现在我跟我儿女聊天，他们说，晚年你还想干什么？女儿说，妈妈你到美国去玩玩吧。我没去美国玩过，当时很多机会我都让给了别人。我在女记协，有3次组团去访美，其实我自己就可以去，我都没去，我让人家当团长去。我说别人都想去，就让她们去吧，别说我们还是副会长。现在我飞不动了，飞十几个小时，我身体受不了。我女儿说给你买一个公务舱，可以睡的，我说那也不行，到高空那么一会儿，也不行。那你想什么呢？我说我想什么，我就想在晚年有几个愿望，第一是希望不要有战争，第二是希望国内不要有过去的那种政治斗争，第三是希望别有天灾人祸。1976年，我们那时候地震多可怜，现在地震是八方送东西，送什么帐篷等，我们那时候地震就站在这个院子里，支块塑料布遮雨。

这一生遗憾还是很多的。第一个遗憾是，没有上北大。系统的学习和我后来这种点滴的学习是两回事，真的，那完全是两回事。你像中文系那种系统的学习，比如说你读一个作品，你怎么把作品从头到尾读完。汉语专业比较枯燥一点儿，我去听过两节课，听不懂。没有那些基础知识，根本听不懂，所以后来我就没去，我也没有那个工夫了。第二个遗憾是，作为一个跑教育的记者，我没有好好辅导过孩子的学习。我没有参加过一次家长会，我真没有时间，家长会全是老头参加，现在我很遗憾。但是我那女儿皮得很，她说妈不来参加特好了，要不又训我。

其他的遗憾还有很多，比如，我原来想写的东西没有写。我曾经采访了一个人，真是精彩，这件事也教育了我一辈子。那时，我刚当记者不久，到湘南去采访剿匪，我们部队只有两个女的，一个我，一个饶宜。我们是周南女中同学，一起参军，又一起分到报社工作。我们行军时，把头发塞到军帽里面，但还是被老乡看出来了。我们很容易跟老乡打成一片，尤其我们讲湖南话。有一次，我们遇见了一个衣衫褴褛的老太婆，拿根棍子和破碗讨饭的，后来讨到了我们所在的部队。指导员以为她是要求给点儿吃的，因为听不懂她的话。有战士说，记者里不少是湖南人，能听懂她的话。他们就把老太太带来了。我们跟她一谈，把我们真是感动了。她叫王淑兰，是毛泽民的夫人。1926年，在湘潭韶山毛泽东领导的支部加入了中国共产党。后来红军走了，她被捕了，坐了好几年牢。敌人知道她是毛泽东的弟媳，就要枪毙她，她组织人越狱，逃了出来。与她一起越狱出来的还有一个男的，出来后他们找不到组织了，就在敌后坚持斗争。她组织了一支游击队，还送情报，穿个破烂衣服像要饭的。城墙上挂着她的大照片——湘潭韶山妇女主任，敌人要抓她，但军警也不认得她。就这样她要饭坚持抗敌26年。真的是把我感动得眼泪都掉下来，后来我突然明白，为什么说共产党是钢铁炼成的，一个老太太都能这么坚持。

之后，我们口述，总编辑跟我们一起写了一篇通讯，发在《衡阳日报》上。后来我们军队又走了，这个本子我一直留着，我想将来有机会可以把她写出来，因为她知道很多事，我记录了3本。后来我不是到朝鲜了嘛，其他东西都留在后方了，但这些采访本我得带在身上，准备在朝鲜有空整理出来，结果炸弹把我们那个办公室的坑道全炸没了。回国之后我还四处找她，人家告诉我，说这老太太跟她女儿一块生活了，晚年还好。采访本的事情让我特别遗憾。不过，我当时要是把这个本子留在后方，留在后勤部也不行，我回来的时候，放在后勤部的那个箱子找不到了。要是留在家里，或许就保存下来了。可那个时候没时间回家，连跟父母告别都没有，就走了。其实我要是去请几天假也很容易，因为那边体工队不管我，这边军营不知道，但那时就是那么自觉。

2012年，孩子们给我和老伴儿办了钻石婚，照了很多相。我女儿最高兴的是拿着我那结婚证，跟爸爸妈妈一块照相。我觉得我一生中，7岁前因为抗战没有开始，我的生活特优越，我现在脑子里还想得出来小时候的样子，身上穿着的小裙子，是那个年代很少见的，都是美国人送的，也有我妈做的。离休后这些年过得也可以。最舒心的是如今没有政治运动，不像过去一醒来，脑袋都要晕一下，今天来什么斗争，又做什么检查，心情很沉重。

我们两个人对钱都不怎么重视。有钱就花，没钱就算。我们有时候边吃饭边聊起来，感慨我们幸福的晚年。我老头有一些幽默感，他说，咱们现在要知足，工资不高也不低，房子不大也不小，咱们和战友、朋友关系处得都不错。知足了。

采访朱军大姐是一种享受。85岁还那么思维敏捷，快人快语，而且做足了功课，使采访过程如同亲人聊天，非常顺利就完成了几近6万字的访谈录。只是受篇幅限制才压缩成以上篇幅。

我是在20世纪90年代参加女记协活动时认识朱军大姐的。那会儿女记协的活动丰富多彩，有时会请新闻前辈做讲座，有时和科教文体以及政界的优秀女性互动，有时会搞些业务交流，还办过三届的两岸三地女新闻工作者研讨会。如果不是采访朱军大姐，真不知她在后台默默地付出那么多的汗水。

但凡优秀的女记者，都会有一些共通的优秀品质。朱军大姐的个人经历却是唯一且不可复制的。

在新闻这片"草原"上纵马驰骋
——斯热歌访谈录

- 访谈时间：2015年4月25日上午、5月3日上午、12月14日上午，2016年1月4日上午、1月15日上午、2月2日上午
- 访谈地点：北京百万庄斯热歌家中
- 受 访 者：斯热歌
- 访 谈 员：卢小飞
- 摄 影 师：王玉龙　王权增
- 整 理 者：卢小飞

编者按

斯热歌是从辽沈战役烽火前线办《卓东战地》小报起步的蒙古族第一代女记者。从那以后，她先后主办了卓东工委小报和《热河青年》专刊，在热河《群众日报》和内蒙古的省市级报社担任记者和编辑，改革开放后调入《民族团结》杂志社。她的新闻生涯如同草原上纵马驰骋，一路前行从未怠惰。她秉承了中共冀热辽分局办报的优良传统，坚持"吃透上下两头"的办报原则，热衷于深入基层，善于调查研究和思考宏观的问题，在经济发展和民族团结等领域采写过一批有见地的文章，也由此奠定了她在少数民族女新闻工作者中的地位，成为令人尊敬的新闻前辈。

离休后，她除了写作阅读外，专事绘画，在家中墙壁上以传记形式彩绘描画自己的一生。访谈就从墙壁上画的故土草房说起。

1. 故乡本名达巴克，蒙汉通融大富屯

我的故乡在科尔沁左翼中旗。

生养我的村庄本名"达巴克"，后来精通蒙文和汉文的父亲按照蒙语发音给村庄取了个吉利的汉语名字叫"大富屯"。这个名字是那个时代蒙汉融合的历史缩影，一直延续使用至今。

我的母亲名叫唐喜如，生养了9个孩子，不幸有3个被病魔带走。我是"九一八"事变那年出生的，排行第六，父亲给我取名"灵玉"。"斯热歌"这个名字是在我加入革命队伍以后，我的领导乌兰给起的，意思是"唤醒"，赋予我"唤醒大众"的使命。

我们家族在达巴克150多年间繁衍生息了5代人。祖先最初选择达巴克背靠北坨岗处盖了3间草房，此后十里八乡都叫我们"草房老李家"或称"草房家"。这李姓的由来呢，相传老祖根脉来自山东，是李唐王的后代。当年乾隆的小女儿和敬公主下嫁科尔沁左翼中旗的王爷色布腾巴勒珠尔，把我们一部分山东手艺人作为仆从带过来。我们家擅长做面食，专门给王府供奉剪子饽饽，从此定居科尔沁成为草原民族的一员。可如今，翻地图查科尔沁，因土地关系的流变，已没有了达巴克的踪影。过去填表，籍贯一栏我都写辽宁省，现在已半踏黄泉，宁可啰唆也得写明白，原籍内蒙古科尔沁左翼中旗，今属吉林省双辽县卧虎屯镇大富屯村。

太爷爷和爷爷两代人既无土地也无牲畜，靠给王爷放牧种地为生。直到清末民初，第三代人仍是科尔沁左翼中旗辅国公松诺彦的属民。

爷爷名叫阿尔斯楞，翻译过来就是"狮子"。我父亲兄弟4个，按伯仲叔季排行，在庙上早逝的同父异母喇嘛兄弟是老大，以下同父同母三兄弟，老二松拉，汉名李世荣；他的长子是我同辈大哥博彦达赉，汉名李鸿韬；老三哈尔巴拉，汉名李世忠，他的长子是我同辈二哥协儒布僧格，汉名李鸿范；老四祜和陆，是我的父亲，汉名李世英，又名李青龙，长子是我辈三哥特古

斯朝克图，汉名李鸿智。

爷爷英年早逝，太奶奶将他的孤儿孤女揽抱过来。她让16岁的喇嘛孙儿即我二大爷松拉还俗回家掌门，又先后嫁出去未成年的两个孙女，不久，还给掌门的孙儿娶回大他10岁的寡妇照管家务，这便重组并盘活了家庭生产力。太奶奶持家像个女丈夫，名字也威武，叫"亚洲"，一直活到了85岁。她经历了达巴克从牧到农的转型风云，教子严格却也护犊子，凭借聪明能干维系着大家庭的完整和尊严。

故乡达巴克，是一片有花的芳草坡。嵯峨的北坨岗，流沙起伏，岗心低洼处积水成潭，是夏日的天然浴场。记得小时候，我曾经钻进哥哥们建的土"宫殿"看他们"打仗"，而后从高岗坡哧溜溜滑下来，那是玩滑梯，滑下来后又滚沙耍水。草坡上开着芍药花、马兰花、野菊花、大碗花……最好玩的是蓝色不大的婆婆瞪花，一朵朵连起来，就是一条美丽的项链，我们小姑娘将它们围成大大小小的圈圈，戴在手腕、脚腕和脖子上，美滋滋、飘飘然。

故乡留下的记忆，还有母亲身边精巧的乌鲁盖，那是我们蒙古族家庭里特制的一种半轮式的摇篮，木底板，柳条编织的围栏。母亲轻摇着乌鲁盖哄孩儿入睡，嘴里哼着《阳春三月小黄鹂》："春天里的，春天里的小黄鹂呀！啊么么，转悠着，转悠着，围着山峰鸣叫……"

冬日里，玻璃窗上结满了美丽绚烂的冰花。我定要画个小人，每天一早起来就奔着窗户去画，弯下身子，吐出舌头，跃跃欲试。大哥看在眼里，笑着问我："用舌头画吗？"没等回答，舌头一舔，窗花上已经出现了光芒四射的"太阳"，与银色的冰雪山川交相辉映。这一幕情景至今难忘。

小时候，跟大人赶庙会也是一大趣事。离我们屯西边40里地有个西玛拉沁庙，是科左中旗有名的庙，每年举行一次查玛佛事活动。达巴克原住民会扶老携幼赶庙会，看查玛舞、颂佛经、听故事。有一次，我窜进演出的圆场，遇到了出家当喇嘛的本家叔叔嘎日吗。他扮演"二十一菩萨"中的一个，头顶上两根彩色羽毛长长地伸向空中，一边优雅缓慢手舞足蹈，一边还俯下身子跟我搭话。场上两根丈长碗口粗的牛号一阵阵吹响，刚才还在表演的"鹿头精"垂下脑袋,好像被神降服了。我问嘎日吗叔叔:"狐仙怕不怕牛角号声?"他说:"妖精都怕。"寺庙让孩子觉得有倚仗,那里更有好看、好听的魅力。看查玛舞最期待那4对白色的小精灵,从头到脚白色紧身服,舞步轻盈、快捷。后来,我第一次看到芭蕾舞《天鹅湖》中的小天鹅时,霎时间想起了西庙查玛舞中的白色小精灵。

2. 顺应历史之变,抓机遇草房致富兴文

科尔沁地区历史文化底蕴深厚。清末民初,满清政府和北洋军阀不断放荒蒙垦。那时候,不少蒙古王公过着奢靡的生活。他们入不敷出,靠借债过活,从而把私垦蒙地作为生财之道,卖给军阀换银两。达尔罕王旗在光绪年间共放了86万多垧牧场,收押荒银29.13万两白银。多数银两被王公贵族挥霍或者偿还了债务。

1927年,东北军阀张作霖与科尔沁左翼中旗扎萨克亲王那木济勒勾结,设立荒务局。1928年,我家乡那一带土地丈量结束,总面积440平方公里,脱离开科尔沁左翼中旗,划归了双山县版图,就是民间所说的"东夹荒"。继而军阀又着手开垦"西夹荒"和"辽北荒",即郑家屯到白城子铁路以西的荒地和邻近的辽西北一带。

你知道《嘎达梅林》这首歌吧?唱的就是我们的民族英雄嘎达梅林。他反对卖地垦荒,跟王爷做斗争。1929年,他率领义军斗争了1年多,后来起义失败英勇就义。他就义那会儿,我们家乡已在东夹荒的范围里。开荒之后,每户分得一份土地,许多人由牧转农不习惯,扶不了犁铧,跑不了垄沟,只得背井离乡,继续过着游牧生活。我三大爷瞄准了这个机会,他在征地局当差,能写会算,利用土地买卖中介人的身份,低价买进原住民土地,再高价卖给外来的汉人,由此开辟财源,扩大自家土地面积,进而又添牛羊,扩大了畜群,充实了草房家底。大家庭逐渐地富裕起来,李家成为全村首富。可惜家境刚好,三大爷在30多岁就离世了。当时,二大爷是当家的,他信佛,

善待穷人，还以他的蒙医蒙药给全屯人治病。我们家庭的女人们从来没有脱离生产劳动，剪羊毛、挤牛奶、缝衣服、带孩子。因此，草房家虽富有却没有形成雇主与雇工的阶级对立关系。

我们村原来只有李"奔儿罗"一个汉人，在蒙语圈里包围着，讲一口蒙语，基本上被同化了。听二哥说，他4岁那年（注：1927年），我们家那儿"出了荒"，村里来了汉人，挑着儿女来此定居。原来，我们村西北基本是原住民，是蒙古族居住圈，从东南部不断向北扩的是汉家地界。随着汉人的增多，最终成了蒙汉杂居的村子。

民族文化的融合又给草房带来机遇，我们村里出了不少蒙汉文化兼通的人物，而草房家堪称巴达克蒙古圈中的典型。我大哥博彦达赉对于蒙汉两种语言文化的钻研拔了尖。记得我童年对一个怪词印象深刻，那是大哥的幽默作品。蒙语称胃酸为"协日胡思"，大哥的解说特别逗人，他说"协日"在汉语里是"黄"的意思，"胡思"是"咔嚓"的意思，我这里"咔嚓黄"了，逗得人都笑。后来，只要我胃不舒服，马上会想到里面"咔嚓黄"了。大哥对每个词语的翻译，常常是反复推敲。1960年，他调到民族出版社，翻译过《联共布党史》《毛泽东选集》等著作。他的治学精神一直深深影响着我。

爷爷本是草根，却让4个孩子都学了文化，大爷和二大爷在庙里当喇嘛，主攻蒙藏文、蒙医。三大爷带回孙中山的警世信息，家里开始有了《三民主义大纲》和梁启超的《饮冰室合集》一类的社会改良书籍。三大爷边放牧边念《三字经》《百家姓》，无师自通，后来翻译了《三国演义》，这本书的手抄本我至今还留存着。父亲从私塾、小学上到沈阳第一师范，比较系统地接受了教育，精通蒙、汉、满等多种文字，后来成为科左中旗两个学校的老师乃至后来担任本地学校的校长。

父亲还在草房办起了自己家的蒙文学习班，扫除文盲。第一期由父亲执教，学员有母亲唐喜如、堂姑李梅香、大姐香女、表姐香桃和香玉，清一色的女学生。第二期学习班由大哥教课，他是奉天师范学校毕业的，学生有大嫂、二姐和四哥，这一班还加开了蒙文"营养小灶"。大嫂是通辽人，毕业于通辽师范学校,学了英文而不会蒙文,此时学蒙文自然老是挨大哥批评,后来不仅学好了蒙文,还教自己的学生蒙文。二姐14岁就抄写了成本的《红楼梦》,四哥后来是一家报社的主编。新中国成立后,我们家里几十口人相聚在北京,大都在新闻、出版、文艺、教育领域工作。

童年时代与父母、哥哥合影

科尔沁人素来爱伴着琴声讲故事,我们家却养成了在灯下让孩子们读书、讲故事的传统。那个时候,《三国演义》《水浒传》《红楼梦》都是我们轮流阅读或者晚上讲故事的话题。有一次,三哥特古斯讲孙策之死,讲到节骨眼儿上却停下来,大家都急了,他就是不出声,妈妈着急还打了他两下。小弟弟宝音满达喜欢赵子龙,有一次,我故意逗他,说雁门关上打死了赵子龙,气得弟弟追着我对打。

草房家的女性爱听故事。晚上灭灯以后,二大娘给我讲《西游记》,她讲得出神入化,给我幼小的心灵插上了想象的翅膀。

我7岁那年上了本屯小学,上学前的那个晚上,妈妈给我准备好书包,而后将皇历上的孔子绣像翻卷起来放在佛柜前。第二天,她让我向孔子像三鞠躬,然后才上学去。她认准孔子是天下第一学问家,这些给我幼小的心田里播下好学的种子。记得妈妈曾鼓励我,求学路上能走多远走多远。那么,女子求学路上走到最高点能做什么?在大哥的启发下,我瞄准了居里夫人的科学研究。新中国成立以后,我陆续在中央团校、人民大学、内蒙古党校、中央党校学习。我好像一辈子都学不够,退休后是在自己的"家庭大学"继续进修。

3. 随"八一一"起义,从"世战"前线到内战前线,再闯烽火前线

1937年,"七七事变"以后,家境渐渐衰落,到我父亲手上没几年,家里就欠了许多债。1945年2月,草房李家按父辈三股分家,大哥暂时留在大富屯草房,三大娘随父亲一股搬到巴彦塔拉的花墙小院住下。巴彦塔拉是本旗温都尔王家族统治中心,伪满时期是旗公署驻地。在那边我们没有自己的土地,当年租种了二贝子爷30垧地。不久,大哥一家也搬到这边,巴彦塔拉成了我们的第二故乡。有段时间,巴彦塔拉那个小院成了蒙古族进步人士经常聚会的地方。

1945年春,我小学毕业,去伪满兴安总省省府王爷庙(今乌兰浩特)上兴安女子中学(简称为"兴女")读书。这是日本人开办的4年制中学,奴化式的教育让我们不堪忍受,邻近男校的日本老师对学生则更加粗野,拳打脚踢司空见惯。此时,革命火种早已在蒙古族圈里蔓延。

这一年的8月8日,苏联对日宣战,即刻跨过国界,从东蒙阿尔山起到王爷庙成为第二次世界大战的一个前线。8月10日,原驻扎在王爷庙的日本人开始仓皇南逃。8月11日,早有准备的兴安陆军军官学校师生杀死日军官兵,开始抗日了,史称"八一一葛根庙起义"。这次起义串联王爷庙各所中学都动手对抗鬼子,相当一批蒙古族青年,在内蒙古人民革命党的秘密组织下,各个学校都动员起来。8月10日那天,"兴女"日本校长黑柳雄一召集我们当时在校的师生排队整装待发,命令我们随日本军政人员及其家属撤向通化。这可是何去何从的关键时刻啊!恰巧此时来了电话,黑柳去接电话向他的日

本长官请示带队出发事宜,趁此分秒必争的时刻,我们的额尔敦陶特格和包明珠两位老师随机应变,加上机灵的高年级同学英玛,带我们的人迅速出逃,边藏边跑,向北边逃离,奔往扎赉特旗农村。两天后,在科右后旗的好屯扎拉嘎乡与"八一一起义"的志士们汇合。第三天,我们见到苏联红军,开始被接纳。

我们当年的"兴女"同学,回忆起当时那种何去何从的关键时刻,断然摆脱日本人的控制,北去与"八一一起义"志士汇合,那是早有联系和默契的。我们恨透了日本鬼子,寄希望于民族解放和民族平等。当时,"八一一起义"志士知道8月8日苏联对日宣战就开始行动,但战争会持续多久心中并不清楚,都决心北上来坚持打游击以配合战斗迎接苏蒙红军。

实际上,"八一一起义"、北上抗日、接应苏蒙红军,都是在内蒙古人民革命党领导下进行的,我们的额老师就是内蒙古人民革命党的党员。那次北上汇合点上,我们见到了哈丰阿、特木尔巴根等内蒙古人民革命党领导人。他们彻夜开会,研究部署如何对抗日本关东军的反扑包围。在战乱中,67斤体重的我因为奔跑、惊吓、饥渴,险些丢命。由于语言不通,发生误会,一些苏联红军坦克兵怀疑我们"兴女"是日本俘虏,先赶着我们通过乌兰浩特南边十几里的乌兰茂都村野外住了一夜,第二天再通过乌兰浩特赶回来。8月13日那天,苏联红军领导正式收容我们在乌兰浩特北郊的北大营10多天,给予关怀、保护和一些教导,讲明了形势。8月26日,我二哥李鸿范负责把我们从北大营接出来,到乌兰浩特万顺恒商号居住。院内住着原兴安省长、内蒙古人民革命党地下领导人博彦满都一家,院门外苏联红军哨兵站岗,由当时维持社会秩序的警备队管理。

9月1日,内蒙古人民革命党党务学院在乌兰浩特成立,不久改为东蒙干部学校。我们"兴女"的好多同学都在这里学习。在这里,我们初步学习了马克思主义基本理论,从苏联东方学院毕业的老地下内人党领导人特木尔巴根讲授政治经济学,由学问高深的特布新(后来的内蒙古大学校长)讲哲学、科学社会主义和无产阶级革命理论,老师教唱《工人歌》,我们随着唱"生活像泥河一样流,机械吃我们的肉……"也正是这期间,我们直接接触了中共党员,是一些老八路男女干部,我们在一起唱《新的女性》等歌曲,听许多革命的道理和故事,分外兴奋和亲近。这期间,我们还学了一些蒙古人民共和国战争年代的革命歌曲,有一首著名的《可爱的英雄》出征歌,正是我们这群女生广泛传唱传出去的,后来成为普遍流行的内蒙古骑兵打国民党军的出征歌。

当时,我们居住的万顺恒,实际上也是东蒙古革命活动阵地之一。在此期间,我们集体加入了内蒙古青年团,成立了内蒙古的第一个女团支部,我们上街散发革命传单和"内人团"的《黎明》报,我们自己缝制团证和内蒙古人民自卫军的袖章。

1946年1月16日,东蒙自治政府成立,那是针对国民党指定成立兴安省并派来省长统治东蒙古行为的反抗。我们万顺恒阵地全员出动前去支持参加大会,有带枪站岗的,有给代表端饭的,还有3名同学以代表资格出席了会议。

我们从1945年的9月1日到1946年的3月,一直宣传国民党倚仗美国打内战的危险形势是让我们蒙古族脱离了虎口又落入狼嘴的危险。东蒙古自治政府成立之后,我们有一群女生骑马乘车勇敢去往哲里木前沿第一线,住在我科左中旗巴彦塔拉的家。我二哥李鸿范当时是哲盟地区对敌斗争的一个核心人物。抗日时期乃是内人党领导哈丰阿在日本进行地下革命活动中的最得力助手。我父亲反对新军阀国民党,读过毛泽东写的《论联合政府》,敌人的引诱拉拢不了他。同学们住我家随意进行革命活动安全而方便。

在当时敌强我弱的形势下,在巴彦塔拉中心地带,敌我斗争激烈紧张,从各地大中学回乡的青年赶走国民党的特派员,扯下国民党立的旗杆子,而国民党也秘密发展党员,进行特务活动,拉拢某些当地上层人员,组织暗杀。在辽北省委的指示下,二哥李鸿范等一行分头出动,一网打尽,查出20多名地下国民党员,搜出了国民党的行动纲领和委任证。我们一群上前线的女同志曾参加了抄国民党特务家的活动,也参加了清算恶霸的斗争。

在新闻这片"草原"上纵马驰骋
——斯热歌访谈录

东蒙古自治政府成立不久,内防部长阿思根将军便着手组建民族武装。我成为东蒙自治军骑兵第二师政治部的战士,当时的政治部主任是李鸿范,副主任则由西满分局派来的骨干章泽同志担任。我们当宣传战士,上台演戏唱歌,同时也抓发展妇女协会会员的工作,推动争取民族平等的同时,追求男女平等,扩大我方的影响力,与国民党争人心。

1946年春末,距离国民党占领的郑家屯只有50里地的巴彦塔拉形势极其紧迫。在辽西省委书记兼辽西军区政委陶铸同志的统一指挥下,我们党军政及其家属必须在两小时内北撤,离开巴彦塔拉,退向旗中部的舍伯吐一带。记得那次撤离,尊敬的老八路章泽同志站在我家大门前,目送我们很远,让人慌忙中也感依恋。那次随大军撤退,我家6口人,只带些生活必需品,分别乘坐两辆胶轮大车,有二哥李鸿范的老母亲和他2岁的孤女高娃,还有我怀孕的母亲和年幼的

少女时代

弟弟妹妹,我是其中最能干的护工。但是,途中天黑,小高娃哭着要喝热牛奶,也没有一点儿办法。那次我家3个男子,寸步不离危急的前沿岗位,各忙各的,不能到我们车旁看上一眼。我父亲在这次撤退中是一员指挥,凭其往日的为人交情和威望,他排除了途中障碍,说服封闭围子不开门的村民开门接纳我们撤退的一行人。多年后,章泽同志在西安宾馆看望父亲时,还特别提到此事,念他有功的统战业绩。

那次,我们一家撤退到属舍伯吐区一带的孙家窝堡一个大户人家住下来。

主人协日巴拉一直待我们很好。院子围墙高大,有炮楼、炮台,大门用铜铁包住,结结实实,犹如一座能守难攻的堡垒。我们家住他们东厢房的南北炕上,一个多月很稳定,母亲在院子外穷人家生下了我最小的妹妹。随后,就是土改了。有人登我们家的门,问从家里带出了什么财宝,姑娘是不是该出嫁了等,看来我们要被分斗了。于是,我和弟弟两个人骑一匹马去舍伯吐区政府问:"革命家属也要被分斗吗?"回答说:"放心吧,哪能不保护革命家属呢?"但是返回途中青纱帐里,突然有人大喊叫我们站住,吓得姐弟俩赶着一匹马拼命跑,躲过了一劫。接着不久,我们遇上了真要命的大险。

那年近秋,国民党组织部队向哲里木盟全境推进,通辽、开鲁、吉尔嘎朗、库伦等城镇陆续被占领。我方继续与敌人周旋拉锯,进行曲折的统战攻势,坚持灵活的游击战。哲盟政府则逐步北移,也来到我家住的孙家窝堡协日巴拉的大院,其中有盟长乌日图,有我二哥李鸿范及一些政府工作人员和不多的警卫队人员。乌盟长家属这时也从北边的撤退村聚集到这里了。这些情况很快被敌人盯住,先是"扫荡"孙家窝堡旁边,臭名昭著编造所谓"内人党"谣言的那乌兰巴根,就在那次"扫荡"中投降,误了我方叫他传递的消息。那场列入本旗战争史的著名的孙家窝堡一战,真是险中获胜的非常之战。敌方匪首苏和巴特尔是伪警察出身,杀害了我旗大队骨干塔兴阿、禄云之后,投奔到国民党那里,当上了保安队长。那次一大早开战,从东南角纷纷朝围墙扔手榴弹,开枪扫射,院内门窗玻璃碎裂,房屋震动,牲畜倒下。我随二哥李鸿范先在正房,枪弹从窗户打进来,二哥把我扑倒在地,他自己坚持战斗,从屋里到炮台上朝敌人开枪,让我快去东厢房带上家人去东边的马棚那里化装隐藏。我妈妈赶紧给我的脸上抹上灰,套上一件破烂袍子,做了敌人进来时如何躲避的准备。我们看出当时敌我力量悬殊,认为逃不出敌人手掌了。乌日图盟长一家人做了全家开枪自杀也决不当俘虏的准备。当敌人砸开大院大门就要点火烧进来时,形势开始转变了。我从马棚边门一角看到一个个弯着腰、端着枪、打着灰色绑腿的人悄悄地跑着过去了,我惊喜地搂着妈妈说:"八路军来了!"

是的，当敌人点火烧大门还未攻进大院前，我们主力部队赶上来了。战斗终于以敌败我胜结束。战斗中以弱小之力面对强势敌人坚持斗争的精神永远感人，战斗中付出血的代价也永远让我们心痛。那天，我妈妈跑上炮台台阶，看到一个牺牲的年轻战士躺在那里，叫我赶快拿个枕头来，她自己给他垫头，摸摸头，流下泪。旗政府一名领导骨干包国惠在战斗中负伤，肠子都从肚子里被打出来，然后塞进去，感染发烧，难以呼吸，我为他敷贴冷毛巾，驱赶蚊蝇子。因为他是我的小学校长，所以我更觉得心疼。他把手放在我手上，叫着我的小名，这时的亲情，是极大的安慰啊！

孙家窝堡战后，我家搬到舍伯吐镇住下，东厢房住一班警卫兵。没多久，这班兵悄悄叛变走了。在国民党进攻气势下，舍伯吐不时发生叛变事件，不能作为盟政府牢靠的后方了。盟政府和有关部门研究解决安全撤退问题与社会治安问题，决定在北山奈木吉屯建立盟政府派出机构北山办事处。北山地处险要，山上常年积雪，主峰之间有一条河谷，为鲁北至突泉的必经之路，自古是一处易守难攻的险关。这里离通辽150多里，是科左中旗北端偏僻山地，又是内蒙古东西部相互联系的重要据点。在此建办事处有利于安置撤退家属，维持地方治安。在这里建办事处的同时，建贸易局，开展贸易活动，提供相关物资，支援前后方。我父亲在盟北山办事处当处长，家里人后撤就在那里住下来。等到那年11月，我随南下回来路过北山的阿思根将军去乌兰浩特，再去北安上东北军政大学学习。

那是延安时期抗日军大的第9期，正像《生活在军大真是快乐》唱的那样，4个多月中，我几乎每天都在快乐中学习前进。扭秧歌，上台跳舞表演，特别是学会了许多革命歌曲，成为我上前线以教唱歌讲话、动员群众、带队行军的资本。记得在前沿见战士擦枪，我便唱道："我爱我的枪，枪在我身边，我的枪同我上战场。"见农民支前车队，我边唱："自卫队员黑又壮，赶着毛驴送军粮，得儿哒，得儿哒，呦！"还当众指挥高唱："动员动员，解放区总动员，红缨枪，大刀片，长枪地雷手榴弹，反动派敢来咱就打，缴他的轻机关枪……"学习4个月后，唱军大的毕业歌："这是时候了，同学们，该我们上战场，内战烽火已燃到了眉尖……"

1947年春，我从北安回到乌兰浩特，在内蒙古自治区政府成立的"五一"大会后，我们一行男女青年跟随自治区政府执行委员、久仰已久的传奇式英雄乌兰同志开往冀热辽的卓索图盟东部前沿。从前沿到前线，我这是第三次上前线闯烽火了。

成立东西部统一的自治区，这是我们蒙古人多少代追求的天大喜事。我们随乌兰一行人骑马乘车一路宣传"五一"大会，告知沿途老百姓乌兰夫是自治区的主席。在林东阿日科尔沁旗停留时，我们甚至还办了小型训练班，贯彻"五一"大会精神，吸收青年壮大了我们赴前沿的队伍。

我们一行路过北山办事处的奈木吉拉，在那里停留两小时与我父母相会。当队伍出发时，我的双亲站在高坡上并立送行。同志们唱着《青年团员们集合起来走上前线》的苏联歌曲，那"请你吻别你的儿子吧，再见吧妈妈，再见吧亲爱的故乡"之声，揪得我心疼。当时，我硬拧着自己的大腿不流泪。是啊，那时哭，就怕被乌兰同志推下车，不能随队前行了。

辽沈战役时，我还把一支思乡的、想念妈妈的蒙古族歌曲改词，把这首歌变成瓦解敌人部队的战歌。那是1947年夏天，北票当地国民党头子、土默特中旗的小王子有一支由蒙古人组成的旗警队与我军顽抗。那些士兵大部分是当地人，乡土观念深，跟随小王子外出打仗，和家人分离，牵肠挂肚。抓住这个亲情关系，乌兰授意我和表姐莎蒂给旧曲填进了新词，用唱词奉劝那些走错路的旗警兵赶快回头，歌名叫《寄给误入歧途的人们》，用的是当地熟悉的民歌曲调，曲调哀婉绵长，撩人情怀。歌词我还记得："误入歧途的人们，快回来呦，红颜妻子倚门望，白发老母盼儿归！你本是成吉思汗的子孙，胸中流着红血，何苦盲从旗警队，被人拽着给美蒋卖命？"歌曲传唱到小王子部队和他家属耳边，很揪他们及其家人的心。随后，那些旗警队和李守信的兵纷纷回家乡或前来向我们投降。就这个主题，乌兰编了汉语的快板，卓东工委秘书苏赫还编写了话剧。乌兰的攻心战术果然有效，小王子的队伍日渐衰退，人不断逃走，有时候整队地逃跑，到锦州战役时，小王子连一个连的兵都凑不齐。

我们部队所在的卓索图盟东部（简称"卓东"）地区是东北战场的前线阵地。包括卓东在内的冀热辽地区是连接关内外的通道和枢纽，是整个东北的大门户，战略地位十分重要。在国民党的重兵面前，遵照"让开大路，占领两厢"的方针，我们在热辽地区建立蒙汉根据地，发展武装队伍，进行灵活的游击战，时而闯入敌占区内活动。"五一"大会那年，我们蒙民武工队的3个人还跑进北票郊区骆驼营子，一个人牵着马，一个人提桶，一个人刷标语。标语的内容是号召成吉思汗子孙团结起来、蒙汉人民携手反蒋、反美，共产党万岁等。刷完标语就跑回来，为自己的冒险而高兴。接着不久我们更冒险地进了城，参加二打北票的战斗。我就是从办战地小报起，进入新闻工作领域的。

要说二打北票，必须先得讲讲一打北票的背景，才能自然地明白它的重要性。一打北票后，民间传开了这样一支民歌："请看东三省，有位女英贤，蒙古女同志，名字叫乌兰，年方二十四，掌握大兵权，攻打北票城，英名天下传。"

北票是锦承铁路的枢纽之一，被国民党军列为辽沈战场的重要据点，先后由国民党13军一个团、93军22师3团和热北守军驻守，小王子沁布道尔济自从1945年11月被我军打出他的王府黑城子后，就以北票为大本营，骚扰破坏，威胁百姓，妄图再打回黑城子王府，恢复王权统治。一打北票是从1946年5月13日开始的，参加战斗的主力有热辽军分区独立三团、17旅一部分兵力，乌兰政委领导的蒙民11、12支队也参加了这次与国民党主力交锋的战斗。我们的卓东武装工作（简称"武工队"）也同时参加进了城。

一打北票的头天晚上漆黑，小王子派来的3个探子迷路了，被蒙民11支队的韩廷抓住了。在乌兰威严的审讯和诱导下，当了我们的"舌头"。临出门，乌兰又叫他们回去告诉小王子，人要识时务，早日投降。3个探子回去惊魂不定，神乎其神地描述所见所闻，替我们宣传，一传十、十传百，红司令的威势扩散开，小王子声嘶力竭地叫骂，也挡不住人们远离他的势头。这次，我们蒙民 11 支队与沁布道尔济的热北队狭路相逢对打起来，乌兰同志的指挥才能突显出来。蒙民 11 支队在这次战斗中负责坚守通往我军后方的咽喉地带蒙古营子，保护前沿阵地伤员和军用物资。5 月 13 日晚上 10 点，前沿阵地部队向北票守敌猛烈进攻，3 小时后，伤员被陆续抬下来，缴获的军用物资也运下来，井然有序，忙而不乱。突然右翼山上发现敌人，沁布道尔济的热北队为切断我军后路运输，企图南北夹击而从蓝旗营子驻地到蒙古营子建据点。他们硬着头皮嚷着今日要见识见识蒙古八路。我蒙民 11 支队奋起迎敌，刚刚从敖汉旗赶来的 12 支队风尘仆仆，在老乡家才喝了一口水，便在乌兰政委的统一指挥下投入战斗，各支队组成交叉火力网。乌兰纵身上马，倏地撂倒了跑在前面的几个敌人。我军士气大振，小王子队伍仓皇中重摆阵势，轮番反扑，蒙民支队连续打退小王子的增援部队，牢牢占领住蒙古营子，并追击敌人打到北票城的北门。

14 日，我军已经攻克北票尖山和街里，敌人死守南山。这时支队领导组织抢运从敌人手里缴获的布匹、弹药，装上大车开往三宝。15 日，锦州守敌派 6 架飞机空投枪支弹药，支援南山守敌。恰巧，敌人空投物资大部分落到两军对峙的中间地带。乌兰绝不放过这次机会，带领支队利用火力掩护，奋力匍匐向前接近降落伞处，飞快抢来十几箱弹药。当敌人从朝阳增援北票守敌时，军分区命令蒙民 12 支队火速抢占据点阻击，我骑兵在桃花吐北侧公路与敌援军相遇，敌人见我骑兵漫山遍野地冲上来，便拼命向三家方向突围。这时军分区领导指挥从两边山包围过来，步兵从正面追击，我骑兵从山的两侧猛追，最后全歼增敌一个营。几天后，我军主动撤出北票，行至三宝炸毁了刚刚用过的铁路大桥，如一声礼炮报捷，让大家在心花怒放中结束了一打北票的战役。

二打北票是 1947 年 6 月 28 日，冀热辽军区主力独立师 17 旅和 12 旅，在热辽军分区步兵和蒙民 11、12 支队以及北票、朝阳支队的配合下，向北票守敌国民党军进攻。战役总指挥是 21 军分区司令员欧阳家祥，乌兰政委是指挥部成员。他俩并肩站在矿区楼台上，拿望远镜见敌人在弃城跑南山的狼狈相。

在新闻这片"草原"上纵马驰骋
——斯热歌访谈录

乌兰指挥的卓东武装工作队与部队相随攻进市区,按照指挥部的统一部署,接管沁布道尔济的土默特中旗政府、卓索图盟政府,立即搜查敌人档案,传讯委员,展开政治攻势,顿时大街小巷贴满了告示、标语、传单,宣传美蒋必败,沁布道尔济是民族的叛徒,传播"五一"大会的盛况。大会小会接连与民众交谈,城内蒙古知识青年纷纷倾向我们,报名参加我们的队伍。7月7日,当敌人增援队伍到南山,战斗激烈,有30多名蒙古族知识青年毅然随我们武工队撤退,参加了革命。

二打北票时我们卓东武工队的攻心战也顽强,深入小王子近圈人中面对面接触,满街处处贴传单标语,散发《民声报》的同时,乌兰鼓励我们几个办起了《卓东战地》小报。乌兰在参加"一二·九"学生运动起就上街讲演,在延安上台演戏、唱歌,兴趣爱好广泛,甚至想当记者办报。《卓东战地》小报小而活,乌兰亲自题写报头,写编者的话。她叫我又当记者又当编辑,报道蒙民武工队配合主力部队的战况,报道当地蒙古族青年摆脱小王子参加我们的队伍的消息,凡是队伍里发生的那些生动的事,回来马上写出文章,立即发稿刻印。那会儿哪知道新闻采访有什么规律啊!就是赶鸭子上架。当时,和我一起办报的还有表姐莎蒂和小哥哥葛根。小报油印出来后我们把带着油墨香味的报纸送到部队战士手中,大大鼓舞了士气。7月6日晚天黑时,北票南山国民党援军当即断掉全街电灯,随后打黑枪,我们武工队摸黑冒险坚持,散发报纸和传单。7月7日一早,我背着小报和印报的打印机,连被子也来不及打包,抱着就上了撤退的大车。二打北票随我们出来的一批蒙古族知识青年,以后也逐渐成为骨干。三打北票之后,卓东工委接着办机关小报,有从北票来的笔墨能手参加,比我一个人采编办的战地小报好多了。卓东工委成立的第二天,卓东工委机关报《卓东小报》就问世了,比《卓东战地小报》又进了一大步。为了再提高办报水平,乌兰同志便派我和莎蒂、葛根去热辽地委的《民声报》拜师学习。《民声报》的同志特别热情,这家报社是新华社的热辽支社,社长鲁蛮是老新闻工作者,他从新闻的5个"W"开始教我们怎么写消息,名记者王辉带我们出去采访。

不可否认乌兰是影响我们蒙古族一代女性的头号人物。我随她上战场，自然受到她的影响。她临终前，我和她相见时，一向不好流泪的她，居然伸长手臂扶着我手臂，低头掩饰着泪水。我说道："乌兰同志啊，你当年想当记者的愿望，我实现了！"当年打北票时，还发生了不少精彩的故事，启迪我记住政治上的坚定，促使人智慧、机灵。后来我跟乌兰同志谈过这个体会。当年她给我起名"斯热歌"，意思是"唤醒民众"，其实是她多少次地唤醒我。

我军二打北票7天后，国民党从锦州派重兵来反扑，当乌兰奉命撤退时，又得到一个消息，北票前面不远处有沁布道尔济的一个粮仓，一听"粮仓"二字，乌兰立刻让几名身强力壮的留下来，为群众分粮，其余人随大队转移。那天深夜，乌兰和几名战士匍匐前进，察看了凌河岸边的粮仓。一张张盖着"乌兰"印的领粮证连夜分发到老百姓的手里。第二天，天刚蒙蒙亮，乌兰一面派人守望大凌河，一面和战士们分粮给群众。领到粮食的百姓纷纷跪下磕头，乌兰这时候也禁不住热泪盈眶。当敌人赶到大凌河时，粮仓已空。等百姓把分得的粮食隐蔽好了，蒙民11支队最后一批指战员这才飞身上马撤走。

从一打北票到二打北票之间，蒙民11支队多次与出城骚扰的小王子对手交战，小王子的部队已经缩头不敢轻易出城，蒙民支队军威更震。

1948年，锦州解放之前我入了党。支部大会让我印象最深的是大家表扬我敢于公开提意见，李东冶同志在发言中特别肯定了我，认为公开谏言是我的优点，在场的党员都举手表示通过，这以后我更加天不怕地不怕了，这样的性格跟了我一辈子。

4. 跌宕人生"四落四起"，感恩耀邦求实精神扶我再生

在我跌宕的人生中，曾"四落四起"，起时曾上榜列为河北省级先进模范，落时曾蹲冤狱16个月。前三次的"落"因都是在"左"倾疯狂的社会背景下。

在新闻这片"草原"上纵马驰骋
——斯热歌访谈录

第一次是在热辽前沿地区的土改大风暴中。1947年冬,原卓东工委关门结束,所有人员被分别编入北(北票)阜(阜新)义(义县)土改工作团的各个分队。乌兰同志从一个地委级干部被贬为一个分队长,蹲点旧贝营子蒙古村。我被派在大乌兰重点村的分队,队长葛其昌不仅极"左"又有些流里流气。他说,乌兰领导的卓东工委纠集了蒙古族上层牛鬼蛇神之流,还故意问我其中是不是有她的美男子?在工作队"三整五查"的会上,他更是刁难追问我为什么崇拜乌兰?听了我的回答他更加恼火。在"三整五查"中每人除了交代祖辈几代家庭外,还要交代思想活动。有一个叫萨木嘎的,是从阜新的敌占区逃婚出来参加革命的。在"三整五查"会上她交心,我当翻译。16岁的萨木嘎有一双常年劳动才有的粗手,家庭顶多是中农,后来听说土改时她家里被划成了土改对象,她心中难受过,现在向组织交代。

当我如实翻译完萨木嘎交代的内容之后,会场焦点投向了我,逼问我该如何处理萨木嘎。我说把她送到后方石头训练班改造,一个从敌占区逃婚跑来参加革命的年轻人,被清洗回家,那太可惜!最后萨木嘎被清洗回家永远离开革命队伍。我则被指为划不清阶级界限,失去阶级立场,受到严重警告处分。处分结果被醒目地登在地委机关的《民声报》上。就这样一个16岁的女孩子背着如此沉重的包袱,在他人监督下还要继续跑前沿,在距离敌人几公里的地方搞土改活动。

也是那次战地土改中,我遇到了一个以死证明自己忠诚的机会。当时,我在离北票城不远的郭家营子搞土改。一天,突然听到枪炮声响,朝着我们郭家营子过来。我们工作队的小杨和村主任赶紧拉着我向北边跑,因为工作团部在北边老岗堡。当时以为国民党匪徒们追来了。跑着跑着,我跌进了深深的雪坑里,两腿发麻不能动,大半身被埋进冰雪里,挣扎不起来。这时枪炮声更急。两位同志拉我拉不起。这时,我喊着他们赶紧走,别管我了。当时我手枪里有5发子弹,我想敌人抓我,我就用3发子弹打敌人,2发子弹留给自己,就是自杀也不当俘虏。但是两位战友拼命扒雪,把我拉拽了出来。事后知道,那是一场虚惊。那次是我军三打北票城追击敌人,我们因出发而未得到消息。

这第一次的由落而起,是随着毛泽东同志在晋绥干部会上讲话,当时热辽地区封可涵专员深入土改村了解情况,纠正"左倾"错误过程中,发现了基层存在的问题和我蒙受的冤屈从而解救了我。

第二次遭遇不幸是落在"反右倾"的疯狂中。

1949年,锦州被攻打下来以后,我还在辽西乡下搞土改纠偏工作,这时候接到了调令,把我从辽西调到热河省。此时,我的老领导乌兰(注:曾任第八届全国总工会书记处书记)因工作需要回内蒙古了。当时,热河省委书记是王国权,马载、李东冶是副书记,我就在热河的老同志关怀下继续成长。

到热河以后,我被分配到团省委当宣传干事,兼职在团省委的《热河青年》报社工作。我的职责一是办好这个小报,二是编一本针对农村群众的小课本。后来说我是报社主编,其实就是我负责,当时没有正式的任命。《热河青年》半个月出一期,我想说啥写啥都自己做主。

入党那天和李东冶的夫人及儿子令狐安合影

在新闻这片"草原"上纵马驰骋
——斯热歌访谈录

1951年8月,我被调到热河群众报,后来是《群众日报》农村组组长,经常下乡。我曾在兴隆县当驻县记者跑山山水水调研采访,一个月内自写和组稿20篇,调研积累的材料,形成具有创意的报道思想。我认真学习政治经济学,深知生产力与生产关系必须相适应的原理。我说过,生产关系过大,有如小孩穿了大袍子,灌风冷了感冒啊!我搞土改看到农民获得自己的土地证贴在墙上有多高兴,也知道贫下中农单干需要互助组相帮,曾给冀热辽报写过小稿。后来互助组到初级合作社,几个初级合作社搞一个水利工程,暂时集中财力,办成后各算各的账,各得各的利益如何?我和兴隆县半劈山村农村干部和农民探讨,都觉得不错。我认为生产力和生产关系相适应,就称之为合作网。回到报社后,就大讲吹风。结果呢?恰恰事不逢时,与高级社升公社化的"大跃进"生产关系大气候碰撞了。仅这一条就把我批得甚至与我都不知道的"小脚女人"彭德怀及"万言书"等联系起来,更加上我作为农村组组长报道紧跟地委书记王克东、副书记鲁杰发展生产以表为纲、不办食堂等的领导意图,被批得很厉害。由于历史和自然条件使然,热河地方极其贫穷。新中国成立后,从李运昌同志当热河省委书记时提出了"三年有吃有穿,五年丰衣足食"的全省奋斗目标。承德地委以表扬为纲,放宽政策,鼓励发展生产,深得民心,山里老百姓感恩戴德曾出现敬仰王克东的庙。

想不到,在"反右倾"时,以王克东为首的承德地区成为被批斗的重点,所属各单位领导中都抓批斗对象,报社真正业务骨干更是躲不开。对我开始给留党察看处分,后来由于本人强烈反抗,要去北京找老首长告状,最后被扣上"右倾"帽子,给予严重警告处分。按当时严厉抓"右倾"分子指令,我丈夫老周是报社社长,也在运动中首当其冲,非揪出来不可。然而,当时他甚至从来没有说过"右倾"情绪的话,实在凑不上打他为"右倾"机会主义的事实罪状。在施加压力下,老周坦白交代了曾有过男女作风问题以求过关,结果上边拔高他的生活问题行为划为敌我矛盾,按地富反坏右行判,把他排在右派之前位,定为坏分子了。这样,我背上了严重警告包袱又加上坏分子家属的包袱。

1960年的秋天,在老首长乌兰同志和胡耀邦同志的关怀下,我被调回内蒙古,到内蒙古的报社工作。起初因为带着严重警告处分,自然被另眼看待,17级以上干部开会,我不能参加,也不能看文件。直到1962年的七千人大会,脱掉反"右倾"帽子后,我才从"二落"中站起来。但是过了几年,"文化大革命"又来了,我又面临第三次跌落的命运,直到"四人帮"倒台,才完全甩掉了因批评"文化大革命"而保留的严重警告处分的尾巴。

本人一生第四次的跌落,正是因为写内参反映了某些领导提出的"双为主"政策(指内蒙古以蒙古族和汉族两个民族双为主),这是违反宪法规定的民族区域自治政策。时任国家民委主任的杨静仁对杂志社当时的总编辑鲁生说,我反映的情况很重要。这期间,还出了件事情,我被推选为民委新闻出版系统纪检委的委员。第一次参加会议时,我在发言中公开点出民委某位领导为子女谋私的行为,当时现场鸦雀无声。后来,不知怎么回事纪委成员名单里就没我了。

5. 当桥梁抓问题,政治真诚带业务

1982年党代会后的一天,我当时带着火气登门拜访国家民委副主任江平同志。我开口便问,民委要什么样的少数民族记者?是要党和少数民族之间当桥梁的,还是只要吹喇叭的?接着我讲述了当时《民族团结》杂志有关领导警告我,说我写的内参有问题,说民委那里认为民族情绪厉害,有碍于民族团结。

那么,内参反映了什么问题呢?我与从伊克昭盟基层来的宝日勒岱熟悉,感情很深。他们反映牧业合作化中的平均主义损害了入股牧民的经济利益。入股牧民入合作社,应该是既挣入社劳动的工分,也得挣入社时带进自家原有牲畜的那股工分。牲畜本身也是生产资料,每年会再生产增值。可是,合作社不顾当初的规定,按照社里现有人头和牲畜头数平均分配,牲畜平均得利,这显然侵占了入股牧民的经济利益。随着盲流人口进入牧区的增加,这

个问题更突出了。江平同志听了上述情况，当场表示我反映的问题是对的。

"大跃进"年代诞生的《民族团结》杂志社，遗留着宁"左"毋右的痕迹。《人民日报》上已经公开报道打击"内人党"是严重的冤案，而《民族团结》杂志社当时却无动于衷，反映打"内人党"情况的来稿一律压下"枪毙"，将我对此不满的情绪视为严重的民族情绪，很是提防，甚至汇报到民委主任杨静仁那里，组织社领导班子时使用打击"内人党"的人，我则完全被排斥在外。

然而，评定高级职称时，我的处境随着大形势的变化而改变。在民族系统评职称委员会上，收到了国家民委两位副主任江平和任英品评我的信。信中说："斯热歌同志政治上是好的，业务上是好的。"留给我的印象深刻而令人回味，让我从第四次坎坷中立起。政治与业务之间的连带关系，觉得是以政治的真诚带起业务，这是本人一生新闻工作的优势和实践经验。

我从1951年调到《群众日报》起，就得到了优秀新闻传统的熏陶。那是我党在热河省办的第一张党报，曾用名《冀热辽日报》。在3年解放战争最艰苦的时候，转战山村也坚持出报。最早的一批骨干，好几位是"老延安"。历任社长兼总编辑有李锐、沈毓珂、鲁森、鲁杰等，李锐曾经担任毛主席的兼职秘书，沈毓珂当过朱德的秘书，后任热河省委宣传部副部长，鲁森后来是热河省委宣传部长，鲁杰后来是承德地委书记，还有郭小川、黄钢、华山等名记者也在报社干过。这张报纸在他们手上办得有声有色。报社特别强调"吃透上下两头"，编辑部墙上贴着办报方针和办报规律的标语。

当时，报社里有很多过去的老报人，人家是接受改造的知识分子，我们共产党员，还有农村里头的通讯干事，好像去给人家掺沙子。我初去还是助理编辑，自知文化程度不高，业务能力不如报社许多原来的知识分子。我庆幸遇到了好社长沈毓珂，他认为培养好的记者就要像我这样。他看我有发展前途，把我分配到马列主义宣传组，组长王凤文化程度高，又好学，他认为吃透两头，这"上"头的内容包括最"上"的马克思主义理论，组里规定每天坚持一个小时的理论学习。我以前在省委机关学习班和中央团校也比较爱学理论，在这里的学习时间，硬着头皮放下稿子学理论。组长王风严格而手把手地教我。他看我拿出来的稿子跟别人写的不同，思想性方面热情而显新意，加上有善于联系群众的底子，熟练地运用通俗的农民语言，他鼓励我坚持走这条捷径。我喜欢下乡，经常跑山区，那些故事可多了。当地人说，你们报社怎么就不来个男的？山沟里头晚上黑灯瞎火的，还得在车马店住着。山区气候多变，弄不好雹子下来，把后脑勺砸了，这都是常事。

解放初，一些农村基层干部过上了舒服日子，就产生退坡思想，安于"几亩地一头牛，老婆孩子热炕头"。我到省行政干部学校，从内部小报上发现一篇叫《刘生打退堂鼓》的文章，批判不想继续革命的落后思想，便将它拿回来了。社长沈毓珂一看立刻拍板，于是在我们报纸上设立栏目，开展"刘生打退堂鼓"问题的讨论。为了深入广泛讨论，我常常泡在基层干部中间，跟他们一起讨论问题，多次为他们代言写第一人称的文章，并从多角度引申向前做新的文章。我为朝阳六区龙王庙村支部书记张喜代笔写的文章《当干部"得罪"人吗？》受到省委宣传部长鲁森的表扬。这场讨论告知为了巩固和建设我们的新政权而必须继续革命，同时体贴基层干部弄清是非界限，改变作风，学会当好的领头人。这次群众性的讨论持续了半年，影响较广泛，本人也在这次实践中体会到"吃透上下两头"抓住要害问题报道的重要性。

在"文化大革命"前后，我在《内蒙古日报》上也主持开展了两次群众性的讨论。1960年，我调到内蒙古报社，从总编室到工业组，后来自报担任牧业组组长，发挥自己的最热情强项。我报道的长期战略思想是建立稳定优质、高产且高商品率的祖国畜牧业基地。推广乌审召靠建设养畜的典型经验。一方面在报纸开展靠天养畜还是靠草原建设养畜的讨论，同时报道学赶乌审召的典型图克公社以及各地组织学赶的活动。20世纪70年代末，当时，在"四人帮"还未倒台、支"左"军管还掌权时，不少社生产队悄悄搞有利于生产的"两定一奖"责任制。我也曾做地下小报道，在一篇牧业报道中夹进去了实施"两定一奖"制的内容，那些外行编辑审不出，而牧区干部看了得到鼓励，相互传递消息，说内蒙古日报宣传"两定一奖"了，咱们有靠头了。

在新闻这片"草原"上纵马驰骋
——斯热歌访谈录

实际上那时拨乱反正实施以往行之有效的方针政策要冒些风险的。

那时我主持牧业报道,连续报道普及推广乌审召、镶黄旗两个典型的经验,推动拨乱反正,恢复实施一系列正确的方针政策。与此同时引申提高,在报纸上组织开展牧业现代化问题的讨论,由畜牧科学专家起头写文章发表意见,社会科学院的学者专家也认真地参加进来。从内蒙古的历史、现实及将来思考做文章。内蒙古的牧业商品率从来就高于当地农业的商品率,骂牧民不种地吃亏心粮丧良心。但与外国现代化的牧业相比,提供社会的商品率还是很低的。配合我们牧业现代化的讨论,我写了一篇文章,从东来顺吃速生羊羔肉谈加速生产的周转,改进畜群结构,提高牲畜的出栏率,以提高商品率。抛砖引玉,这篇东西很有反响。有来稿说,牧业生产应成为面对市场的商品生产。这次的现代化讨论持续近一年的时间,新华社也有报道。

牧区实行牲畜包到户,也似农村包产到户,冲击打破生产关系大跃进吃的"大锅饭",适应牧业分散经营的实际情况,把牲畜包到户,定工定产超产奖励,奖勤罚懒,保护和发展牲畜,个人和集体双得利。20世纪70年代末,我发现伊盟一些生产队进一步改进牲畜包到户的"两定一奖"责任制,加了一个条件,就是谁家没有一块稳定的饲料地,谁就不能包畜群,这招很厉害。这显然是畜草双包制的思路。我到《民族团结》杂志以后,回内蒙古采访,报道了牧区改革迈出的这重大一步——实行畜草双包制,依法固定了草牧场使用权,牢牢奠定了保护和建设草原发展的基石。

1980年以后,我作为《民族团结》杂志社的记者,从南到北抓改革开放的典型。《松岗乡的辩证法》一文,报道四川省3个森林区改革开放中扩大当地少数民族经营林业的自治权。少数民族地区借对外窗口活跃发展经济,我去深圳特区采访,写出《深圳,少数民族地区欢迎你》的大通讯,《深圳特区报》套红刊出。曾有一篇《胡耀邦到内蒙古》的稿子送到编辑部,编辑感觉太单薄不想采用。我听说后就要过来看,一看心里就有数了。长年在农牧区摸爬滚打,我得了一个"牧业专家"的外号。我在那篇文章里铺垫了一个丰满的背景说明,修改后送到中南海,耀邦同志阅稿并修改编者按后,表示可以发表。之后多家报刊转载了《民族团结》的这篇通讯。

1983年,在宁夏回族自治区调研过程中,我听到了"一江春水向东流"的说法,是指那里留不住人才,人才都去了东部经济社会条件比较好的地方,而民族地区发展恰恰应该抓住人才这个关键问题。我写了系列文章,在《春水何须向东流》和《在急需"春水"的土地上》等文中,我提出,"一江春水向东流"的声浪中,人才往往是从那些条件艰苦而急需人才的地方流走的,山区应该是截留"春水"重点区,应当实行奖励和"有进有出,以进为主"的政策。

从在《内蒙古日报》搞农牧区经济报道时起,我对民族地区经济发展问题就格外关注。1984年5月,我为"智力支边"等问题采访了钱伟长和著名经济学家薛葆鼎,还学习了薛葆鼎和著名经济学家张宣三等就云南经济发展战略问题撰写的论文。后来,我写了对经济学家薛葆鼎的专访——《民族地区经济建设不要勉强上大项目》,民族地区在确定经济发展战略时采取什么步骤才能力争少走弯路,以较少的代价取得较好的经济效益,这关系到各民族共同繁荣发展的事业。我认为光抓经济是不行的,解决民族问题,要消灭事实上的不平等。后来,我把采访所得以及我的观察思考写成内参反映。因为我坚持,当记者我是喇叭,更是党和人民之间的一座桥梁。

6. 捧接绵绵情,亲亲留人间

作为当年的热河子弟兵,每每回望王国权、李东冶等热河领导人的厚重情感,我不禁总是赞叹并怀念他们人道地执行民族团结平等政策,始终如一爱护和培养少数民族干部的诸多动人事迹。

1949年春末,我同表姐莎蒂随传奇式人物乌兰从北疆到热辽的卓东前沿区。当我们离开纯蒙单位初到汉族为主体的单位时,深感拘谨,着实经过了一段客居异乡的心路历程。然而,正是1948年到1951年,先后在热辽地委和热河省委的这几年里,我才真正感受到了那种没有等级差别,没有民族歧视的人与人之间的平等。

1948年,地委机关所在地大旱遭灾。一庞姓农民的孩子,吃野菜脸浮肿得快睁不开眼了。晚上我们姐妹俩商量轮流饿肚子,省下小米送给那孩子。这样姐姐头朝里在炕上躺一天,我跑去给那家送小米,第二天我再躺一天,姐姐去送小米。有一天,在院门外遇见地委副书记李东冶3岁的儿子树安(即令狐安),他手里拿着一块饼干吃,我顿时起了"歹"心,拿一块糠菜饼换掉饼干,把小树安的饼干给了农家孩子。这事不知小树安有没有向父母告发,还是告发了父母不计较。始终没有反应。不大不小一件事,却是一把尺子衡量着人心。

凡是经历过热辽时期的蒙古族干部都知道,王国权、李东冶、强晓初、马载、张昌那些老领导当年在那种敌我拉锯、斗争严峻、民族矛盾又复杂的地区走过来是多么不易。在解决历史遗留的蒙汉分制,开创性地实施民族区域自治行政制的历史变革中,王国权同志表现了不是原则又机动灵活的领导艺术,特别是他那种执行民族政策中的民主作风和人性化的情感,堪称民族地区领导人的楷模。每当回首往事,老领导都是淡然一笑,总是说当年我们这些蒙古族青年为了民族解放是多么拼命,说只有依靠这些人革命才能成功。王国权说我们是"宝贝",张昌说我们是"金子",老领导们在我们那一代蒙古族干部身上倾注的情感,我们永远都不能忘记。

1995年,我撰写了《大使夫人——记女外交官常玉林》长篇通讯,在《承德晚报》连载了29期。文中写了王国权和常大姐夫妇革命的一生,他们患难与共的婚姻爱情,也介绍了他们那一批热河老领导经历的烽火岁月,介绍了热河妇女的英雄事迹。他们夫妇都是我的老领导,王国权离开热河以后,当过民政部副部长,后来是驻德国大使、波兰大使,对外友协会长。常大姐是晋察冀时期的老干部,当过热河省民政厅厅长,一直做妇女工作。后来是驻外使馆的参赞。她在复杂的斗争中坚定沉着,善于做思想工作,做妇女工作生动而又贴心,后来在外交战线也干得漂亮。战争年代,他们各奔东西,所以没有自己的孩子,一直把我当自己的孩子。

1949年夏天，我和表姐莎蒂随王国权同志经围场前往赤峰途中，亲眼见到火烤胸前暖，遍胸烤花花的伤痕，目睹过大姑娘没有裤子穿簸箕遮羞的窘境。那时全省目标"三年有吃有穿，五年丰衣足食"，从第一任热河省委书记李运昌到先后接任的王国权、李东冶一脉相承，那是热河子弟兵对热河父老乡亲承诺的誓言。

1989年，我丈夫白玉龙去世。老白是我的初恋，是我真正的爱人，也是当年热河的战友。在我最痛苦的时候，王国权和常大姐来看我，那天不巧没有电梯了，老两口都70多岁了，爬上14层楼。那天，热河的老战友来了好多人，坐满了一屋子。有老领导李东冶、马载，都是当年热河省委副书记，他们安慰我，鼓励我。想想，他们在我这样一个民族干部身上，投入这么多的感情。那天我说，多大的拉力也不能把我和他们分开。他们是真正的共产党人，教我的东西渗透在每一个细胞里头。

常大姐爱唱"三八"歌，也爱听《热河子弟兵》这首歌。2005年，在常大姐和即将离世的王国权前辈面前，我即兴表演，迈着队列前进的步伐，边唱"热河子弟兵来自人民，工人农民是我们的父母亲"，逗得老夫妇笑逐颜开。

李东冶病逝前，我去看他。当时，他人已经不行了。我从后边走过去说："李政委，打北票了！三打北票了！"他慢慢翻身，抬起头。我又说："李政委，小战士给你报到来了。"那会儿，他一天只能有那么两个多小时是清醒的，其他时候都在昏睡。他听到我说话，竟苏醒过来，居然坐起来跟我们说起话来。我当时的心情别提了，那眼泪就是哗哗地流啊。

王国权老书记在临终前强打精神提笔留下墨宝一幅："斯热歌是热河子弟兵。"此乃小兵一生的亮点。

7. 离而不休，尽第二生命职责

我虽然办了离休手续，却一直是离而不休，尽我第二生命职责。我放不下继承先贤传代工程，也是因为从前在根据地信息往来闭塞，该做的文化传承事业重任在肩，使我休不得啊！

离休后，我和志同道合的新老战友，在卓东地区关注两大工程。

第一大工程，就是在三打北票的地方将我们从各蒙古民族自治地方化缘得来的捐款建成南山尹湛纳希纪念馆。

蒙古族学者尹湛纳希是卓索图盟土默特右旗人，家乡就是现在的北票。他是成吉思汗的28代孙，是我们蒙古民族最杰出的代表，19世纪的思想家、文学家、画家，他以文学的笔法写作出传世的《青史演义》《一层楼》《红云泪》《泣红亭》以及大量诗词和散文，也由此成为世界级的人物。他翻译的《红楼梦》语言活泼优美，深受读者喜爱。

从20世纪50年代开始，有学者陆续到他故乡调查收集文物，1982年纪念尹湛纳希诞辰145周年时，内蒙古博物馆首次陈列尹湛纳希相关文物。第二年，他家乡北票开始建馆筹备，1986年利用尹湛纳希祖上家庙殿堂陈列展品初建展馆，8年后因水库淹没故地，移至北票城内。开馆8年后这个地方划归民政部门，随后推倒了那座仿古建筑的纪念馆，盖了二层楼房改为养老院，竟将有关展品置于聋哑学校库房，珍贵文物被打入冷宫。

那一年，我们重访当年战斗过的地方，得知这些情况后，我日夜不能安心，提笔写文章直接反映给温家宝总理，并向全国政协委员、中国非物质文化遗产保护中心等反映情况，更加上我的老朋友、全国政协委员、包尔汉先贤的女儿伊丽苏娅和全国政协老领导的女儿王家宁的鼎力支持，我们的追究有了进展。国家民政部作出答复，辽宁省政协也开始关注此事。

从2010年开始关注这一工程，我除了上书反映情况外，还写了许多文章，公开报道和宣传尹湛纳希，参与了有关尹湛纳希的学术研讨会和画作展览。

第二工程，是在烈士莫德战斗和牺牲的家乡喀喇沁左翼蒙古族自治县加强教育阵地，协助教育部门从少儿抓起，继承烈士遗志和民族传统的英雄精神，并促进具有当地特色的经济发展，巩固和发展当年的老根据地。

莫德是海外留学归来的蒙古族革命家，1946年为内蒙古自治运动联合会的执行委员，喀左地区的领导骨干和坚持在第一线奋战的战斗员及指挥者。辽沈战役纪念馆里，莫德英俊的肖像排列在29位英烈巨幅照片之中。

2009年9月19日上午，民族英雄莫德雕像揭幕仪式在喀喇沁左翼蒙古族自治县大城子镇蒙古族学校校园内隆重举行，主办单位是辽宁省民委、辽宁蒙古族经济文化促进会、喀左人民政府，承办单位是喀左民委，我和王国权老书记的儿子王晓钟等人应邀专程从北京赴会。联想当年领头首建喀左民族自治地的王书记和烈士们，我按捺不住内心的激动，在雕像台上默默磕头。为建烈士雕像，我把编撰《卓东风云》全部稿费搭进去，还向雍和宫求助，他们一次就捐出4万元支持莫德烈士雕像工程。

那座雕像塔高高矗立在校园中，学生们每天上学进校门，抬头便见莫德雕像，烈士的目光就注视着他们。孩子们每每围着雕像运动玩耍，老师在课堂上讲授，再加上烈士雕像塔右方的历史陈列厅，内容丰富生动的图书图画阅览室的影响，这里已经成了爱国主义教育基地。

我那次去喀左，送上了《民族画报》社和《民族团结》杂志社赠送的两套书刊读物，那里展出的历史部分，从成吉思汗系几代起，陈列历代杰出的人物画像，近现代部分重点在卓、昭两盟，介绍那里从上到下先进知识分子的作品以及反映一代又一代为地方作出贡献的杰出人物的事迹，我也从中受到启发，长了知识。也就在那次，一位阅览者知道我是《卓东风云》一书的主编之一后，特意要求再版该书。当年收集编写《卓东风云》一书的过程中，我们当年的战友聚集一堂，回想卓东蒙民武装从家乡打到主战场时，不由放声高唱那支英雄儿女骑马上战场的出征歌："可爱的英雄像猛虎，拿起战斗枪骑马上战场，千万只眼睛望着英雄，希望的眼泪欢喜在胸膛。我们是祖国的依托栋梁，我们是人民心中的骄傲。光荣的英雄骑马奔征途，消灭顽敌凯旋再归来……"在参加莫德烈士雕像揭幕仪式登台讲话时，我和鲍湘河男女合唱了这首出征战歌。

喀左县是莫德的故乡，也是我们当年战斗过的地方，为了支持那里的经济发展，我应邀写文章宣传介绍当地的紫砂产品，还请老舍夫人、著名画家胡絜青给喀左县紫砂厂送了两幅她本人的画。我提出"南有宜兴，北有喀左"，这篇报道在《人民日报》八版刊登出来反响挺大，有人评价我这个记者可真敢说。如今，南边宜兴已经没有这么好的紫砂土，而喀左紫砂土质非常好。我的热情宣传使这个厂子出了名。为当年战斗过的地方继续做工作是我的意愿，包括替他们反映问题。谁欺负了他们，谁占了他们的土地，凡是来找我的，我都热情接待，涉及老百姓利益和民族文化保护方面的问题，我都积极帮助他们反映。

2000年，我去内蒙古西部，无意间遇到当地电视台的女台长，想不到竟是阿拉善旗王爷的后人。此时我已年近七旬，作为从烽火硝烟中走过来的少数民族第一代女记者，在世纪之交百年帷幕降下的最后时刻，看见新闻传播舞台上一位少数民族女决策人翩翩走来，王爷的后代成了新时代媒体的领军人物，我兴奋不已。《撞到笔尖的"鹿"——西行漫记话媒体女决策人》就这么出笼了。我为撞到我笔尖的"豁艾玛兰勒"叫好。"豁艾玛兰勒"，蒙语叫"白鹿"，灵感顿来，文章标题和主题都有了。很多年后，这篇文章还被别的杂志转发了。我女儿在国外看见了告诉我，令人欣慰。

这些年我始终没有放弃学习，没有停止我对社会问题的思考。遵循尹湛纳希留下的在发展进步中保存民族的指导方针，启迪后人越是后进者，越要望高峰，具有独立思考和发展进取的志向，我下功夫钻研爱因斯坦著作及其历史，写了一套学习笔记，总称为《蒙古包留下相对论》。我这里有张照片，是我死去的弟弟的孙儿扶着我的肩膀照的，寓意为站立高人肩头的志向。爱因斯坦不仅是伟大的科学家，还具有强烈的民族意识，特别热爱自己的民族。我一个近乎科盲的八十老妪啃难啃的相对论，并写出似懂非懂的上万字读书笔记，很艰难啊！原来没学过那么多数理化，对他的一些观点，我是一点一点地抠着学。报刊上凡是有爱因斯坦的消息，我都剪下来，觉得他好像很亲切。《内蒙古日报》刊登了我写的有关爱因斯坦的文章，我要把爱因斯坦带到草原蒙古包里，将来我死了以后，我要去见马克思、恩格斯、爱因斯坦，跟他们3个人坐在一起好好说话。我的思想上感情上跟他们是平等的,到那边儿也会平等地和他们对话。

离休以后,我在广电总局老年书画院学画,学了两个月的小写意,没有坚持到底,因为总惦记着写东西。虽然学画停下来了,但我还是坚持画。绘画也是一种表达感情的方式。我不是什么天才,但有激情,抑制不住地要表现。这就是职业病。

斯热歌在房间四周及天花板上绘满了五彩的壁画

这些全都是指画(介绍家里的壁画),用手指头画的,再进一步发展就成了浮雕了。这里画着我们家的村树,这是我们家的狗。这是等待,是家里人在等待我回去。因为我和哥哥们年轻时都投奔了革命,我们的妈妈会一年一年等待。

我的经历随着时代的变更、社会环境的变化而跌宕起伏,整个历史跌宕起伏。我的生活也是曲折的。我有过很多的荣誉,最后得到的表彰和奖赏来自牧民,来自一位牧民老妈妈,这个奖赏要比任何的奖赏都要高级,我永远难以忘记。这位老人家要把我留在蒙古包,她说把你选成"贫协"(牧区的指导员），你别走了，带上两个孩子弄一个蒙古包就在这生活吧！这是牧民的最高奖赏。看，这幅画是我要离开她了，准备朝着暴风雪里头走了。这是她搭着手在送我，我在马上戴着她给我的草原帽回望，她知道暴风雪是怎么回事，知道前途有多么危险，我是否安全，她都知道，她心疼我，挂念着我。这个画面深深地刻在我的心里。

访谈员后记

　　28年前,我认识了斯热歌大姐。那年夏天,她作为首都女记者采访团团长带队赴藏,而我作为某报社驻站记者奉命接待。一路采访下来,时年57岁的斯热歌克服高山反应且行且思,她的"文化适应性"和豪爽性格给我留下深刻印象。后虽各奔东西联系无多,但对她的敬业勤勉仍有耳闻,其间还收到她主编的《卓东风云》一书,从而了解了她曾经的戎马生涯和辉煌的新闻履历。此番采访,感受尤深的除了她对家乡、民族的热爱,还有她对前辈的深厚情感。除去写作,她将这些情感都以传记绘画的方式在自家墙壁上尽情宣泄,洒脱奔放无以复加。

我本一棵"三类苗"
——周建英访谈录

- 访谈时间：2015年1月10日
- 访谈地点：北京周建英家中
- 受 访 者：周建英
- 访 谈 员：卢小飞　佟吉清
- 整 理 者：佟吉清

编者按

她从新闻一线一路走来,最终成为新华社主管主办的《经济参考报》的总编辑。她以其敏捷才思和苦斗精神带领团队将这份创办于改革开放初期,具有探路意味的报纸办成了高端的财经思想库和深受读者喜爱的财经新闻快餐。面对读者的溢美之词,身为总编辑的周建英却从未陶醉。她把握住读者的真正期待,坚称办报人的头脑如何,是当前国际形势错综复杂、国内建设和改革任务相当繁重的时期至关重要的一个基本点。她戏称那段创业是"快乐的苦斗",目标就是追寻改革开放征途中大大小小的真理。时至今日,这种情愫依然延续,快乐与率真使她完全不像一个83岁的老人,她始终视名利为流水,恬淡中透着家庭传承的书香之气。

1. 父亲希望我做个英勇的女子

父亲名叫周维桢，临终前对我耳语："我们和周总理是本家，不许声张，要好好做人。"

我原名"剑英"，父亲给取的。他说我们国家那么弱，长期受欺负，长大要像宝剑，做个英勇的女子，对国家有用。上小学时，老师觉得"剑"字太武气，就改成了建设的建。

我这辈子遇到过5个"周建英"。其中一个是芬兰大使馆的厨师长。有一次，大使馆请北京十几个记者去叙谈吃饭，使馆的文化参赞说："周先生，我们的厨师长想见见您。"就带我到厨房去。我很奇怪，我跟厨师长有什么关系呀？那位50岁左右的厨师长说："我今天为您而来。"我问："为什么？"他说："我也叫周建英。参赞给我的来客名单里有您的名字，就自告奋勇，今天亲自来做饭，结果一看是女的。"他是淮阳人，菜做得特别好。

我生于1932年5月17日，是家里的第五个孩子，有4个哥哥姐姐，还有1个弟弟。4个兄姐先后因白喉、恶性痢疾等疾病而夭折，只剩下我和弟弟。其中，有两位哥姐于3天中先后病故。爱子女如命的双亲当初如何承受这深深伤痛，我都不敢想。

我们周家本来在绍兴。在我祖父手上突然家道中落。他就扛起扁担，一头挑了一个孩子，离开绍兴，流浪到今日的杭州萧山。祖父千方百计地让他的5个儿子念书，我父亲在浙江工专（也就是后来的浙江大学）读纺织专业，当时的校长是竺可桢。

我出生在杭州，那条小巷叫毛竹弄。我1岁时，有个亲戚在无锡创办美恒纺织厂，让我父亲去当厂长兼总工程师，于是我们全家去了无锡。老板盖了两栋连体别墅，其中一栋给我们住，家里有两个保姆，照顾我和弟弟。父亲把好多西方先进的东西引进厂里，每个星期一早上，他都会在大厅里面弹琴，工人排着队进去开周会，父亲给他们讲国内、国际形势。我知道有这个活动，总是由保姆带着去看热闹。

在我两三岁的时候，第一次遭遇宗教恐惧。一个星期日，保姆抱着我，妈妈抱着弟弟，到无锡梅园的风景区一带玩耍。我们走进一座庙里，看到小和尚正在受戒。有一个场景令我感到恐怖：小和尚脑袋上放了好几个艾卷，大和尚点上火时，小和尚疼得使劲儿挣扎哭叫，别的大和尚抱住他，老和尚拼命念经。我吓坏了，大声哭起来。父亲便借机教育，那时我才知道，原来当和尚要受这样的罪。我和保姆，一辈子都不要信教。中国为什么那么落后？中国人为什么要受那么大的苦难？都是因为愚昧，没有文化，只好信神。

父亲很开明，在浙江工专学习时，中国的民主革命已经兴起，出现新鲜事物，他马上就跟上。父亲同母亲结婚以后，孙中山提倡取消旧历春节，推行新历。他们两个商量好，这个元旦就去拜年。结果跑了两三个亲戚家，人家都很奇怪，问你们今天来干吗？父亲回答："不是号召过公元的新年吗？"碰了好几个钉子后，他们只好回到家里。父亲感慨地对母亲说："移风易俗多么不容易啊！"1949年，上海一解放，人民广播电台要办俄语班，父亲就让我去报名，理由是中苏关系很好，他们先进经验多，以后俄语非常有用，光懂英文不行。于是每个星期天，我都要到人民广播电台去学俄语。

父亲在顾正红烈士的那个纺纱厂工作，以前是日本人的，叫内外棉五厂，抗战胜利以后，改成上海国棉二厂。他刚进这个厂时是工程师，新中国成立以后被提拔为人事科长，之后又当总务科主任。正当他满腔热情准备大干一番事业的时候，突然遇到了"三反五反"，他的几个部下被审查和批判。工人把那几个工程师和职员拉到车间里，在纺织机中间把他们推来揉去，弄得满身伤痕。我父亲看了以后说："为什么军代表都不守法了？光看不干涉，怎么可以随便摧残人呢？"那天，我父亲连饭都没吃，他认为不应该发生这样的事情。工人用几个月的时间查他，发现他1分钱也没贪污，仍然对他以礼相待。

2. 母亲给我的启发

我有一个好父亲，也有一个好母亲。

妈妈叫诸稺青，她的祖先是朱元璋的直后裔系。朱元璋造反要推翻元朝的时候，被元朝宫廷追缉。为避株连，亲属、后代都改为诸或邾姓，这个诸姓的一个分支进入绍兴，母亲是地道的绍兴人。

母亲出生在一个官僚地主家庭。外公娶了 3 房太太，有 14 个孩子。母亲是姨太太生的，是最小的女儿。她上面有 3 个哥哥都在北京同治皇帝那里当官，其中一个级别比较高——三品，官帽上嵌有宝石。清朝可以捐官，这 3 个儿子出钱，给外公也捐了一个官，让他成了绍兴当地的知府级人物。其实，外公是读书人，就在家里边享受官的待遇。他有权了，就买地盖房，女儿反正都要出嫁，不留房子，家里还有 9 个男孩子，于是给每个儿子都盖了两层楼，一套上下前后加起来共有 9 间。

外公非常喜欢念书，一屋子的书。可他的小儿子特不争气，痴迷于斗蛐蛐，娶的媳妇娘家很有钱，他不断地把媳妇的首饰卖掉。我这个小舅舅家书房里一排排放的不是书，而是蛐蛐罐，有好多蛐蛐罐还镶了宝石。有一次，外公把小舅舅叫到自己的房间，狠狠地训了一顿。小舅舅发誓，再也不玩儿这个了。可是，晚上回来，他又在蛐蛐房里泡着。有一天，外公就叫家里的一个长工，趁小舅舅去上班，抱了两只公鸡，放到他的书房里，把所有蛐蛐罐都打开放地上，蛐蛐全部被消灭。这等于要了小舅舅的命，他下班回来看见这场面，立马跑进厨房，拿起菜刀把一个小指头砍掉了，握着鲜血淋漓的手，到外公屋里请罪。

不管是农村人还是城里人，中国人自古以来都愿意国家兴旺，子女受教育，有出息。外公为小舅舅的事应该是伤透了心。外公家后花园的井里，养了两条多年的金鱼。一天，他叫长工把金鱼捞出来，说是想看看。那个长工好不容易捞出一条，有尺把长，拿到外公房间，放到金鱼缸里。第二天，全家吃完早饭，发现日日早起的老人没有动静。终于砸开门，发现头天夜里，外公吃了金鱼脑袋上的大红疱，被毒死了，金鱼也死在桌上。当年，他已经94岁。事后外婆透露，外公听说小舅舅小指头的伤口还未愈合就又偷偷去买蛐蛐后，痛恨子女玩物丧志，决心赔上自己的老命。我小的时候就长了这个知识，原来人吃金鱼头上的疱也能毒死。据说毒性相当于"鹤顶红"。

这件事对母亲的刺激很大，所以父亲母亲都常讲这故事，要求我们从小就必须认真刻苦地念书，对我们管得很严。每晚睡前要写大楷，练"家、飞、凤"，据说写好这几个"字祖宗"，便可入书法之门，哪个字写得不端，罚写100遍。有一次，我和同学一起用凤仙花涂红了一个小指甲，被父亲惩罚不让吃晚饭。

念书的时候，母亲给我的最原始的灌输，成了一次哲理上的启发，对我的人生、工作、学习各方面，都有很大的影响。

上美术课，老师发给我们印着蝴蝶的线条图案，让我们回家以后，把有颜色的纸，剪了贴上去，变成一只漂亮的蝴蝶。我已经贴好了，也没什么美学知识，就是蓝的黄的，四个翅膀。母亲看了说，这个太一般了。就剪了小的各色图案，放在蝴蝶的翅膀上，说蝴蝶一定有花纹才美。我说："不是，不是。老师没有教花纹。"我觉得她把作业弄坏了，拼命哭。

我上的那所小学，离上海中山公园很近。母亲拉起我的手，说是去公园里玩儿，实际是找蝴蝶给我看。居然找到了两只，身上真的有好多花斑。我说："还是不能往上贴，老师会批评。"母亲也生气了，说我头脑拎勿清。父亲也劝我接受母亲的意见。我就一边哭，一边照着母亲的要求贴上去。她说："要跟别人不一样。"我不理解为什么要与众不同。第二天，我忧心忡忡地把这个美术作品交给老师。没想到，老师把我的作业贴在墙上了，还在上面批了个"优"字，让同学们下课时都去看一看。我跟老师讲，是母亲教我的。这大概是我人生获得的第一次奖励，竟是用眼泪换来的。

母亲口头爱用"别致"一词，也许就是今日的"创意"。我这一辈子都很受用。那时，经济很困难，母亲有一点点钱，就去给我买件衣服什么的。

母亲挑的图案颜色都要与众不同。她最喜欢藕荷色，一家一家布店跑，遇到藕荷色的布，她就喃喃自语："高雅。"

3. "亡国奴是不能笑的"

父亲受民国初年先进知识分子影响，坚信工业救国、科学救国。于是，我在4周岁时，就被父母送进无锡城里教会办的小学——德惠小学。父亲最恨迷信和宗教，但觉得教会小学可以培养守纪律。当时，已经开学两个星期了，他去找校长谈，校长是个美国老太太，总算答应了，加我一个。

我没上过幼儿园，只会写3个字，就是自己的名字。第一次上课，班主任发了一张测试卷，要听写。我听不懂她说些什么，因为我讲一口无锡话，老师讲普通话。旁边的同学已经开始写了，我也开始写，从头到尾都写的都是"周建英"，交了上去。第二天发下试卷，我挺高兴的，上面批了我不认识的字，回到家里，拿给父亲看。他皱眉说："糟糕。"后来才知卷上批了"劣"。

我上学后还没学到东西，却突然遭遇宗教惩罚。我家在无锡南门外，中午来不及回去，就在学校搭伙。只有一桌，校长加6位老师，添我一个。第一次吃饭时，正要拿起筷子，校长说："停，现在我们要祷告。"我就跟她一样双手合十，她用英文讲，班主任译成中文教我，大概意思是"谢谢上帝给我饭吃"。

几天后，我心血来潮。我们一家子要吃晚饭了，我跟父亲讲："先别吃。"他问："你要干吗？"我调皮地说："我们先祷告。"他问："你祷告什么？"我说："谢谢上帝给我饭吃。"他板起面孔下令：从此以后在学校也不要祷告。他又讲了一句我一点都听不懂的话——"灵魂没有寄托的人才去信神。"他让我背出来，我就背下了。

第二天，中饭桌上，校长让我们祷告，唯有我不动，她点我的名字，我说："从今天开始不祷告了。"她问："为什么？"我一字一句地相告："灵魂没有寄托的人才信神。"校长拉下脸来，对坐在我身边的班主任说了一句英语。班主任拉着我的手站起来，我乖乖地跟着她走，到了一个像宝塔一样的房子，她打开门，叫我进去，里面大概有4张八仙桌大的砖地，地上有个小木凳，墙上高处有扇小窗子。班主任叫我坐在小板凳上，让我忏悔。"忏悔"两个字我不懂，还以为待会儿会给我端饭来吃。她出去把门反锁上了。等父亲把我叫醒时，我又饿又累，倒在地上。当时工厂给他配了一辆"洋车"，就是那种黄包车。他下班要把我接回去，看我不在课堂上等，紧张地找到班主任，才发现我倒在小黑屋地上昏睡。他又愤怒又心疼，就拉着我回家，告诉我："明天不上学了。"

及至我成人后，越来越难想象——已经失去4个孩子的父亲，怎能忍受第五个孩子遭残酷虐待。他后来说，对共产党的第一个好印象，就是无神论。

没过几天，就发生了那个"八一三"事变。日军侵占了无锡，我家也成了难民，流亡到安徽阜阳附近的农村。父亲从一个富农那里借了间十几平方米的平房。在湖边上，农民又给我们挖了一个防空洞，晚上就在地洞里睡。一天半夜，两个土匪闯进来，传出咔嚓咔嚓的声音，他们说，开枪、开枪、开枪，让父母交出钱袋。他们把被子、衣服全都拿去了。我们4个人待在洞里，冻得发抖。父亲穿着很单薄的衣服，黑夜跑到富农家里，告诉他们，我们被抢了，那家人又送了被子来。

在逃往安徽的小船上，我第一次看到日本鬼子。那条船很窄，我和弟弟可以横着睡，父亲母亲只能半躺着。有天早晨，我觉得天又亮了，就从被子里伸出头来，母亲突然把我的脑袋往被子里一塞，非常惊慌。我更好奇，又伸出头，看见河岸上有六七个日本鬼子列队行进，每个人都举了步枪，上面有刺刀，他们一边嗷嗷叫，一边往前走。前面那个鬼子的刀尖上有团"东西"，还在扭动，原来是一个活着的流着血的婴儿，太恐怖了！我对日本侵略者最早的仇恨，就是从刺刀尖上的婴儿开始的。

我们千方百计到了还是租界的上海，投奔父亲最小的弟弟。他在上海当职员，帮我们租了一个亭子间，我们就开始了在上海生活。不久，一位堂叔公叫父亲去他开的纺织厂当厂长和工程师。我们在忆定盘路（现在的江苏路）换租了一间房。那里的一所小学让我插班，上二年级。班上的位置坐满了，唯有靠墙处一个漂亮女孩子边上有空位，老师叫我坐那里。当我走过去的时候，全班同学哈哈大笑起来，我很奇怪。

放学时，母亲来接我。我旁边那个女同学的妈妈也来接她。原来，她妈妈是位年轻的尼姑，同学们笑我和尼姑的孩子坐在一起。这个同学的功课是全班最好的，但她总是静静地低着头，有时候也会帮我，借橡皮给我。个别男学生背后喊她"小尼姑"。每次接我放学，母亲总会跟那个尼姑聊天。有天晚上，我听见母亲跟父亲讲，这个尼姑本来也是大户人家的女儿，结婚以后丈夫给了一笔钱离婚了。她带着孩子一块出家，又觉得孩子应该学习，就把小姑娘送进了学校。没多久，因为我们租的那间房太贵，老板让全家搬到纺织厂二楼一间办公室住。日夜机械噪声，闹得我们姐弟不断生病，我就离开了那所学校。

念小学五六年级时，日寇侵占上海租界。那天，我照样去上学，几个老师含着泪在校门口给我们讲，放三天假，让我们都回去。有一个老师说："国家要亡了。"我也不懂"亡了"，觉得放假挺高兴，背着书包回家，笑嘻嘻地告诉父亲。父亲马上板起面孔说："你怎么能笑？从此以后不许笑。"我问："为什么？"他说："法国被德国侵占，从那天开始，全法国没有一个人笑过。我们现在住的英租界，已经被日本人占领了，待在这里的居民，实际上就是亡国奴，亡国奴是不能笑的。"从那天开始，我真的不敢笑，而且觉得父亲母亲都特别特别愁闷，一下子心情也很不好。这是此生最初的爱国主义教育。

4.少年时代的偶像有秋瑾

进初中时，我考入英国人办的工部局女中。这所学校很严，70分才算及格。数学、物理、化学等课都是用英文上课。

因日军已进驻英租界，考试的时候，外文可以考日文，也可以选英文。

当时，有个远房姑姑也在那里读高中，她跟我说："英文已经很深了，干脆考考日文吧。"想不到我的日文考了 90 多分，可能是因为我小学的最后一个学期，被迫改读日文。那种字母比较好记，学得较快。

初中老师里有个日本女人，是孕妇，不会讲中国话，上课拼命教我们唱歌。刚开始，我们跟着她唱，到第二次上课前，班上一个大同学说："今天不唱她的歌，昨天我们唱的叫《君之代》，是日本的国歌。我们跟着那个调子唱，但把里边的词改掉，改成'先生吃屎'。"老师听不懂，我们满脸高兴，越唱越起劲，化歌词为仇恨的子弹。

我在工部局女中读了 4 年，其间时时发低烧，父亲叫我在家里休息。因为落了很多课，学校让我蹲班半年。父亲不同意，给我换到家附近的弘毅中学。这是位私人教育家开的，要求也很严，但午饭可以回家吃，我在那里读了两年后，顺利毕业，此时上海已解放。

中学时好几位同学成了我终身挚友，她们德才俱佳，也是我当年暗暗学习的小楷模。有一位是著名华侨领袖司徒美堂的曾孙女，叫司徒美兰。工部局女中每到学期末，校长就要公布全校最前面的几名，司徒美兰德行和学业成绩都是最高的。她个子比我还矮一点儿，坐在我前面一排。当时我正体弱多病，情绪消沉。有一天，她对我说："这个礼拜你把我的日记本带回去看。"真没想到，她从小学就已经开始写了。我看的是她从初一开始写的日记，完全是散文诗一样。教我们的老师，班上的同学，她都用英文字母来代替，但我一看就知道她写的是谁。她喜欢看泰戈尔的作品。泰戈尔的诗里满溢人间的爱，司徒在日记里不断地写人家的美德，描写他们的可爱。那天，我从晚上一直看到早上四五点钟。第二天，父亲也翻了翻这本日记，说这个孩子将来会很有出息。她后来在安徽的一所中学教书，是先进工作者。她的丈夫是当地的干部，很年轻就患癌症去世了。她有 3 个女儿，一个人就把这 3 个女儿带大，她本人以身作则，所以女儿们也都优秀。

好友的日记传给我一把火炬，如何看人，如何要求自己。从此，我养成了写日记、随笔、散文、读后感的习惯。我 50 多岁时出差去天津，晚饭后我在饭店卧室边看电视新闻,边记数字和要点。服务员进来送报纸,惊讶地说:"您看电视还做笔记?"第二天送报,他兴奋地相告:"我已报名读英语培训班了。"

同当年的小女生一样,我小时候也开始有了偶像。第一位偶像是宋代的陆游。念到陆游的诗,又读他的传记,我觉得将来一定要像陆游一样。第二位偶像是秋瑾。秋瑾是我母亲老家的女杰。我父亲跟秋瑾的小儿子是小学同学,他们放学经常一起走,两个人到秋瑾家里去做功课,那个八仙桌就在秋瑾的遗照前面。所以,我父亲小时候也受秋瑾的影响,他给我讲秋瑾的故事。我每次去绍兴,一定会到她牺牲的古轩亭口瞻仰。再后来,我的偶像是周恩来等。

因此我发现,童年和少年时代,遇到什么样的人,崇拜什么样的偶像,很重要。

5. 大学期间牢记父亲的三个叮嘱

1950年,我高中毕业时报名考国立大学,因为家里经济条件有限。可考前我得了一场恶性荨麻疹,头皮和面孔肿成冬瓜般,手指跟胡萝卜一样,最后被送到医院抢救。病好以后,国立大学的统一考试已结束。父母在报纸上看到私立大学又在招生,有圣约翰大学、震旦医学院,还有另外一所是大同大学。后来,我考是考上了,但学费比较贵。父亲说:"借钱也得让你去,周家还没有出过一个大学生,即使上个半年也好。"读圣约翰最贵,每学期需老人民币190万元,相当于现在的190元。他向几个同事借钱,凑齐了学费。

三所大学中,经全家几天讨论,不考虑专业,以健康第一,咬咬牙进圣约翰。我坐电车到中山公园门口,穿过公园,花红柳绿,清风习习,走出公园后门,对面就是圣约翰。每天早晨在公园里边跑个10分钟,对身体有好处。

毕业那年,全国大学进行院系调整,新闻系并入复旦大学。在圣约翰,

1957年，25岁的周建英在北海公园

我们应该念四年本科，可是进复旦以后，让我们把最后两年课集中一年上完。因为1953年，中国第一个五年计划开始，需要人才，可能觉得华东的学生灌得进去。所以最后一年，我们要上10多门课。上午6堂课，10点左右每人发个面包，垫垫肚子。中午1点钟吃中饭，下午再上两堂课，体育课也不能丢。晚上还有两门综合课。头一个学期上下来，班上有3个人得了肺病，或严重失眠症，休学半年。我总算连滚带爬把这个书念完了。

圣约翰和复旦合并的时候，班里有82个学生，按个子我总排在头一个，小萝卜头。有一位叫胡其安的教授，从英国回来的，在擦黑板时，总掏出手绢把鼻子捂上。有时，一掏出手绢，一块糖掉出来。我坐第一排，立即俯身拾起糖，剥了糖纸往嘴里放，他转过脸来看看我，笑了笑。我是本能的反应，因为到第六堂课，已经非常饿了，见什么都想吃。这位老师也挺喜欢我的。毕业时，我正排队在医务所检查身体，胡教授摸摸我脑袋，说："小朋友，你这就要去工作了吗？哪个单位要你？人家一查，是不是来了个童工？"那个时候，我体重80来斤，只能无奈地苦笑。

读大学时有规定，不可以谈恋爱。父亲也给我三个叮嘱：一是25岁以前不谈恋爱，25岁到28岁可以开始。结果我结婚时已经29岁了。二是不能把迷信、宗教这些东西扯进去。三是遵纪守法。当我分配到新华社西北总分社时，第一封家书用的是新华社的稿纸写的，结果被他批了一顿，说是假公济私，然后给我买了好多信纸、信封寄到西安。他还要求我一个礼拜一定要写两封信，详谈工作生活情况。后来在"文化大革命"期间，我让父亲把所有我的信都烧掉，担心万一出了莫须有的罪名。母亲说，他是流着眼泪烧掉的。

我原以为人生最大的幸福，是生活在和平时代，遇到优秀的领导、父母、教师。有时候，贫穷和苦难也可以是奋斗的原动力。我上圣约翰大学不久就知道，只要每门课都考出优等，就可以拿到75%的奖学金。所以最后两年，我是靠奖学金学习的，这样心情也非常好，因为父亲用不着去借学费了。

功名利禄这些东西我自问不大考虑。大学期间，我读了《牛虻》。这本书对我影响很大，我觉得无论活着还是死去，不管是在边疆攀登，还是在民族地区采访，永远要做一只快乐的大牛虻。毕业时，有位教授在我的纪念册上写下"世事洞明皆学问，人情练达即文章"。我当时有点儿"二百五"，心想这种高标准我永远做不到。但是进入社会以后，我觉得必须世事洞明和人情练达。但是到哪儿去学呢？结果生活磨炼了我，现实教育了我！

尤其经历了历次运动，见识了各种人物，遭遇了难料的世事变迁，我深深领悟：一个真正的英雄或伟人确实需要"世事洞明，人情练达"这类精锐武器，方能在各种险境中决胜。

6. "三类苗"承受阳光雨露

因为我小时候体质不好，所以父亲替我分析，长大了最好当护士，一方面自己看病方便；另外我长得不漂亮，护理病人细致，有的病人也许就把我娶走了。可我另有打算。大学毕业填志愿，我写的都是教师——小学教师、中学教师、大学教师。因为有寒暑假，可以休息，可以玩，可以回家探父母，但这些愿望都没实现。

1953年,我大学毕业服从国家统一分配,第一个工作单位是新华社西北总分社。我离开上海,奔向大西北的时候,面黄肌瘦,生活自理能力极差,就像当地农民所说,是一棵柔弱的"三类苗"。小的时候,我和弟弟使用的饭碗、筷子,甚至偶尔买几根香蕉,父亲都用酒精擦过才放心。直到大学毕业,我还未被允许尝过一支冰棍。离沪北上之前,每次洗完头,剪完指甲,父亲都要查看一下是否干净,认为这两处最容易藏细菌。临别时,我和父亲约定,每周都要给家里写两封信,信封上还要有编号,一旦生病必须发电报告知。公用电话不能私用,何况我家根本没电话。父亲每个月都给我寄来一个包裹,里面有卫生纸、香皂、话梅等物,这些也成了总分社同志批评我娇气的把柄。

其实,娇气还不是"三类苗"的主要症结。任性、散漫、头脑不清,在人情世故方面,比当今的青年要幼稚得多,干了一些傻事儿。

报到的次日一早,我和另外两位男同学端着脸盆去盥洗。当时西安还没有自来水,东寻西觅,在伙房找到一大缸清水。我们嬉笑着往脸盆和漱口缸里舀水,冷不丁背后一声嚷:"这甜水是人喝的,不是洗脸的!"我问:"那么洗脸水在哪儿?"对方回答:"井里,自己去打。"我们像犯了罪似的不声不响端起脸盆走了。

当天下午,有人通知我们到社长莫艾的办公室去。莫艾和蔼地让我们坐下,说你们从上海来,对西安的生活肯定有许多不习惯。西安的水井分苦水井和甜水井,其实甜水也不甜,是指可以喝的淡水。我们总分社几眼井水都苦,每天要去电台那一眼井买一车甜水,烧开水,做饭用,苦水用来洗涮。他说已经让管行政的同志从明天起,一天拉两车甜水,洗脸洗衣服你们都随便用。一车甜水半吨左右,一角五分钱,可以买5根油条。今天看来真便宜,可在当时,西安人吃一根油条都有点奢侈。我们3个大学生每天洗脸洗掉5根油条,有点儿特殊化,旁人看了会没感觉吗?

还有一次,我取下房里15瓦的电灯泡,去找管理行政的同志,要求换个40瓦的。他瞪大了眼睛问:"40瓦的?你要那么亮干啥?"我说:"看书。"

他说："农村还用油灯呢,你用了电灯还不知足?"我告诉他:"我已经近视了,这么暗,会加深的。"见人家不理睬,我转身去找莫艾,他盯着我,一声不响,我有点儿心虚。第二天,莫艾召集总分社全体同志开会,提到灯泡问题时说:"新来的年轻人,晚上要看书,要求进步,我们要支持,马上换高瓦数的灯泡。"一位姓沈的编辑悄悄对我们说:"你们要学会体谅,这里许多同志是延安来的,对上海的大学生不了解,莫艾同志给他们不断解释,你们也要懂事喽。"从那以后,我们不告状了,既有渐渐明事的一面,也有不好意思的一面。

新闻系毕业不等于就会写稿。一般的稿子莫艾很少看,由两位采编主任签发。有一回,莫艾心血来潮,把我写的一篇消息拿去了,10分钟后匆匆走到我桌前,说:"味同鸡肋,再去采访4个小时,写出色、香、味来!"我从莫艾那里知道,记者采访,就是调查,要打破砂锅问到底。有好多采访,我都要来回来去返工好几次。第一次去,不行,就第二次去,还不行,就第三次去,大的轮廓和细节都要有。稿子主题好,才会让记者不断去返工,不断锤炼,变成精品。

1954年春,西北局要解散了,我要写一篇西北教育事业发展总结性报道,去采访教育局的一位处长。第一次去,在大门口被站岗的解放军拦住,看完介绍信后冷冷地说:"这封信不行,你得把采访的内容写上。"我不走,说已经和处长约好了。他往里打电话请示,那位处长又提出"写清题目才见"。我骑车回到总分社,重新开了一封介绍信再去。一看那个处长,干瘦干瘦的,手上还戴了一枚金戒指,我看不惯这个,觉得非常恶心。谈了大约20分钟,我提出另外一个问题,他脸一沉说,介绍信上写这题,我就说这题,其他内容再开介绍信。没有商量余地,只能忍气吞声,又回去开介绍信。折腾了好几次,稿子总算是审定,总社发稿后,报纸用得不错。

没过多久,忽然又接到这位处长打来的电话,我以为又要找麻烦。他却语调随和地让我马上过去一趟,说是已经跟站岗的解放军说了,今天进门不用拿介绍信。我就骑着自行车去了,心想反正稿子已经登了,是你自己审核的。见面后,他表扬了稿子,忽而变成一副嬉皮笑脸的样子,说西北局每个星期六有舞会,希望我和新华社的记者们都去参加。起初他说什么我都点头,最后我说想讲一些意见。见他点头,这下我就不客气了:"我在这里当了一年记者,你给我留下很深很深的印象。我从来没有遇到过像你那么官僚的干部,这么大架子,这么会刁难人。希望共产党的干部,都不要像你这样……"我的嗓门越来越响,办公室里所有的人都傻眼了,处长的脸色就变了。我站起来,狠狠地在他桌上拍了一下,一激动上海话脱口而出:"你还要叫我来跳舞?谈也勿要谈。"说完,我霍地站起来,背着书包转身就走,心想,反正豁出去了。来到外面,我骑上自行车才发现,拍桌子把手拍肿了,车把都握不住。

回到社里,我直奔莫艾的办公室,说:"我向你请罪,我今天闯了个祸。"他问:"你怎么又去闯祸了?"我就把事情的经过说了。莫艾听完,无表情,无声音,突然哧的一声笑了,说:"算了,算了。你老兄啊!反正西北局要撤销了,不用再同他们打交道了,可有的时候还是要忍耐的。从今以后,你控制不住时,马上想一想,自己是新华社记者,是国家的一个干部。"我问:"那你会开除我吗?"他说:"暂时不会,但是小家庭的脾气,一定不要带到大家庭中来。"我的第一次"造反",是被逼得没办法。那个时候,我心里很热爱和崇拜共产党,觉得共产党员是多么完美的人,怎么会刁难人?如果都像这位处长那样,第一个五年计划不知道什么时候才能完成。

刚到新华社的日子,我这棵"三类苗"经受了风霜,也接受了最初的"底肥",承受阳光雨露的滋润。

7. 南国山野和华南虎狭路相逢

我在陕西待了一年,1954年11月到总社报到。头一天,告诉我到广东分社,我说好。第二天又说,广西分社一天来两个电话,实在缺人。我说不想去,人事局同志说广西有桂林,我立刻改口说我去。临行前,我先回上海探亲，父母都老了。我待了一二十天，就背着行李去广西了。我在那里待了两年，1956年底才又调到总社。

广西是我一生最留恋、最难忘的宝地。当时分社一共有6名记者加一位社长。我负责跑上层建筑，政治、文教、外事、妇女、共青团，下去以后工农商业就一把抓。新华社正在学习塔斯社的经验，每个人都有定额。另外6名记者（有两位是壮族）都跑工农业，工业很少，基本上都在跑农村。当时交通极不方便，给他们定的定额比较少，而我一个月要完成7篇，因为上层建筑的活动要多一些。有一次，我到大旱的灾区采访，差点儿饿死在那里。后来我花1块钱，从一个小男孩手里，买了4个干得像乒乓球大小的橙子，就靠啃4个橙子干，我走到长途汽车站，回来发稿子。

突然有一天，我出了点小名气，因为新华社练笔，实行加分奖励制，每个月从国内外记者的作品中，评选出10篇加分稿。第一批加分稿里，居然有我的一篇，写一个女教师，在山村培育"祖国的花朵"，大概是我进入深山，与被采访者同吃同住，写得比较生动，《人民日报》也加花边登了，奖金10块钱。一下子拿这么多钱，我马上去买了两只烧鸡，7个同事一块吃，两只烧鸡只要1块钱。那个时候，因为有地区级差，我在西安的工资是63块一个月，到了广西变成47块了，但是这里的东西便宜。各地大学生毕业一年后都要转正，我两年也没动静，因为广西远嘛，天高皇帝远，分社也不知道这个规矩。

有一次，我独自去大苗山苗族自治县融水镇采访，要写少数民族扫盲的稿子。这个地区交通很不方便，我坐火车到柳州后，再坐长途车到大苗山，在山脚下小旅馆里住一个晚上。旅馆是用木头建的，老板娘第二天早上5点钟就在那儿舂糯米粉，噔噔噔地响，我就醒了。从这里到融水镇，还要走18里路，我早早起了床。老板娘已经蒸好了糌粑，给我吃两块，带两块，于是我就上路了。此时太阳刚刚升起一点点，我看到一条清清的河，岸边有条小街道，还有一家理发店，我很好奇，心想这里还可以剃头？走上几个台阶，见一个老头开出门来。我出来采访已经一两个月，头发很长。老人家打量一下，问我是不是想剃头，我就进去坐下了，才打湿了头发，他就用那种很粗的肥皂给我抹上，挠了半天，正要用水冲洗，忽然说："同志，对不住，你一头的肥皂洗不掉了，你能不能下去到江里边挑点儿水？儿子今天去赶集，我腿不好。"我以前从未挑过水，理发师看我的样子也不像会挑水，就说那你就拿一个桶，到江边去打一桶水。我心想，总不能顶着一头的肥皂泡，再走上18里山路，就咬着牙，接过一个木桶，顺着石头台阶，一步一滑地走下去。

到了河边，有个妇女也在那儿挑水洗衣服，看我用木桶打水怎么也打不上来，就问你是城里人吧，然后帮我打了一桶。我拎着那桶水，一个台阶一个台阶地往上走，水不断外溢，我又好笑又想哭。那妇女洗完衣服，挑着满满的两桶水，从我的身边走过，还关照我慢慢走。好不容易拎到理发店门口，师傅出来接我，帮我拎进去。他总算用炭炉子烧好温水给我洗了头，剪好，我站起来，该付钱了。他说："等一等，还没吹呢。"我心想不是没有电吗？他说有吹风机啊。结果他拿出一个小炭炉，上面有一个小烟筒，直角形弯过来。他吹小炭炉，火上来以后，热气就从小烟筒里出来，他对着我的头发认真、细致地吹，还把头发梢弯进去，弄出像林道静那样的发型，他说，这样才时髦，像柳州女人。他原先在柳州开过理发店。总算折腾完了，我问该付多少钱，他说本来是一毛三，你给我拎了一桶水，只要一毛一就够了，我硬要给他一毛三，他硬退给我两分。我从镜子里一看，是有点儿变成柳州女人了。

出了理发店，我就在山路上跑。那里一座山连着一座山，中间有小木板桥。忽然走到一个山头时，发现前面的"桥"是用藤条扎在一起的两根毛竹，下面就是深渊。广西那时解放不久，还有土匪藏匿，没有人祸就算好的了。可两根毛竹的软桥难倒了我。

我就坐在山这边歇息，心想万一掉下去死了呢，就拿出笔记本，撕下一张纸，写了遗言，压在一块石头底下。内容大概是：爸爸妈妈，我不幸葬在大山里，其实这里风景、空气都很好，我是很幸福的，为工作而死值得。

已经到了"世界末日"，谁料还有更可怕的事情出现了。这时候，100多

我本一棵"三类苗"
——周建英访谈录

米外,桥对面那座山的小路上,隐隐约约有个东西,个子比较矮,走走停停。我定睛一看,天哪!是一只华南虎,往我这个方向来了。我们两个之间只有那条路和毛竹桥。可我两腿已无力,跑也跑不动了,我坐着想:也许华南虎过桥时,会滑下去。我就死心塌地坐在那里,等着看它从两根毛竹上滑下去。没想到,它走到离毛竹还有四五十米远处,停了下来,突然从那条山路上"哗啦"一声往下跳了一二十米,到河边喝水去了。这时我已知道这条水路叫贝江河。

我高兴得不得了,心想老虎跳下去了,再爬上来是比较困难的。我必须去完成采访任务,只好两条腿跪在毛竹上,爬过那架桥,再从那条山路上连奔带跑地一口气到了融水镇。村里的老百姓惊讶地围着我问,你从哪里过来?我说就从这边过来。他们又问,那你没看到老虎?我说看到了。他们指着地上一头被咬死的小牛,鲜血还在流。一个干部模样的青年用汉语说:"你是毛主席派来的,你命大,它没吃你。"后来我习惯了走毛竹桥,有时候怕鞋子滑,把鞋子脱下,光着脚走。那晚,我在一个苗族中年妇女家里住。他们最高级的菜是生牛肉,因为老虎咬死了一头小牛,所以每家都分了几斤。主人招待时拌了一点儿辣椒,我也生吞了一块咽下,别有滋味。

到镇里的第二天,我去找县里一位苗族党委副书记。在大院门口,有个人在卸木头做的大门板,皮肤黑黑的,我以为是传达室的老头,尽量用当地的白话(粤语)说:"同志,我是新华社记者,找你们书记。"他说:"好,你等一等,我一会儿去。我知道,前几天已经通过长途电话了。"他背着门板,让我跟着进去,走过一个大院,进入一间平房。我搬过两个长凳子,和他一起把门板搭上。我又说:"请你去报告书记吧,等会儿你们下班,就找不着了。"他说:"我知道,我知道,找得着。"接着又噔噔噔出去了。过了一会儿,他拿了一个暖壶、一个搪瓷茶缸、一盏油灯,以及被子褥子。他说:"同志,我们没有招待所,今天晚上你就睡在我们会议室,这个门板就是你的床。"晚上,他给我端来一大盆木薯,还有几个芋头,又弄了两块土制红糖。我说:"现在可以去跟书记通报了吧。"他一边抽旱烟一边坐下,慢悠悠地说:

"我就是书记。"

他对各村的情况都非常了解。跟我说："明天你在这里采访，后天晚上，我会派一个瑶族小伙子把你送到另外一个村庄去赶圩（赶集），那里的苗族、瑶族都开始学习文化，在圩上，你也能采访到。"后来，我写了若干篇扫盲的稿子。当时全国掀起扫盲高潮，深山边疆也不例外。我曾经写过一篇《四个孩子的妈妈也能学文化》，受到总社通报表扬。稿子出来以后，"六个孩子""五个孩子"的妈妈脱盲故事也都来了。这次去苗山总算没被老虎咬死，又采访了这个背门板的书记。我去邮局发稿，一个老营业员在发票上我的职栏写的竟是"访员"。他说清朝就是这样称呼记者。另一年轻职员在旁边说："我们老先生是清朝秀才哪。"

30多年后，我跟年轻女记者一块下去，跑了浙江、福建、云南好多地方，发现县里干部文化水平都很高，讲出来一套又一套的，金融也好，外贸也好，讲什么都头头是道，见解新。一下子知识水平井喷上去。我觉得，中国人民真是很伟大，各级干部也是可教育的，只要路线、制度对头。

8. 猴眼敲醒了人脑

同种（人与人）角膜移植使盲人复明的手术，20世纪早已成功，但可供患者的角膜奇缺。广西不是猴子特别多吗，柳州人民医院的两位医生，就想办法把猴子的眼角膜经过人的血液浸泡等处理，移植给病人，居然使之重见光明。这是空前的奇迹，我马上去采访，这篇稿子由新华社向国内外发了，轰动世界。这家医院在一周的时间里，接到2000多封信，因为全世界盲人太多了。

但过了3个月，移植的眼睛还是坏死了，因为当时没有特效排异药。怎么办呢？等于出了很大的问题。分社请示总社，总社领导朱穆之亲自打电话给我，我吓坏了，心想我怎么一上来就闯祸。朱穆之说："科学实验失败是常事。你报道这个先进的创造，是对的，影响那么大。现在失败了，你就按照失败的情况再发消息。"

我本一棵"三类苗"
——周建英访谈录

我马上发了消息,几乎全国的报纸都登了。那天,广西分社所在的小胡同里,突然开来一辆高级轿车,光临的是当时省委书记陈漫远。他同社长打完招呼,便微笑着问周建英是谁,我站起来说,我就是。他说,你做得好。我说,不是我做得好,是总社领导朱穆之叫我发的。他说,新华社这种做法,才是科学精神。又过了一两个星期,穆之同志又叫我继续介绍这个病人的情况。所以,我对朱穆之非常崇拜。这位省委书记也很不凡,居然亲自跑来,支持新华社的做法。听分社领导说,省里一把手到分社还是第一次。

这次报道给我带来很大的触动——新华社真的讲科学。我觉得以前经常是报喜不报忧,现在跟着科学的发展实事求是,客观面对。这在当时是个很了不起的事情。我本人还接到不少读者来信,赞美共产党提倡讲真话,讲科学,鼓励我一生要做一个客观真诚的记者。因此我觉得,记者生涯中的一个个考验,有的是工作,更有生活细节,磨炼出胆量和毅力,敲醒人的头脑。

国庆10周年前夕,报道需要人手,我被调到北京分社,负责采访首都文艺界。当时已任北京分社社长的莫艾给我出选题——社会主义时代的文化艺术如何能超过18世纪的欧洲和19世纪的俄国文艺?像北京人民艺术剧院这种代表中国最高艺术水准的单位,该给观众什么样的精神食粮?该出什么样的艺术大师?随后,我就住进"人艺"蹲点去了。"人艺"当时红得发紫,名演员于是之更是名扬话剧界。莫艾亲自为我与剧院领导说情,让我住在于是之家隔壁的女演员李滨的家中,要采访于是之,直接堵他房门就是。

其间,我有幸采访了曹禺、焦菊隐、欧阳山尊、舒绣文、朱琳、蓝天野等话剧界精英。可惜的是,我差距大,每次对话、访谈或饭桌前闲聊几句,我总感到仅仅仰视他们还不够,必须细嚼他们的金玉良言。

北影厂的导演(恕我不用"著名"这个词)崔嵬讲过一句话,我用了一辈子。他在给我审稿子时说:"我劝你去掉一个例子,这两个小故事表现的意义是一样的。"又说:"小周,如果你有一个非常好的朋友,你呢,又有一把钻石,你觉得应该送给他多少?"我说:"我恨不得把最好的都给他。"他说:"那你就蠢了,应该只送他一颗,他也会非常珍惜,一定是精挑细选出来的,写文章也应该是这样。"他又说："我拍的片子有好多好多镜头、画面不一样，含义是重复的，我在剪接的时候，非常狠心。精品是精致的，需要精挑。"

坦白说，近 30 年来，我看过的影视话剧不会超过 10 部。曾担任 15 年文艺记者（厌恶"娱记"称号）的人，有幸欣赏过数以百计的国内外经典，我何等渴望 21 世纪的祖国能像 20 世纪那样人才辈出，养人育人的精神食粮多多丰收啊！

9. 周总理关心救治烧伤女工

我最难忘的采访经历，是去采访让周总理牵肠挂肚的女工王世芬。

1968 年 11 月 1 日，年仅 17 岁的北京礼花厂普通女工王世芬，在烈火中舍身拉断了电闸，被火药爆炸烧得不成人样，全身烧伤面积达 98%，其中三度以上烧伤面积达 88%。一天下午，新华社专门跑医疗卫生的记者彭运南打来电话，让我马上动身，去采访一个奇迹。我们到了北京大学第一医院，穿上白大褂，正要进病房的时候，被一位姓方的医生挡住说，她的模样不太好看，让我们有心理准备。我极自信地说，我见过剖腹手术，进过麻风病人村，遇到过华南虎……走到床前，躺在上面的少女令我无语，右臂肩膀截肢，左臂自肘部截肢，双眼被缝合，只留下绿豆大的小孔，鼻子、耳朵都被烧掉了，植皮后新长的皮肤，类似半透明的香肠肠衣，上面布满密密麻麻绿豆大的黑点。像《夜半歌声》男主角宋丹萍被毁容后的模样，看了让人战栗。但坚强乐观的王世芬说："有共产党救我，有这么多叔叔阿姨救我，我会活着的。"每天给她换药，医生的手都发抖。她会说："叔叔不要抖，我给你们唱一首歌吧。"她的嗓子是女中音，既唱京戏，又唱革命歌曲，音色悦耳，感情动人。

王世芬的事迹感动着资深编辑彭运南和我，为追求真实、自然、生动，努力做到采访深、观察细、思考多，先感动自己。我们苦战几天几夜，写出了长通讯初稿，新华社总编室于 1969 年 6 月 11 日播发，《人民日报》次日登载。周总理当天就看到了这篇通讯，立即派保健医生卞志强等人到医院了解详情。当医生们汇报说王世芬自小家庭生活十分困难，喝粥啃窝头，爱吃咸菜疙瘩时，周总理说，要劝劝她，为了治病，要吃点荤菜，给她增加营养，增加抵抗力。总理和邓大姐请有关人员去特供处买来对虾托人送来，王世芬咬了一口虾说，腥的。她以前确实没吃过那么好的东西。为了总理关怀和病情好转，她就一小口对虾，一小口鱼肉，一点点地吃下去。

出事前，王世芬容貌姣好。抢救过来以后，如何告诉她双臂被烧焦又被截肢的真相，让医务人员发怵。医生怕她照镜子，担心她看到自己烧伤的样子，会受很大的打击。医生的小孩放学，去医院找爸爸妈妈，在院子里碰到护士长推着轮椅上的王世芬，当下就吓晕了。王世芬想，难道我就恐怖到这个地步？有一天理疗回来，她对医生说，以后不要防了，我已经看到自己的脸了。没啥关系，就是够丑的。如果越烧越漂亮，谁都想去火里整容了。原来，她在理疗器械的不锈钢管上看到了自己的容貌。

周总理对新闻记者提出更高的要求：像王世芬这种精神境界，要很好地从深度和广度再做报道。宣传这个典型，对精神与物质、内因和外因等哲学思想，可以起到普及和提高人民觉悟的作用。我们认真学习这些指示，后来又写出了一批有关王世芬的稿件，准备送周总理审阅。"文化大革命"期间，有个古怪的规定：凡是中央新闻单位要送总理审阅的稿件，必须先给姚文元看后转呈，美其名曰为节省周总理的精力。我们天真地以为，王世芬这个典型是总理亲自抓的，姚文元一定很快地转呈。不料送审第二天，"姚办"一个电话打到新华社总编室说，活着的典型人物，没到盖棺定论时，不要提那么高。就这样，我们的稿件被"枪毙了"。

后来，我们几个记者下放农村"接受贫下中农再教育"。我在京郊平谷接受锻炼，一年后回城，仍然放不下王世芬，又列了题目上报新华社。那个时候，吴阶平在主抓这件事。总社要我们先征求一下吴大夫的意见。第二天上午，吴阶平就打来电话，说，我也把你们的想法征求了总理的意见。总理说：照新华社的计划办。我们几人又去采访，我去得更多，有时候就睡在小王病床边，跟她聊，很快又写出一组稿件。这次，我们学聪明了，千方百计绕开姚文元，把稿件直接送到吴阶平那里，他说先跟总理汇报一下。第二天上午，吴阶平打来电话告诉我们说："我看了稿子，写得很好。我把这几篇报道请周总理看了，周总理没有说不发，我看你们可以发了。"闻言，我们欣喜若狂，立即把这些话写在稿签上。值班室的同事当晚就向全国播报了。次日，《人民日报》等中央和地方一些党报均用显著版面刊登了，通讯的大标题是《青春似火胜于火》。我们一起采写的记者邵泉、顾德华等正在高兴之时，这天上午11点钟，接到总社编辑的电话说，刚才"姚办"来电责问，稿件经过谁审了，怎么就发了？编辑接着说，不过你们别紧张，我们把稿签上的话一念，他就把电话挂了。我们的稿子就这样冲出去了。这个时候，我才知道姚文元等人用心险恶。之前根本不清楚，"四人帮"有这么多的阴谋诡计，连总理抓的拯救生命的典型，都要横加阻拦。

王世芬康复期间，吴阶平打来电话说，总理想看看王世芬现在的照片。摄影记者顾德华一直在追随采访这件事。得知这个消息，许多人叮嘱她，一定要拍好看一些，要拍出心灵美，不能让总理看了太心痛。顾德华抱着相机说，这是我一辈子最光荣的任务，但艰巨程度好比登珠穆朗玛峰。我们把王世芬烧伤后的一组照片送进了中南海，附上她烧伤前的半身照。后来吴阶平告诉我们，周总理仔细看了王世芬的照片，背过身子，面对窗口，久久不语……

有一次，在七机部两大造反派数千人的大会上，周总理动员大家联合为重，讲了王世芬的故事，谈到她的精神境界，声音略有哽咽，一字一句地说："我作为一个40多年党龄的老党员，比起她来，觉得自己渺小。我们一起学习她的胸襟，她的革命人生观……"总理一边讲，有些哽咽说不下去了，全场那些造反派都鸦雀无声。

后来我负责工业、经济方面的报道，但一直关注着王世芬。1998年8月的一天，我想方设法打通电话，不料，她在电话那头泣不成声，希望我再去看她。我去了以后，发现虽然公家已经尽力，给她分了一处小院的平房，还装上了假肢，但她和保姆的生活仍很清苦，就着咸菜，早饭喝粥，晚饭喝粥。她住的房间，整个墙面潮湿尽掉石灰，床上的被子都是潮的。她全身植上去的皮没有汗毛孔,买不起电扇,只能不断地用扇子扇。冬天下很厚的雪,保姆搀着她,到院子的墙角去上厕所,蹲也蹲不下去。看到她过这样的日子,我担心人们慢慢地会把这些英雄淡忘,马上写了一个内参清样,几位中央领导批了。于是,上到民政部,下到市民政局的干部,都去看望,有的给500块钱,有的买水果。她房间里头最好要有个卫生间,就请企业家帮忙。中信公司派来了施工队,用抗潮湿的涂料,重新装修了房子,还在房门口建了一个卫生间。海尔公司给小屋装了一部冷暖空调,让她不再忍受酷暑的煎熬,居住状况有一个很大的改善,她一下子从极端悲观的状态中走出来了,很快成为融入社会的宣传员。

我们建立起深厚的友谊,直到现在还有来往。每年春节、母亲节、记者节,她都会给我打电话。而我自己,每逢被病痛折磨,就会想到她的精神,自勉自励。

10. 永远难忘的老师——李瑞环

我曾经写了一篇《人尽吾师》的散文,所有的老师中,我永远难忘的一位"奇人"是李瑞环。

人称"青年鲁班"的李瑞环,在我首次访问他时早就是劳动模范了,那是20世纪60年代初期。我们交谈中,他一会儿背段恩格斯的话,一会儿背段马克思的语录,毛泽东语录就更不在话下了,我觉得这个人记忆力惊人。他小学只念到三年级,后来就当木工,业余时间上夜大,拼命学习数理化。他说,人的记忆力有好有差,当木匠,什么材料多宽多厚多长,一串串数字,必须得记住,要不然师傅就打骂。结果每次学徒考试,他都得第一名。

"文化大革命"一来,李瑞环被打倒了,从原先的住宅里被轰出来,住工棚。有年初夏,我觉得"文化大革命"已经搞好几年了,五一劳动节快到,不晓得李瑞环怎么样了,打听到他在一个木材厂里,半工作半解放。我问,能不能打电话?人家把他找来听电话。他说你可以到我家里来,问我在哪儿。

我说住在礼士路的中央台宿舍,他说离他那儿没多远,200米就到。我找了个周日就去了。跨过很多瓦砾堆,他就住在一个废旧工棚里头,用篱笆墙隔出卧室。我看见一张特别漂亮的写字台,上面还有两朵宝石花,显得很豪华。这张写字台是由成千块各种各样的木头,按照原来的花纹拼起来的。我问哪里买的。他说:"我做的。你别忘了我是木匠。"他又告诉我,现在的木材厂里有很多下脚料,当劈柴卖,都是当年建人民大会堂、北京医院剩下的菲律宾进口木材,花纹很别致,3分钱一斤。他买了好多回来,上午挨斗,批斗完了,洗个澡,下午开始研究这些劈柴花纹,如果有精力,还会跟徒弟们打一会儿乒乓球。

李瑞环学什么就精什么。象棋可以下盲棋,一个人应付五六个对手。我边听他说,边东张西望,屋子里还有茶几、凳子、小板凳,都很精致,一件赛一件。他见我看得入神,站起来进房间拿出一本小册子——《木材镶拼法》给我。我一看,这个很珍贵,遗憾的是我没有这手艺。他说,自己工作中有了体会,总想让同行知道,木匠们会有用。他忽然放低声音:"现在我靠边站,千载难逢,忽然有了许多时间可以读书交朋友,研究国家大事了。"原来他同胡耀邦、胡克实、胡启立等学问高深也同样有了闲暇的几位,经常在一起学习马列经典和毛著。他把好些深邃的警句一段段记了下来,还告诉我背经典的窍门:一点点理解,明白了,开窍了,自然而然就记住了。

夜幕降临,我站起来告辞。他走到窗前,扯下一块绿色人造棉窗帘,把地上一个精美的小马扎一包,让我拿走留个纪念。说:"你出去的时候,得经过门房,我还在被监视呢。"我们全家都非常珍惜这个镶拼美丽的小马扎。女儿上小学一年级,经常把这个小马扎带到操场上去听报告,我们家有3个小板凳她都不拿,老喜欢用这个。

我们首都的记者经常在五一节、国庆节去各公园采访庆祝活动,这些活动需要有关人物在现场说几句话。有一次,我又碰到李瑞环,他问:"点子有了吗?"我说:"现在还是一脑子糨糊。"他说:"我告诉你,实际上,读者最佩服、最被吸引的是事件的灵魂。只要对象讲话中有点儿醒脑的有哲理的话就行了。"

李瑞环到中央以后，参与了一系列国内外友好活动，很快引起世界舆论的高度评价，称他谈吐诙谐，语言真实生动，既有劳动者恳切生动的故事，又能畅述对国际、国内形势的实际看法，还不时用科学的哲学思想予以解析。这就是政治家的真正魅力。

我写过一篇冒犯"四人帮"的内参，把李瑞环真实的观点和如何抓革命、促生产的建议写上了。其中有一部分强调，应该恢复物质奖励，应该提高脑力劳动者和体力劳动者的福利。这对极"左"的人来讲是个反击。清样发出去了。第二天一早，一些关怀李瑞环的老同志看到清样，马上打电话给李瑞环说，你怎么那么大胆。李瑞环说，我认为这是马克思主义的，如果您有不同见解，我现在打电话叫周建英来，请跟她讲，也让她给你写一篇。对方说别开玩笑了，你现在自己还没被解放，少说两句不要紧。李瑞环说，再被打倒，总还是个中国木匠、中国公民。

建毛主席纪念堂的时候，李瑞环在工地上管事儿，整天在工地待着。有时候我们约他采访，他就说，看到我躺在地上、木头上睡着了，一定要把我叫醒，马上起来跟你们谈。最后写总结的时候，他本人和秘书几次来电，一定要我去写，写出他的原话，不要空话套话。那时正赶上总社召集了几个人，赶着写纪念堂的通讯，天天"开夜车"，实在抽不出时间，只好谢绝。

粉碎"四人帮"后，我随报社首任总编李琴到天津去搞经济参考报的发行，当时倪志福在那儿当市委书记，李瑞环是市长。我请分社一定要找李瑞环来讲，他的口才一定能征服众人。倪志福他们党组开会决定，让二把手来。李瑞环头天刚从美国回来，我设法打通了他的电话，苦求他讲信息，就来讲5分钟，他说一定来。他居然真的赶到，就把看到的美国的情况、香港的情况结合信息与经济和科技发展的硬道理生动地讲给我们听，全场叹服。我们的报纸在天津的发行量也直线上升。李瑞环第一句话就说："你们知道吗，周建英是我的恩人，是她把我解放的，所以我不倒时差，也得来讲。"会后人们好奇地问："怎么是你解放了老李？"大约"文化大革命"后期的一次五一节前，我心血来潮，觉得劳模们已经被打倒多年了，想找李瑞环聊聊，就在下班以后，路过他家，聊了一会儿，写了 150 个字，总社那个值班编辑很年轻，没问有没有"来头"，就给发出去了。然后《人民日报》等各报都登了，人们以为这是中央的精神，要解放劳模了。李瑞环也奇怪，怎么登上报了？李瑞环说，我那天的电话都被打爆了，都问是谁发了话，是要解放劳模了？我说我不知道，反正昨天新华社记者来过一次。

歪打正着，第二天，第三天，东北、河北、上海的一个个著名劳模都上报纸了，以为《人民日报》可以登李瑞环，别人也可以出来了。最后总社来电问我，李瑞环这个报道，你哪来的信息？我说没有什么信息，我就应节采访他，劳动模范有什么罪啊！老实说，那时已经到"文化大革命"的后期了，"四人帮"也不敢了。

这么一说，都傻眼，李琴同志说，这叫无知者无畏吧！

11. 从采访曹禺田汉到琢磨萝卜白菜

1978 年春天，当时陕西分社的记者郭超人、吉林分社的梁星宝与尚在北京分社的我，奉命到总社采访全国财贸大会。会前要下基层去采写一批"鲜鱼、活虾"式的典型。我与小梁第一站到了上海。我老家住上海南京西路，我从小就知道路边一家名叫"凯司令"的食品店里卖的奶油蛋糕特别好吃。上学时路过这家商店的橱窗，身上没钱，只能看着蛋糕馋。心想，将来挣了工资，每样买一块吃吃。1961 年，我回家探亲，当时正是经济困难时期，家家食品店柜台无货；1967 年"文化大革命"期间，我又回家探亲，兴冲冲地去"凯司令"，连点儿蛋糕屑也没见到。终于熬到了改革开放。这天傍晚，我独自去"凯司令"，发现它重现辉煌了。我选了 3 块蛋糕，回家与年迈的父母同享。双亲奇怪地问我，什么时候迷上了奶油蛋糕？我说从小就想吃。两位老人眼眶湿了，他们肯定想到多年清贫的生活没有满足女儿幼年的奢望，内疚不已。我马上打岔说，粉碎了"四人帮"，奶油蛋糕也来了，真好。我们第一稿写出上万字的大通讯。后来国内部财贸组长李峰要我们改成文字精练泼辣的新闻。我们随后写出《餐桌上的假"左"真右要打扫》和《救活"鸳鸯"换回外汇》两篇报道，几乎全国报纸采用，加花边的也多，我和小梁不断接到祝贺电话。社科院新闻研究所在招收第一批研究生考试中，《餐桌上的假"左"真右要打扫》一文还作为评析的考题之一。

1981年，一道命令，要我参加筹办《经济参考》。一向不知愁苦的我居然忧伤不已。我没有想到改革大潮所需。只愁专业经济报纸，除政策法令、工作经验、专业用词，就是一串串数字。除了有关干部和专业人员，会有多少读者？为此我流泪一天，连中饭都没吃，觉得自己像祥林嫂一样，被贺老六抢到船上去了。那天跑文教名扬四海的郭玲春下班来找我，问我怎么还不回家。我说现在被调到总社，财贸已经够犯难的了，还要我去搞《经济参考》，郭玲春劝我说，你想想，祥林嫂一生最幸福的时刻还是嫁给贺老六，也许，《经济参考》就是有情有义的贺老六，去试试吧。听得我破涕为笑，但曾长期搞文艺报道的我，仍主观地认为，经济报道等于枯燥、单调、晦涩、艰深，难以像春燕呢喃，进入寻常百姓家。但最后，还是服从组织到了"经参"。后来，有个采访我的记者说："周建英原来是采访田汉、曹禺这些人，突然转过身去，琢磨南瓜白菜萝卜，在感情上、思想上转不过弯来。"

院子里碰到穆青，我吐苦水说"如今是老大作商妇"，他说李琴他们一定要你去啊。听说你在今年两会（人代会、政协会）执笔写了篇特写式政治新闻，她认为你脑子较灵，能为办报多出好点子。去试试看，如实在不适合，给我写个报告。我当天就回家写了报告，希望能调去《瞭望》，但先放进抽屉里，候机再交。没想到这一放，竟是20年。

"经参"一出世就红运当头。第一批试版送中央，就得到了邓小平等领导的支持。首先得感谢总设计师，感谢改革开放大时代。邮局反馈第一次订户就有13万多家。我到了"经参"后，深刻地体会到，经济对国家的命运、对改革开放成功与否何等重要。我想李琴居然懂那么多，我比她年轻，也应该学，再"枯燥"也得学，后来就在"经参"待下去了。

周建英（中）在新疆采访

刚开始，我是一版和理论版的编辑。每天编前会，报社 10 位领导总要大家开动脑子，主题要切合百姓最关心的实际生活，文风要朴实生动，可信度高，可读性强。专业性内容既要专家认可，也要通俗。最强调文体要短些，再短些。标题要新鲜、形象、吸引人。当时每个编辑、记者都绞尽脑汁，改进业务。有一篇稿子讲草原的衰败，原来的标题平实，我就改成了《三只羊吃两只羊的草》。读者反映新华体突然"开出花来了"。而且我发现，经济里面有那么多名堂，改革开放有那么多东西，所以胆子大增。中宣部的几个正副部长，也都非常重视，经常打电话来。徐惟诚自费订报纸，还给我们打电话指导。

当时，中国股市即将兴起，人们对股票、期货、证券充满了好奇。一次，我去中宣部学习，一位国务委员讲解中国要上市股票。我问，新闻单位是不是也可以买，他说：可以。只要不直接跟证券有关的都可以。我想"经参"一定要参与，假如你不买的话，根本不会关心股票是什么东西。我们请几家要上市的公司来座谈。会议结束后，大家决定买美纶股票，我也买了 1000 多股。过了一段时间，听说这只股票已上市，我在外地出差，便打电话叫丈夫把股票卖掉。他在社科院日本研究所工作，对股票如何操作一窍不通。我告诉他到阜成门附近的证券所向工作人员请教。他拿了个表，从头到尾问人家怎么填，一个半小时填完了，人家说都填对了，可股市已经收盘，丈夫只得悻悻然回家。

我弟弟是建筑师，退休后会弄电脑、玩股票。我们在报纸上来回报道股票，可闹了半天自己也不会操作呢。公家批准的福利房，要交房钱了，我只好拜托我们跑股市的记者帮我去卖掉大部分股票。一次，我出差路过上海，同弟弟谈起此事，性格内向的他说，我教你，10分钟就学会。那是2007年，正赶上牛市，我头一个礼拜就赚了3000多元。现在炒股我比退休前还用心。电视上讲股票，美元涨了、黄金跌了，它们之间的关系，我都收看。我以前发过很多这种稿子，但跟我没实际联系，现在时间较多，等于重新学习经济学、金融学知识。

12. 想当一辈子记者的总编辑

刚到"经参"的时候，新闻界正在评职称，大家都在报主任记者、高级记者。我对这些做法不理解，觉得一生当个记者尽力做好就可以了。可有同志说，不评职称得下岗。第一次我申报就填了"记者"，结果被退回来，人事局一位熟人对我打趣说你不要开玩笑。后来任命我当副总编，被吓坏了。那天下班后，我也不回宿舍，一个人在办公室发呆。晚上，年轻记者姚光来了，问，老周，你怎么还不走？我说我完了。他说你不是当副总编了吗？我说副总编怎么当啊？我就是想一辈子当记者嘛，当编辑也可以，一边学一边来。他说，还有总编和几位副总编呢，那么多中层干部和记者、编辑，你别着急啊，依靠群众，依靠党，关键时候，拿起这武器呀！

我刚当副总编，就出洋相。八九月份要宣传卖报，搞发行。我带着新来的记者万征，第一站到福州，照老规矩，买的是硬卧。从福州到三明时，硬卧和硬座都没有了。分社的同事说，你现在可以买软卧。我说，不要。之前有一次，我从太原回北京，患上急性肠胃炎，白天11个钟头的火车，实在是坐不住，心想应该可以买硬卧，结果不能报销，财务处说因为是白天坐的不能报。为了这笔钱，那个月我真是省吃俭用。副总编是什么待遇，我也不知道。我们坚持买了站票，上了火车，我们把书包往地上一放，就地坐在过道里。送站的分社同志用站长的电话马上问总社，周建英是什么是级别。我们在火车上忽听得分社同事在站台上喊，老周，你快下来，已经换成软卧了。我说不要换，我付不起钱。他们说已经问过总社了，可以报销。就这样，一个软卧，万征和我可以轮流休息了。这件事也被熟人传为笑话，说当了官，居然还不知道是什么级别。

后来，接到总社职称办通知，说我是下一届高级职称的评委。我说我自己还不是呢，怎么能当评委？他说这个问题是要解决的，说你老这样拖着不是个问题，后来才补填了评高级职称的表格。

一个人被提拔成干部以后，手上有点儿权，首先必须考虑你为单位、为员工、为人民做点什么，用好权力，做很多事情。"经参"自负盈亏，也赚了不少钱，给社里上缴。20世纪80年代初，一年可赚1000多万元，95%的利润要上缴总社，我们千方百计把钱用在提高报纸质量和工作人员积极性方面。如设立"好版面""好点子""好标题"奖，包括内部刊物在内，每个人都可以参评。有的记者来稿藏着好线索、好典型、好信息、好主题，编辑不断和他联系，一起写作，连续报道，做成一系列影响很大的作品。譬如说，当年做了一大版的"访厕所"，轰动一时。当时旅游业开始了，可厕所十分糟糕。新闻学院素不相识的英文教师罗祥兴，跑来问我寒假有什么活儿要帮忙。我说，这样吧，你整个寒假都没事，那你去帮我把北京所有的公共厕所访问一番。别的报也呼吁过，可总是不灵光，关键问题挖得深一点。利用你外文优势，把国外同类事物也查一查。

访厕所？刚开始，我们自己的编辑也在笑。我原先跑外贸、旅游业时发现，外国人对我们的厕所简直是忍无可忍，中国人也觉得唯独此事已"无药可救"。结果他老兄访问了十几天以后,给我们来了一篇万把字的稿子。这样的教师干什么都很深入,他到各个有关环卫部门、最坏的厕所、最臭的厕所、比较高级一点的厕所,都去访问了一遍,还把联合国对厕所的规定都查出来了,非常生动。副刊部的同志感动、夸奖不已,集中智慧精编。我们把大小标题都改了,发了一整版,在社会上影响挺大的。多用一点儿心思,就可以把平凡变得不平凡。

咱们中国人才很多,有时候各种因素包括性格会干扰他发挥作用。有位社长跟我讲,叶志雄已经回来半年了,还没有安排部门。我听说他对人对己都很严厉,我也不敢接受。社长说老叶的业务挺棒,外语特好。我一听这话,就说那来吧。我敬佩才华出众的人。他喜好音乐,还会指挥,我们当时组织了一个合唱团。在北京接受第一批外国银行开设办事处时,这些西方银行家高兴地应邀来编辑部参加座谈。我请叶志雄主持,那一口流畅漂亮的英语,把这些来宾都征服了。他工作非常勤恳,每天晚上到八九点钟才离开办公室,做资料卡片,看看中央杂志。国际部的同志本来都比较担心,但在他的领导下,大家和谐相处。

我们经常组织一些专家学者座谈,好些"座谈纪要"见报,对读者吸引力特强。有一天,我接到中宣部的来函,字迹生疏。原来是一位新上任的副部长,谦逊地向我提出有机会想参加报社的一些专题座谈。

"经参"发行量最高时达到78万份,我们专门去邮局调查用户情况。真没想到,连协和医院的大夫们也订了37份报纸,都是自费。我们就奇怪,为什么要订?他们说非常关心国外的医学发明等先进的信息,报纸上有时就一两百字,给我们很多启发。有些清华大学的学生,把订的"经参"挂在床头,作为信息时代的一种时尚。当时每天读者来信来稿一大麻袋。不少质量高的见解、建议或批评,引起编辑部重视。便每周出一版"从读者中来"。

报社的人事名额由总社限定,我们也招临时工到电脑房、机器房工作,基本上都是中专生。想到本报曾多次介绍德国重视职业培训的经验,报社编委作出决定,鼓励他们不要浪费时间,业余时间去各种夜校念书,学外文也好，读本科也好。最后把考试的成绩单，加上学费收据都拿来，"经参"给报销。尽管他们是临时工，是农民的孩子或工人的孩子，但都是中国的青年，他们必须增长知识，必须有学问。一两年、三四年之后，有一些临时工达到了大学水平，经过考核转成了我们的编辑或记者。

13. "拂袖儿"和"撒气儿"的故事

我有几个笔名，给海外杂志写的时候用"周婴"，平时写言论署名"周樱"。个人倒喜欢用"拂袖儿"这有点儿谐趣的别名。它来自20世纪80年代社里开的一个工作会议。那时，改革开放思想澎湃，但也有些方面冒出过分追求利润的苗头。穆青同志提醒大家要注意廉洁自律。会上，有个分社的同志突然说，我们社长们带头，尽量少给"经参"写稿。此言一出，我吃一惊。因为给我们写稿是发稿费的，而且比较高，写通稿是没有稿费的，这么说是表示他们很廉洁。他们发言的时候，郭超人和穆青都在那儿笑。我心里想，社里大力支持我们报纸，"经参"实行稿子优质优价，他们居然还觉得给我们写稿是为稿费。有好几个分社社长扭头跟我说："周建英，你还坐得住吗？"我笑笑，听他们讲，忍了10分钟，突然站起来，大衣一披，转过身去，噔噔噔出门走掉了，那个发言的人马上停止了。郭超人傻眼了，因为这是个很严肃的一年一度的新华社工作会议，要定当年的计划。我回到办公室，已经快要下班时，郭超人打来电话，问："你怎么不到食堂来吃饭？快来，你走了以后，我们都觉得很过意不去，两个分社社长都被我批评了，这种发言是不恰当的。"我说我是夜班，现在马上要接班，对不起，我办公室里有方便面。那天晚上我再也未去露面。

第二天早上，我想这个会还得去开，就去了。穆青来到我面前说："你昨天拂袖而去。别生气了！"那天，其他分社的社长就开始叫我"拂袖儿"了。我觉得"拂袖儿"有劲、有趣。于是，我当天写的短言论，就用这个笔名。

巧的是，在我拂袖之前，摄影部主任徐佑珠发言时，为了激励各个分社图片质量数量进一步上升,用激将法点了好多分社的名。一会儿批评某某分社,一会儿指点某某分社,觉得他们对图片都不重视,拍了好照片,精彩的作品给别的杂志当封面。刚批完华东一个大分社,又高声呼叫江南某分社社长,许多社长都缩着个脑袋,点到谁,谁都在咯咯笑。她说:"你们不要笑,你笑什么?下一个就轮到你。"然后又批西北某分社。坐在下面的人说,她今天真是跟我们大撒气了,就给她取了个外号"撒气儿",不是有撒切尔夫人嘛,居然跟英国在任女首相同音。没想到,第二天又产生一个"拂袖儿"。

大家相处多年,互相知面又知心。我从学校里出来,一直到工作,虽然有时随心所欲,但胆子小,只好守纪律,实际上我的灵魂深处还是比较自由散漫的。穆青取的这个"拂袖儿"也让我"抖"了一次。其实,我这辈子活得还是挺知足的,我这棵"三类苗",最后还能结出一点儿谷穗来,我觉得全靠新华社各方面的"施肥"。

世界上那么多动植物,作为一个"人"来到这个世界,本身就是一个很大的幸运,后来又遇到这样的时代,在这样的国家,有这样的师友、同志、亲人,幸运加倍,就是幸福。

14. 12个共同爱好基础上的婚姻

从古到今,对于一个女性而言,无论她是出身贫困家庭还是书香门第,组建什么样的家庭,有什么样的婚姻和子女,工作以后遇到什么样的环境,都是决定命运的因素。作为过来人,我也常常会思考和回忆这人生的大课题。

我年轻的时候,找对象不是太难,社会上"剩女"也不多。我绝对遵守爸爸的规定,要等到25岁再谈,而且我的采访对象都是劳动模范或高级知识分子或名人大师这样的人,不可能成为对象。

我丈夫韩铎,年轻时学过钢琴,也业余学过美声唱法。他原是中央台记者,在一些场合我们会相遇,但我并没有"看他一眼"。他花了两年时间托朋友介绍我们相识，我一次次推托，最后为了照顾一位热心好友的情面，去见了。他给我留下的第一印象是沉稳。第一次被他打动，是约会去登西山，他人又瘦又高又黑，有男子气概。他不善言谈，躺在草坪上说："我给你唱首歌吧。"我说："你还会唱歌？"又一想，这话不礼貌。他居然给我唱了一首小夜曲，是外国歌，他的声音非常悦耳，男中音。我一生受诱惑的东西不多，但好声音对我来讲有很大的吸引力。

决定结婚之前，我们两个谈了一年，发现有12个共同爱好。在那么多的中外作家当中，我们不约而同地特别喜欢契诃夫，我们都喜欢歌剧、评弹、生活简单化、珍惜业余时间、长话短说、少耍贫嘴、有苦恼直抒胸怀互相帮助。他新中国成立前入党，我当时是个超龄团员……知道他工资比我高一倍，我坚持AA制。当然，我们也有好多不同，他从小学日文，后来又到社科院日本所。我从小学英文，就像郭超人说的——你俩的风格，一个东洋，一个西洋。郭超人的《驯水记》在日本出版以后，他说，想了半天，日方给了我一大批日文的《驯水记》怎么办？幸好认识你们韩铎。

当年，陆定一把我丈夫从大连调到中央人民广播电台，是文教组的业务秘书。他不愿意放弃日文，"文化大革命"结束后，就请调到社科院日本研究所，后来到东京大学去当了一段客座研究员。他比较含蓄深沉，学问比我大得多。他在电台工作的时候，也采访过王世芬。他第一眼看到病人模样就休克了，晕倒在医生值班的床上，他居然也有神经脆弱的一面。

采访王世芬时，有件趣事，闲扯一笔。好长时间，我们没有跟大夫们说穿两人关系。他去采访以后，主管方大夫跟我说，前几天中央台的记者也来了。他说了名字，问我认识他吗。我说，可能见过。有一天，方大夫又告诉我，姓韩的那位记者字写得端端正正，不像你每个字都得写在格子外头，他播音的声音好听。我忍不住笑问："方大夫，您很崇拜他？"他说，我本来觉得你已经不错了，能把我们那么医学方面的专业术语记了那么多，还能通俗地写成稿子。现在来了那么多记者，个个都有特长，真开眼界。

有一年快到年末，我正在农村锻炼。方大夫写了个短笺给我，说他今年春节不准备回江西老家了，除夕不知道去哪儿过。我回信说，请到我家来。那时，我丈夫还没去干校，刚好在家。方大夫一进门，就发现了。他高兴地说："老韩，今天周建英也请你来了？"丈夫心中明白，便含糊地答："是，是，是。"方大夫指着女儿问我："这是你女儿？"我说："对，是我女儿。"女儿那时才四五岁。然后，他发现，这个女儿管韩铎叫爸爸。方大夫到厨房问我，她怎么管老韩叫爸爸不叫叔叔？我说，是吗？她叫错了吧。

方大夫也是个"二"，他不断琢磨，又到厨房问我，那你爱人什么时候回来？值夜班吗？直到年夜饭吃完了，他才发现真相。我们只好"坦白从宽"，方大夫傻眼了，对我说，我经常跟你讲老韩怎么样，倒没有跟老韩讲对你的印象，但也没有跟你讲过老韩不好的话。我说，就算讲了坏话，你讲的也是真实的，没关系。

方大夫名承辉，敬业之辈。不久后他到非洲去援医，还写长信来报告当时抢救病号的感人故事。我女儿当了医生后，他还记得同小姑娘一起过除夕时的事情。半年前，他从美国退休回来探亲，在王世芬家里叙旧，还给我打来电话，互问现状。

再回到家庭的话题。即使婚前有12个共同兴趣，也并不等于成家后风平浪静。我们从不为琐事争吵，更多的是对事情、对人物的看法总有分歧。我们常有对某名人的论点或马列主义的某个论点的争执。记得女儿已渐长大，念中学。午夜我和丈夫为《共产党宣言》中一个论点的理解发生争执，把孩子吵醒了。她忽地从床上跳起，爬到书架上取下书来，翻出原话，还谈了自己的见解，支持了爸爸。

丈夫是大连人。一次，我在东单菜市场排队买了几条带鱼回来，他竟然说："可惜已经死了，在我们大连一般可以买到活带鱼呢！"我气呼呼回答："上海还买不到活的呢，你吹牛。"事后才知，大连人在海边确实能从打鱼船上买到活的。

我和丈夫始终坚持，你不改变我，我也不改变你。女儿的生活、学习等事情，丈夫管得多些，我作为记者，家里事放手。在北京分社的时候，遇到唐山大地震，为了赶稿，我三天没回家。丈夫来电话说孩子病了。我赶到家里，听见他正哼着《宝贝》哄女儿睡觉。他改了歌词——宝贝，你妈妈正在前方打游击战呢……让我啼笑皆非。

离休后，他一直被返聘，且继续为出版社翻译文学戏剧作品，参与了漫画《阿童木》的翻译。电视剧《阿信》引入国内放映前，他已写了文章详细介绍此剧在日本播出的盛况。他考量女主角的品格，将女主角的名字译成中文"阿信"，后被广泛使用。

老伴2005年初脑中风，不断地梗死，病瘫在床上足有两年，我陪着他，或住院，或抢救。有时候，他的病梗在脑干附近，造成精神障碍随时会痛苦地吼叫。我在缺觉和疲惫中跑医院，护理病人，挣扎于"空巢家庭"。女儿一次次从美国飞回来，带着爸爸去安定医院看病。院长说，我们市内的病房都满了，你到昌平的回龙观医院找个床位。北京人以前称回龙观医院"疯人院"。他在那儿住了20天。那20天简直太折腾了，他有时脑子清醒，有时不清醒。走廊头上的铁门要锁，还有护士站岗，这个地方住得还不错，医生服务好，可是失去了自由。他有一天清醒且动情地说："很早就想到回龙观玩一玩，没想到这么来玩。"说完眼泪汪汪。突然有一天早上6点左右，主任医生给我打电话，说你爱人肺炎，现在要把他送到协和医院去。我说，我现在跑到昌平去，得用一个多小时的时间。他说，我们有急救车，直接到协和，你就到协和急诊室等。后来，丈夫就在协和医院去世了。

15. 与"浅薄"宣战

我退休时已经是62岁。父亲酷爱音乐，为完成他的心愿，我在退休时借了4个朋友的钱，买了钢琴。当时我的退休金600多，上一次课160，掐指一算，上一个月课，就得饿着肚子过日子了。上了一次课，我丈夫说算了，咱们先克制一点儿吧。因社科院的离休工资比我还低。

退休以后，中宣部的领导徐惟诚要我给香港的《镜报》当了5年的专栏作家，一个月两篇到三篇，要有国内和国际述评，还要用极客观的口吻写。这又得从头学起。此担未减轻，上面又一担压下来，他们让我为一本精美的图文并茂的杂志——《世界都市》当执行主编。每期都要主访两位中外市长，介绍该市情况，还要国际各类城市风情。实际是要利用新华社遍布国内外分社组稿专访的有利条件。所以刚退下来的5年，我累得快趴下了。正在焦头烂额时，世界妇女大会要在怀柔举行，国务院有关部门一周内3个电话要我去参加宣传工作，我真情相告，谢绝邀请。当时国家万业俱兴，用人之处很多，生逢盛世，我也恨自己既无双翼，又无千手，否则可为国多出些力。

我现在写东西不多，但日记、札记还在写，笔记各有专题，如写朋友等。一般晚上看两三个小时书，经常看到凌晨两点钟，这也是长期上夜班养成的习惯。

反省起来，由于钻研不够，我当记者的一大弱点是浅薄。要接触各方面的学问，都是临时学，临时干，很难成为专家。人应该也有点儿深度和厚度，下辈子如果有可能，我想当一名学者，深沉而专一。社会的进步，历史的进步，人类的进步，学者可以起很大的作用。

丈夫去世以后，我和学兄范敬宜通了一个电话，请他给我写墓碑，他很快就写来了。我跟范敬宜说，我还想请你给我写一个江南童谣。我说，我这一辈子在北方工作，但江南总让我魂牵梦萦，我就喜欢江南的雨，喜欢它冬天真正的冷，夏天真正的热。他说好，可还没有来得及写出来，他就去世了。这个歌谣是《荠菜马兰头》。荠菜和马兰头都是南方的野菜，春天来了，荠菜先出来，然后是马兰头，这也是清火的。大概的内容是："荠菜马兰头，姊姊嫁在后门头，我想阿姐困勿熟，伸长头颈盼春到，开出后门摘野菜，老远看到伊，穿件簇新花棉袄。"他都已经记下来了，要写给我。不料突然间病逝，这首童谣跟着他到天堂去了。

我出生的时候，日本侵略者已经蠢蠢欲动，中国很快遭受战乱。身处这个时代，既是生不逢时，也可以说生而逢时，因为这80多年，经历了那么多的快乐也好，困难也好，生与死的考验也好，如今世界那么多事，祖国日新月异，所以特别想多看几年。

采访周建英那天，是个暖阳高照的冬日。从父母宠溺的娇娇女，到传媒界响当当的总编辑；从柔弱任性的"三类苗"，到刚正不羁的"拂袖儿"，婉约谈吐间，过往不是云烟，道出沁入骨髓的信念、不屈的傲骨、不计功名得失的品格，以及置生死于度外的传奇故事，像照进室内的阳光，温暖着我们的心。如果说，新闻工作无上美丽而又神圣，那么，正因为有着成百上千像周建英这样把记者当作一生职业的前辈，怀揣理想又脚踏实地，才华横溢而又谦逊如仪，日复一日，宛若繁星闪烁，令新闻事业熠熠生辉。

就像周建英所言，每一个采访对象都是自己的老师，倾听老人家娓娓叙述，脑海中不时浮现的一句话是，一日为师，终身为师。

在北京的十一年是我的天堂
——塔吉古勒·米尔伊达叶提访谈录

- 访谈时间：2011年5月
- 访谈地点：新疆乌鲁木齐受访者家中
- 受 访 者：塔吉古勒·米尔伊达叶提
- 访 谈 员：陈小波
- 整 理 者：陈小波

编者按

　　塔吉古勒·米尔伊达叶提是新中国第一代维吾尔族新闻摄影师。1932年出生于新疆喀什疏附县，1951年随丈夫调入北京，并进入新闻摄影局学习摄影。1952年成为新华社摄影记者，1956年加入中国摄影学会，1963年担任新疆日报社摄影记者，1972年担任新疆画报社摄影记者。在担任新华社中央组摄影记者时期，她为毛泽东、周恩来、刘少奇、邓小平等党和国家领导人拍摄过照片，见证和记录了那一时代许多重要的历史时刻，其摄影作品先后在国内外参展，也成为《新华典藏》中的珍品。她的人生经历既有新中国初建时期蓬勃兴旺的亮色，也浓缩了共和国经历的曲折与苦难，她的故事也因此而悲喜交集。

1. 党给了我有活力的生命，枯木逢春

我 1932 年生在新疆喀什疏附县。我的名字直译：塔吉——桂冠，古勒——花儿。我父亲是皮毛商人，我 12 岁时，他因为"赤色分子"罪名，被捕入狱。由于封建习俗，我很小就被禁锢在茅屋里，不能升学和工作，出门必须罩上又厚又笨的"脸巾"。小小年纪的我和旧社会所有维吾尔族妇女一样像含苞未放便已枯黄了的花朵，在与世隔绝的黑暗中默默度日，等待命运摆布。我只念了 4 年小学，14 岁订婚，未婚夫托乎提·巴克是阿图什人，当时在喀什警察局工作。我 15 岁就结婚了。

我虽然身在黑暗中，但对未来、对光明仍然有幻想。有一次，我通过在苏联领事馆工作的亲戚看了苏联电影，还通过同学看到几本维文版的苏联《东方真理》杂志，这点燃了我的理想。

1949 年，新疆和平解放。1950 年 8 月，中央派出以沈钧儒为团长、萨空了等为副团长的西北访问团到了新疆。这时我丈夫巴克已经调入新疆文教委员会编译处。他被访问团秘书杨静仁看上，担任访问团翻译。两个月后访问团回京时，要把我们夫妻带走。杨静仁说："我们需要你们民族的有志青年在北京工作，为全国各族人民共同服务。"于是请示了李维汉，经批准，我们一家三口于 1950 年 11 月到了北京。这时候，我一句汉语不会说，一个汉字也不认识。但也就是从这一天开始，党给了我有活力的生命，如同枯木逢春。

2. 对我一生影响最大的人，就是我的汉族恩师和同事

1951 年初，到了北京后，丈夫被分配在国家民委参事室工作，我在萨空了先生的关照下被送到新闻摄影局学习摄影。我是当时新闻摄影局最早的女记者，更是新中国培养的第一代少数民族族摄影记者。这之前，不要说摸过相机，我自己连照片都没有照过。

组织上千方百计要把我培养出来,我一不懂汉语二不懂摄影,你可以想象培养我有多么困难!在训练班,领导专门给我配了翻译,很多时候,老师只能用手比画着给我讲相机。虽然不懂摄影,但一摸相机我就很喜欢,而且很迷恋相机。我一心想快快学汉语、学摄影,快快参加工作。那时,我虽然才十八九岁,但已经有了孩子。我把孩子放在托儿所,白天学摄影、晚上学汉语。吴印咸的《摄影常识》我根本看不懂,回到家我就让丈夫一字一句讲给我听。我每天读报纸,读吴冷西报告,看不懂,硬着头皮看。

20世纪50年代初,刚进新华社的塔吉古勒在袁苓的帮助下学习摄影

老师告诉我速度、光圈、快门。一到晚上,我就背诵这些字眼儿,念到"光圈",我心里就想这是管太阳光的;念到"快门",就想这是手最后要按的地方,一按,照片就出来了。

我几乎还是个娃娃,一张白纸,大家对我好得不得了,不但没有人轻视我,反而在各方面帮助我。每次分配一项采访任务,同事都会翻来覆去给我讲解,采访对象是什么人,采访的重大意义是什么,主题是什么,拍照时站在什么位置,怎么拍,不厌其烦。回来后每次还帮我总结,指出照片的优点和不足,帮我克服不主动和胆怯的心理。当时各种集会很多,同事就帮我分析:每次都要拍摄会议上发言的人,但欢迎会、一般会议和支持和平、伸张正义或抗议帝国主义罪行的集会的本质是不同的,如果搞不清楚,拍摄出来的照片一定会失败。

我来摄影局后不久,牛畏予来了,我和她住在一间屋子里。老记者带我出去采访,我看他们的样子,他们拍什么我就拍什么。轮到我单独出去采访时,我就问牛畏予拍什么场面、从什么角度拍,按她说的拍回来,牛畏予没说的,我就不拍。有时我觉得没有完成好任务,情绪低落,牛畏予就鼓励我说:"你光难过不行!要找出失败的原因,找到毛病,下次拍照时就可以改正了!"我一直记得牛畏予对我的帮助。我直到现在还认为:牛畏予是我最好的姐妹。

新华社工作环境很好,我周围都是一些数年如一日忘我工作、不知疲倦的汉族同志。我被他们的工作热情感染,被他们忠诚党和社会主义的工作态度感动。我奔波在街道、学校、医院、矿井、合作社,拍摄庆典、接见、会议、游览、演出,每天都在进步,从来不觉得累。

我在学习摄影技术和汉语知识的过程中,深深感到:党培养我成长,就像母亲抚育婴儿一样,费尽苦心。而同志们对我,也完全是亲姐妹般的情谊。我在他们中间,从来没觉得自己是外人。齐观山、袁苓、钱嗣杰、吕厚民、杜修贤、刘东鳌、邹健东等中央组的记者把我当他们的小妹妹。他们最爱和我开玩笑。新华社领导同事喜欢叫我"古丽""古勒""古拉""老古"等,只有石少华、陈正青一直很正式地叫我"塔吉古勒同志"。

对我一生影响最大的人,就是我的汉族恩师和同事!

3. 与庄学本一起采访

经过学习,我独立工作的机会越来越多,而且领导也将很多重要工作派给我独自完成。1952年,中央民族访问团去东北内蒙古访问,随团记者就是我和民族画报社的庄学本。那时庄学本已经是大记者了，20世纪30年代他就开始拍摄藏族和蒙古族等少数民族，还办过摄影展览。1950年开始，庄学本就随中央访问团到了四川、西康、云贵等地，这次我们一起又到了内蒙古和热河。他很随和，虽然话不多，但很幽默，常和我开玩笑，一路上还很照顾我。我拍照片就跟着他，他怎么拍我就怎么拍，他拍什么我就拍什么。我还常问他："庄学本同志，我这个角度怎么样啊？"

在内蒙古的牧场、学校、幼儿园、工厂，我们跟着访问团一直采访。在锡林郭勒盟贝子庙，我们拍摄喇嘛生活，喇嘛阅读蒙文书籍、喇嘛响应"爱国生产"号召从事缝纫工作，庄学本站在什么角度拍，我也去站一站。

一天，我穿戴上了蒙古族妇女的衣裳，头上戴上她们的装饰，庄学本给我拍下了这张照片。

4. 每一天都生活在幸福和激情当中

1956年，组织上送我去中央民族学院学习两年。在旧社会，我是关在笼中的鸟儿，今天鸟儿不仅放出来了，还要插上翅膀。过去不懂汉语，党的重要文件，我要等到几个月后才能看到维尔文版的。当我掌握了基本够用的汉语时，这对我学习党的政策、政治时事和摄影技术就非常有利了。我已经成为一位人民的记者，只有及时了解党的方针政策和当前中心工作任务后，行动才能跟得上。摄影部在总社口字楼，每天我迈着轻快的步子上楼，一上楼梯就能看见布告栏，当我看到《人民日报》用了我拍的照片，心里会高兴一天。

国庆10周年，国家出版《中国》大型画册，新华社每个记者都被分配了拍摄任务，我负责拍摄文教卫生，最后入选两张。在颐和园，我看到一群孩子，正在用着国家第一次生产的相机互相拍照。《给我拍一张》这幅照片是我最喜欢的照片，这幅照片还参加匈牙利国际影展并获了奖。还有一张是我在儿童医院拍摄的。编委吴化学见到我说："塔吉古勒同志，祝贺你啊！《中国》

在北京的十一年是我的天堂
——塔吉古勒·米尔伊达叶提访谈录

画册你选上两张呢!"

我每一天都生活在幸福和激情当中,如同在阳光雨露里。我在中央组工作,常常能见到老一辈革命家和新中国的领袖:毛泽东、周恩来、刘少奇、朱德、董必武、彭真、陈毅、蔡畅、邓颖超……还能见到很多中国科学界、文化艺术界杰出的人物。我是典型的维吾尔族姑娘的长相,头发金黄,第一次见毛主席,我向前问候:"主席,您好!"毛主席问我:"你是塔斯社的记者?"我忙说:"不,主席,我是新华社记者,我是新疆的维吾尔族。"周恩来总理经常向外宾自豪地介绍说:"看,这是我们的维吾尔族记者!"每次周总理、陈毅、彭真等领导接见外宾,他们一般不和其他记者握手,却会过来和我握手,他们很尊重我。有次宴会,周总理关切地问:"给小塔准备清真餐了吗?"这话让我感到很温暖。

刚解放不久,陈毅老总当了国务院副总理,但他身上还带着战争时代的豪爽劲儿,不拘小节。他会见外宾时,仰坐沙发上,四肢放松,几乎就要把身子陷在沙发里,既不美观,也不好拍照。吕厚民、杜修贤等记者想提醒他,又不敢,就动员我去,还一字一句教我怎么和陈老总说。一天,我走上前说:"陈老总,我要拍您啊,请您把身体挺起来,不要靠着沙发。外宾来了也别靠啊!"陈老总乐呵呵地说:"哦,是吗?以后注意,以后注意。"他接受了我们的建议,以后再也没见他把身体陷在沙发里的样子了。后来陈毅副总理和我熟悉了,他几次在绒线胡同吃川菜都叫我一起。还有一次,彭真市长五一节检查,我跟他上了天安门城楼,天色晚了,彭真同志专门用车把我送到和平里家里。那时新华社没有车送,我们都要自己找交通工具。

1954年和1955年,组织上两次派我回新疆采访。1955年,新疆维吾尔自治区成立,我到新疆采访,经常在街上、广场拍摄集会、游行,我跑前跑后,不停按动快门。我不止一次听到维吾尔族老乡们亲切骄傲地指着我说:"你看!这是我们的维吾尔族女记者!"听到这话我真想和他们说:"我有今天,你们不知道党和组织在我身上花了多少心血啊!"我在喀什街上拍照片,我的妈妈、姐妹就在游行队伍中,她们看到我,喊我的名字,为我骄傲。我自己也很骄傲，又有谁能想到，就在几年前我还是她们其中的一员。

5. 在北京，我什么福都享了；回新疆，我什么罪都受了

1957年，我的丈夫巴克被打成右派，关入监狱。出狱后，巴克被遣返回新疆。开始，新华社不放我。石少华和我谈话："你在家里与'敌人'一起生活，有些东西回去不要说出来，不要泄密，我们相信你，你要做一个党外布尔什维克。"我坚持工作，更加努力也更加小心，心里其实特别难受。后来渐渐感到自己也被控制使用，我打消和丈夫"划清界限"的念头，决定回到新疆，回到丈夫、孩子身边。

1962年，我交出相机，离开工作了11年的新华社。我离开的时候哭得啊，心里实在舍不得。

回到新疆，我被安排在《新疆日报》工作。但十几年中，我几乎没能再拍什么东西。我在"黑帮队"一待很多年，被安排看门、帮厨、扫地、种花。巴克戴着"右派"帽子，每月只有10元的生活费，一家五口人全靠我的微薄工资维持。在北京，我什么福都享了；回新疆，我什么罪都受了。（塔吉古勒眼泪又流下来了，老伴巴克红着眼圈说："都是我把你连累了！"）当然，在那样一个特殊年代，谁都逃不脱。

在北京的11年是我的天堂一样的日子。离开了像亲人一样待我的同事，回到新疆我什么朋友也没有。回来以后我后悔啊，后悔了几十年！

我在摄影部工作的照片一张都舍不得扔，我把它们当宝贝。你看这是袁苓、牛畏予、钱嗣杰手把手教我拍摄的照片，还有我和侯波、牛畏予、郑小箴、陈娟美、黎枚、刘东鳌、吕厚民、邹健东、徐佑珠、邓力耕、雪印等人的合影，还有我站在中央新闻摄影局门口和新华社门口的照片。这么小的照片我走到哪儿都带着，一直小心珍藏。我常常拿出来看，靠它们来回忆我20岁到30岁时美好的工作和生活。看照片的时候，我会流泪，那些美好的日子想起来那么长，又那么短。

在北京的十一年是我的天堂
——塔吉古勒·米尔伊达叶提访谈录

在新华社摄影部，塔吉古勒（中）与同事合影

6. 我这 50 年默默忍受、相夫教子，很多人早已忘了我曾是新华社记者

我丈夫巴克是新中国成立后第一代少数民族职业翻译家。年轻时就他翻译了《论联合政府》《论共产党员的修养》等毛泽东、刘少奇的著作。1953年，他参加了北京民族出版社的筹建工作，成为该社维吾尔文编辑部的创建人之一。青年时代，巴克偶然读到鲁迅，就被迷住了。从此开始翻译鲁迅作品。就在《呐喊》《彷徨》刚翻译完，正待出版时，一夜之间巴克被戴上了"右派"的帽子。1960年，他被捕入狱。1962年，被宣布"无罪"释放，但"右派"的帽子一戴22年。回到新疆，巴克在艰难的条件下继续翻译鲁迅的作品。在他内衣口袋的上方，一直别着一枚鲁迅头像纪念章。在他的口袋里，装着用糨糊糊成的两个小本，一个本子上面写着鲁迅的格言警句；另一个本子记下自己在翻译中遇到的问题，随时向汉族同事请教。

回到新疆，我们一家五口挤在由煤室改建的14平方米的房子里。巴克这时遭到了更大的迫害，挨批斗、陪斗，还要拉出去游街示众。家被抄了，《鲁迅全集》和翻译手稿被抄走。这时一位汉族朋友又送来一套《鲁迅全集》，巴克就用膝盖当桌子，弯腰弓背、见缝插针地翻译。翻译文稿没有地方放，有的就压在煤块或者木头底下，或者藏在屋外的杂物堆里。有一天，他上完夜班回家，看到小女儿祖菲娅正在用一把纸引火点炉子，一看，原来女儿引燃的正是他的译稿，他冲上去重重打了女儿一个耳光，我和女儿的哭声连成了一片，巴克也伏在桌子上痛哭起来……有一次，刚刚挨批斗的巴克回到了家。他脸上还用墨汁画着叉，看上去非常伤心。我尽力安慰他：你不知道吗？连国家主席刘少奇和你所崇拜的历史学家翦伯赞也没有逃脱厄运呢。我劝他不要再翻译了，到此为止吧。我跟他说你不怕惹麻烦，我们怕啊！巴克转过身跑到风雪里，爬上红山顶，他为自己没能带给家人安宁和幸福而愧疚万分，想结束自己的生命，我和孩子冲上去紧紧拉住了他。

1973年春，正在巴克为自己翻译的手稿遗失、被烧毁和落入某些"文盲"的手中，而感到无比痛苦和伤心的时候，我遇见了时任新疆维吾尔自治区领导的赛福鼎·艾则孜。他问我："塔吉古勒，你们生活得怎么样？"我泪水夺眶而出，向老领导诉说了一切。赛福鼎很快向新疆人民出版社社长作了书面批示，要求组织有关人员进行整理、编辑出版。1976年，新疆人民出版社出版了由巴克翻译的《阿Q正传》，1977年又出版了《朝花夕拾》。迄今为止，巴克相继出版了几十万字的《鲁迅杂文书信选》、8卷本的《鲁迅文集》维吾尔文译本以及15个维文单行本。

我丈夫一生坎坷，是鲁迅的精神激励他走到了今天。1985年，我国少数民族地区第一个鲁迅研究学会在新疆成立，巴克担任了会长。全国鲁迅研究会秘书长袁良骏曾撰文："如果要给鲁迅研究和翻译工作者颁发奖章，我要先投托乎提·巴克一票。"2006年6月初，乌鲁木齐赛达尔宴会厅300人的大厅座无虚席。自治区文联召开了"托乎提·巴克翻译作品研讨会"，很多人在大会上发言，肯定了巴克60多年来的翻译成果，肯定他为丰富维吾尔人民的精神生活、促进文化交流等方面所做出的贡献。我带着儿孙，全家30多人到场，我们全家再一次紧紧拥抱在一起。

1979年1月，北京为我丈夫纠正了右派一案，他重新回到了人民的中间！当他在平反书上签字的时候，因激动过度晕了过去。我为丈夫举行了一个家宴，巴克捧着那一摞摞翻译手稿，泪流满面……那一年，巴克被调回北京工作，我也可以回新华社了。但是我已经不愿意回去了，和巴克商量，我们一家留在了新疆。

我这50年默默无闻，很多人早已忘记了我曾是新华社摄影记者，只把我看成托乎提·巴克的家属。但是我心里一直说：我不是家属，我还是塔吉古勒同志！

今天，巴克还在继续他的翻译事业，只是人渐渐老了，干不动了。我的3个孩子，儿子安瓦尔是新疆艺术学院文艺理论教授，他还是一个舞蹈家；大女儿阿丽娅是乌鲁木齐市三中高级教师；小女儿祖菲娅是自治区第二人民医院儿科主任、主治医生。他们都有自己的事业，都非常爱戴饱经沧桑的父母。我们还有6个孙子、孙女，好几个读了大学。现在我们已经有了重孙了。

昨天你们从北京来，拿了这么多我的老照片让我签字，我激动的心情无法用语言表达。我在电话里告诉我的儿女，忍不住哭了。女儿说："妈妈！这么多年，几乎没人知道你在新华社当过记者，而且是新中国第一个维吾尔族记者。今天你应该高兴啊！说明新华社没有忘记你。你的劳动成果新华社还保存着呢！"

新华社为我们做了很多工作，把我60年以前的照片找出来，翻拍得这么好看，还要签字留下来，我和我的子孙后代都忘不了。

50年了,塔吉古勒似乎退到了阳光不能及的地方。5月,我在乌鲁木齐一个街道拐角处见到她的时候,老妇人被正午的阳光刺眯了眼。

如果不做"新华典藏",塔吉古勒的名字和她的作品恐怕永远沉睡在中国照片档案馆里并湮灭在历史中了。有一天,当我寻找小提琴家马思聪的照片时,看到摄影者的名字:塔吉古勒。我马上打电话给新疆分社的老记者武纯展询问,他说:"塔吉古勒啊?她好着呢!快来吧!"

我们带着选出来的10幅塔吉古勒在1950年代拍摄的作品来到她家,我看到她灿烂笑容,更看到她无尽的泪水。我决定写塔吉古勒的口述。

在新疆大翻译家巴克家中,我听着巴克和塔吉古勒的故事,两人的命运,挤压在狭小的空间,几十年的光阴就足以让真相漫漶不清,所有的故事都变成了残垣断瓦……

1950年代,不到20岁的塔吉古勒在遥远的新疆获得救赎与大爱,新华社得到了她;1960年代,塔吉古勒干得热火朝天的时候戛然失去理想和机会,新华社也失去了她。从此她回到新疆,低调生存,很少有人再会问起她的北京新华社经历。

"比起空间的流放,时间的流放更为无情"。时间过去太远,很多叙述已经无法完整,但那些关乎自己命运的人和事,塔吉古勒记得清清楚楚。即便离开了新华社,她靠着沉甸甸的回忆和几幅与昔日同事的合影,一次次做着心灵往返,抵达她内心的宣武门57号。

为了让老摄影者不要带走更多的秘密,为了许多史实不要成为永久的秘密,我们做"新华典藏""口述新华",就是希望"在大的历史语境里,多出现一些人的影子"。

2014年6月,我听到一个令我悲恸的消息:新华社老摄影家塔吉古勒与她的丈夫、维吾尔族伟大的翻译家托乎提·巴克几个月中相继离开人世。2011年6月,我在新疆给塔吉古勒做口述记录时,曾问她有什么愿望。她说希望有生之年能回宣武门57号(新华社地址)一次。因为这是她50年来日思夜想的一个地方。而直到去世,塔吉古勒也未能实现这个愿望。

人生不烦恼
——李钟秀访谈录

- **访谈时间**：2015年4月28日 10：00—19：30
- **访谈地点**：中国妇女出版社老干部活动室
- **受 访 者**：李钟秀
- **访 谈 员**：赵　伸
- **整 理 者**：赵　伸

编者按

　　年过八旬的李钟秀是在京城一个大家族里长大的。在那个封建的年代，她的母亲挑着家庭的大梁，婶母是京城为数不多的独立开业的助产士。在这两个"女强人"的教导下，她从少年时就知道女人要自立自强，这影响了她的一生。

　　新中国刚刚成立，李钟秀走上了新闻工作岗位，凭着热情和努力，成长为一个干练成熟的女记者。改革开放后，她迎来了生命中的"第二个春天"。她所在的英文中国妇女杂志社，是第一家向世界宣传中国妇女的期刊。她跋山涉水，不顾困难与危险，深入西南地区采访，真实而生动地向世界报道中国少数民族妇女的生活、生存状况，探索少数民族妇女发展生产、维护自身权益的途径，让世界了解到中国妇女的解放与进步。认真的调研与思考，也使她成了中国女性问题的专家。这近10年的经历，书写了她人生路上最辉煌的篇章。1988年，李钟秀成为中国第一家为女性读者服务的出版社——中国妇女出版社社长。她带领大家，白手起家，励精图治，打开了出版社的新局面。

　　在新闻出版界，李钟秀执着坚忍、豁达宽厚的品行，独具魅力、个性时尚的审美风格，令人羡慕和称道。

1. 我的童年和青少年时代

我出生在一个中医世家，原籍是河北省安国县，祖父到东北开药店谋生，1931年九一八事变后，全家迁到了北京。我的父亲李尚志是1900年出生，1963年去世。父亲是家里的老大，没有出去工作，祖父说让他继承家业就行了，也没有让他去上学，请私塾先生教论语和四书五经。就这样，我父亲一生没有工作，只在家里写写诗、写写字。我的叔叔叫李尚一，1908年出生，1966年受迫害去世了。叔叔被祖父确定是我们家的衣钵继承者，读了医科大学，毕业后又在北京蒙藏学院读了中医，以后在东四隆福寺街东口路北开了自己的诊所，叫李尚一诊所。

影响我终生的是我的母亲和我的婶母。而婶母的所作所为坚定了我母亲的一个"追求"：女孩子应该读书！我的母亲叫张淑媛，生于1901年，1961年去世。我的姥姥家也是个中产家庭，我母亲是老大，姥爷没有让我母亲去读书，他认为女人无才便是德，并不需要有多少才干，但要会伺候公婆，要会料理家务。我母亲心里却一直为此埋怨姥姥姥爷，对没能上学耿耿于怀。1921年，我父母结婚了，婚后母亲发现原来她的丈夫也没上过学，这时候我妈心里还算有点儿平衡。而影响我，也使我母亲重视女孩子的一个关键人物，就是我婶母。我的婶母叫张映雪，1913年出生，2003年去世。她家也是中产阶级家庭，在小学毕业上初中时她母亲去世了，继母不让她再读书了。而我婶母就想上学，于是一气之下就考了食宿都是公费的北京惠中助产学校。1932年，我婶母毕业了。她的外祖父和我父亲是忘年交，觉得我们李家的人口简单，就把他的外孙女张映雪许配给我的叔叔李尚一。这时我母亲已经结婚十多年了，生了两个孩子，我是在1933年3月20日出生的，等我满月后，我母亲主持了我叔叔和婶母的婚礼。其实我婶母并不喜欢这门婚事，但她的外祖父跟她说，你这人心比天高，命比纸薄，你就奉命吧！所以我的婶母是奉命和我叔叔结婚的。我婶母来到李家后提出来要挂牌开业，本来她可以在我叔叔的诊所抄抄药方，办理些收费的事情，或者是设立一个妇产科。但是她不愿意，一定要挂自己的牌。可是我的祖母对她说，我们李家的女人是不用工作的，我给你们留下了足够你们生活的财物。于是，我婶母要开业的愿望就这样被我祖父母压制下来了。直到5年后，我的祖父母相继去世，我婶母终于可以自己挂牌了，在我叔叔家门口东边挂的一个大铜牌，写着助产士张映雪，西边的铜牌写着中医李尚一。我婶母很高兴，从此她就在东四四条（他们家住的那一带）开始接生。由于她一个人忙不过来，又找了一个她的同班同学一起干。我婶母所做的这一切，我母亲都看在眼里，使她又感觉到没有上学的遗憾。她决心让她的女儿一定要读书，不管有几个，可巧我们家里3个孩子都是女的，母亲也决定了将来不管男女，都要给一个读书的机会。

可以这么说，在我没出生之前，我受教育的权利已经由我妈给维护住了。我们家重男不轻女还有一个表现，就是女孩子的名字也要按家谱排序，由我们这一代起女孩子都进了家谱。我们是属于钟字辈的，男女都叫李钟什么。我叫李钟秀，这个名字是我父亲给起的，他看杜甫的《望岳》诗里有一句"造化钟神秀"，就觉得"钟秀"这个名字给我最好了，我也非常感谢他给我起了这个名字。

李钟秀（右三）和她的两个姐姐及弟弟妹妹

我母亲把希望都寄托在我们这些孩子身上，特别是对这几个女孩子。我母亲的妇女观是：女孩子第一要学习，第二要独立，要靠自己。她有一句话叫作"爹有、娘有，不如怀揣自有"。所谓"怀揣自有"就是自己有本事，要自立。在旧社会，女性就业的机会非常少，我们家庭的教育是女人就应该有女人的样，不能够疯疯癫癫的，不能做花瓶。因此可供我们选择的职业只有医生、教师和律师，只有这么窄，我母亲在我们还没有上学的时候，就给我们的终身职业做了一个"预定"，要我们自律自强，然后做一名医生。

我们家的学历就有一点特殊，我大姐、二姐包括我，都是在5岁的时候由我父亲口传心授，在家里读完了《三字经》《百家姓》《千字文》。《千字文》我会背的不到十分之一，《三字经》《百家姓》统统都能够倒背下来，但是一个字都不认识，就是这么背的，5岁的时候背完了这些，然后上了一个正式的小学。1940年，我6岁的时候上了北京浦育小学。这是美国基督教公理会办的小学，应该说是教会学校，但是学校里的宗教活动和教学是分开的，所以我们也没有受到什么宗教的影响。学校校舍很大，教师的水平也比较高。我母亲认为既然是读书，就要上好学校。她说要倾其所有供我们读书。后来，确实如此，她拿出了全部财物都供我们读书用了。1945年，我小学毕业后决定要考中学，这也是我母亲给安排的，要我去北京贝满女中读书。贝满女中当时在北京市来讲是最好的学校，也是基督教学校。我在贝满女中读了6年。我大姐、二姐和我仨人都读了6年中学，我大姐是1946年毕业的，当时我们家里一直保持着有3个人在学校读书，学费是很昂贵的。抗战时期，我父亲原本是每天到东四卫生事务所给人家抄抄写写，是闲差也不取工资。七七卢沟桥事变后，家里人感觉外面又是日本人，又是汉奸的，我们这种家庭没法对付，所以我母亲决定让父亲连闲差儿也不要去做了，在家待着。这样我们就成了一个坐吃山空的家庭。到新中国成立前夕，家里的房子基本都卖了，两年卖一处，只剩下了我们住的这一处。我母亲的积蓄包括她的陪嫁，全部拿出来给我们交学费了。我父亲不吸烟、不喝酒，没有什么嗜好，就是整天待在家。我们都很清楚，属于我父亲和母亲的财产都用在了我们的学习上。

追寻她们的人生
——女新闻工作者卷

我的求学经历就是这么简单,直到1951年,北京市委把我从学校调到《北京日报》参加工作。虽然我的求学经历如此简单,但是我这些年经历了重大的历史变革,一个是抗日战争8年,一个是解放战争3年,社会的变革也影响了我和我的家庭。

1942年,我9岁,那年的春节发生了一件让我铭记终生的事情。过年时,按照民俗是要把祖宗接回家和我们一起过年的,因此有个小小的仪式,就是由我母亲点着灯笼,到我们家大门外,烧一点儿纸,象征着把祖宗接回来。当时正在是抗日战争艰苦的阶段,我母亲为了保护我父亲和我弟弟,这些活动一律都不让我父亲出场。这是一个很有意思的现象,按中国的传统,所有的祭祀都是排斥女性的,大家可以从鲁迅的《祝福》里看到。可是我们家的祭祀活动自从抗战以后,全部都是由我母亲来主持,我父亲只是在书房里待着。在南房的堂屋里边把我祖父的照片摆出来,然后摆上一些糕点、果品,这就是象征着以我祖父为代表的先人和我们一起过年,就是这样一个简单的民俗活动。那天是我和我母亲去把所谓的祖宗给接回来,可是当我们要进大门的时候,发现从后头跟来了两个日本人。他们俩哇啦哇啦说的是日本话,我和我母亲虽听不懂,但已经感到大事不好。这时候,我母亲就把这俩日本人引到南房的堂屋,然后我母亲对我说:"你去告诉他们赶紧关灯,不要说话,再到后院去请祖大叔。"祖大叔是我们的邻居,是个日文翻译。我当时跑去告诉我姐、父亲和弟弟关灯躲起来后,又从后门跑出去找到邻居祖大叔,告诉他说:"我们家来了日本人,请您过去一趟。"祖大叔人很好,跟我过来后向日本人说明我们家的这个是祭祀活动,介绍完,两个日本人没有在我们家翻就走了。日本人走了以后我母亲把大门关上,说了一句:"祖宗没接来,接来了个鬼。"表情很严肃很沉痛。我们都到了堂屋后,我母亲当着我们这几个孩子的面自问自答:"什么叫亡国奴?这就是亡国奴!你们要争气!"就说了这么几句话,然后就把春节所有的这些仪式统统取消。从这一天起,我和大姐、二姐就有了责任感。母亲说了你们要争气,要承担振兴民族的重任。这个国家不要败落,人们不要当亡国奴。这件事情给我们的刺激、影响是很大的。

1945年，抗战胜利了，国民党政府来了，北平当时有几句老百姓的流行语，叫"想中央、盼中央，中央来了更遭殃"。在被日本人控制的时期，人们就想有自己的政府，但当国民党打着中国政府的旗号来了以后却不像他们所说的，也不像老百姓所盼望的。当时最明显的就是物价飞涨，一天都涨两三次。我们的学费原来是交现金的，因为物价一天三涨，最后定为要按面粉价格交，按照一袋42斤的面粉来讲价，随时学校门前挂牌，今天上午交是多少钱，下午交又是多少钱。1947年，我们学校发生了陈琏、田聪被捕事件。陈琏是陈布雷的女儿，教我们历史，田聪是教语文的。两位老师被捕这件事在学校引起轩然大波，都觉得这个民主怎么会被破坏到这个程度?！在1947年的5月，北平市有一次大规模的反饥饿、反迫害、反内战大游行。我们贝满女中是有革命传统的学校，从1915年抗议日本强加给中国的二十一条起，以及以后的五卅运动、一二·九运动等全都有学生参加。在1947年北平市的五二〇大游行中，贝满去了200多人，我姐姐也参加了。在这个时期，我们在学校里也受到了革命的教育，懂得了关注国家的命运，知道个人命运跟国家命运是一致的。

1949年，北京解放后，我们学校掀起了大批同学南下北上的热潮，主要是我二姐那班，他们正是高三，都没有等到毕业就离开了学校。我二姐参加了赴广东的部队，随军南下，当年就牺牲在解放武汉的战役中了。1950年，当我进入高三时，抗美援朝开始，全校师生爱国热情高涨，同学们三三两两讨论的都是怎样抗美援朝。这时学校里又掀起了批判崇美、恐美思想，由于我们学校是美国基督教会学校，所以大家都批判自己曾经对美国的崇拜，对美国的恐惧，同时又掀起了报名参加志愿军高潮。那时我们班参加志愿军的和参加工作团的也已经走了一半，就是在这种感召下，1951年4月22日，距离我毕业还有两个月的时候，中共北京市委组织部到贝满女中来招干部，当时正在筹办北京晚报，需要从学校里抽调人，于是学校里就把我和另外两个同班同学推荐去了。

当时我觉得这就是祖国的召唤，我应该服从祖国的需要，而个人的理想应放在第二位了。正因为有这种想法，我当时都没回去和父母商量，就点头答应了。我办完了手续回家，告诉了父母，他们很生气，说："这么大的事情，你为什么不回家商量，明天你哪儿都不许去，就在家待着！"1951年4月23日早晨，我没有提书包出了家门，去台基厂到市委组织部报到，此后就到北京日报社工作了。

在职业选择上，应该说是新闻工作选择了我，并不是我选择了新闻工作。我是在举国抗美援朝保家卫国热潮中服从了党的安排，我也没有想到在新闻出版界一干就是42年。这份职业使我终身受益，我对它充满了热爱。当然，我也并不是一上场就很适应或者是说很喜爱这个工作的，还是有一个过程。

2.在北京日报社工作时期

我18岁就到了北京日报社，虽然到了报社，但对报纸并不了解。当时到报社的这些人，一部分人后来成为我的领导了，他们都是解放区来的或者是地下党的新闻工作者。像我们总编辑周游毕业于燕京大学新闻系，他们都是科班出身。跟我一块儿调来的，有的是大学生，有十多个人。有的像我这样是高三快毕业的，也有十多个。我们一进报社遇到了"一打三反"运动，当时北京市委办的一个小报，就叫《一打三反小报》，大家都开始试手。这一时期我还闹过一个笑话。记得我到市体委采访，推门进去第一句话就问："你们这儿有什么新闻？"接待我的是杨正彦同志，他愣了一下，问道："你怎么到这儿找新闻呀？"我说是编辑部让我来采访的，杨正彦是燕京大学新闻系出身，于是就地给我上了一堂采访课，后来他也调到报社了。这时候领导也发现从学校调来的这些人基本上不会写新闻，而且对政策也不了解，《一打三反小报》办完后，让我们集中时间学了半年《共同纲领》，当时市委领导来给我们讲课，讲有关的方针政策。我在那个时候学到的第一句话，也是影响我以后工作的，就是报纸的无产阶级党性原则。尽管我当时对报纸还不懂，可是这几个字我印象很深。我们是北京市委的机关报,是党报,就是党的喉舌,宣传的是党所需要的东西,而不是你个人的,这是第一句话。第二句话是批判资产阶级新闻观点,其中一个新闻观点就是狗咬人不是新闻,人咬狗才是新闻,这是要批判的。这一点我也接受了,以后写东西一不猎奇,二对绯闻、八卦和揭秘的东西毫无兴趣,也绝不去写这类文章。

1952年,北京市委把《新民报》晚刊买了下来,我们就从东单苏州胡同搬到了西单新民报晚刊。到了10月,市委又从天津调来了天津市委宣传部长范瑾到北京日报当社长。这时候的北京日报就有规模了,有了社长、总编辑、机构、人员都配备了,成了独立的正式出版的报纸。《北京日报》出版时我被分配到总编室。总编室主要是编务工作,它是协助总编辑安排报纸的版面。我是做一些事务性的工作,到各部门去把他们一周的计划要来,然后排出来。我做这个工作的时候心里不太喜欢,为什么呢,觉得这都是一种很琐碎的事务工作,不是记者,也不是版面编辑,属于打杂的。于是,我向社长范瑾提出来要去学习。当时我还是想学医,觉得我唯一的出路就是学医,除此之外我也不知道还能做什么。可是范瑾社长跟我说:"你的文字很好啊,标题做得也很好。"当时我虽然是打杂的,但同时在编一份叫《社内通讯》的小报。尽管我认为这个也没什么意思,但是我们这代人有共性,一是服从组织需要;二是无论把你放在哪儿,你都要把工作做好。既然我要求上学得不到同意,那就应该安心做这些打杂的事,因为这是党需要的。于是我就很认真地去做好这些工作,因为努力也还不断地受到表扬。1953年,我加入了中国共产党。

1955年,报社突然让我去参加一个批判组。当时的大背景是什么呢?全国都在搞"肃反",从上边传来说要批判"二胡二梁","二胡"是指胡风、胡适,"二梁"是指梁漱溟、梁思成。当时在报纸上已经开始轰轰烈烈地批胡风、胡适,最后胡风被打成了一个反革命集团,牵连了很多人。胡适因为他本人在美国,所以把他骂得狗血淋头,骂他是个美帝国主义走狗啊等。梁漱溟呢,他影响不大,所以报纸文章批判得不多。对梁思成的批判,落在了建工部和《北京日报》的头上。当时是由彭真和万里同志主持,主力军是《北京日报》。报社就抽了社长周游和两个部主任。因为有很多事务性工作，领导对我的印象比较好，觉得我工作很认真，所以让我去做这个组的秘书工作。

风华正茂的女记者

当时除了我们北京日报社的4个人外，还有市委理论处的一位处长，梁思成的两个得意门生刘小石和娄庆西，建工部来了一位局长和一位干部，后来那两个人先离开了。当时说了这件事情要保密，不能对社会公布，所以我们就住进颐和园的畅观堂。彭真说对梁思成的批判主要是批他的大屋顶复古主义，因为梁思成夫妇酷爱大屋顶，而当时认为建筑物采用大屋顶是一种浪费，大屋顶的斗拱等确实是要占两间房子的空间，还要用昂贵的木料。这次批判的思想是定在这儿，没有政治问题。虽然没有谈梁思成的政治问题，但梁思成也很紧张。刘小石和娄庆西不住在颐和园，每天回学校把我们这个批判组的内容、进度都向梁思成汇报。所以我们知道梁思成对这个批判的态度，他也知道我们在写什么。这事处于极端保密的状态，报社里头只知道我们几个人另有任务，并不知道我们具体做什么。我在北京日报学会了保密，就是说如果属于保密的事情，那是绝对不要讲，口风是很紧的。废话可以多说，但是正经的事不能乱说。批梁思成这项工作到了9月底、10月份，因为颐和园冷了我们就准备回来了。回来后有一天是在万里同志的办公室，我们这些人开全体会，万里同志宣布说对梁思成的批判一律不要发表，就算一个结束。挑出来近20篇文章，把这些所谓有分量的文章给梁思成送去，请他根据这些批判文章写一个检讨。会上，万里就点名说这事儿让钟秀到梁思成那儿去说，我当时也没觉得自己这么年轻，人家那么大的专家，有什么不合适，就一口答应了。我答应后却没问这个检讨写完了该给谁。等我拿着这些文章去拜访梁思成的时候，完全按照万里的话跟他说了，公事公办地谈完了。梁先生问我说："有你写的吗？"我说："有。"最后他问："我检讨写完了是不是要交给你啊？"哎哟，我当时察觉这事责任重大，赶紧说："不能交给我，您直接交给彭真同志吧，我的任务就是把这些文章送给您，请您写一个检讨。"后来他的检讨怎么写的我不知道，但知道1959年梁思成入党了。

从这个批判梁思成写作组回来以后，报社就把我留在了社长办公室，做编委会的秘书工作。那时编委会就是范瑾、周游，他们一到市委去开会，我就要安排他们回来传达会议精神。另外，我还要安排每月固定要召开的全社评报会等，有时候还被派到市委去做记录。当时市委领导人开的一些会都是小会，我给做记录，因为他们知道我嘴很严，我做完记录回来从来不跟任何人说起。其实这样的工作我并不喜欢，我还是想要做个女记者，希望自己能够会写采访文章。这个时期，我一方面工作很努力，另一方面心里很矛盾，总是在等待机会。

后来这个机会终于来了！1958年3月15日，《北京晚报》创刊了。我要求到晚报工作，因为是直接跟社长、总编辑说的，也就很容易被安排到北京晚报做记者。这项工作对我来讲是一个极大的挑战。到北京晚报做记者以后，我的第一个缺点就暴露出来了——眼高手低。我在北京日报时已经比较熟练地掌握了一张报纸的生产流程，但是到了晚报以后，作为一个记者，我就算是个新人。别人都是从北京日报的记者里挑出来的，而我不是记者，所以在讨论选题、讨论工作时可以夸夸其谈，可是等到写稿的时候我就比别人要费劲儿，于是我就听到有的领导说我眼高手低。我最怕的就是这个，不幸的是，它成了事实。

于是，我下决心来学如何写新闻，理论上的东西我知道，更需要的是实践，我要采访那就要比别人用的时间更多。当时分配我去做文艺采访报道，这就又给我增加了难度，因为采访本身对我来讲是陌生的，而且文艺包括的范围很宽，我不是搞文学、艺术的。艺术包括中国的戏曲，如京剧、评剧、河北梆子、曲艺等，包括中西音乐、西洋交响乐，还有中国的二胡等民间音乐，再有就是一些杂技。对我来说特别恐怖的是外国歌舞团的来访演出，首先是我英语很差，不能直接去采访；其次是我只能看到一场正式演出，然后要当天晚上写出《舞台特写》（专栏），这对于我来说是全面的挑战。所幸是当时我没孩子，还没有家务拖累，就在机关里吃饭。那么如何完成舞台特写的采访呢？我只好是用笨的办法了。比如说采访梅兰芳先生，他先反问我一些问题，我第一次去采访什么都不知道，梅先生问的这些问题一律回答不了，我特别的窘。我觉得他肯定会想你们报社派个傻子来啊！怎么什么都不知道呢？那你又能写出什么来呢？我的第一次采访真很窘，然后就想出办法来，就是戏曲界有一句话："要在人前显贵，必须背后受罪。"就要练私功，这一点我很能够接受。我在采访梅兰芳之前，先把那本《梅兰芳舞台生活三十年》看了，看完以后我要记住他的表演特点，然后我再去看别人的文章，还要记住是在哪个剧场，谁写的。我不能总是采访梅兰芳一个呀，还要采访裘盛戎、马连良等人，都要这样准备。当时并没有写马连良的文章，没有回忆录，只是梅兰芳有。那我能干什么呢，我就拿着剧本来看。像那次他们京剧五大头牌（马连良、裘盛戎、李少春、谭富英、袁世海）排的三国戏，叫《初出茅庐》，这可麻烦了，因为我没有书可参考，我于是拿着剧本（是一个不成型的剧本），到北京京剧团看排练，就坐在司鼓的旁边看他的节奏。有人告诉我哪个演员出场，注意哪个动作，什么叫作吊毛，什么叫作抢背等知识。我每天就在排演场看，他们上午排练，晚上有演出。上午我进排练场边看边做笔记，晚上去看演出，看完后再问导演谁有什么特点，这时候我才敢写这个舞台特写。《北京晚报》的特点是短、快、新，如果说你稿子发得晚，就没有时效性了。那时候北京日报、人民日报、光明日报、工人日报、中国青年报、大公报，都有文艺记者，还都是女的，大家看演出的时候全坐在一起。如果我写得晚了，其他报纸的评论都发出去了，我这篇文章就没必要再写了，所以必须当晚看完回去马上写稿。我记得最初就是看完演出了，乘末班公交车从人民剧场回到东单（当时我们的宿舍在东单二条），回到宿舍就写，一直写到早晨5点，然后睡两个小时的觉。第二天还要表现得工作不是很吃力，要显得从容淡定。你要怎么表现呢？就是要在8点钟以前把我的《舞台特写》稿子放在总编辑桌上，然后回到办公室喝茶，这样显出来你的轻松，其实呢一夜没睡觉。但是我不敢说，报社里竞争也是很激烈的，那时没一个记者抱怨，说哎呀我没有吃晚饭、没有吃午饭，我如何如何……大家都是赶时间把稿子交到总编辑桌上，只谈稿子问题，不谈别的。时间长了，积累的经验也多了，写舞台特写也快多了，后来常常写到3点就可以，这样我就可以睡4个小时。

晚报的时效性很强，刚才我说的《舞台特写》，要写的是昨晚看的内容，你不能说最近看，也不能说没有时间。因为你要没有时间，读者不答应。报社内部也不答应。报社有一块地方叫"评报栏"，就是在一楼到二楼之间，那儿墙面上每天贴着两张报纸，全社任何人都可以对报纸上的任何文章进行批评，有的署名，有的不署名，有的人还拿红笔做标记。

《北京晚报》不算是党报，所以它的宗旨和《北京日报》不一样，主要是要满足读者对文化体育生活的需求。在新中国5周年的时候，社会发展很快，人们的生活要求越来越多，北京晚报成立补北京日报之不足，开辟了一个新的天地，版面主要反映的是社会生活、文化体育方方面面，这是它的宗旨。另外，因为是晚报，是下午出的报纸，优势是当天的新闻可以当天发，满足老百姓了解当天信息的需求。这就决定了我们必须快，这叫抢新闻。

《北京晚报》专门有一个版是文艺和体育版，然后是副刊，报纸一共4个版，文艺体育加上副刊就占了一半。这是比《北京日报》灵活的地方，这样就要快，就要抢。比如说五一、十一的游行、庆祝活动，对晚报来讲就是个机遇，因为游行活动是早晨举行，记者必须在上午就跟着游行队伍采访。当年我们都有分工，分头负责采访工人、农民、少先队……我因为是文艺记者，采访的文艺大军是全部游行队伍的最后一拨。当时游行队伍都在东单集合、出发，朝天安门方向行走，所以我是在东单那儿等队伍。等到跟着文艺大军

追寻她们的人生
——女新闻工作者卷

通过天安门接受毛主席的检阅以后,我随着游行队伍到中山公园南门后就向回转,不再跟着游行队伍了。关于游行活动一般都事先知道它的规模、速度,参加活动主要的单位、人员,但是记者必须在现场看这些主要演员是不是来了,他们在什么位置,我们要做验证,然后随着游行队伍的前进,需要时再改我们事先拟的稿子。

我从中山公园向后转,这时候广场的5万多群众拥向天安门广场,向毛主席欢呼。我猫着腰穿过欢乐的人群往东走,按事前约定在国旗杆底下把摄影记者的胶卷取到,一直走到南池子。我们的汽车在那儿等,尽管从南池子到东单不是很远,但因为这时候已经过了12点,发稿的时间到了,要尽快把稿子发回去。报纸给我们的现场新闻留下的版面就只有200~500个字,而且还不仅我一个,其他的记者也都要发稿。这样赶回去交了稿子还不能走,因为要等着排完以后自己看小样。小样打出来后自己先看,先在这上面改,改完了交到总编室。再等到这张报纸出来看一遍。晚报新闻的现场感比较强,所以《北京晚报》还是很受市民读者欢迎的。

下午4点以后,我们还要到天安门广场去采写狂欢之夜,也都是分配好的,谁重点在哪个地方,或者是哪个地方容易出新闻。那时出新闻就是两个因素,一个是名演员、名人,另一个是市领导、市劳模。我们事先都是要做好预案,这就看记者的水平了。你如果事先准备得好,写的东西它就生动,如果事先准备得不充分,光在那看热闹,50个字就可以写完了。如果给我们的任务是二三百字,看起来很少,可是这二三百字要有现场感,要有现场采访的人的背景,那都要事先准备。从下午4点钟一直到夜里12点活动结束,记者是不能先回来的,怕临时有什么领导人从天安门城楼上下来,过去有过的,都以为是散会了呢,结果领导来了,而你记者没有写到,出报后读者会问怎么漏掉这么重要的情节,而且报社内部评报也会提出来,那时候面子就过不去了。

我在《北京日报》时,报纸调查读者看报习惯,调查结果是,读者打开报纸以后,先把大标题看一遍,然后看那个最短的新闻。最短的新闻有时候也就是100多字，读者从最短的向次短的，再向长的看。长篇稿件往往觉得是重要新闻、重要通讯，可读者不见得去看，觉得这个大块文章长，我一会儿再看吧，说一会儿再看，一会儿这张报纸他就给扔掉了。而我用了另一个办法写大的东西，就是把它给拆分成几篇短的文章。比如我写天桥的变迁，这可以写1万字，也可以写5000字，但用三四百字就不能概括了。可我把每一个小题目都写成三四百字，接连做了7篇，合起来就是2800字的文章，在报纸上就将近一版了，每天都有一篇400字文，就是占一个巴掌的面积，在同一个版面上，而且可以连载下去。我发现了这个特点后，就常常把一场演出分开写，比如说报道一个马戏团的演出，让读者在报纸上看到关于马戏团的连载。它的节目多，我就一个节目写300字，下一个节目再写300字，可以写四五个节目，每日一篇弥补了长通讯的缺点，同时又活跃了版面，读者还特别喜欢，版面编辑也喜欢。

　　这个办法算是成功了，可是又有另外一个问题，即你要写得这么细，你必须对每一个节目都要很清楚。当时自己除了作案头的准备外，我在剧场看节目时还要带一个小手电筒边照着边做些记录，特别是歌舞节目，当时不做记录过后就忘了，而且那些外国歌舞团的演出又不可能再看。我当时就会在节目单上，把它的主旋律用简谱记下来，还要画一个简单的速写，只有我自己能看懂，独舞是什么样，双人舞是什么样，是男女双人舞还是都是女的或者都是男的。我就用几笔勾勒出来。这样写舞台特写的时候一看，就知道了这是哪个节目了。我能够这样做，得益于在贝满上学的时候音乐和美术老师教的知识，没想到在我写舞台特写的时候都给用上了。而且这种速记一首歌曲主旋律的办法对我后来到少数民族地区采访也非常有用。我的笔记本上经常记录有歌曲的主旋律和速写画，只有我自己看得懂，因为它毕竟不是美术作品，只是我采访的一个辅助方法。

　　在报社记者之间确实存在竞争关系，但我没有感觉到女记者受歧视。或者说谁因为是女性就不受重用了，不存在性别歧视。你的文章发表的多少和读者的要求是成正比的，与男女性别无关。我们自己要争取成为一个笔杆子，这样的笔杆子是虽改了署名,但读者仍能够认出来是你写的文章。那是你个人的文采,这是我们当时做记者都追求的一个目标。当时社会上没有那么多的传媒,只有报纸和广播,还没有电视呢,晚报的《舞台特写》要做到什么程度呢,就要让读者通过我们的笔看到舞台,就跟到剧场看到戏一样。大家都是这样子来干,都在交稿时间9点钟把头天的稿子交齐。最后我们叫作"报上见",你写得好坏,你的工作怎么样,是要在报纸上让所有人看,社内看,社外看。在《北京日报》《北京晚报》时没有感觉女记者会受到歧视,反而觉得采访的时候女记者还更方便一点儿,因为女性天生就善于沟通,记者要求在3分钟之内消除对方对自己的陌生感。我们采访几乎天天遇到的都是不熟悉的人,而且要使人家向你谈出肺腑之言,那你必须有很诚恳的态度。如果对方一看你拿着采访本,他那种陌生感、距离感就产生了。怎样消除陌生感和距离感需要技巧,在这方面女记者比男记者好像更容易一些,因为女记者善于跟人家谈谈天、谈谈孩子、谈谈家务事。我的弱点是不太会写人物,很少能够写好,我的强项是写舞台特写,那么我就朝向这个方面发展。

在晚报工作是对脑力和体力的一个挑战,常常是在你没有准备的情况下,得到了一个线索,你就要跑去。我们那时候都乘公交车,很少骑自行车,总编辑不让我们骑自行车,说你们净想问题了容易出车祸。我常常是在路上就已经打成腹稿了,进办公室后马上就写出来。这些本领的训练当时没在意,后来发现用了一辈子。

我在北京晚报时期写的文章几乎都是短小的,以报道首都文艺舞台为主,比如写天桥艺人等,光写天桥的变化,就写了6篇。有马戏团的演出,我都是一个个节目地写,具体多少文章记不清楚了。由于我的努力,文章在读者和同行中得到肯定,1961年,我被选为北京市文教群英会的代表,同年又获得了北京市"三八红旗手"称号,算是对我在晚报工作的一个肯定吧。说来有趣,同样是这些东西,1966年"文化大革命"时查出来我有250篇"大毒草",就给我扣了一个"现行反革命"的帽子,当然后来又平反了。

3. 在英文中国妇女杂志工作期间

1978年10月,我到了英文中国妇女杂志。我为什么要到英文中国妇女呢?这是"文化大革命"的缘故。10年"文化大革命"的发难是从北京日报、北京晚报开始的,1966年5月8日,一篇署名高炬、何明的文章发表在《解放军报》《光明日报》上,称《北京日报》《北京晚报》《前线》杂志是反党、反社会主义、反毛泽东思想的黑线,从那时起《北京晚报》就停刊了,有10年的时间没有做业务,耽误了我从33岁到43岁的最好时光。1978年,我迫切地想回到一个写作的岗位上,去寻找我丢掉的10年。这时候全国妇联的英文中国妇女杂志正在复刊,于是找到了我,我说只要是写文章,哪个单位都去。她们说就需要一个写文章的,于是我就去了英文中国妇女杂志社。

这本杂志对我来说是一个全新的领域,从内容、形式到工作程序,和日报、晚报完全不一样了。首先,这本杂志的宗旨是要向世界介绍中国妇女,特别是新中国成立后的中国妇女;其次,它是一本杂志,又是英文的,生产周期比较长,从发稿到出刊,在内部运转就要3个月,还要向国外发行。所以从内容到形式到生产周期,对我来讲是很陌生的。但是我必须要坐下来,要写东西,熟悉这新的领域,补回荒废了的10年。我想英文中国妇女虽然是个新的东西,但我相信我会在很短的时间适应。我这时所遇到的问题是什么呢?

第一个问题是,由于这本杂志是介绍中国妇女情况的,而我对中国的妇女问题并不了解。过去虽然也写过女演员、女导演,但那不是妇女问题,我不是从女性角色、女性意识的角度去写的,写妇女并不等于就是女性意识,这两者之间是有很大不同的。

我们这本杂志的发行对象是什么人呢?是关心中国和中国妇女问题的专家和学者,不是一般的读者,他们对中国妇女特别是新中国成立后的中国妇女提出很多的问题。比如说,中国妇女是否满足共产党对她们的解放?中国妇女还有什么新的要求吗?中国共产党是怎样解决妇女问题的?纲领是什么?

理论是什么，还有中国妇女的参政情况等。这一系列问题要求我们在稿件里边回答。除此以外还一个差异问题，就是说东西方的文化、历史背景不同，思维方式和语言表达方式也不一样。比如西方的女权思想、女性意识的概念和咱们中国妇女解放的概念不完全一样。它更多的是面对着男性，而中国妇女的解放是只有国家的解放以后才有妇女的解放。所以呢，中国妇女的解放意识和就业意识与西方妇女的解放和就业意识是不一样的。

在妇女问题研究方式上，西方重数据，而我们在当时恰恰是对数据不是很重视，而且我们都是模糊语言，如大多数、极少数、极个别。我们对待历史呢，也是用一种历史又掀开了新篇章，新中国成立前如何如何，新中国成立后如何如何，改革开放前如何如何，改革开放后又如何如何等概念划分。那么对外国读者来说，这么重大的历史在你们那儿只用两句话就说完，他们很不能理解。说你们新中国成立前后这么大的变化，你怎么能这么轻松地说呢？这是一个表达方式和思维方式的问题。另外，中文翻译成英文，我们处理得不好是会适得其反的。比如说我们国家在1980年、1981年的时候，提出来反对资产阶级自由化，我们都知道这个概念包含着一些非政治的东西。但如果你翻译不好作用会恰恰相反，因为自由化对西方国家来说是最美好的理想，他们就觉得你们国家反对了人类最美好的东西。因为我们不是英文写稿，是用中文写完稿，定稿后再译成英文。这样就给我同时提出了两个要求，一是要吃透中国妇女的概念，吃透中国和中国妇女问题；二是要弄清楚西方人的思维和表达方式。这样尽管你是用中文写出来的，也可以在译成英文时能比较准确地表达。

因此，这时候我的采访对象和采访选题也发生了大变化。这是一本社会学的杂志，文艺性并不是主要的，而社会问题是主要的，我转而成了一个婚姻和家庭问题的采访者。这样对我来讲，就要了解中国的婚姻和家庭的历史。我们在英文中国妇女杂志上，不能够说新中国成立前妇女受到男人的欺压，夫权思想如何，这种含糊不确定的语言，不仅无法译成准确的英文，而且译成英文后读者也不能理解。为了了解、熟悉妇女问题，我要看很多关于中外妇女问题的资料，要知道什么是女权主义、什么是女性意识、什么叫女人等。中国和西方的"女人"概念在学者中间是不一样的。比如说我还没出生时，我母亲就保证了我的受教育权，但西方社会观念呢，他们并不认为你这就是获得女性的权利了，而是把你放在一个社会学的角度来评价。对于这些，我全都要从头学起，看一些中国妇女运动史资料和西方最新的学术观点。另外，我的英文只是个中学生程度，看不懂就需要请教别人，或者选择看一些我们国家翻译的西方的东西。英文中国妇女有一个有利的条件，就是请了一个外国专家，她要把我们的稿件译成英文稿，并且要能够适合国外读者阅读。比如，我们在20世纪80年代初期，电视开始普及了，我们的一个记者写了一篇文章，说中国的母亲很注意让孩子看优秀的电视节目，这样对孩子的成长有怎样的帮助。我们都觉得这个很正常，没想到我们那个英国专家给我们编辑部写了一封抗议信，说你们的文章好像在说只有中国女性才关注孩子，难道我们就不关注吗？当时我们都觉得很滑稽，我们是在说中国人呢，你生什么气啊？其实她是觉得我们低估了读者的阅读能力，重点是在这儿，好像只有你们知道，我们都不知道。这封抗议信提醒了我们，有些问题要从世界的角度去看去说，这就训练了我在东西方文化背景、历史背景不同中去寻找适当角度，使得西方读者也能接受。这既不能迎合西方，又要告诉他们有一些问题我们在逐步解决。

第二个问题是，现在我面临最大的挑战来自家庭。这时候，我已经有了两个孩子，过去报社都是在北京采访，而且那时我还没有孩子。现在呢我要到全国各地去采访，我的两个孩子都很小，正在上幼儿园和小学。这对我来讲真是一个挑战，我是为了工作扔下孩子呢，还是为了孩子扔下我的工作呢，这个取舍也是很痛苦的。对我来讲呢，机不可失，时不我待了，我当时已经43岁了，"文化大革命"10年一无所成，我必须在43~53岁时做出20年的事来，弥补10年来的损失。我在这里作了一个抉择，我想这也是那个时代新闻工作者的一个共性。当你决心做记者的时候，你的价值观就已经确定了：重点是我的稿子，我要采访，家庭生活排在了第二位。后来我明白了，对女性来讲这就叫作角色矛盾。你是母亲,你应该有责任照看孩子,但是你又是个记者,你的事业在全国各地。身为女性,我既是妻子又是母亲,这个角色在一个人身上常常是被撕裂的,但我选择了职业第一,也要付出代价,这个代价就是我要"抛家舍业"。

在英文中国妇女的第一次长时间外出采访是在1979年和1980年。那时我做了一个决定,要深入少数民族地区采访。从1979年6月到10月,我先是在四川省大凉山采访,然后从1980年3月到6月,我又在云南采访,各100天。就是说我在一年之内(从1979年6月到1980年6月)有200天都是在外面采访,我作出这个决定的原因就是必须写出好稿子。在四川大凉山采访时,我和摄影记者沈延太去了原始森林。我当时没有觉得女人就不行,这个性别差异我并不在意,只是想我要完成我的任务,要采访大凉山。在大、小凉山走完后有一个选题非常吸引我,就是纳西族的一个分支叫摩梭人,他们还保持着母系氏族家庭状态。我想这个应该是人类婚姻家庭的最初形态,了解它是非常有价值的。当时我做了一个简单的采访,然后决定第二年到云南再去做深入采访。

在大凉山时,我们遇到了泥石流,下不了山,只好继续往山顶上去。山顶上都是彝族,我们称为彝胞,我要和他们住在一起。当年山顶上的彝族是没有床的,屋子里头只有一个锅庄、一个灶台,灶台上头烧着柴,柴上头吊上一口锅,煮的土豆,全家人就是都住在平地上,没有床也没有隔间,这个房间里边除了人住以外,还有牛、羊和马。这种环境我必须坐下来,住进去,否则我不能够了解彝胞的真实生活情况。从大凉山下来的时候,我身上长了虱子、跳蚤,那时候都没法避免,但是我必须坐下来采访,身上被跳蚤咬得痒得不行,也不能够挠,都只能忍着,一句都不能说,就是怕伤了对方的感情。等到我下山以后,痒得实在不行了,我让那儿的妇联干部看看我身上都什么样了,她掀开我的衣服说不得了,你是半壁江山万点红,全都是跳蚤、虱子咬的红点。

我付出这么大的代价,就必须把采访文章写好,不然的话对不起自己,也对不起我的孩子。我在大凉山的时候,正好是我的大儿子小学毕业考中学,我又被困在山上下不来,过了一个多月以后,我才收到他来信。他第一句话说要请妈妈原谅,他考得不好;第二句话是说如果妈妈在北京的话,情况会好一些。我当时看了这封信真是撕心裂肺!我的孩子多么需要妈妈帮助他,辅导他,或者给他一些妈妈的支持与安慰。但是不行啊,任务还没完成并且又下不来,我只能想回去后拿出稿子告诉他,妈妈是为了做好自己的本职工作,你这次学习不好,下次可以努力,而我已经没有太多的时间了。

1980年3月,我要写中国婚姻家庭的一个变化过程,是要通过中国少数民族的婚姻形态来反映。因为中国的汉民族在史前期已经完成了从群婚、杂婚、初期对偶婚到一夫一妻制的过程,现在只有在一些少数民族特别是纳西族分支的摩梭人那里,他们的婚姻家庭形态还是保持了母系家庭,应该被看作社会活化石。而这个对我来讲有莫大的吸引力,我要从这个母系社会的活化石来寻找中国婚姻家庭变化的足迹。只能在少数民族中找,在偏僻的地方找,因为比较发达的少数民族地区也很快进入了一夫一妻制。这样我就确定了采访云南的7个少数民族。

李钟秀与摄影记者沈延太在云南丽江泸沽湖采访

1980年3月，我赴云南西双版纳采访。这时我已经调整了自己的心理状态：就是我的角色矛盾，是做母亲还是做一个职业女性，到底怎样对待孩子和丈夫。我准备用我的成绩、我的工作来回答，况且只是暂时的分别。当时我也没想到会是100天，只是随着不断深入的采访，从云南的西部，从西双版纳开始走访，结果真是走了100天，一直到了泸沽湖畔。我们找到了母系家庭的活化石——摩梭人的走婚家庭。在我们走访的7个少数民族里，除了纳西族摩梭人的母系家庭外，还有刚从母系家庭过渡到一夫一妻制家庭的民族，如西双版纳地区的基诺族和在中部地区（即阿诗玛家乡）大理的德昂族（崩龙族），他们的住房状况还保留着母系家庭或者刚刚向初期对偶婚、一夫一妻制发展的结构，就叫作"大房子"。一个大房子里面隔出好几小间来，每一小间都是一个女孩子和她的丈夫。我们这一路上特别兴奋，为能在这些地方寻找到中国婚姻发展历程的不同形态而高兴。同时我还要报道这些少数民族的生活状况，也使我们的读者了解中国，了解少数民族的需求。他们知道中国是一个多民族的国家，也希望了解在中国的四化建设中有没有少数民族的参与，少数民族和汉民族在一起有没有被同化。他们的这些问题很容易被看成一种挑衅，其实这些专家和学者的目的是要分析和判断，是哪一种社会制度，是资本主义制度，还是社会主义制度，能够解决妇女问题。中国是这么大的一个国家，当时有3亿多的妇女，这么多的妇女的总体变化是很有代表性的。所以我不把这看作挑衅，而是我要回答的问题。我要告诉西方读者，中国的社会主义建设有少数民族参与，特别是农村妇女，她们也参与了科学种田。少数民族在和汉民族交流的过程中并没被同化，而是进化了。他们在这个过程中改变了一些落后的生活方式，包括他们的家庭结构、婚姻形态等方面。比如说景颇族吧，他们财富的标志是有牛，可他们在很多场合都要杀牛，节日的时候要杀牛，就把这个农田劳动需要的生产力给破坏了。还有一些少数民族以前的婚姻状况是"恋爱自由，婚姻不自由"，他们在婚前可以有性生活，但是结婚是包办的，并不是他婚前的伴侣，而是父母包办，而现在呢他们逐渐走向了婚姻的自由。

我作为英文中国妇女杂志的记者，就要把这些进步、进化的过程给写出来，而这样的采访过程令我比当年写舞台特写还兴奋，因为我获得了一种新的认识。这种认识包含两个方面，一个是我对女性意识的认识，另一个就是我亲眼看见中国少数民族社会是怎么进化、发展的。这次我吸取了上次到大凉山采访的经验，那次我是写的单篇文章，发回的稿子有时被改得也不理想。这回我要来一次"离经叛道"吧，自离开编辑部后就没往回发稿。在这100多天里，编辑部上下议论纷纷，李钟秀、沈延太干什么去了？一个女记者和一个男摄影记者干什么去了？这话有多难听啊！后来我想了，我必须忍着，因为我不想把这一批稿子给拆零破散了。如果我一边走一边给编辑部发回稿子，是会得到称赞，可是稿子也可能被随意编得背离我的本意。因为上次在四川大凉山采访，我曾经发回过一篇新闻稿，写自治州成立30周年，等我回来后一看，改得就跟我没去一样。我真的怕我这一套精心策划的、付出这么大代价、抛家舍业干出来的选题，遭遇上次那样的破坏。因此随便别人怎么说，我也不给编辑部透露任何信息。在云南这100多天里，我们边走边采访。云南那地方的夏天，蚊子多极了，躲在蚊帐里边还能被蚊子咬，我就把蚊香放到蚊帐里边，边闻着蚊香边写我的稿子。那时一切都不觉得苦，自己只有一个念头：我回去交的稿子要让大家惊讶，知道我这100多天干什么去了！

其实我这样做并不对。当时我写出差报告是一个月，结果变成了100多天。我应该在采访中间向编辑部报告说已经采访了几个民族，准备怎么写如何如何，这是我的问题，也很难让人家不议论。等到我们回去后，我说我已经完成了共11篇稿子，并请摄影记者把胶卷都冲出来，我们要向编辑部全体做一个汇报。当然那次的汇报是很成功的，所有人都来了，要看看李钟秀到底是干什么去了，她采访了哪些东西。我们用放幻灯的方式汇报，由沈延太放幻灯，我来解释这个画面，并且报告我的选题内容，我的第一篇是西双版纳的泼水节，然后是基诺族的介绍……当时我就交了11篇稿子。由于这次汇报得比较成功，大家也都看明白了，这样子也就没话可说了。之后出版的英文中国妇女杂志每期用了10张左右的照片，连续用了100多张，在版面上给一个很好的介绍,就是我带来的杂志版式,在一幅中国地图上把云南标出来,再标出这些少数民族都在云南省的哪个位置上,说明我这些稿子都有哪些少数民族,报道的人物当然多是女的了。因为我们这杂志运转周期是 3~4 个月,我是 6 月份回来的,稿子要译成英文后再做版式,所以第一篇是在 1980 年 10 月份发表。这一组稿件在读者中反应是很好的。1980 年 10 月份这期我写的是泼水节。因为读者要求介绍中国的普通妇女,看她们的日常生活,觉得只有普通人的普通生活,才能判断这个国家的真实状况。而我这次采访全部是普通的妇女,是读者可以在街面上随便就能找到的人。美国一个叫 New house 的出版社的负责人,有一天拿着刊登泼水节那一篇的杂志找上门来,她说:"我看了你们的杂志,中国妇女原来是这么漂亮,我要住在这些妇女的家里边,要去采访她们。"后来 1981 年 10 月我去加拿大,接待我们的那个女士的提包里,就放着当年 8 月份的英文中国妇女杂志,那一期登的是写母系家庭的,她已经看了我的报道,而且很关心这篇关于母系家庭的文章。由此可见外国读者对这个系列采访报道非常关注,同时他们也通过这些报道来了解中国。

这两年,我连续写了一批关于中国西南部少数民族的报道,写了少数民族妇女参加四化建设,科学种田的。在大理,我专门写了白族妇女怎样科学种田,用她们的话说,就像绣花一样来插秧,来经营。而且当地的农科院帮助她们选种,指导她们。过去只说少数民族能歌善舞,并没有看到他们的智慧。我这一路上也写了少数民族的婚姻变革。在四川凉山,我采访一个彝族妇女结婚到男家,她自己做嫁妆,没有花很多的钱。我又采访了大凉山解放前的一个女奴隶,她不知道自己哪天生的,也没有名字,由她来谈自己的婚姻。这些客观的报道效果都很好。我的这些个报道,在国外没有受到挑战,在国内却受到了挑战。比如关于凉山火把节的那期,杂志的封面图是一个彝族妇女背着她的孩子,孩子是用彝族手绣的一个背垫包着。我当时就觉得那个妇女很漂亮,孩子也漂亮,那个背孩子的背垫也很漂亮。可是我的一位领导看了(不是英文中国妇女的领导,是另外的上级领导),她说:"你暴露我们中国的落后面。"我说:"怎么了?"她说:"你看现在怎么能够报道妇女背孩子，妇女背孩子就是中国的落后面。"我说："这是很普遍的现象啊。"后来，她让我去问一下外国专家，报道这个背孩子算不算中国落后面。我们就请教了一个德国专家，她一看，说："哎呀，太美了，那张照片能不能够给我一张，我要放大摆在我屋子里。你看绣得那么好，那个孩子看来长得很好，母亲身体也很健康……"谢天谢地，专家把我给救了。

当时我们国内的报道基本上是"好人好事"型的，这个好人好事的命题写法，外国读者读不懂。随着我们国家的不断开放，我们报纸上也不断地揭露我们存在的一些问题，这应该是我们新闻工作的一个进步。1985年第4期英文中国妇女杂志发了我的一篇文章，主要分析了传统观念、计划生育与溺弃女婴的问题。我在分析溺弃女婴现象时承认有这种事实，但不是普遍发生，指出传统的重男轻女思想和男女不平等使得溺弃女婴现象出现，而非计划生育造成的。文章发表以后，依然是那位领导向我发难，说我暴露了社会落后面，甚至提出英文中国妇女应该停刊。当时我已经是英文中国妇女杂志的负责人了，我也很生气，我说谁都没有权利让这本杂志停刊，如果我们停刊的话，国外就会认为中国政局发生了变化，这个责任我负不起，交给中央解决吧！后来我汇报到中央对外宣传小组，就是朱穆之、郁文那里。可巧这时候联合国要给我国卫生部长钱信忠授一个大奖，但是美国等又在阻挠，说是中国由于执行计划生育所以不能保证妇女权益等。中国驻联合国代表向外交部问国内有没有英文的关于中国发生溺弃女婴事件的文章，正好我们杂志上有我的这篇文章，完全可以回击美国的攻击。于是这件事急转直下，马上快递200本杂志，由外交部就直接送到联合国。至于送后什么结果我不知道，但钱信忠部长的奖章得到了（因为那时计划生育是由卫生部管的）。

1982年，我任英文中国妇女杂志社的代社长。我跟编辑部说，我们杂志上的文章，在某些方面会当作认识我们国家的样本来看，他们提出问题，并不是说要挑我们的毛病。所以在做选题的时候，我们必须统筹考虑这本杂志全年的报道内容，既要体现了党的路线、方针、精神，又要体现出妇女的特点，以及中国社会主义时期解决妇女问题的理论和政策。有人以为英文中国妇女一定是很随意的，愿意写什么就写什么，我认为这比国内发行的报刊文章更难写，几乎每篇都是论文。你要有真人真事，还要有实际的例子，形式还是通讯报道类的。所以在英文中国妇女工作的9年，对于我来讲，是提高对女性意识、女性角色、女性权利维护的认识，从过去的不自觉到自觉，我觉得是一个过程。

在英文中国妇女杂志期间，我自己比较满意的有几篇文章，这里有我的观点、我的发现，是我捕捉到了改革开放过程中在中国妇女身上、在中国的婚姻家庭关系上发生了微小的却是历史性的变化。其中，第一篇是《谁是白头到老的人》，1985年12月写的，揭示和分析了转型期择偶观念的变化。即在改革开放初期，男女婚姻观出现不同步，男性更传统了，择偶标准更倾向"弱女子"，而不愿要女强人做妻子。而女性要选择一个与自己旗鼓相当的男性，双方出现了不同妇女观的冲突与挑战。第二篇是《离婚，仍被视为不得已》，也是1985年12月写的。我提出妇女在离婚中的主动权问题。我国1981年修改的《婚姻法》中，感情是婚姻的基础被用法的形式表现出来。评论婚姻质量不能以离婚率为准绳，不能够和社会道德水准高低挂钩，因而不是社会道德出现问题，是法律的进步和婚姻质量的提高。第三篇是《土地、人、家庭》，这是1986年我给一家杂志写的，这是写农民生育观念的改变，反映了农村的传统生育观念受到挑战，而且在逐渐退位。在农村土地承包后，土地成了农民的命根子，人口和土地的矛盾也出现了，农民的两个命根子发生了冲突，这是计划生育必然要在农村推行的基础。因此农村开始有人主动节育了，尽管人很少，也没有受到广泛的支持。还有就是大张旗鼓提倡男到女家落户，只有女儿的家庭得到劳动力保障，农民就不再担忧养老问题了。1984年5月，我还写了一篇《关于京剧〈奥赛罗〉》的特写，介绍有200年历史传统的京剧筹演莎士比亚名剧《奥赛罗》。这本身就是一个挑战，排演过程中充满文化背景及表现形式的冲突，极富可读性。

此外，我还有几本书出版。1983年《云南旅行记（英文、印地文版）》，1984年《凉山行（英文版）》，1987年《谁是白头到老的人》出版，这是我近30年来采访所得、所写的作品选集，1988年《莫干女神的爱情》，是应四川人民出版社要求，把凉山和云南的旅行记编辑出版。

4.在中国妇女出版社工作时期

到中国妇女出版社工作之前，我考虑英文中国妇女杂志有些稿件质量还很好，读者也比较喜欢，就像我的云南旅行记的系列连载，后来由世界出版社给我出了单行本。于是我们就有一个成立出版社的想法，全国妇联领导同意了，但新闻出版署说你们妇联已经有一个出版社，不能再成立第二个了。后来妇联就征求我的意见，说这个出版社要调整机构和领导班子，你可不可以到那儿任职去。我说好啊。于是1988年初，我就调到了中国妇女出版社任社长。这时候我已经55岁了，算是倒计时了，其间还兼任过一年全国妇联宣传部长，到1993年正式退休。

出版社是出版图书的单位，它和报纸、杂志又不一样了，对出版物的要求是对社会问题要有所思考、有所研究，而不是简单的报道介绍。当时妇女出版社出版的宗旨就是要介绍、研究各国妇女运动的兴起与发展，中国妇女解放运动的宗旨、理论、历史等。此外，还出版和妇女生活有关的读物，比起报刊，它的出版周期更长了。在我看来，这既是生产方式的变化，又是对问题思考的变化。我们发在报刊上的东西都是较短的，讨论问题也是浅尝辄止。而作为一本书，它的内容应该是深刻的，而且要有文字来支撑。当时，全国妇女类出版社只有两家，一家是我们中国妇女出版社，另一家就是在长春的北方妇女儿童出版社。而且当时出有关妇女理论的重要图书，又大都拿到人民出版社出版，出版的品种也不多。到1990年吧，我们国家关于妇女问题、妇女理论类的图书也就200多种，数量并不多。

我刚到出版社时是个什么状况？出版社账面上只有10多万元的流动资金，有几万册库存图书，一批尚未出版的书稿，十来个人（其中有一个病号），和别的单位挤在一个小楼里的三间办公室，其余的什么都没有了。那时也不容我多想，既然我下决心来了，那我就得好好去做。

到出版社以后呢，我想根据我们出版社的出版宗旨、出书范围，首先结合妇联系统关于妇女问题研究的工作，应该把中国妇女运动留下的一些资料整理出版，有利于中国妇女运动和西方女权运动的对比研究，认识两个本质上的不同。其次，中国妇女的命运是和国家的命运结合在一起的，中国妇女在党的领导下，一步一步地从黑暗走向光明。在这个过程中，中国女性和男性是并肩作战的，她们也付出了很大的代价，为此，中国妇女出版社有责任和使命，给中国妇女运动树碑立传，给那些为中国解放事业作出贡献的女性树碑立传，给那些抛头颅、洒热血的女英雄树碑立传。这是我当时给自己的两个任务，因为我是倒计时了，只有5年的时间。我希望出版社能出几套丛书，而且是条件成熟一本就出一本，这样就可以抢救全国妇联的一批妇女运动史料。我很看重她们编的这套中国妇女运动史资料，这套资料就在楼道的柜子里散落着，我们跟妇联提出要了一点儿钱，把它们按旧民主主义时期、五四运动时期、第一次国内革命战争时期、第二次国内革命战争时期、抗日战争时期等阶段，基本上分册出全了。还有就要出妇女人物的传记类图书，要为这些人树碑立传。我们最先抓的就是《蔡畅传》的出版，她是老一辈革命家，也曾是妇联的主席。这类中外妇女人物的书，我们当时也出了一些。另外就是把维护妇女儿童健康和合法权益提上出版日程。我国的妇女问题，它是多方面的表现，除了婚姻、择偶问题、夫妻关系问题等，还有妇女儿童的保健问题。过去社会不重视，妇女也不知道自我保健，现在社会发展，经济条件允许了，所以妇女儿童的保健问题也提上日程。特别是1983年以来，全国妇联提出维护妇女儿童合法权益问题，这是一个很大的进步，在社会主义条件下维护妇女儿童的合法权益。虽然说宪法写了男女平等，可是在实际上妇女还是弱势，要保护。强调维护妇女的合法权益，并不与我们的宪法冲突，不与《婚姻法》矛盾，只是强调了，更能体现出社会主义制度的优越性。在这个思想指导下，出版社始终重视妇女儿童维权和保健的图书出版。

出版社是经营性单位，我们出的妇女运动史资料、妇女人物传记类等图书根本不赚钱，可是社里边的人还需要生活，所以也要出一些能盈利的畅销书。由于国家规定我们出书范围只能是关于妇女和妇女研究类的书，其他很多类的书都不能够出，受到了很大的限制。恰好当时有一个机遇，就是全国妇联在全国展开一个关于妇女保健知识问答的竞赛活动，我们从宣传部要来了问题与答案，编辑成保健知识的图书，这是一个很好的机会，一次印了35万册，赚了一点儿钱，从此就打开了一条出版的路子。作为一个专业出版社，我们在出版妇女问题研究的书籍时，往往需要争取一些社会上的资助，这种资助有两种，一种是就直接跟人家要钱，比如我们出版晋察冀边区妇女抗战史料，主编是全国妇联的老同志，当年晋察冀的妇女主任田秀涓同志，依靠她的老关系，从晋察冀边区研究会争取到了一些资金支持，就把她的这本书出版了。至于全国妇联的那批妇女运动史资料的出版，我们是在全国妇联申请了一个专项资金，虽然没有利润可赚，但能够维系这类书的出版。就是在这样的支撑下，慢慢地这个出版社办得稍微有了一点儿规模。这里我要特别感谢和我一起奋斗过来的出版社的同志们，我个人的力量是很单薄的，还只有5年的时间，离不开大家的努力与支持。

5. 退休生活和我的家庭

1993年4月，我正式退休了。严格地说，我退休前半年就基本上不去出版社了。对于退休我是早有准备的，因为看见我的老领导在退休时候的那种痛苦，感觉到自己已经是局外人了，他们一辈子都是冲锋在前，都是干出来的，所以一旦要退下来，他们会对工作岗位恋恋不舍。那时我就警告自己要对退休有一个正确的理解，它是一个结束，也是新的生活开始。

那么退了休我能干什么呢，我还不能死，也不知道哪天死。这时，我们的妇女读物研究会改为版协妇女读物工作委员会，我退下来就专门做这个委员会的主任，组织国内的妇女报刊、出版社开展活动。1997年，我们借中国版协在台湾举办大陆图书展的机会，要了一个摊位，专门展出大陆妇女读物。

因为我搞过妇女读物评奖,对当时国内200多种优秀妇女读物基本了解,我很有把握,大陆妇女读物在台湾是有市场的,至少能够向她们介绍大陆妇女的情况。这件事国台办支持,新闻出版署和版协也支持,所以一分钱没花就到台湾办了中国妇女读物展。在这之后,我想既然大陆妇女读物有这样好的市场,那应该向海外推荐,于是我就用妇女读物工作委员会的名义提出来,到美国去搞一次书展。新闻出版署很支持,还给了购书卡到新华书店挑了1000多本所需的书。当然,2000年在美国的这次展览也是成功的,这两次图书展给我很大的信心,我觉得自己在妇联系统没有白干。

1996年前后,我又被人推荐到北京人民广播电台828千赫去做了嘉宾,当时叫客座,而且是签约的,是一年签一次。我连续做了3年,每天有一档节目,从星期一到星期六,每天40分钟,在晚上9点10分到50分播出,是谈人生感悟的。过去当报刊记者尽做平面的手写的新闻,电台节目只用口头的,采访方式也不一样,拿着录音机、话筒,而且这个采访又不能随便说,否则回来整理录音带就很麻烦。我先拿出一个完整的提纲请对方按照提纲的顺序来谈,这样我做这个节目就可以一次发出去。主持人发现我在直播间的状态好,所以在1997~1998年我就开始做直播了,所谓直播就是跟听众做现场对话,这个工作干了3年。

由于电台节目谈的都是

在美国"中国妇女儿童书展"上,洛杉矶市长向李钟秀赠送证书

人生感悟，也把我这42年在工作中遇到的问题谈了感悟，我谈完以后大家觉得很好，我们出版社的贾秀娟（现在的总编辑）约我说你写一本书吧。她觉得我退休以后过得挺滋润的，高高兴兴的，还挺忙。我说好吧。2002年，我就出了《老太太不烦恼》这本杂文集，里面有一部分是我在电台做的节目内容，还有一部分是给辽宁妇女杂志写的稿子，都是人生感悟，强调了"过好每一个今天"。

2007年，全国妇联老领导康泠找到我，要我给北京的全国劳动模范史静贤写一个人物传记。我说我不会写人物，她说没关系可以提供资料。史静贤是北京市20世纪50年代起就有名的女劳模，是昌平保温瓶厂的厂长，但是现在身体很不好，不能接受采访。我把与她有关的一大纸盒子原始资料拿来看，后来用了4个多月的时间写了30多万字的《太阳草》传记稿，2008年由中国妇女出版社出版了。完成《太阳草》后，妇联领导又提出来让我帮助编写一本关于香港范徐丽泰等人扶助内地贫困妇女创业的书，于是我又接了下来，并到被资助的贫困地区实际走访调查，以受益人第一人称撰写稿件，很快编写出了《同根同心》书稿，完成了任务。2010年的一天，我接到一个电话，原来是宣武文化馆一位搞非物质文化遗产的同志打来的，说："现在北京一家仿古瓷的企业要出一本书，没人会写，您能不能帮着写一下？""哎哟，这太难了，我也不懂这些东西。"他说："他们会提供给您所需要的全部资料。"我说："那试试吧。"于是我又写了一本《北京仿古瓷》，2012年由北京美术摄影出版社出版了。

我退休以后，除了自己主动找的两个书展活动外，其余的都是别人推荐的，我心里非常乐意干，还挺忙活儿的。过去我工作很努力，不计报酬，也不怕劳累，靠自己的努力，也有过荣誉。我在1961年获得北京市劳动模范和北京市"三八红旗手"称号，1989年就被评为全国优秀妇女干部，全国"三八红旗手"。在职的时候我有荣誉，也有局级的职务。这些对有的人来讲，应该是满足了，可是我并不是这样，因为退下来以后，你的过去就是过去了，现在是一个普通老百姓，没觉得自己了不起了。社会在不断地发展，知识在更新,都是千变万化,我是跟不上了,那我就做力所能及的。由于我给宣武图书馆捐了一批图书,与他们有了联系并参加了他们的课题,即《北京会馆资料集成》(2006年出版)和《北京宣南庙宇文化考》(2008年出版)的编纂、编写工作,担任执行副主编。做完了这两个课题后,我对北京城和北京历史开始有了兴趣,就酝酿写一个北京城的变迁,约上一两个人共同编写。可这本叫《京城轶事》的书多灾多难,交到出版社已经3年了,到现在也没出版。我倒也不太在意,在意的是把这本书写完了。编写这本书我还有了意外收获,就是我这把年纪还学会了电脑打字,这本书稿就是我自己敲出来的。从此以后,我的稿子都是我自己打出来的。

2013年、2014年,我的居住地广安门外街道的办事处工作人员说他们有国学讲座,是个通俗的,让我参与他们的讲座。因为我做会馆资料和宣南庙宇文化考以后,对北京历史了解不少,看了很多的东西,于是我就准备了八国联军事件、北京城的历史、北京街道的特点等,给街道的居民听众讲。后来听我的课的人多了,都说很愿意听,有一次竟然超过100人,办事处的工作人员很高兴,说看你给我们创纪录了。连我住的院里的居委会也找我,让给小孩子们讲讲白广路的历史。我做这些我都很喜欢,觉得既是一个梳理知识的过程,也是和别人分享了知识,也是我对社会的一个回报。2013年和2014年,经广外街道办事处上报,我两次获得"西城区百名志愿者之星"的称号。去年我们居委会把我向区里报了"北京榜样"提名,并把我的照片和事迹公示出来,事迹主要是做义务讲座。

凡是听了我前边讲的在英文中国妇女杂志的情况后,都会问你采访一走几个月,你的家里和孩子谁管呢?我就要说一个女记者需要一个好丈夫,做女记者的丈夫不容易。我的丈夫余岳延是搞工程设计的工程师,他的专长是煤气管道设计。我的丈夫比我大3岁,我们俩后来都是高级职称,只是当初改革前的工资他比我多十几块钱。尽管在这方面我俩旗鼓相当,可是他比我会料理家务,收拾屋子,给孩子洗衣服、买菜做饭等都比我强,特别是我出差一走100天,扔下两个儿子,那就由他管两个儿子的一切事情,所以说他是妻子的好后勤。同时，他还得负责家庭理财，像我这样的人是不管家庭财务的。当初我们两个人工资加起来是200元，这点儿钱如果要我来管，肯定就要借债的。他是宁波人，精于财务管理。我每月的工资都交到他手里，稿费通知单来也交到他手里，由他去替我取，取完了做什么用我也不管。我除了要求和丈夫是平等关系外，还有一条就是需要他对我充分信任，这一条我觉得我丈夫做得是很难得的。因为像我这样的工作性质在外面交往很多，而且很多是男的，那我丈夫首先得对我有一个起码的信任。比如我和摄影记者沈延太两个人到凉山100天、云南100天，两人整天都在一起，别人会怀疑我们俩是不是有点儿什么事情。而我丈夫就从不怀疑，因为有了他对我的赞赏和信任，我也必须做到不辜负他，不能让他受到任何伤害，让他知道他的信任是值得的。

我们家庭的分工倒不是谁管家谁就地位高，谁不管家谁地位低了，而是由双方根据个人能力和爱好的一种默契分工。正因为分工很默契，所以双方是通过对孩子的照顾，或做家务而加深了感情。我们不可能每天花前月下，他也要经常加班，由于他在院里上班，加班就到办公室去画图纸，而我恰恰是要把工作带到家里来。晚饭后他去加班，我在家里先弄孩子，孩子睡觉以后我开始写文章。记得有一次他到德国去买机器，一去也是一个月，我就得在家里头咬牙顶

李钟秀夫妇到英国利兹大学
参加二儿子的毕业典礼

着,天天跟孩子们说:"你们千万别把衣服弄脏了,咱们能不能隔几天洗一次呀!"我从生活中得出了一个结论,我们不可能时时刻刻陪伴着丈夫,也不可能时时刻刻抱着孩子,孩子是需要独立的,需要让他学会自己管自己,该放手的就放手。我家俩孩子都是男孩子,小学六年级都会做全家人的饭了。人家说父母是孩子的第一任老师,并不是说你教他人之初、性本善,而是用你自己的行动告诉他,工作是快乐的,工作也是艰苦的,而且一定要自己动手去做。我和朋友们的关系都很好,这一点对于他们来讲也是产生了好的影响,他们会觉得妈妈周围的人都非常好,他们对妈妈好,妈妈对他们也好,所以两个孩子与同学的关系也都很好。

婚姻是爱情的结果,可是婚姻期间你还要继续巩固这爱情。这爱情并不只是谈情说爱,它存在于细微、琐碎的家务事中,存在于双方的信任和责任感中,它不是转瞬即逝的事,是一辈子的事。之所以我把这放到最后谈,之所以我在工作中能有成绩,就是因为我有一个好丈夫(他已于 2005 年 5 月因病去世)。我有两个好儿子,两个儿子从来没给我添过麻烦,而现在呢,又倒过来了,他们会给我一些帮助,做一些事情,我们就都像朋友一样了。

我的人生已经走过 83 个年头,如果有来生,我还愿意做新闻工作,因为觉得这事业很适合我,我有这种适应能力,当然还要做女人,因为女人给这个社会、这个世界带来的是美。

人生不烦恼
——李钟秀访谈录

对李钟秀的采访是顺畅的,她是爽快之人,答应的事一定认真对待,如约一天就完成了访谈。同时她又是健谈之人,丰富的阅历,精彩的人生,更使她的讲述引人入胜。李钟秀是新中国成立后培养的第一批女新闻工作者,因而成长经历与在她之前、之后从业的女记者不同。她从一个肄业中学生成长为著名的女记者、新闻出版单位的负责人,靠的就是自己的顽强、刻苦与执着。可以这样讲,在她42年的职业生涯中,如果有一丝的懈怠与取巧,都不会有今天的李钟秀。然而,通过她的讲述,你又能感受到她的开朗与豁达。其实,她的人生并非无烦恼,而是不烦恼!

梦想之路能走多远
——金瑞英访谈录

- **访谈时间**：2015年4月25日上午、4月30日全天
- **访谈地点**：北京朝阳区金瑞英家中
- **受 访 者**：金瑞英
- **访 谈 员**：卢小飞
- **摄 影 师**：王权增
- **整 理 者**：卢小飞　周志飞

编者按

　　金瑞英的人生不仅烙印着整整一代新闻人的曲折经历，她的皇族出身和不幸的家庭际遇，又给她增添了磨难。

　　山西日报社17年的记者生涯，记录着她的青春岁月。她奔走于黄土高原的山山水水之间，从吕梁山到太行山，从贫困乡村到条条工业战线，成长为一名高产记者和优秀编辑，仿如无声处的惊雷；回京后"包公记者"的一系列壮举，又昭示了她敢于担当、为国为民、不畏风险的职业记者精神和勇气，以及为人为文的真性情。尽管她后来走上领导岗位，从中国妇女杂志社副总编到人民政协报社社长兼总编辑，但始终没有停止写作——其中最有代表性的是从1982年起，她就开始撰写有关邓颖超和周恩来的文章，并被国内外报刊广泛转载，引发较大影响。她的新闻报道以敏锐细腻著称，她也两次被评为全国优秀新闻工作者，获韬奋新闻奖提名，并成为第一批终身享受国务院特殊津贴的专家。

　　她的人生充满了对梦想的追寻，也正是对梦想的追寻，支撑她走过人生中的苦难岁月，这份执着与坚韧也正是她留给后辈的最大财富。

1. 出身皇族，祖父是光绪二品侍卫

我出身皇族，祖上是努尔哈赤第十五子豫亲王多铎。多铎是努尔哈赤最宠爱的儿子，满洲镶白旗旗主，清初八大铁帽子王之一，世袭罔替。他仅活了36岁，但一生战功彪炳，被乾隆皇帝称为"开国诸王战功之最"。

我的祖父叫爱新觉罗·溥铃绮，是多铎的第九代孙，同治十二年癸酉十一月十七日寅时生，嫡母瓜尔佳氏。他的名字记载于爱新觉罗族谱第5936页上。祖父是光绪皇帝的二品带刀侍卫，赐顶戴花翎，弘德殿行走。从辈分上论，他是光绪皇帝的侄子，但两人年龄相仿，所以关系很亲密。祖父在皇上身边陪伴，可以自由出入皇宫。戊戌变法时，他一直为皇上和康有为传递消息。变法失败后，光绪被软禁，祖父被朝廷通缉，光绪令人密告祖父尽快逃离，越远越好，永不回朝。

祖父逃到天津的法租界隐藏了好几年，中间曾潜回过北京打听皇上的境况，得知皇上处境危难，他无能为力，只得又回到天津租界，一直到慈禧和光绪去世才回到北京。祖父从天津回来以后，就改叫金筱山，不叫溥铃绮了，从那时起，我们家就都改姓金了。族里有人说他的事情已经过去，让他去找末代皇帝溥仪。但我祖父说，大清朝跟我没有任何关系了，然后就把我们家的祖产——一个七进院子的大宅门卖了，加上他多年积攒下来的钱拿来开办了学校。

我祖父把大宅门卖了以后，买了朝阳门（原来叫齐化门）内北顺城街（原来叫东城根）的一座宅院。我们家在这里一直住到"文化大革命"中期被赶出来，我就在这里长大。这个院子尽管跟以前的宅子不能比，但也很气派，大高台阶，前廊后厦，北房三间外加耳房两间，东西房各五间，南边是厨房和库房，两边各有一个跨院，后面是一个足有几亩地的大花园，光树就好几十棵，其中有17棵枣树，多是名贵品种。我对这个花园印象非常深，小的时候一放学就在里头折腾，带上十个八个同学都不显数。

祖父有两个儿子，伯父和我父亲。我父亲学医，我的伯父则到英国留洋学经济，学了两年就辍学回国了。因为祖父办的学校闹学潮被当局查封，祖父突发脑溢血瘫了，养家糊口的事就得这俩儿子承担。此后，父亲和伯父两个人都在六国饭店（就是现在北京饭店的前身，是法国人办的）做事，伯父做会计主任，父亲是楼层的主管，两个人英文都很好。伯父会六国语言，温文尔雅，一表人才。因为饭店主管都是外国人，中国人比较受排挤，我父亲后来就辞职跟一位有名的老中医学医，几年之后开始自己挂牌行医，后来也成了北京城的名医。

祖父是1944年去世的，因为他原来是皇上的贴身侍卫，红顶子的二品大员，是族里有名的"溥大人"，所以发丧的场面十分隆重，光发丧的队伍就有几百人，吹吹打打响器不停。路上还有好多朋友、族人设桌摆贡送行，队伍恨不得绕了北京四九城一圈，还在他天天进宫的东华门停了一站，一直到垡头村豫亲王家族的墓地下葬，就在现在的东五环。

祖父去世后，伯父曾经被关进过日本人的监狱。因为我们金家在北京挺有名的，日本人要我伯父去财政厅当官。但我祖父早就有令，金家后代誓不为官，更别提给日本人干事了，所以伯父坚决不从。鬼子汉奸就派特务跟踪，还拿石灰把我父亲眼睛差点儿给迷瞎了。我父亲对我伯父说，我在家盯着，你赶快走。伯父去了天津，跟朋友一起做生意，生意里头有一部分是从天津贩卖物资，到河北共产党领导的游击区，结果被日本人以"资敌"的罪名关进了监狱。

伯父在牢里受尽折磨，精神上受到很大刺激，出狱后终日与酒为伴，精神不振。从此，我父亲一人扛起了这个17口人的大家。

我父亲叫金少博，他开的诊所就叫"少博诊所"。他从饭店辞职当中医以后，救了不少人。他的专业是中医外科，医治瘰疬鼠疮（就是现在说的淋巴结核）尤其拿手，许多四处求医未被治愈的病人，他一治就好。父亲有秘方，我母亲帮忙熬药，谁也不知道这个方子，后来就失传了。他的诊所就在我家宅子的一个跨院里，熬药在后院花园的一个角落。这一瓶瓶油黑的、难闻的膏药，不知拯救了多少人的性命。我一个初中女同学，鼠疮从腋下一直串到腰上和胯下，我每天放学带她回来找我父亲治疗，后来治好了。

我父亲给人看病并不要太多钱，碰上没钱的还舍药，所以诊所的收入并不多。后来家里渐渐穷了，光靠行医养活不了一大家子人了，父亲又在后院开了个洋车场，几十辆人力车一溜儿排开，也成了一道风景。这条街上有些穷人来找金记车行想拉车，凡是这街上的穷人来我父亲就都收下，要他们的份儿钱很少，只要能维持我们家的生活就行了，就算给街坊们找条活路。

当时家里17口人，里头有4个都没血缘关系，是从街上捡来的，就是过去所谓的"倒卧"，没家没业，给招进来的。其中有两个是从山西逃难来的母女俩，冬天夜里睡在我家门洞里，早上开门一看都冻僵了。我奶奶给叫到家里来，帮家里做点针线活儿，就这么养着，再后来还认了干闺女，一直养着她们。还有个老赵妈，儿子抽大烟当了"倒卧"，在街上死了。我家收留了她，她一直活到80多岁，是我们给她养老送终。还有一个头脑不大清楚的傻大姨，总来我们家要饭，后来瞧她可怜，就干脆留下了，每天让她送我和小弟上下学，她只认识这一条道儿，她后来也老死在我家。

2.我出生就成了"丧门星"，是家中弃儿

在家里，我不是宠儿，是弃儿。我父母生了11个孩子，只活下来7个，我是老六。我出生时上边已经有三个姐姐、两个哥哥了。我奶奶就说，上头有仨丫头了，这个生出来一定得是小子，三男三女，六六大顺。没想到我母亲又生了个丫头。恰好我的生日是民国二十八年腊月二十三，是虎年过小年的那天。我母亲生我的时候家里正在祭灶，奶奶一听我母亲生的是丫头，本来就不高兴，还是个虎年生的"母老虎"，认定我是"丧门星"。还真让她说准了，不知老天爷是不是故意的，赶巧在我3岁那年的腊月二十三，奶奶死了。这一来，我父亲就不怎么喜欢我，不太疼我，认为奶奶是我"妨"死的。

我在家里打小就看父母脸色，从没有受过宠。对我最好的是我娘（也就

是我伯母，我们都管伯父伯母叫爹和娘），因为娘生过一个女儿，是死胎，从此再生不了孩子，所以伯父伯母一生无子，而我母亲生多了管不过来，所以孩子们基本上都是娘一手拉扯大的。

金家尽管没落了，但瘦死的骆驼比马大，还是大宅门，规矩多，平时大门紧闭，来人得按电铃。除了上学，孩子们一般不许出大门去逛，我们小时候只好透过门缝儿向外看街景儿。所以街上的人没见过大宅门里的样子，就见一天到晚出来的人都像模像样，但不知道里头究竟怎么过的。实际上家里已经很穷了，天天吃不起白面。我记得有一次父亲出诊，人家送了几袋洋面，因为要躲日本宪兵的检查，还是藏在我家的洋车箱子里，绕了四城才弄回来的。这些洋面平时不能吃，要储藏起来过年吃，挺不容易的。

甭管家里多穷，可出门都必须体面，不能穷酸或者抠门，而且虽然白养活好几个外人，可大家吃喝全没两样，还经常接济朋友，这也是大宅门的修养气质。

我从小对父亲是又怕又怵，因为我跟我弟一打架，我就受气，父亲不分青红皂白先打我，我就特怕他，觉得他挺恶的，对他没有好感。但同时对父亲又特敬佩，因为他扛着这么多人的吃喝穿用，全都得他去奔。

我父亲老穿中式的长袍马褂，胸前挂着金链儿怀表，一看就是个老先生。病人来了，他就赶紧穿上白大褂去号脉什么的，对病人和气至极，也不多要钱，穷人还给白看，别人都传金大夫特别仁义。洋车回来了，我父亲又换上蓝布大褂修车去，因为雇不起修车的人，他只能不停点地干活儿。账房先生是我们的亲戚，管着账，每天收多少记账上。父亲说了，拉不来活儿的穷人，每天也得给留买棒子面的钱。所以，那洋车场也不挣钱。我家的车后头写着"金记车行"几个字。金记的人挺硬气的，见了日本鬼子、日本娘们儿都不拉。

母亲管家，管着一大家人的吃喝穿用。娘管孩子，也管做饭。老赵妈岁数太大，不能做饭了。娘是主厨，我母亲买菜，钱不够了就出去当点儿古董，也不跟父亲说，怕他闹心。当时祖上传下来的老古董、宫里赏的东西真是不少,"文化大革命"前家里来的客人还夸张地说"像进了故宫似的"。"文化大革命"时,好多古董被砸了、烧了。我们被赶出家门的时候,抄家摆了满大街东西,三块五块就可以抱走,街道有人收钱,说是上交居委会了,谁知道呢。哪怕留下一两样儿,现在就够吃一辈子的。我们小时候就在红木家具上蹿上爬下地玩,也不懂得爱护,因为满屋子都是宝贝,当时也没当回事儿,母亲拿去当了买粮食,也没觉得有多可惜。我最爱的是堂屋里的大座钟,一人多高,许多小人在里头转悠,到点儿小人们就出来敲钟奏乐,特有趣。我记得还有皇上赏的苏绣《百骏图》,一百来匹各种姿势的马,栩栩如生。我就睡在这幅苏绣下面的炕上,我天天看,天天数,可一直没数清楚到底多少匹马。就是这么珍贵的古董,红卫兵来的时候,一条条给撕得粉碎。这是我后来听说的,那时我已经被分配到山西去了。还有好几只一人多高的大胆瓶,也是宫里赐的,两个红卫兵抬着往树上扔,摔得粉碎。毁的东西多了!

我母亲识字,能看报纸,这在旧式妇女里很少见,她1990年去世,享年84岁。我娘是1988年去世的,享年87岁。我母亲给予我的是一般的母爱吧,因为她孩子太多,疼不过来。我娘对我的影响特别深。我觉得她这一辈子特惨,没儿没女,在家里也没地位,因为她大字不识,也不挣钱,就管做饭,照顾这一帮孩子什么的,一辈子忍辱负重,少言寡语。我爹因为人很精神,在饭店工作时,有了外遇,是个女大学生,但没结婚,只是有张婚纱照。这位女士后来患结核病去世,我娘还把婚纱照摆在了梳妆台上。以前我们看照片,问娘:"婚纱照上这个女的是谁啊?"她说:"这是你另外一个大妈,她长得比娘好看。"我娘就是那种三从四德的女人,一生是场悲剧。

新中国成立前几年我父亲还经营过饭店,是他一好朋友开的,在南河沿附近的一栋两层洋楼里,挺高档的。因为以前他在北京饭店待过,人家就让他去当经理,还让他把"少博诊所"的牌子挂到那儿去,一边行医,一边当经理管理饭店。我爹在那儿还是当会计主任。解放时地下党把那个地方买了,说要当解放军进城的一个办公点。饭店卖了以后,我父亲又回家当他的大夫。

我的基因里有抑郁的因素,一是胎里带来的——我的胎教就是奶奶的絮絮叨叨和冷言冷语。还有就是我娘的忧郁潜移默化影响我的。人家都说我性格开朗、特别乐观什么的，那只是表象。我的骨子里实际上不是这样子的，我内心很坚强，但感情特别丰富而且脆弱。由于从小不受待见，心里总是处于特委屈的状态，家人就给我起个外号叫孟姜女，我特恨这个名字。为什么叫孟姜女啊？因为我爱哭啊，没事就自个儿坐那儿哭去了，也不知道为什么。比如谁对我说一句重话我就会哭。有时候几个姐姐一起出去逛街或者去玩，我也要去，三姐来一句："回去，小尾巴跟着干吗？"我立马就回去坐那儿哭了，反正是受不了歧视。我觉得因为自己得过肺结核，又是奶奶说的"丧门星"，还不被父亲待见，别人嫌弃我——全家人一个桌子吃饭，围着一桌，另给我一个高凳，这是我的桌子，一个小板凳是我的椅子，自个儿吃，一是因为我比较小，他们都是大人，另一个是我有肺结核。

我怎么得的肺结核呢？我小学的一个女同学，是我的同桌，有严重肺结核。我跟她特别好，老在一起玩儿。后来她的病越来越厉害，休学了，我上医院看她。她说："你别再找我了，以后咱们见不着了，我很快就要死了。"过了些日子，她真的死了。我哭了好几天，心里特别想这个伴儿，自己不知不觉就染上了这个病。那会儿就是老咳嗽，脸红红的，其实是在发烧。开始也没人给我治，一直到我二姐当了大夫，她说："妈，您不给这孩子吃药不行啊！肺结核是能死人的。"后来，二姐从医院定期地给我寄钙片、异烟肼、维生素什么的。那会儿我已经上中学了，学习还特别好，我父亲对我好一点儿了，家里养了几只鸡在后院，他说："这鸡蛋别都吃了，每天给她吃个鸡蛋。"我母亲就弄了一个罐子，鸡蛋上写上日子搁在里头，比如今天下的，先吃昨天的，就这样，母亲每天给我一个鸡蛋吃，这是后话了。

小时候我还脱肛好几年，身体不好，气虚，提不上气来，这病怎么也治不好，父亲只好给我做了一个中间有窟窿的小板凳，那是我的专座。后来，他带我去一个日本大夫那儿看病，三下两下铺块白布，给弄一种什么白药面，糊上一段时间，也不知道怎么一推就进去了，再没掉下来。小时候就是这种状态，家里人嫌弃我，小受气包，小"孟姜女"。

我家有一只大缸，用来养荷花、养鱼的，几个人都合抱不过来，那就是我玩的地方：坐一小板凳，拿着彩色粉笔在那上头画小人，算算术，写各种东西，就围着这缸一圈，一天到晚自己玩，没人带我啊。而比我小3岁的弟弟就是宠儿，从小西装革履的，我父母经常带他上饭店去住，那是经理少爷，所有的仆人都围着他转，一个人钻进大厨房里，中餐西餐随便挑，想吃什么吃什么，把大堂里三角钢琴琴键上全画上画，简直淘得不得了。我就没这个待遇，跟着我娘在家里，娘做什么我吃什么。娘说："走吧，咱俩今天看电影去吧。"我爱看电影，是跟娘养成的爱好。她拉着我就上东四的明星电影院、蟾宫电影院赶场，像什么白杨、刘琼演的电影都看遍了，懂不懂的反正我爱看。我从小就跟着我娘，学这个，练那个。我针线活儿特好，买回衣服不合身就自己改，现在也是，都是娘教的。娘爱唱评戏，我跟她学《刘巧儿》。哥哥姐姐们唱京戏我有时候也偷着学。我京戏唱得也不错，自小就能唱《二进宫》，因为家里人唱。我哥哥姐姐那时是大学生了，一到放假我们家后院里总是一大帮人，他们的同学拉京胡、唱戏，我就在旁边听。我不起眼儿，有我没我一个样。我三姐进去捣乱，大家说："你来一句。"她一唱就走调。我家老唱片挺多的，我不会放，他们放我就听，听着听着就会了。有一次，我躺床上跷二郎腿在唱，我大哥从那儿路过听见了，问："这谁呀？"一看是我，说："这小丫头真行，女老生唱得真棒。"大哥就让他们同学给拉京胡，叫我唱一段。我真唱了一段，可给我哥长脸了。父亲也挺喜欢让我唱的，一来就唱一段《二进宫》，那会儿我还没上学呢，父亲就觉得我真聪明。

3. 聪明学习好，家人开始刮目相看

尽管在家里处于压抑状态，但我上学以后学习特别好，也许是给逼出来的吧。我小学在东城的新鲜胡同小学，那会儿是有名的学校，那时史家胡同小学还没它出名呢。我家在朝内顺城街，上学不近，那时总传说街上有"拍花子"的，专拐小孩，所以就让傻大姨接送我和弟弟。我中学上的是女四中，

追寻她们的人生
——女新闻工作者卷

现在叫陈经纶中学,那会儿是北京公办的四所女校之一,很难考的。我在学校出类拔萃,学习特别好。有一年,北京市给我校颁发了两枚优秀中学生金质奖章,我是获奖者之一。

在学校,我是学习委员,老师觉得我真是一个小精灵,在学校里也不见我念书,但就是门门考得好,所以学校的老师对我特别好。我的语文老师对我就甭说了,新中国成立前她搞地下工作,在山洞里摸黑刻蜡版给刻成了3000多度的近视眼,几乎看不见东西。每次快上语文课了,我得上她的宿舍请她去。先去给她倒尿盆,收拾屋子,然后把她搀到教室去。她眼神太不济了,看书的时候鼻尖都顶在书上才能看见字,但她给我们讲故事啊、文学名著啊,生动得不得了,印在脑子里全是画面,从那个时候开始我就爱上了文学。

我父亲开始对我好,就是因为我在女四中老得奖,门门功课都名列前茅。父亲觉得这女儿挺争气,因为成绩单都寄到家里来的,我弟弟的成绩单也寄回来,比我就差多了。有几次开家长会是我父亲去的,到了学校以后,展览的都是我的卷子、作业什么的,老师夸我这个那个,父亲觉得特有面子。那一次爸爸还雇了洋车,把我和弟弟一起拉回了家。

别看我在家活跃不起来,可我在学校其实挺淘气的。在女四中里有个当初日本人盖的图书馆,两层楼,很漂亮,楼前种了些桃树。生物老师教我们怎么嫁接,所有嫁接过的枝条都套上纸套。我跟同学说咱们把这套给它换了。看看最后结出来的是什么。我们就给换了。后来班里就开批评会,说金瑞英你思想品德不好,你就是赵匡胤。他们骂我是赵匡胤,到后来我也不明白这跟赵匡胤有什么关系,可能是那会儿社会上正在批判赵匡胤吧,于是就跟我挂上钩了。老师哭笑不得,又拿我无可奈何,就说你这孩子淘得没边了。这就是女校个性解放的结果,我要在家哪敢干这个事啊。

我在家干的最出格的事儿就是偷吃桑葚,或是上树上房摘枣什么的。我家桑树上结的紫桑葚可甜了,但父亲说风吹日晒的太脏,也不好洗,所以一概不许吃。我偷着摘了吃,吃完以后嘴上牙上都是黑的。父亲问:"吃桑葚了吧?"我还硬着头皮说:"没有啊,没吃,就没吃。"父亲问:"那衣裳是怎么回事?"衣裳上沾的颜色都洗不下来。

我记得我还跟弟弟趁家里大人睡觉的时候去捅马蜂窝,我遮着脸,我弟弟不知道遮,脸被蜇了,肿得老高,完了大人就打我,说都是你出的坏主意,其实不是我,是他,我只是跟着一块。

小时候犯过这些错误,但是没有出格的事,家里的规矩是不敢破的。家里也没有硬规矩,就是潜移默化,有样学样。比如说吃完饭以后,不用大人分配,孩子们有擦桌子的,有扫地的,有刷碗的,人人都干,除了小弟受宠,没有谁偷懒的,全都是各找各的活儿干。一看有人刷碗了,别人就拿扫帚把地扫干净。冬天早晨起床后先生炉子,谁先起来谁先生。我们早上吃窝头什么的,贴炉肚上烤窝头片。开始,生炉子是哥哥姐姐的事,后来他们都上学住校了就是我了,弟弟从不做。生好后火苗子老高了再端屋里去,等窝头片烤焦了,拿着在路上边走边吃。走时我妈给两毛钱,这就是中午饭钱,一毛钱买俩山东馒头,一毛钱买花生米,或者去买一盘炒饼。

随着我慢慢长大,学习又好,父亲对我开始好了,我也渐渐和父亲亲近起来。父亲的痔疮特别严重,到最后变成了痔漏,屁股上长了个大包。每天晚上,母亲都得拿热水给他烫,要不难受得睡不了觉。母亲到唐山二姐家伺候月子那些天,是我每天晚上帮他洗。那段日子可能是我们父女俩最亲密的时光,不过时间不长,没过几年他就去世了。

小时候我在家里没人重视,比较压抑,上了女校觉得可自由了,也没男生欺负。我个子矮,在班上总坐第一排。老师在上边讲课,我在底下画画什么的,老师也不说我,拿一粉笔慢慢讲课。我就这么一边听讲一边自己玩。有一天,老师把我上课画的画拿走了,告诉我说"留个纪念,不还你了"。老师挺喜欢我的,尽管我没有专心听讲,但老师讲完课后留10分钟考试,我回回100分。学习太出众了,什么功课都不用复习。中学跟我同桌的小丁,后来是理工大学的教授,她小时也不念书,一到大考就听我给她说,我说她就记,她也很聪明。我就跟她说这道题怎么地,那道题怎么地。她说多亏你给我说我才能记一遍,要不然我根本不爱看书,我就是托你的福。

4. 误打误撞考进人大新闻系，与梦想擦肩而过

从小到大，我有两个梦想，一个是文学梦。记得大概在我4岁的时候，看我大哥练毛笔字，我也嚷嚷要学着写，结果坐在太师椅上根本够不着桌子，大哥又给我加了个小板凳，说你坐这上头，然后就给我铺上纸，我就练。他给我这体那体的字帖，我通通不要，不愿意老在那格里描，我就自己写一体，我哥说，挺好。所以我从4岁就开始练大字，还是悬肘。练字还有一个好处就是能多认字儿，慢慢地大哥还教会我查字典，说不认识的字按这个查。那是一本《王云五小字典》，算起来到现在有70年了，封皮都让我翻烂了，现在还在家呢，我儿子留着，是个珍贵的纪念。另外，从孩提时代起，我就爱看小说。那会儿最喜欢的有两本，一本是《格林童话》，另一本是《模范作文》。有时候我也看哥哥姐姐们的书，《红楼梦》《老张的哲学》什么的，虽然看不大懂，但也觉得挺有意思。上了中学，我就开始看苏联文学和中国名著了，晚上怕大人说不敢开灯，就打手电在被窝里看。

对文学迷到什么程度呢？考高中时，语文考试我没写作文，写的是诗，那时候也没想过万一考官不认，考不上怎么办？我做的是一首长诗《我爱北京》，结果一交卷子，老师把我卷子折起来做了一个记号。我寻思完了，这回作文没分了。结果发榜的时候，我们学校一共录取了200多人，我是第四名。上高中的时候，我的作文经常被当成范文，有时候还参加学校的展览。

我高考的作文分也很高，考进大学以后，教文学的老师见到我，听说我叫金瑞英，就说我知道你，你那作文我印象太深了，还背了头一句，我很惊讶。

这就是我从小就有的文学梦。考大学的时候，我还以为当记者是文学之路的捷径，因为世界上很多大作家都是记者出身。但是，一进大学我才发现不是那么回事。所以，尽管后来的坎坷人生中，我的文学梦夭折了，但它一直埋在我的内心深处，我总想将来有一天能唤醒它。

我的另一个梦想，是在为父亲守灵时许下的心愿，就是当一名医生，救治像父亲这样被病魔夺去生命的人。

那是1955年夏天，我16岁，正上高一，爹和父亲在一百天之内相继离世，我家的天塌了！我爹年轻时受了打击，精神有些失常，天天攥着个小酒壶，拿酒当水喝，后来卧床多年，人越来越不行，父亲是中医外科，也治不了他。有一天爹吃饭，一口热馒头没咽下去，卡在喉咙里，就这么噎死了。

爹死了，父亲哭得死去活来，一直没缓过劲儿来。结果有一天中午，我的同学回家吃饭路过我家，见许多人进进出出，还有穿白大褂的大夫，她赶紧跑回学校跟我说："快回家吧，你家出事了！"我丢了魂似的往外跑，班主任把我叫住，让我别着急，怕路上出事，还给了我5分钱让我坐公共汽车回家。

我一回到家，就看见一个木头床停在了堂屋中央，父亲躺在上面，盖着床单。我哭喊着掀开床单，霎时惊呆了，父亲身上全是瘀血，人已经僵了。哥哥告诉我，请了西医来抢救，打了强心针什么的，但是血管全都破裂了，没救了。说父亲死之前没来得及说什么，只是流了两行泪，按老话讲，那叫慈心泪，然后就闭眼离开了。我跪在地上，哭呀哭，不知道哭了多久。

我母亲那会儿在唐山二姐家。我哥往唐山打电话，跟二姐说："快回家！爸不行了，你跟妈得赶快回来！"我姐说："是不是已经晚了？"我哥说："你别告诉妈，爸已经没了。"我姐就一路瞒着母亲，但她有时忍不住就流眼泪，母亲就问是不是你父亲出事了？我姐说没有没有。到家以后，母亲哭得死去活来，因为母亲去我二姐家之前他俩吵嘴来着，恩爱了一辈子，临了是赌着气走的，没想到从此阴阳两隔，所以母亲特伤心。

刚刚办完爹的丧事还不到百天，这又办父亲的丧事。家里四处借钱，给他们置办了杉木十三圆的寿材，他们老哥儿俩这一辈子都吃够了苦，受够了累，所以尽管家里不富裕，但得买上好的棺材。百天之内，我大哥作为长子，为爹和父亲摔了两次盆。

为父亲守灵时，全家子女轮流跪在棺木两侧。轮到我时，是前半夜，我打心里发冷,从始至终泪流不止,我想着16年的点点滴滴,他对我的不好,对我的好,一切都在脑海里翻腾。细想起来,父亲还是教子有方的,为了我们,他奉献了毕生的心血。他虽然是位严父,但同时也是个开明的父亲。他书桌后面的墙上挂着一幅自己写的字"万般皆下品,唯有读书高"——这是作为书香门第的金家的家训。在战乱年代,7个子女,他培养了6个大学生。唯一没有上过大学的二姐,是在家里最穷的时候实在供不起了,就这样也上了妇产学校,成为林巧稚大夫的第一批弟子。父亲再难,也要供着孩子们念书。

父亲还热衷于培养子女身心的全面发展,鼓励孩子搞文体活动。我家院子大,父亲给弄了个网球场,还有羽毛球场和乒乓球台子,后院挖了沙坑,让孩子们练跳远、跳高。他还经常领着哥哥姐姐们一块拉胡琴、唱京戏。傍晚时分,父亲时常一个人在暮色中吹箫,那悠扬而又伤感的箫声,至今仍在我耳边回响。不管生活有多难,他都引领着我们追寻精神上的快乐。我小时候会唱很多老生戏,都是听着父亲唱学会的——直到现在,我有时还能想起他说的话:"这小丫头,长大了能当女老生。"这种对修养、品位、人格的塑造,是父亲留给我们一生的遗产。

总之,父亲是这个家的掌舵人,他很传统,但能跟上潮流,对老祖宗留下的精神遗产,说不能破就不能破。至于每个人的性格爱好,他说要随着时代的形势走。

尽管我小时候父亲不喜欢我,但我对父亲没有一丝怨恨,我只是遗憾他没能等我长大,遗憾我来不及孝敬这位一生含辛茹苦的父亲。是他的一言一行让我们懂得该怎样做人,怎样感恩。我思索着,看着父亲冰冷的遗体,想着父亲虽然是医生,一辈子救过那么多人,但治不了自己的病,心里非常难过,于是,我决定将自己心中那文学梦想断然抛去,立志像父亲一样做个良医,救治被病痛折磨的人们。就这样,在父亲灵前,我开始了我的医学梦。

我想学医,可是偏偏撞进了新闻系,这就是命吧。

1957年,"反右运动"进入高潮,全国大学那一年招生据说只招80万人,录取比例大概80∶1,热门的专业录取分数就更高了。那会儿在全国统一考试之前，有几所学校是提前招生的，其中包括中国人民大学。我们女四中基本都报名了，我想先考一回找找感觉，也报了名。

我看了看，人大的专业全是文科类的，跟我的文学梦最接近的就是新闻专业了，于是我在能填报的十个专业里，全都填上了新闻系。我就觉得瞎考呗，只是想体验一下，根本没打算考上，甚至最后一门考的地理都根本没有答完试卷。

而全国统考，我坚定地报了8年学制的协和医学院，为了考协和我认真复习，下定决心要考上。提前招生是7月14日发榜，全国统考是7月15日开始。14日我压根儿没去看榜，并不关心考没考上，15日早上起来我攒足精神准备上考场，母亲特意给我买了糖油饼和豆浆。结果进了考场没有几分钟，快发试卷了，监考老师走到我桌前问："你是金瑞英吗？"我说："是啊。"他将我的准考证跟他手里的一张纸对了一下，说："你出来我跟你说点事儿。"我焦急地说："老师，都要发试卷了，我能不能考完再出去找您？我没犯错吧？"他说："你没犯错，只是有个情况要跟你说一下。"我不情愿地跟他出去了。到了门外，他说："你不能再考了，你已经被录取了。"我说："不对吧？统一考试我还没考呢。"他说："你不能考了，恭喜你啊，人大新闻系已经录取你了。"我说："老师，我是想当大夫的，我要学医，人大我不去了，你就让我考吧，给我这机会吧。"他说："国家规定已经被录取的不能再考了。"我懊悔得不得了，一再恳求着老师，他没理我，走了。我站在太阳地里，又流泪又流汗，但已经无可奈何了，这辈子跟我的医生梦算是彻底说再见了。女四中几乎全校都报名考人大，就考上我一个，面对老师和同学们的祝贺，我哭笑不得。时至今日，我依然觉得学医特别好，整天在治病救人，尤其老了以后我得了这么多病，更觉得医生这职业特别高尚，对社会真是太有用了。最感到内疚的是，没学医，我觉得特对不住父亲。

人大的前身是陕北公学，后来是华北联大，原来只招调干生，就是只从革命干部队伍中选拔，从1957年我们这一届起才开始招高中毕业生，多一半调干生，少一半高中生，所以同学就大大小小都有。大的四十来岁了，有家有室，带薪上学。我们这些十七八岁的高中生，有的连有选举权的年龄还不到呢，差距挺大。在大二的时候，人大把北大新闻系合并了，北大连老师带学生都进了人大，我前夫就是从北大过来的。

我迈进大学校门时正是"反右"高峰期，我读大学是1957年到1961年，极"左"的年代，真没学什么东西，4年里身不由己地跟着各种政治运动折腾，反右、大炼钢铁、修水库、"超英赶美"、勤工俭学，成天乱哄哄，根本踏实不下来学习。大学期间基本上就学了一些文艺理论、报刊史，还有一些新闻课程，以大批资产阶级新闻观点，批判过去的老报人为主线。革命大批判在把一些新闻前辈批倒批臭的同时，也把我心目中对记者"无冕之王"的形象砸得粉碎，倒是"听党的话，把一切献给党"的信念真在心里扎了根，这是4年大学的最大成果。

我是高中毕业生，没有社会阅历，对搞运动这些东西挺害怕的。在女四中时，也见过"三反五反"时批校长。我们校长还是老革命呢，被斗得特别惨。我这一辈子经历了那么多运动，看到了许多很残酷的事，直到现在我都特怕运动，我觉得不是每个人都能够干政治这一行的。我当初的想法很朴素，觉得自己出身不好，要不是党培养，我走不上革命道路，或许今天我还是旧家庭的小姐。因此我这一辈子得对国家、对党、对人民忠诚，这就形成了我一生的政治方向。在回顾过去的时候，不能完全用今天的观点和觉悟来看待历史问题，党犯错误的时候，我并不知道党在犯错误，还没有这个觉悟，张志新那样的人我做不了。所以"文革"中我当"黑五类"挨批斗时，心里对毛主席仍然是三忠于四无限，每天对着墙上的毛主席画像早请示晚汇报、表忠心。是历史选择了我们，不是我们选择了历史。

5. 大学毕业"被爱情"，离开了北京

在大学里，我年龄小，出身不好，政治上也不那么冒尖，但就是比较踏实好学。教育部来学校检查教学，每次系里都是把我的笔记交上去。我是文

艺委员，能唱能跳，还在学校广播站当播音员。1959年，上大二时，系办公室突然通知我去市委一趟。我去后才得知，市委宣传部要从各个行业选拔上天安门参加群众集会的代表，我被选为北京市大学生代表登上天安门，参加支援埃及和亚非拉人民反帝、反殖民的大会和游行，还有好多中央领导出席。我记得在天安门城楼上，我就站在邓小平的旁边。这是学校里从来没有过的荣誉，也是我大学时代印象很深的事情。

大学里，追我的男同学不少。在我心里，恋爱完全是童话里的王子和公主的故事，就没跟实际联系起来过。传统的家庭中没人为我普及这门课，我觉得恋爱婚姻离我还远着呢。有男生就向我主动表白了，我大哭着觉得太可怕了，第一个男同学跟我提出来，我一下子就把人家顶回去了，说我不考虑这事，我才18岁，刚上大学，怎么能够谈这事呢？还有三十来岁的男同学来找我，我就更害怕了。对这些事我胆小，也不敢跟家里说，父亲也不在了，母亲好像也不管这些。毕业之前，我的前夫给我写了一封信，要跟我交朋友，我拒绝了，我给他的党支部书记写了一封信，说请把这封信退给他，请他不要再找我。

大学毕业，年级里4个北京女孩全分到外地了。我的哥哥姐姐全都不在北京，当时我应该是符合留京条件的，但是我被分到山西去了。后来才知道上头有话："四小不能留在北京。""四小"是指系里年龄比较小的4个北京女生。我的前夫追我，跟我说咱俩分到一起去。我说不行，我不能离开家，我是家里唯一还在北京的孩子。但是，等公布名单的时候，系里4个班，一共4个人分到山西，里面就有我俩。不言而喻，是他背着我干的，当时只要有人提出要跟谁分在一起，领导就照顾。我并没提出，也没有认可他是我对象。

名单一公布我傻眼了，不行，母亲非要上学校找领导说这事去，可那年头在分配申请单上大家一律都得写上"服从分配"4个字，没人敢提意见。眼瞅着好些同学还没有分配，不是家庭有问题就是平时被认为个人思想特别落后，我又怕被归到那一拨去。果然，这些待分配的同学最后都被分到青海等特别艰苦的地区当老师去了。后来没办法，不认也得认，我就去了山西。

几十年后,我偶然间才知道,当时分配大权握在党支部手里,各班党支部里那些掌权的主儿,都把自己和要好的同学分配在中央级的新闻单位,留在北京或者大城市里,而把我们这些天真的同学,根据他们的好恶分成三六九等,扔进命运的洪流里。

就这样,那时不懂爱情的我,懵懂地被一个人带入了"爱的深渊"。

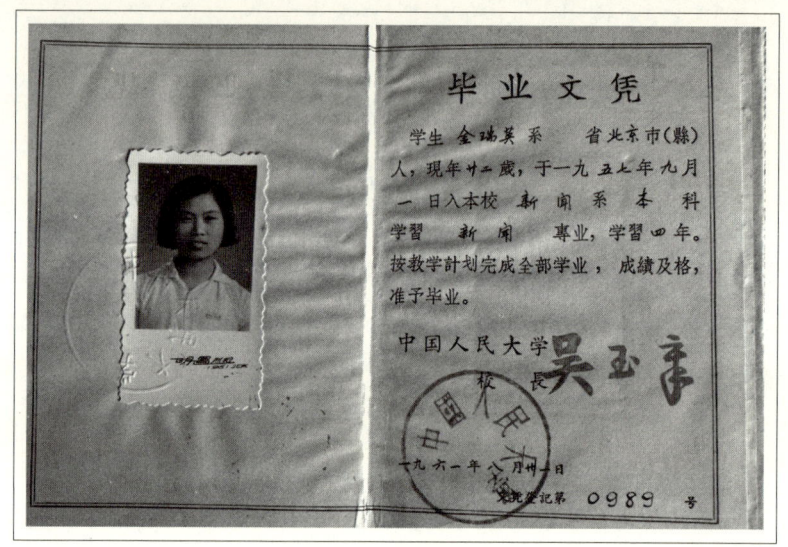

金瑞英的大学毕业证书

我被分到了《山西日报》,当时这是刘少奇树立的红旗报。到了山西以后,这对象就更没得挑了。为什么呢?因为不懂山西话,好多都是农民,都是从老区来的,即便有年轻人也是农民出身。那时候,即使在报社,大学生也是金贵的文化人——那时山西日报社一共就3个大学生,我、人大经济系的一个女生,还有一个山西大学的。我是学新闻的,被分到了农村部。我前夫其实挺有才的,能写会编,就是出身比我还差。我虽出身皇族,可我们家没什么罪恶的历史,但他的家庭出身就更不行了,父母一个历史反革命,一个"右派",双料了。他不能进入党报,被打发到新闻协会,在一间冷清的办公室里跟一个老头做伴。

6. 山西 17 年，我的青春洒在了黄土地

我在山西 17 年，22 岁去，39 岁回来，我的青春岁月是在那儿度过的——开始记者生涯、结婚生子、"文化大革命"挨整、下放当农民，通通都是在山西。现在我的心还有一半在山西，觉得那是我的故土，故土难离。那儿给我的印象太深了，所有的县，我差不多都去过。一开始当的是农业记者，必须跑农村。我一个城市女青年，大家闺秀，原来从没去过农村，可是我真的彻头彻尾地当了农民，下地、刨地、间苗、撒粪、扬场，在采访中还得"三同"，与农民同吃、同住、同劳动。

初到农村部，面临的第一个困难是话听不懂，因为山西的县特别多，几乎一个县一个口音，所以听人说话老费劲了，别说下乡，就是在报社听人说话都云山雾罩的。到了农村部，我就觉得一个记者在新闻系学的专业知识简直太不够用了，因为那只是教你采访、写作，都是理论，真到实践中就不够用，新闻得有载体，农业、工业或者文教，你得懂得这些。我一个城市女孩，对农村所知甚少，一下子当农业记者了，苦恼得不行，话听不懂，对农业也不懂。我就找总编辑说我当不了这记者，要下基层去当办事员，到下面去把这课都补上。领导就笑，说你这么聪明，在工作中学习，多些实践就好了，我们报社好不容易来个大学生，我给弄下头去了，这是不可能的事，你们可是我们的宝贝，一步一个脚印学吧，让你的部主任好好地培养你。我的部主任是 14 岁参加革命的老干部，对我特别关照，就派我多下乡采访。他说："你得下去多接触实际，当一个无产阶级的新闻记者，做党的喉舌，你不懂老百姓不行。"

去的第一课就是把我派到吕梁山，就是《吕梁英雄传》那地方，在临县，山西最穷的县之一，连绵不断的黄土大山，荒凉极了。一个 50 多岁的老编辑带着我，我还兼当他的勤务员，因为他是部队一个什么长出身，我得给他提包倒水，做这些事。我们坐一辆卡车上山，山高路陡，盘山公路好像直通到

天上似的，出车祸是常事。路很窄，司机是抗美援朝的汽车兵转业，开飞车不怕死，一路上车抖得不得了。等汽车开到山上，车上人的眉眼都看不见了，完全是土人。

晚上到了，下车一看，这也叫县城？在大山的包围中，只有三四个篮球场大的平地，一个小土台子就是所谓的大戏台，除了几个卖瓜子、摆摊的，什么都没有，让人感觉好像突然回到了几百年前。县城没有招待所，我们住在县委，就是一排土窑洞。老编辑住在里院一个稍好的平房，把我搁在外院靠大门的一个窑洞里，破得只有一个门，门上的窗户就是一个洞，没玻璃，有的地儿糊着纸，有的地儿连纸也没有，就剩下大窟窿，门上也没有锁。住是住下了，可害怕呀，因为出门就是高山，夜里狼不停地嚎叫，我就把洗脸的破铁盆顶在窗户那儿，但怎么也睡不着。这屋子不知道是干吗的，一个炕四周都是镜子，往左边看是我，往右边看还是我，特瘆得慌。想洗把脸，那水都是很脏的黄汤，到了以后，这头一宿就没怎么睡觉，就怕狼或者别的什么冲进来。第二天早上，老编辑看我脸和眼都是肿的，就问我："你怎么还没缓过来呢？"我就跟他说了，他就跟办公室的人说："你得给这女同志找一个稍微安全点儿的地方住。"因为我们是临时住着，准备上大山里的村子采访去，他们就说："这样吧，我们农工部长下乡了，你今天晚上住他屋里。"这是一个独间的小平房，门上也没有锁，随手一推就能推开。这本身就在山里，特空旷，狼整夜地在附近嚎。因为害怕，主要是怕狼进来，所以我也睡不着。还没采访也没得可写，我就从一个服务员手里借了本《红岩》，这一宿我就点着煤油灯看《红岩》。屋里没有火，冷得要命，我只好和衣盖着被子看了一宿书。天快亮的时候，我迷迷糊糊睡着了，结果刚睡着，一个人推我，说："起来，起来，谁占了我的地方。"我一下就站地下了："部长，我是《山西日报》的记者，是办公室安排我在这儿的。"双方都挺尴尬，他说："好好，对不起，我找地方。"然后他就出去了。

天亮以后，因为没水，往毛巾上淋点水，抹一下，就算洗脸了。出门一看，门口有两头大骡子，是准备送我们上山的。县长不在，办公室主任说：

"行了，这是我们好不容易花钱租来的，骡子都戴着大红花，人家昨天结婚用的。这个花带子别摘，因为人家还等着骑着回门呢。"那老编辑当兵出身，一下就上去了，一拍骡子屁股那骡子就走了，说："骡子都认路，你们放心吧，它一定能走到，因为就一条道。"我是让人帮着骑上去的，紧张啊，抱着骡子玩儿命地揪着缰绳，顺着小道就上山了。两边都是山，那时候还没学大寨呢，都是坡田，还没有那种梯田呢，田里的男男女女拿着锄头就在那儿乐呀："来两个结婚的，看，那男的有多老，这媳妇可好了！"这老编辑就给我当翻译，他说人说："你可好看哪，你找了我这么一个老家伙了……"我们开着玩笑就这么上山了。山路很窄，而且特别陡，我就趴着抱着骡子的脖子，真害怕它一直起身来会把我给甩下去。路稍平缓一点儿我就揪着缰绳，一不行了我就抱着它脖子。它可能也挺不舒服的，我就跟它说好话，心里直怕它发脾气。我们俩一到山上，那两头骡子就自己回去了。

这是1962年，我的第一次下乡采访。到了山上，主要是看贫困山区的生产状况，听村里的情况介绍，然后看他们的庄稼地收成怎么样，再采访了解队里情况，多少户多少人。下午，我们就下地里了。那时候提倡"三同"，就是同吃、同住、同劳动，跟他们一块间苗什么的。那是春天，吕梁山的气候比较冷，种的是高粱和土豆。我跟农民学着怎么干，我觉得挺好的，还挺爱干这农活儿。晚上，把我安排到大队仓库里住，一个叫小兰的小姑娘陪我。小姑娘挺可爱的，跟我聊天，然后一吹灯我们俩睡觉了。睡到半夜，我一下就喊起来了，一摸这耳朵黏乎乎的，都是血。大耗子一尺多长，把我咬了，我那枕头是谷糠的枕芯，它啃那个来了，把我耳朵咬破了。大半夜也没辙，我就只好捏着，用手绢捂着。第二天天亮，队长媳妇就把家里的草木灰给我糊上了，没有纱布，也没有药。下乡来没想到还能遇到这样的事！好多天后，草木灰才掉了。那老编辑在班上的外号叫作"老八点"，7点开会他8点到，因为他是老革命，有资格。后来他说："我要下山回县了，你一人在这儿采访，写完稿子让队里签字。"老编辑下山时赶上队里的一个小伙子下山拉货，他搭着人家的牲口一起走的。

于是，我一个人又待了20多天，跟农民也混得很熟了。间苗、拔草、浇肥、锄地，就干这些活儿，但主要还是采访，挨家挨户地去看农民的生活，大部分都穷得吃不饱。农民特实在，不说一句假话，朴实、善良。土豆是他们的主要粮食，屋里有个不睡人的土炕囤口粮，打开农民的炕席，一半是土豆，一半是空的。这些土豆是一冬的口粮，粮食不够吃，就把红薯苗磨碎了跟粮食掺到一起。我也吃这些，他们给我做高粱面的面条，必须掺榆树皮，不然粘不到一起，一煮就碎了。一根菜也没有，吃东西照顾我，给我点儿辣椒水，我吃不了辣就加盐水。站在上一层窑洞一低头就能跟底下窑洞的人说话，我说我上你家看看，他说不行，你看着咱这么近，你得盘山绕道才能到我家，你还找不着道，咱就这么说吧。人家也觉得我这个记者还挺随和的。在那儿第一次采访，我看见真正的农民穷到什么份儿上了，而这就是千百年来黄土地上老百姓过的日子。

采访完，我就把农民的状况和需求写了一个稿子，还写了一个新闻通讯。我们报社还有一个内部刊物，可以把不能见报的东西写上来。我写了两篇，一个写正规报道，农民在那儿怎么艰苦种粮，还有一个内部通讯，反映这些问题，农村太需要改天换地了。这第一次的吕梁山经历让我知道了，农业记者就得跟农民打成一片，了解和体验他们的疾苦，还得"三同"接受再教育。这样接地气的生活，我们在城市里是想象不到的。第一次受教育回来后，我们的部主任就不断地派我出去采写，因为想培养我。采访周总理接见表彰过的全国劳模王德合；采访侯马地区曲沃县的产棉县，这地方有白面吃了，就是吃馍馍了，采访他们怎么实行生产责任制，小段包工。在那儿一个多月，走村串户，还摘棉花，跟他们一块在大队部里住。我不断地出差，皮肤晒得黑黑，跟农民有些靠模样了。半年以后，领导就给我大任务，写农业的典型人物事迹和调查报告什么的。我的业务上手非常快，比较大的稿子，我不再发怵，文章还不断在观点和形式上有所创新。努力地去实践，对练就记者基本功真是大有益处。领导觉得我脑筋比较灵活，另外就是特刻苦，不是假"三同"。最能说明问题的就是我身上长了虱子，从一开始没见过虱子到后来就习以为常了。我在坐火车回来的路上有时得顺着脖领子捏虱子，怕带家去。再以后，虱子成了我身上"常住的朋友"，回家的第一件事就是站在屋中间，将里里外外衣服全脱下，拿开水烫一遍。

  还有一个从不习惯到习惯的，是跟农民一家人睡大炕上。老乡家里头被子也就两三条，屋里七八个人，两口子和孩子挨着睡一排，当爹的在最头上，后面就是妈和几个孩子，给我搁在炕尾挨着孩子。我穿着衣服先躺炕上，然后全家先吹灯再上炕。我特奇怪，后来才明白他们都是裸睡的，特快地脱了衣服，咻溜一下就钻被窝了。这一宿你别想睡，因为炕前头搁一大尿桶，一会儿张三下地，一会儿李四，你尿完我尿，人家尿完以后照样睡，可我不行，就给人"值班"。我在他们家晚上喝稀饭，我也得尿，怎么办呢？我有点儿不大好意思，你想很多人都在那儿，尿不下来，就一点点地往外挤。那大嫂说："妹子，你就尿吧，尿完以后别忘了把那盖儿盖上。"我说："知道了。"有时候孩子尿炕，我这条被子里头都给洇湿了，没办法。一开始下乡时自己带被子脸盆，后来跑得太多就不带了，太累赘。后来我就想，反正咱现在也是农民了，就跟他们一块呗。最害怕的是上厕所，这么大一个坑，支块板，蹲在那上头，木板要是一歪人就掉进粪池了。我每次上厕所心里挺害怕的，憋得受不了才去。

  有一次下乡，到晋南比较富裕的翼城县去采访，采访完了说今天晚上给你搁在一个新房里住，新媳妇回娘家了。送到门口人家就回去了，我还挺奇怪的。让我住三间北房靠东那间，我进屋一看，贴着"囍"字，是娶媳妇的新房，但是没人。夜里我睡不着，那跳蚤把我包围了，咬得不行。我灭了灯，也不能老点着人家的灯呀。我起来上外头找厕所，在院里角上。我还没上厕所呢，就看见北房西屋门帘被风吹得忽悠忽悠的，又有点儿亮光，我就过去瞧瞧怎么回事。一掀开门帘，一口大棺材在那儿摆着呢！棺材前头摆个小桌子，点着一盏小油灯，说明里头有死人，好家伙，吓得我魂不附体，顶上东屋的门一宿没敢睡。好容易挨到第二天早上，跟老乡一打听，说这媳妇是给这男的冲喜来的，刚嫁过来没两天这男的就死了。我心想，干吗给我搁这屋子里，跟死人做伴吗？就让队长给我换了人家。

  有一年，我去晋东南沁县采访，从公社回县城的路上赶上了一场暴风雨。我一个人背着行李，正在田间小路上边唱边走，猛一抬头看见西边黑云滚滚压过来，不一会儿，冰雹和着暴雨砸了下来，随身的小雨伞根本挡不住哗哗倾泻着的瓢泼大雨。离县城还有十多里地，途中要经过沁水县的母亲河——滹沱河。那河很宽，唯一的桥非常简陋，就是窄窄的木板上铺着一层胶泥，两边连栏杆都没有。我顶着狂风暴雨上了桥，脚下的胶泥吸饱了雨水变得异常湿滑，我根本站不住，被风吹得忽左忽右。河里涨了水，黑压压的浪头翻腾着，舔着桥面。我用力挣扎着不让自己的身子倾向两边，努力保持在桥中间，一脚一脚地从泥里拔出向前，但实在争不过那风和雨，小雨伞也早就飞了，头上脚下全都湿透了。我筋疲力尽，好像下一秒就会掉到河里，被那黑浪吞没。这里前不着村后不着店，一个人也没有，喊救命也是白喊。我索性趴在桥上，一步步爬着，心里念着："老天爷，行行好吧，我不能死，我要活着！"我的泪和着雨在脸上流着，我拼命地趴着，手指深深地抓进了桥上的泥土，一直到筋疲力尽，昏了过去……不知过了多久，我才醒来，雨终于小了，我爬过了桥，想想刚才死神离我是那么近，不由得瘫软在地。

  天黑了，我才来到县委大门前，拍开门时，开门的老大爷吓得惊叫起来："快来人呀，见鬼啦！"他看见我只有两眼和嘴在动，成了泥人。我的记者生涯中我几次与死亡擦肩而过，这是其中之一——我曾经孤身遇到野狼，在山林里被毒蛇袭击，床上也曾爬上过毒蛇……

  那几年，我几乎跑遍了整个山西，最穷的 8 个县我去了 6 个。我写稿子快，回来马上就能交稿，我们是日报，每天版面得填满了，就靠我们这些记者。下乡时我们是记者，不下乡时就是编辑。年长的人下乡较少，因为他们有家有室，稿件来源主要靠各县宣传部的通讯组，那会儿我还没结婚，是下乡的主力。

  1962 年，在前夫家不断来信催促下我们结婚了。困难时期，没有婚礼，家里也没人来，就一个简单仪式，既没钱，又没有糖票，领证后只买了 3 斤水果糖。部门同事来祝贺一下，桌椅和床都是从报社借的，两个旧铺盖一合，就算是结婚了。少年时那王子和公主的浪漫婚礼，早已不在梦里出现了。

我前夫从新闻协会调到了报社的通联部，我们各干各的，出差自己走自己的。有时候，我回来他又出去了，见不上面，就是这么跑。跑回来待几天又走。我是年轻的编辑记者里第一个写社论的人，写农业的发展思路、农民的生活状况。我写中国传统的农业发展方式应该过去了，不改变旧的耕作方式，中国农业没有出路。一种新的思维在兴起，要用新的思路，推广各地新兴的小段包工、责任田等经验，这实际上就是生产责任制的雏形。总编辑在会上表扬了我，说我这个年轻记者进步非常快，不愧是科班出身。其实我也是自己瞎闯，实践多了，思路也就多了，什么科班不科班，除了新闻敏感可能是大学里教给我的，其余的真只能靠个人去努力了，就连我的文字能力也大多是小时候练来的。中国的农民不富中国不能强，当时朦胧地有这思想了，那几年下乡跟农民在一起，感情真的特别不一样。

1964 年，领导抽调我去"四清"工作队，和中央组织部的工作队组成一个"四清"工作团到太谷县。到那儿以后，我们这团和当地的县共青团合并成一个团委，我被任命为团委书记。领导计划在"四清"前线培养我入党，党支部经常找我谈话，说你在这里要努力，我入党申请书早在 18 岁上学时就写了。"四清"时更得"三同"，要经受许多考验，比如在农民家挨着猪圈吃饭，大嫂给你端一碗面条上来，十几根头发在里面，那你只能挑出去，不动声色地接着吃面，不能有怨言，而且你得习惯，就是不断地在自己脑子里强化一个观念：我要当农民，我得跟他们一样。最害怕的是晚上，队里安排"四清"团的人到不同的老乡家吃饭，叫"吃派饭"。要绕过荒无人烟的庄稼地，黑黑的一条小道，风一吹两边一人多高的苞谷叶子唰唰作响，令人毛骨悚然，总感觉身后有"鬼"追着，拿着个手电也不敢照，怕坏人出来你这又成目标了，天天就小跑，不敢说呀，只能自己去面对。老乡家吃得特别艰苦，比如说吃煮窝窝，棒子面疙瘩，大块的疙瘩，煮一碗，总给你弄碗稠的来，给你往里拌点什么酱之类的，总之很关照，因为你是上面下来的。吃这"派饭",太苦了,我走了一路,吓得不行。我那时就想,苦是苦了点儿,但这种锻炼是我人生的积累和财富,一个有坚定信念的人什么事都得能扛住。结果到了1965年,"四清"没结束,我的哮喘发作严重了。

我从小就有哮喘,父亲老是给我吃氨茶碱,其实那对心脏不好。在村里急性发作,不能说话,气都出不来了,赶紧送到太原的医院急救。缓过来以后不能出院,用中西医调理。因为整天在喘,睡觉也躺不下了,得靠着很高的枕头。结果这火线入党也没入成。

那时一年一次的农业劳模会什么的,我都是在写稿的队伍里,我们部主任带队,住在会上。我们的部主任也是农业专家,专门给省委书记写大会的讲话稿、报告等,我天天跟着他。为什么?他的字没有人认识,很怪,七扭八歪,前边字的右半边总会跟后边字的左半边连着,只有我和一个排字工人认得,我就给他誊写稿子,他离了我俩不行。这是"文化大革命"之前,我从一开始就参加这些大的活动,没落下过。我跟这些农民代表容易打成一片,他们愿意跟我谈,我能采访到好东西。后来我又调到经济部,开始做工业报道了。所以不仅跑遍了山西的农村,许多大的厂矿我也去采访过。我们那时是编采合一,既当记者,也当编辑,从资历上看我虽然是个小记者,但是经常承担大主题。

7. "文化大革命"袭来,在深渊里苦苦求生

1966年春天,春暖花开的季节,人们心里却感到阵阵寒意——"文化大革命"开始了。1966年4月到6月,各报刊登了一系列批判《海瑞罢官》的文章,揭批了"三家村"的"反动言论"和"罪行",紧接着,聂元梓等人的大字报公开见报,预示着一场残酷的政治风暴正在袭来。

那一天我永远记得。那是1966年6月6日,报社的"三好小学"贴出了一张大字报,我前夫下班路过刚好看到。根据以前政治运动的经验,要紧跟形势,他也赶紧写了一张大字报——他极力想在运动中跟"右派"母亲和有

历史问题的父亲划清界限。那会儿我刚好去澡堂洗澡了，回家一看桌上铺着一张大字报，让我签名，上面写着"把文化大革命进行到底，和走资产阶级路线的当权派划清界线"等。我当时觉得无非是一张大字报，好多人都贴，随大流吧，像我们这种出身不好的就得紧跟革命队伍，让签名就签上吧。结果，这张大字报一贴出去，可不得了，招来了一场灭顶之灾！

当时"文化大革命"刚开始，好多人还在观望，很少有给领导贴大字报的。其实我们的大字报谁也没反，就是无所指地喊了两句反对走资本主义道路的当权派的口号。结果第二天一出门，吓了我一跳，报社大楼、食堂的墙上都是批判我们俩的大字报，铺天盖地，里面揭发了我们各种反党、反社会主义言论，其实就是把平常我们文章里的话断章取义截出来，加以引申发挥，指鹿为马地批判。我都给吓蒙了，怎么那么快就贴满了，一下就不知所措了。可是，如果要是被人一棒子就给闷回去，很有可能就算被揪出来了，没有办法，只能反驳！于是双方每天都有新的大字报出炉，可我们只有两个人，对方可是一群本乡本土的"革命群众"，寡不敌众，往往我们刚贴出来一张大字报，过半个小时再看，人家十几张大字报已经墨汁淋漓地把你的糊上了！

整个"文化大革命"期间，批我们两口子的所有罪行里，关于我的只有两条，其余都是他的。一个是我结婚后好几年都没怀孕，别人就给我介绍了一个北京协和的名医，我回北京来看病，那个大夫当时正在给江青看病，不给别的人看。我白跑一趟，回去就说了几句片儿汤话："领导看病要紧，咱老百姓就得靠后了。"就这一句话，到"文化大革命"中就成了现行反革命言论了。再加上我是皇族，出身不好。我前夫的出身更差，历史反革命加"右派"家庭，平时群众关系又不太好。运动初期，报社领导们还大权在握，没什么人敢针对他们，还有不少拍马屁、看热闹的。就这样，我们俩顿时成了众矢之的，成了报社运动的中心，重点的揭批对象。

就这样，10年"文化大革命"，我们从一开始就给揪出来了，遭了整整10年罪。

原本我在报社是新星般的红人，没几天，我和他就成了"牛鬼蛇神"，从此被打入了"黑五类"行列。随后,报社里出身不好的人都一个个被揪出来了,弄成了"黑帮一小撮"。尽管"文化大革命"后来也揪"走资派",但最先被批斗的其实是我们这些无权无势、又出身不好的小人物。实际上,就算我们当时不贴大字报也跑不了,这种政治运动你躲是躲不开的,对我们来讲,这种命运是早已注定了的。

被揪出来以后,我整个人都懵了,自己一贯工作努力,是业务尖子,也要求进步,什么艰苦的地方都抢着去,组织上还要培养入党,怎么一下就成了反动分子了?心理上真是承受不住。但当时,相信群众、相信党的信念相当牢固,我们都相信毛主席发动这场革命是对的,共产党就是要把这些反动思想清理出去,才能使革命队伍纯洁。同时,我心里又很矛盾,觉得自己挺冤,我的出身是不好,但我没有享受过剥削阶级的任何待遇。解放那年我10岁,可我小时候的记忆里全是吃窝头咸菜。尽管这样,我仍然被归入是旧社会过来的人了,顶着出身不好的帽子,我一直在不停地改造自己,不停地努力。党不是一直说出身不能选择,但道路可以选择吗?可现在为什么一下子不给路走了,就是阶级敌人了?这辈子都是这样了?我陷入了绝望。

工作早给停了,我们存在的唯一用处就是挨批斗。一会儿军宣队来了,一会儿工宣队来了,一会儿北京的造反派来了,谁来了都揪斗我们这些人。"黑五类"们都给起了名字,我那位是"四大巨头"之一,我属于"八大金刚"之一。"走资派"们总还有一部分"保皇派"在保,我们这类人是哪派都不保,甭管批斗什么人,我们都在"陪绑"。

造反派里头分成不少组织,其实就是观点一致或者对脾气的人自由组合,有几个出身不好的人和出身工农的人一起组织了一个"东方红"战斗队,那队里几个出身好的党员同情我们,认为我们并不反党,后来我们也加入了"东方红"。因为不找个组织你就更势单力孤了。我们东方红战斗队也批"走资派",批报社的"封资修",天天也写大字报,因为我们也得革命。但由于我们是战斗队里的"牛鬼蛇神",所以整个"东方红"也跟着受牵连。那时人家还给我用席子糊了一个小门,上面贴一对联,上联是什么什么清朝后裔,下联是什么什么皇家小姐，横批是牛鬼蛇神。强迫我天天从这个门进出，上班钻这个门，下班钻这个门。

　　后来专政升级了，开始批斗打人了，几个出身不好的给打得够呛，钢丝外面套上塑料套蘸水抽。我没挨过打，造反派说，你是封建皇帝的狗崽子。我说我认罪，我家庭吃过剥削饭。我一边得把自己骂得狗血淋头，一边又觉得有冤无处诉，把冤屈吞进肚里，就是为了活着！

　　如果以反革命的身份死去，就是死也见不到马克思。我天天早上听广播，听毛主席的指示，盼着他老人家有什么新指示能拯救我，但一直不见天日。谁都拿我们这些人出气，有时候听造反派说要砸断我们的狗腿，我和前夫就赶紧出去躲着。我患了美尼尔综合征，又晕又吐，他陪我上医院看病，看完了也不敢回家，在街上坐到天大黑了才敢偷摸回家，连灯也不敢开，只能摸黑待着，怕真有人打上门来"砸断狗腿"。

　　我这人比较随和，人缘好，不光是同事，就连传达室的、洗衣房的、医务室的、打扫卫生的都跟我挺好的。我前夫就老是高傲得不得了，不爱搭理人，所以批判我的时候大家还嘴下留情，批判他就比较厉害了。

　　后来造反派押着我到北京来抄我家，联合街道的造反派把我母亲、我娘他们都赶出来，家里的东西都充公了。所谓充公就是被他们抢得片瓦不留——十几间屋的古董字画什么的都砸烧得差不多了，又把房子占了，把木器家具、沙发这些比较珍贵的东西都给扔到大街上了，2块钱一套沙发，5块钱一个大立柜……全抢了。把我们家人给赶到一间10平方米的小屋里，人都住不下，只能打地铺。造反派的头儿，那个姓张的居委会主任搬进了我家的四合院。我母亲和我娘在街道请罪、烧砖、扫大街，除大哥外，孩子们都已被分配到外地，没人敢管这事，因为每个人头上都顶着"黑五类""牛鬼蛇神"的帽子，人人自危。就算大哥在北京，他又能如何？他不也得划清界限，免得他的儿子当"狗崽子"。

　　1969年，在这场灾难中我生下了女儿。我在产床上难产，疼得死去活来，窗外是造反派在卡车上喊着打倒我的口号。

追寻她们的人生
——女新闻工作者卷

1969年1月19日,生女儿时,外边的造反派组织要砸烂山西日报社,点着篝火,把报社包围得水泄不通。他们不让任何人出入,我出不了大门,坐在大铁门里的地上,羊水哗哗地流。对面就是人民医院,但就是死活不让出去。报社看门的大爷就跟他们说,你们也有女人,孩子生不出来出了人命,你们也不好交代,还是放她去医院吧。有几个人动了恻隐之心,放我前夫送我到医院,我跑得羊水都流干了。医院的专家也都在挨整,产房也乱成一团。折腾了一宿,还是生不出来。一直到第二天中午,我高血压抽风,使不上劲儿,孩子快憋死在里头了。大夫就问家属,保孩子还是保大人?他说大人孩子都保,人家说你废话,现在就是都有危险了,他说了一句"你尽量吧"就跑了,也不知道他干吗去了。我在里头就哼哼,光哎哟生不了,过了好久才知道他跑去请我们陈总编的爱人、人民医院已然靠边的党委书记。他说:"您快救命吧!"陈总编是老资格的干部,心特善,就对他老伴说:"快去快去,人命关天的事!"他老伴披着一件衣服就跑到医院来了,找那个"靠边站"了的妇科主任来抢救我。人家看着老书记的面子,使尽各种办法,总算把这孩子拽出来了。提着小孩子让我瞧,是个女孩,一抽小屁股就哭了,声音真响亮,足有7斤4两。

我个子矮,但是孩子很大,为什么?是因为营养好吗?不是,恰恰是因为没得吃。那会儿穷啊,也没有什么营养品,只有我们旁边那小市场有农民来卖猪肝,一个礼拜来两次,还算便宜,我就一个礼拜吃俩大猪肝。孩子就给养胖了,但是营养不均衡,体质并不好。

我30岁生女儿,是高龄产妇,那会儿30岁生孩子就算晚的了。医院也没有婴儿室,都关闭了,孩子跟大人在一张小床上,她在我边上。我前夫买了个大大的别针,把她的小被子别在床上,怕不小心把她拱下去了。

孩子40天的时候,突然开始喷奶,一口都不吃,哭得不行。我带她到医院去看,大夫说你这孩子肠套叠,就是两节肠子套在一起了,非常危险,死亡率很高,说死马当作活马医吧,找来一个正在挨批斗的权威大夫。人家说我只能给你试试,这么小点儿的孩子在手术台上很可能挺不过去,你要有思想准备。我说那您也尽力给做手术吧。大夫就用气筒打气，终于把套着的肠子给冲开了。但是孩子后来还不停地拉血拉脓，一个小可怜吃也吃不了，那么一小点儿，我就抱着她一直在医院输液，没有床，就在外面的椅子上坐着。10多天后，她活过来了。

女儿半岁时，除了少数"红五类"坚持办报以外，报社大部分人通通给拉到北京上中央学习班，接受改造。没有办法，孩子只能扔给被专政的我母亲，临别那天，孩子就是吃妈最后一口奶，我哭得很伤心。我们给关了半年，不能回家，不能见家属，也不能出门，就一直在那儿关着。半年后，林彪的一号文件来了，说要备战了，北京是危险的地方，所有人全都转走，又把我们弄到了河北石家庄的一个陆军学校去接着关，斗私批修，孩子仍留在北京。

满楼都是大字报，天天都有批斗会，我前夫和我被分到不同班批斗。我们俩见了面也不能说话，就写小纸条趁别人不注意塞到手里，我跑到女厕所去看，看完冲掉。我们睡在陆军学院的教室里，冬天，地上铺着草，就睡那上头，一个班睡一个大通铺，那会儿人过得跟牲口一样。一个部队的小班长领导我们，天不亮起来出操，就是军事化了。伙食在当时算不错的，就是每天挨批斗，斗私批修，我是属于有反江青现行罪行的，总也过不了关。我们报社有个太行山出来的老干部，党员"红五类"，记者站站长，其实没有整他，还让他当了班长。突然有一天，他跳楼死了，是从厕所窗户跳下去的。他在日记里写对"文化大革命"想不通。他刚死，上面就把我们"黑五类"召集到一起训话，说想不通也得通，批判是拯救你们，不准寻死，那样就是自绝于党和人民！

1970年夏天，我们学习完了，学习班这些人就全被下放到农村去了。全报社的人作鸟兽散，卖水缸、卖家具，基本上都下去了，只留了极少数的人。没办法，我只能把女儿留在北京，让被专政的母亲照顾，我和前夫到了农村。

8. 落户穷村，把自己炼成了农村妇女

我们被分到忻州地区的原平县，是盐碱地，穷地方。我们在一个叫武彦村的小村子里落户了。马车拉着我们的全部家当奔向目的地，我们的后半辈子就要在这儿过了。一路上，我心里不住地念着"天翻地覆慨而慷"的诗句，这是能够支撑我的唯一的精神支柱。我们将从知识分子变成地道的农民，这是命运天翻地覆的变化，但是在坎坷的命运面前，要想活下去，必须拿出慨而慷的精神，城市啊，文化呀，前半辈子的追求与理想，一切都没有了，只有以自强不息的精神好好接受贫下中农再教育，当好农民，才能让我们不至于淹没在命运的惊涛骇浪之中！

到了村里，我们在一户人家的跑气漏风的西房里安家了，然后就下地劳动了。我们劳动只记工分不给钱，因为我们在公社里还有工资，每月50块5毛。我们是来接受再教育的，与插队的知青在一块劳动。我在第四生产队，跟妇女一块耪地间苗。半年后，我把女儿从北京接回来了，因为觉得我们已经改门户当农民了，把她搁那儿也不是个事儿，我也好久没见过她了。接来时我都不认识这孩子了，满头的疮，因为我母亲和我娘在街道改造，扫地、烧砖，我母亲实在是顾不了她。我们俩才挣110块钱，每个月给家里寄60块。孩子只能托街道上一家人看着，60块钱都给了她，为了给孩子补充营养，一个月订几十斤牛奶。结果我接孩子时，孩子一口牛奶都不喝，说明这牛奶她根本没喝过，她不习惯，闻着这个味儿就躲。街坊偷偷告诉我，给孩子订的牛奶都叫那家人自己给喝了。闺女也不认识我，不知道叫妈。那时候她1岁多，我把她接到村里，跟我一块下地，我在前头间苗、锄地，她在后面爬，天天跟泥猴似的，真成了一个小农民。没多久，山西日报社来了造反派，原来打人的那些，拿着绳子开着吉普车来村里了，要把我的前夫给拴走，说有人揭发他了，他是"五一六分子"。我们在村里比较闭塞，还不知道"五一六"是怎么回事呢。

我那时已经被这几年无休止的批斗、担惊受怕和重体力劳动弄得病怏怏的,这帮人来了,让他收拾东西,要带走。我正患肾炎,躺在床上,那伙人死盯着我俩,也不能说话,想有个交代都不行。他一会儿进厨房一趟,我就知道他在里头给我留什么字条呢,然后他就被带走了。家里就我跟女儿了,我就满屋东翻西翻,翻到好几个字条,在水缸底下,瓦盆底下。他写着:我不会死,不知道未来会发生什么事情,但是你一定要带着孩子好好地等着,而且你们好好活,不用给我太多的钱,只要给我够吃饭的就行了,我会想办法与你们通信的。我拿着这几张字条,哭了几天,生怕这就是诀别。什么也不懂的女儿总是哄我:"妈妈不哭,我听你话,乖。"

我前夫被带走了,一去就是5年,我跟闺女每天下午固定的时间会在村后的山坡上望着五里地外的大道,等着邮递员,盼着他来信。他的信都是经过检查的,很短,内容含糊。我在油灯下要反反复复琢磨,对着灯光翻过来调过去地看,最后把邮票小心翼翼地揭下来,才发现邮票背面有密密麻麻的小字,要紧的话都在那上面。我带个不懂事的孩子,就靠他的来信活着、熬着……我呢,经常给他寄东西,比如毛衣、棉衣,我把字条缝在衣服里子里,后来才知道,他竟然都没发现,真笨!

当农民的日子,苦不堪言。我既要带孩子,又要下地干活儿,干不过农民,也干不过知青。在场院,一捆捆谷穗子要割下来,那秆儿又粗又硬,人家老乡一天能割几十捆,知青也能割十几二十捆,我磨得满手泡一天只能割三五捆。一个女知青当记工员,常给我虚报,3捆记成5捆,队长也睁一只眼闭一只眼,都同情我。因为我女儿是农民户口,我得给她挣回口粮。分给我们的自留地,没多大,农民帮我种玉米、南瓜、土豆,还有其他蔬菜,我只管收获。下地摘豆角,孩子个儿小,从地里钻出来,往往脸就让蚊子叮成了"老玉米",心疼得我想抽自己。冬天井台上冰冻得溜滑,我去挑水,孩子揪住我的衣角,我不让她上她非上不可,我真怕她滑进井里。我最怕大喇叭广播让四队队员去地里领大葱、红薯、白菜什么的,去晚了会冻坏,一冬没得吃,领吧,真挑不动啊,别人一次能挑100斤,我一次只能挑40斤,咬牙撑着，分几次挑回来。

冬天到了，屋里要烧火得去拉煤。我赶着队里的驴车，带着孩子去县城火车站拉煤。一车3000斤煤，也抢不过人家，人家都拉回大块的，我只能拉到煤面子。女儿冻饿一天，口罩都冻在了嘴上。我怕她睡着了着凉，一路上不停地唱歌、讲故事。驴也饿了，不乐意走，我还得停下来将车上垫的草垫子扯下几根来喂它。它走走停停，我心急如焚。等回来，安顿孩子吃完饭睡着了，我得一个人，一担担地将3000斤煤挑到院里，不然，明天早上就让村里人偷光了。男人在太原被关着，我在农村度日如年地苦熬。唯一支撑我的信念便是：千百年来，中国农民都这么活着，我为什么不能？我今后永远会是个农民，就得这样过下去，我也得把我的女儿培养成一个小农民，这样她长大以后才能适应这里的生活。她什么也不懂，快快乐乐地同村里的孩子们和泥巴、过家家，这正是我所希望的。

山西是我的摇篮，正是那段生活的熏陶，让我对农村和农民有很深的感情。在农村吃苦受累的时候我怎么度过的呢？天天怨天尤人吗？那不是我的性格。我当时就想，我是在农村了，我现在就是一位农村妇女。那些农妇围着井台天天坐那儿说说笑笑，我也坐在中间，跟她们一样地说笑。我还学会了纳鞋底，给我孩子做鞋，一直到10岁的鞋都做出来了。我到农村是下放被劳动改造的，是来脱胎换骨的，因此从外表到内心我都要变成跟他们一样的人。逢年过节，农民有的给我送这，有的给我送那。每个月开工资时，他们借走我一半的钱，我没法张嘴跟他们要回来，从不要账，也少有人还我，因为他们太苦了，连买盐的钱都没有。我觉得我跟他们是一家人，跟家里人还计较什么。

第五个年头上，我前夫跑回来了，快到1975年了，形势变了。他跑回来也没人来逮他了，虽然还没平反，但是平反的呼声越来越高了。

9. 1975幸运年，平反了，有了第二个孩子

1975年，经人推荐，山西展览馆借调我去当编辑。我先回太原去办展览，到黑龙江采访，收集材料，准备稿子，闺女和他爸留下。这个展览办了将近一年，之后我回到报社，没工作。我们一拨儿挨整的人陆陆续续都回报社了，以前的家没有了，都住在后面招待所那院儿，一家一户地住下了，等着平反。有一个跟我们一派的同事把房子腾给我，说你们全家人来了就住在这儿。这人是著名的摄影家，后来回陕西日报与妻儿团聚了。这样，我前夫就领着闺女从村里回来了，村里的什么东西都没带。于是，这些"牛鬼蛇神"每天在这院里晃悠，要求报社给平反。

1975年，开始落实政策了。这年我有了老二，是个儿子。8月份，我生完他以后就回到经济部了。孩子上托儿所，我前夫调到了山西教育杂志社。

人家说1975年是我们的幸运年，平反了，分了房子，在省委的家属院我们分到了一个两居室，又得了个儿子。生儿子时我已经37岁了，生了儿子以后我尿不出尿来了。产程太长，膀胱憋得太大不会收缩了，一直插了3个多月尿管，后来才慢慢治好。

恢复工作后我跑工业，生了儿子之后还继续跑，去矿山、去工厂。当时刚平反，也顾不上坐什么月子，一门心思扑在工作上。后来我母亲来太原帮我带了几个月的儿子。1976年唐山大地震那会儿，我母亲和我娘带着侄子从北京来山西避难，山西也有地震，但是没那么严重。我公公婆婆从天津也来了，一大家子都挤在两居室里，连下脚的地方也没有了。

我母亲走后，我只能把儿子天天送街道托儿所，然后自己坐公交车上班，晚上下班后再来接他。后来我就干脆抱着他上班，报社院里有个幼儿园，我把他送那儿。这时他1岁多了，他已经会走路了。闺女上小学一年级，就在省委旁边那个学校上学，他俩差7岁。

我在山西日报社待了17年，1978年调回北京。到山西的时候我22岁，

离开的时候 39 岁,回到北京时俩孩子一个 9 岁,一个 2 岁半。

回北京是叶落归根,离开山西我却觉得故土难离。山西日报社是我成为新闻记者的摇篮,17 年的苦与乐、罪与罚,有我青春的泪水和汗水,我与这片土地已经难分难舍。

北京是我老家,可我现在成了老乡进城,一切都很陌生。

山西的同事、朋友对我好到什么程度?回了北京以后一切都要凭票供应,我身体不好,儿子要喝牛奶,白糖不够吃的,朋友弄了一大口袋,足有 50 斤白糖,还有好多其他吃的,坐着夜里的火车到北京,送到我家里,又赶快坐着火车回去。他们还经常给我捎这捎那,真的是从心里头关心我,想着我。这些兄弟姐妹现在还总给我打电话让我回去,我现在一两年回去一趟,回去后他们轮流请我吃饭不说,还抢着让我必须这家住几天,那家住几天,有说不完的话。人也都老了,耳聋眼花,弯腰驼背的,但依然如年轻时代般亲热。

我这辈子还交了一些朴实善良的朋友,虽然交往不多,但有些事永远也忘不了。我记得有一个公社书记,我在他公社里劳动兼采访,也采访过他。下着瓢泼大雨,我差点儿被河水吞没那天,就是在他的村子里。"文化大革命"中,他听说我挨整了,竟然跑到太原,坐在我们报社门口的马路牙子上等了 3 天,就在那儿等着,希望我出去时能碰见。后来还真碰上了,我一看,说:"赵书记,你怎么在这儿啊?"他说:"我就为等你,我以为等不着了,还终于等着了,听说你挨整了,我得看看你现在怎么样。"他嘱咐了我很多,让我热泪盈眶。我人很直,虽然我的朋友并不算多,但都是真心相交,感情很深,也都是人品好、真心实意的人。

10. 调到中国妇女杂志社,成了"包公"记者

如果没有表姐,我就调不回北京。但这个表姐跟我没有血缘关系,就是我说过的那对山西逃难来的母女,冬天睡在我家门洞里,被我奶奶好心收留。表姐就是那个女儿,我们管她妈妈叫大姑。大姑一开始在我家做针线活儿,

后来我父亲又张罗着帮忙开起了一家熟肉铺子。表姐常年在我家住,在我家长大,跟我们特别亲,参加工作以后在学校当老师。我的表姐夫叫易树云,是个老革命,资格有多老呢?他是四川人,家里穷得要饭,9岁就参加了革命,后来在重庆八路军办事处给周总理当勤务员、当司机,现在已经92岁了。他不仅曾在周总理和邓大姐身边工作,还给李富春和蔡畅大姐服务过,并随中国代表团参加过日内瓦会议,在日内瓦为周总理开专车。因为怕敌特分子搞破坏,他24小时不离车,就住在车上,对革命忠心耿耿。"文化大革命"结束后,他在全国妇联给康克清大姐当司机。当时《中国妇女》杂志社要复刊,百废待兴,全国妇联正从各地招新闻记者,姐夫就推荐了我,康大姐一听就说:"可以啊,人大新闻系毕业的大学生,十几年的记者,正好就要这样的人啊。"我正好符合他们的要求,杂志社就去山西调我了。

尽管我们共产党员是无神论者,但有时候因果循环的事情你也讲不清楚。如果没有我奶奶当初收留她们,如果没有后来我父亲对她们那么好,我也许就回不了北京。收留的时候当然没想过回报,可是中华文化中讲究的行善积德,真的就在我身上应验了。

本来省委组织部正要调我去创刊山西科技报,那个社长点名要我,正在交接时,别人告诉我说,北京有人来调你了。我一听,赶快找我们的陈总编,就是他爱人跑医院去抢救我的那位。我说:"陈老总,您发发慈悲让我回老家吧,我以后可能没有机会了,这是最后一次了。"他人特善,说:"省里不放怎么办?"我说:"那您跟省里说,我是北京人,得叶落归根,我在山西也这么多年了,您是我的老领导,又是我的长辈,您千万千万帮我!"他满口答应了,就没往省委组织部送我的档案。

北京那边让我送了些发表的文章。那时刚粉碎"四人帮",我写了好多拨乱反正的长篇报道,其中一篇关于女工程师黄懋衡的报告文学受到广泛关注,使她这样一个因海外关系在"文化大革命"中受到批判迫害的出色女知识分子,从舆论上被平反,并扬眉吐气地参加了全国科技大会。这篇文章受到了省里主管书记的赞扬,影响很大。没过几年,黄懋衡竟然当上了江西省副省长。我深深体会到一篇文章能够给别人带来帮助的快乐,更坚定了要通过自己的一支笔为民请命的信念。

在通过了全国妇联的政治和业务审查后,1978年8月,我回到北京,进入了《中国妇女》杂志社。管人事的老社长接待我时,转圈儿地看我,点头说好,看着挺壮实。我跟老太太开玩笑,您要不要我张嘴看看?她说你还挺淘气,然后就说好好地干,我们指望你们这些新人,你又是科班,咱们《中国妇女》杂志是有悠久历史的,延安时期的。我说我知道,我一定好好干。

回是回来了,可是我们没有家。单位不解决宿舍,啥都没有。我家原来的宅子早就拆了,街道占了那块地办了工厂,只给了我母亲4000块钱。我母亲刚被专政完,能给你这点儿钱就不错了,我们不敢去争。

街道只租给了我家一间18平方米的房子就算落实政策了。我就带着两个孩子跟我二哥、外甥、我母亲、我娘住在这间房子里。一到晚上,地上都是铺,一到礼拜天我就带孩子躲出去,因为家里人太密了,转悠不开。

回北京很久后,我的行李还都在火车站台上,没人没车的拉不回家,拉回来也没地儿放。不像在山西什么事大家都帮着,到这儿没人管。北京是大地方,但我没想到人情那么冷漠。我好不容易求人给我们找了个车拉回来了,搁在妇联的一个破房子里,连衣服都拿不出来。我当时就想要不还回山西去吧,我觉得山西才是我家,北京不是。我离开北京17年,北京的街道我也不太认识了,迷路了好几回,真是老土帽进城了。我在北京街上还戴一大草帽,跟下乡时一个样。

但又一想,我到北京的中央机关了,得用高水平来证明自己,于是拼命工作,后来很快就得到单位的认可,在杂志社站住了脚。

1979年,我跟一位解放军作家合写了一篇关于中国第一批女飞行员的长篇通讯《开天女》,刊登在1979年国庆节那天的《人民日报》"人物"专版上。全国妇联罗琼副主席在妇联大会上说,我今天看到一篇好文章,给我们妇女争了气。她并不知道其中一个作者是中国妇女杂志社的,这是我到杂志社后写的第一篇文章,自此,妇联的人认识了新来的我。

我分到了婚姻家庭部。刻苦钻研令我很快熟悉了业务。婚姻部里整天有来告状的，各种各样的案子。杂志社当时只有30多人，婚姻家庭部5个人，大报道我来写。在中国妇女杂志社的10年，我对妇女问题研究较多，尤其是婚姻问题。读者来信我每封都看，因为当时婚姻方面的社会问题和矛盾很多，我想尽快熟悉这个领域，为受到不公正待遇的妇女做些事。

1980年，新《婚姻法》颁布了，整个起草过程我都跟这些法律界人士一起，一方面我得熟悉婚姻法，好向社会广泛宣传。另一方面我也提意见，把问题集中反映给他们：关于买卖婚姻、第三者问题等。新《婚姻法》一颁布，我们就大力宣传，除了正刊以外，我还带着几个人主编了一本单独成书的增刊《新婚姻法一百问》，没想到竟然达到了一书难求的地步，一下发行了150万册。

当时维护妇女权益还是件挺难的事。有时候我们一次简单的采访，到最后往往发展成轰动全国的案件，比如有名的"高艳芳案件"。那是20世纪80年代初，我和同事去河北邢台做调研。有一天，我们正上厕所呢，一个女孩跑进来扑通一声跪在我面前就哭上了，说救命啊，救救我吧！我们赶紧把她领到屋里问怎么回事。她就解开裤子给我们看她身上，让人打得遍体鳞伤，肉都长硬了。她叫高艳芳，家在邢台的平乡县，是买卖婚姻的受害者。爹妈卖了她，她不从，就脱光了吊着打，还把她送到买她的男人家，在众目睽睽之下让那男的强奸她。她特别有反抗精神，一次次地逃，又一次次被抓回，关起来不给吃不给喝。折磨她的手段令人发指！我们觉得必须解救她，赶快向领导汇报此事。几个老社长都义愤填膺，说这个案子要一抓到底，让我主抓。

这是十一届三中全会后全国第一个揭露出来的买卖婚姻、残害妇女的案件，引起很大轰动。很多政府部门和新闻单位都参加了全国妇联组织的座谈会，强烈谴责此事，一定要抓这个典型，后来组成了一个由最高法院和各级法院、律师组成的调查团，由我跟我们通联部主任带队赴邢台调查。

调查遇到重重阻力，他们连我们的住地都给监视起来了。他们觉得那是合法婚姻，因为收了人彩礼，她嫁给人家了，天经地义就应做人家的媳妇。当地妇联干部也不为受害人说话，我们到那儿就跟他们周旋，调查清楚以后，跟高法的人商量，一定得依法行事。稿子由我执笔，先写高艳芳买卖婚姻事件的始末，然后配上残害妇女国法不容的评论，在《中国妇女》杂志上开展了长达6个月的全国大讨论，收到了全国各地3.5万封来信，并通过法律手段最终解救了高艳芳。

作为一个女人，对妇女受到的迫害我感同身受。因此在处理这些案件时我不是只作为一个新闻人来抓一个新闻、抓一个事件，引起轰动就算完了，我们还要帮助这些妇女走出苦难，走出阴影。比如高艳芳案件，我们不仅报道它，协同相关司法机关进行调查，还反复地做当地各部门上上下下的工作，直到那里的干部转变思想，到最后不仅宣布买卖婚姻无效，为高艳芳办理了离婚，还帮她安排好了工作和生活，一切全部到位，我们才算结束了这起案件的工作。

中国妇女杂志社在维护妇女权益上打了一场大仗，名声大噪，从此我就与这些事情结了缘，不少人来信都称我为"女包公"，指名要跟我反映冤屈。从此仿佛命中注定，为民请命成了我义不容辞的责任。

1980年，我还写过一篇在全国影响很大的文章——《新婚第80天的惨案》：在新婚第80天，丈夫砍死了妻子。这起案件也是与买卖婚姻有关，丈夫被判了死刑。我去调查采访，先上这死刑犯家里去看，家里一贫如洗，连裤衩上都是补丁摞补丁。再到监狱里去采访他，才知道女方家彩礼要得挺狠，他们家太穷，结完婚之后欠别人六七百块钱。当时这是一笔大钱，那时我一个月工资才几十块钱，别说他们家那么穷了。丈夫说想省下钱来还债，妻子还要买这买那不让他还钱，不给钱就不让他睡觉，不让他吃饭，往他洗脸盆里尿尿，往他被子上浇酱油……最后把这丈夫挤对急了，俩人打起来，丈夫一菜刀剁下去……我在监狱里采访戴着手铐脚镣的他，我问："你后悔吗?"他说："后悔，但也不后悔，她把我欺负死了，我们家根本还不了那笔账。"我说："你为什么不上法院去？"他说："法院没人也打不了官司，再说打官司都得要钱，我们家没有钱。"最后，他说："我最后悔的是，我们那么穷，我妈不该给我娶媳妇。"

我写这个事件时，主要是说法制问题：有新《婚姻法》了，你可以起诉，可以离婚。但最后我也说了几句，这个女方也有问题，婚姻还是要以爱情为基础，不能以财产、物质来衡量，他们走上了这条不归路，双方都有责任。

文章发表之后，女方家里不干，一大帮人就来了，手里拿着家伙，要找我算账："我们跟她没完！我们有什么错？他杀的人，还说这话？"杂志社领导交涉也不行，讲道理也不行，非得要找我，天天一大堆人堵着杂志社大门。我心里虽然也怕，但是我觉得自己是正义的，没有错，我呼吁大家依法办事，符合国家法律精神，但买卖婚姻也该批判。领导支持我，很多案子领导都支持我。后来他们竟然找到我家去了，有人给我报信，我领着孩子躲出去。上下班没办法，我只好化装出入，一群同事给我穿衣戴帽围上大围脖什么的，一起出门把我裹在中间。我每天心里忐忑，说不害怕是假的，但我是记者，维护正义也要付出代价，不能退却。纠缠了好多天，最后我们领导出面找他们党组织去谈，慢慢才把这个结解开了。就说这记者，你为民请命，要冒很大的风险，没有胆量干不成，没有政策观点你也干不成。所以，这也是对我的教育，必须得给老百姓说话，我的工作得到老百姓，得到广大妇女的支持和上级领导撑腰，勇气倍增。以后我就是横下心了，这种事我非管不可。所以好多人来求助了，让我给管这办那，遇到不是我能解决的，我就去跟当地沟通。我就觉得妇女太没地方说话了，我得为她们去说，去呐喊！

有一次，康大姐给我派了一个任务，去武汉市。武汉出了大事，武汉长江大桥让20万人给堵上了。因为军区一位首长家虐待农村的儿媳妇，老百姓不干了。我带一个年轻编辑一起去，到了武汉就像做地下工作，先找妇联，因为这是居委会的一位妇女干部举报的，就找他们先接头，了解事件的情况，然后要见受害人。人家说你见不了，被军区首长关在他家后院的一个小柴房里，妇联的人给她送点儿饭都是趁没人注意时用绳子从那院的高墙上吊下去。那首长家有时给她饭吃有时不给，虐待她，还打她。首长是农村出身，父母还在农村,当时娶这个农村媳妇就是让她伺候这首长的父母。首长的儿子原来也在村里生活,俩人生了两个孩子。后来,首长就把儿子接到武汉来了,解决了工作,什么都安排好以后,就不想要这个媳妇了。因为当初没办登记,但实际过了好几年,还有了孩子,但他们不承认这桩婚姻,这儿子又娶了新媳妇,就不要她了。这个农村媳妇没办法带俩孩子,养不活,就来找孩子他爸爸,要在一起生活儿。这家人就虐待她,不给她饭吃、赶她走。还不行,最后就给偷偷关起来了。这事通过街道干部传了出去,湖北的《长江日报》登出来之后武汉市民轰动了,包围了他们家,还把长江大桥堵了个水泄不通。急电到了全国妇联让去解救这妇女,收到电报的当天,康大姐就指示让杂志社的金瑞英去。

  我们到了武汉,找军区首长面谈,起初他们全家态度非常恶劣蛮横。当我们坐实全部证据,写完文章后,我让这位首长看文章,跟他说:"如果你认为哪儿不符合事实,你给我讲出来。但是这件事这么恶劣,引起了民愤,你得给个交代。现在什么年代了,还这样对待妇女?你应该清楚这个问题的性质,我只是个记者,没有处置权,但有报道权。这个报道如果属实你必须得认可,如果不属实你可以去法院告我,但现在我得回北京向上级领导汇报,所以你必须签字,我们也是中央单位。"他一看这阵势就老实了,签字了。我每篇文章都让当事人签字,必须是在板上钉钉的事实基础上,有确凿的证据才能报道。我这记者当得特累,但这么多年,没有一篇报道出过差错。回京之后,中央人民广播电台和许多新闻媒体也报道了这个事件。

  因为到处给妇女撑腰,一来二去我就被称为"包公记者"。其实,记者个人的能力微不足道,哪当得了"包公"?但是强烈的社会责任感就能把你这支轻飘飘的笔压上沉甸甸的分量,当人民遭到凌辱时,用它扛在肩上担起道义!

  1982年,我当了杂志社的副总编,那时我还不是党员,我是先当"官"后入党。妇联一位叫董边的书记说这个人这么优秀,为什么不能入党?可能是因为出身问题,然后就说得发展我入党,提拔我当副总编辑。当时我哭天抹泪地给康大姐她们写信,我说我不能干副总编这个活儿,我就当我的记者,我挺喜欢这个工作,在这上头更能发挥我的才能。再说我正面临婚姻亮起红灯的状况,工作之余还要兼顾家庭和两个孩子。一些同事说你连个科级都没当过,一步登天到了副局级,天上掉馅饼你还往后缩,傻不傻!我一共写了6封信向领导请辞,但不管我怎么说,不行,就选中我了,党组就直接定了。那时候我42岁,第一批实行老中青三结合就把我结合进去了,老领导们全都退下来了。

在提升我时,5个老的社领导全票通过。我不想干,还有一个原因——我也不是党员,看不着文件,不知道中央精神,万一犯错误怎么办?后来很快就发展我入党了,说这下问题就解决了,任命我当了副社长兼副总编辑,你就得服从组织。

我就是这么上来的,自己根本没想到。本来我就是个"给个棒槌就认真"的人,这回突然被赋予这么大的责任,就更兢兢业业了,整夜地不睡觉,就怕这个杂志从头到尾出一点儿错。那时候我们特严格,校对都不能出3个以上的错误。1978年以后,《中国妇女》发行量曾经达到了170万册,创造了妇女刊物在中国报刊史上的辉煌篇章。

我参加第四届全国妇代会的筹备工作时,一走一个月。我不仅参与大会文件的起草工作,还搞调研、写讲稿、写报道。张帼英书记的工作报告是我和另外两位同志共同起草的,后来听说各省代表都反映这是历届以来最好的报告。

11. 用爱心帮助青少年罪犯走向新生

我认为做记者要有"三心"。第一是事业心要强,要钻研业务,这是职业记者的标准和素质;第二就是责任心要强,确保采访的真实性,绝不能歪曲,一定要如实报道;第三就是必须有爱心,要用你自己全部的情感跟采访对象交流。这爱心就是感情的问题,就是你对人民有没有感情,对采访对象有没有感情,即使他是罪犯,你也应该满怀热情地对待他。你如果对人民群众没有这种诚心诚意,你这记者就是花架子,根本就不够格。

20世纪80年代中期,我采访过一个年轻的"老罪犯"——才25岁,已经是"三进宫"的惯犯了。他从十二三岁开始,因为盗窃一共坐了12年牢,一半的人生都在监狱里度过。我从劳改局了解到他没爹没妈,我觉得我做妇女杂志,应该关注这样的孩子,了解他犯罪的根源在哪儿,于是我就去监狱采访他。

我在会见室,他吊儿郎当地进来,我一看,这哪像个罪犯,穿着西裤、皮鞋锃亮、戴着手表,跟普通人唯一不同的就是两眼冒贼光。

他往我面前大咧咧一坐,问我:"你是记者?"我那会儿40多岁,他才20多,合着他审我呢。我说:"对啊,找你聊天来了。"他就冷笑,问我:"你多大岁数了?"我说:"你看呢?"他说:"你有孩子了吧?"我说:"对啊,孩子没你大。"然后我们就开始聊天。我这人比较随和,善于跟采访对象交朋友,能捕捉他的内心。我说:"我听人说你这人特好学,读过很多名著。"他就开始奚落我,他说:"我只上到小学四年级就辍学了,不像你们这种大知识分子。"我说:"可能你读的书我都没读过呢,听说你读过《悲惨世界》,那你有什么感想?"他说:"你别拿我们劳改犯打镲了,在你这大记者面前班门弄斧,耍我玩么?"我没说话,他看着我沉默了一会儿,然后才若有所思地说:"那个悲剧是社会的责任,是社会让人走向了犯罪和毁灭。"我说:"你的观点挺有深度的,不是瞎看。还有呢?"他问:"你看过《人证》吗?"我说:"我看过电影,没看过书。"他说:"那个母亲写得太好了,又太坏了,她身上的母性是兽性,也难怪,人的本性里就有兽性的因子。"你说这孩子是不是很有思想?我觉得我应该拯救他,不能让他这样下去。

我听他聊了好多,头头是道。我说:"你真是一个聪明的人,希望你多读书,书对你来说是营养。你这么有思想,怎么会一而再、再而三地犯罪呢?"他想了想,说:"这有很多是社会的责任,社会没有履行的责任加在我们这些人的头上。"我说:"那像你这么大岁数的人这社会上多得很,为什么他们都没有像你这样呢?你不想想这个吗?"他说:"他们的遭遇跟我不一样,他们有爹、有妈、有好生活，我没有。"我说："你这次是不是快出去了？"因为我之前已经了解了。他说："是啊，我还有5个月就出去了。"我说："你出去以后怎么着啊？别再进来了。"他说："我一定不会再干这个事了。"我说："你以前也不是没下过这决心呐，你现在这么说，你自己认为是摸着良心说的吗？"他说："是。"我说："为什么？"他说："因为我现在有女朋友了，我要为她负责。"

没谈多一会儿，他又开始奚落我，说："我觉得我挺可怜你的。你看你，四十大几了，又是一个女人，这么老远不辞辛苦地来找我，为什么？拯救灵魂哪，改造一个青年哪，你无非就是想达到这个目的，就冲我这样子，你做得到吗？你有那能力吗？"要一般记者早急了，我就本着一颗母亲的心，我想这孩子真是，现在这样子对待一个同情他的人，他以后可怎么办。我说："我一个人没有这个能力，社会有这个能力，不会听之任之让你这样，社会有这个责任，一次不行两次，总要让你走上一条正路。"他说："那就走着瞧吧。"我说："孩子，你的阅历只是监狱里的12年，你应该了解社会，融入这个社会。"后来他说："那我没什么跟你说的了。"我说："那好，我还要来的。"他说："你看着办吧。"他就走了。

不久以后，我又去采访他。第二次见面他大不相同，说："金阿姨，你又来了。我前两天还想着，你不会因为我对你不恭就不来了吧？你还真不错，又来了。"我说："来了，我又听你骂来了，顶多就是挖苦我呗，反正我是当妈的，对孩子我还是有耐心的。"然后他就说："我不会这样了，我思考了很多，我不应该那样，向你道歉。"我问他："为什么呢？"他说："因为我快出去了，我想走一条正道，我这回真的是要好好做人了，我的女朋友对我非常好。"我说："你女朋友怎么回事，跟我讲讲。"原来有一次过年时，给他们假释放假几天，他回去在一次小哥们儿的聚会上碰见了这个女孩子，长得挺漂亮的，而且能歌善舞，他就喜欢上她了，但因为自己的身世就没有勇气去找人家。他说那女孩子对他挺有好感的。这小伙长得挺帅，一米八几的个儿。他说："我就给她写信，她还真给我回信，一来二去她就来看我，给我带吃的、带衣服，你看我这皮鞋、手表都是她给买的。又一次过节的时候我出去，她把我带家里去见了父母。"我说："她父母能接受你吗？"他说："不能接受，可是这女孩子不听，她就是想要跟我好，就这样我们俩好上了。她爸妈看女儿这么大决心，一看我别的也不错，就这个事情上也能改好，也对我特别好，我就找到了家的感觉。"

说着说着，他已经完全敞开了心扉，给我讲起了自己的故事。他说："我爸当右派，劳改去了，妈妈改嫁把我跟弟弟留下了，跟爷爷过。爷爷死后，我12岁，我弟弟10岁，我得养活我和弟弟。没有钱，有一次帮一个女的提包袱，我就把人的钱包拿了，我又害怕又后悔，但觉得有饭吃了，从那以后就走了这条路。出去以后我再也不会干这事了。"

采访完了我就想写一篇东西吧，就是这种社会教育缺失的孩子，怎么让他们能够成为一个真正的社会人。还没写呢，有一天他来了一封信给我，说："我出来了，我第一个要告诉的人就是你，邻居给我找了一个环卫局倒土车的工作，我挺珍惜的，尽管我对这个工作并不满意。"他在那儿当临时工，每天特别努力，我也替他高兴。但是突然有一天，那时我家里还没有电话呢，有一个公共电话叫我。我接起来，是他，他说："金阿姨，是我啊，我有急事要找你，我能去看你吗？"我说："有什么急事电话里不能说吗？"他说："我失业了，因为人家知道了我以前的历史，就把我开除了，我想让你帮我一下。"我说："那好，你来找我吧。"他就上我们家了。我请他在家吃顿饭，他觉得受宠若惊，没有人这么对待过他，他特别感激我。我俩孩子不敢见他，害怕看他的眼睛。那时我俩孩子还小呢，儿子刚上小学，我在婚姻组当编辑，还没提到副社长。

那时我还没离婚，我前夫跟着我调回北京了，是一家报社的记者。我就跟我前夫说你认识的人多，给这孩子找一个活儿干吧。他还真给他找了，在北京六建的一个地方开电梯，这孩子就有班上了。我说："你一定得好好干，争取不要永远开电梯，因为你年富力强，要好好学习，你的文化不能丢，有文化的事你就抢着干，这样才能让人发现你的才能。"后来单位出个板报什么的他都挺积极，人家就给他一个工地的施工小组长干，他有文化又吃苦耐劳，成了工长。这孩子一步步地越走越好，后来主持工程项目了，还得了鲁班奖，当了总经理。

后来企业变成股份制了，他就从总经理变成了老板，据说有数亿的资产。有一次，我碰见他就问："你认识我吗？"他说："金阿姨，您是我的恩人我怎么能不认得呢？"他问："您怎么样？"我说："快退休了，身体不大好。"他说："退休之后您来找我，您不用干任何事，我每月就能给您几千块钱，您坐家里好好养身体。"我说："我有退休金，你心里能念着我的好我就知足。"

再后来，一个会议上我碰巧看见他也在座，让人把他叫过来，想问问他的情况。过来以后，他先给我一句话——别人不知道我过去的事。我明白他的心，我说："你放心，我不会跟任何人说，你能走到今天我很替你高兴，求之不得。"那是我最后一次见到他，后来我没有再跟他联系，他也没再找我。但我时常会想起这段往事。

1986年夏天，我的家庭破碎了！我回京之后努力奔走，杂志社领导也帮忙，把前夫调回了北京，进了一家中央级大报。但人是回来了，家散了。在回来之前，朋友、同事就告诉我他早就有了外遇。回京之后，他与我形同陌路。孩子太小，大的才9岁，小的刚2岁半，我极力维护着这个家，不想让孩子的心灵受伤害，在痛苦中坚持了整整8年，终于在这年夏天，彻底结束了24年的婚姻。在这8年中，除了努力工作，还要忍受殴打和精神上的折磨。我和孩子终于无法再忍了，最终在孩子的不断要求下，我下定决心跟他离婚。离婚时，我说只要孩子，其他的都可以不要。这是我人生的悲剧，更是我犯的一个大错误，我早该明白，一个总是拈花惹草的男人早就该放弃。但我白白耗费了8年光阴。这8年中其实我早就是一个单身母亲了，孩子们跟我一起度过的艰辛岁月是难以描述的。我嫁给他24年，一个女人，能有几个24年啊！从那以后，我拒绝了朋友和同事想帮我介绍再成家的好意，一个人肩负起养育儿女的重任。30多年来，我努力工作的同时，含辛茹苦地养大了一双儿女，他们上了大学，留学成才，我人生的幸福和安慰都融入了他们一天天的成长中。我离婚以后工作上反而更有成就，因为我自己不要强不行，觉得自己没人可以靠。

12. 为邓颖超写回忆录，重温伟人的情怀

1989年是邓颖超大姐参加革命70周年，中共中央办公厅决定为她出两本传记，纪念她的革命生涯。当时我刚被调到《中国妇女报》担任副总编，罗琼大姐点名让我承担这个任务，担任其中一本书的主编。

实际上我跟邓大姐的缘分早在这之前就开始了。由于我的姐夫在总理和邓大姐身边工作过，并时常向我讲述他们之间那些感人的事迹，我对他们很是敬佩，早在中国妇女杂志社时，我就写过邓颖超和周恩来的故事，并给邓大姐留下了印象。

在中国妇女杂志社时，领导分配我写一篇邓大姐和周总理的文章——他们约定夫妻之间要做好"八互"：互相学习、互相尊重等。中国妇女杂志社专门以"八互"为主题开了一个座谈会，回顾总理和大姐的革命与爱情，他们身边许多工作人员都来了，其中有总理的大秘书、后来的七机部部长刘昂，还有张颖等几位德高望重的老大姐。这些人谈了一些总理和大姐的革命往事，再加上查阅的一些文献，我总结出了他们的十段故事，写了一篇长文，题目就叫《战友情深——记周恩来和邓颖超的共同生活片段》。文章从他俩相识、相知、相恋写到炮火连天的战争岁月，写到新中国成立后的日理万机，一直写到总理逝世后邓大姐晚年对总理的思念……以历史为背景，以革命为主线，以爱情为主题写他俩的生活。其中一个故事叫《海棠花和芍药花》，讲的是总理参加日内瓦会议，4个多月没有回国，邓颖超给他寄去从院里那棵树上摘下的海棠花，无声地表达着自己深深的思念。周总理在会议劳顿当中收到邓颖超的礼物非常感动，让人从日内瓦给大姐带来芍药花和蝴蝶花，信使往来，横跨欧亚大陆的鲜花表达着这对伟人夫妻之间含蓄而浪漫的爱情。还有一个故事叫《深夜的电话》，讲的就是中南海总理办公室的灯光总是亮到很晚，很

多时候彻夜不熄。邓大姐看着总理总是不去休息,就为他的健康担心。想去慰问他,又怕打扰他工作,有时就给总理拨个电话,或者通过工作人员给他弄个点心送去。周总理的办公室是不可以随便进的,即使是大姐,一个中央委员、党的高级干部也不能随便进,所以她只能在门口站一站,看一看他,恩来同志总是向大姐微笑着点点头,说小超我知道了。还有,周恩来去世以后,天津纺织厂的 73 名青年工人集体做了一件棉袄,给邓颖超送来了,说虽然周总理和邓大姐没有子女,但在全国人民心里都把他们当作自己的父母。这些故事虽然只是两位伟人生活里的片段,但这些点点滴滴更折射出这两位拥有高尚情操的伟人身上人性的光芒和对爱情的忠贞,是最动人的。

《战友情深》在《中国妇女》杂志上发表以后引起很大反响,许多报刊进行了转载,海外发行的《人民中国》刊登以后收到大量国外读者来信,说看了以后非常感动。邓大姐看了这篇文章以后也特别高兴,在全国妇联一个大会结束时,大姐说让几个一起工作的老同志留下,还有金瑞英留下。她握着我的手说:"文章写得很好,是你第一次把我和总理写成了人呐!"那是 1982 年。

从这以后邓大姐就记住了我。过了不久,她要写一篇关于母亲的文章,就说还是让金瑞英来写吧。因为大姐身体不好,不能当面采访让她回忆,怕她伤心。所以只是通过她的秘书赵炜给我讲一些她原来说过的事,另外给了我一些资料。我就上图书馆去查她母亲 1939 年去世时的报道,当时出的《新华日报》等那些资料都找来,翻来覆去、零零星星地看,甚至连当时送葬的报道都查到了。邓大姐的母亲叫杨振德,是一位进步女性,更是一位革命母亲。她从小受苦,但是非常上进,是那个时代难得的知识女性。她不仅读书还学了中医,后来嫁给了清朝的一个官员,有了邓颖超。邓颖超刚几岁,父亲就要给她缠脚,她母亲坚决不准,说新时代的妇女绝不能缠脚,后来被逼得没办法了,拿起刀说,我宁可跟我女儿一块死也不能给她缠脚。父亲后来被流放到边疆,死在那里了。

很多故事都是邓大姐想起来说几句,再由赵炜告诉我,我把它们与自己搜集的材料串在一起，写成了一篇很长的文章。写她的生平，邓大姐父亲的去世，邓颖超当童工、妈妈当中医，困境中娘儿俩如何相依为命，母亲如何教育邓颖超，母亲如何在国民党的监狱里坚贞不屈等。邓颖超母亲杨振德老人的事迹是我第一个写的。写完以后，赵炜念给邓大姐听了一遍就基本通过了。文章在《人民日报》发表时是一个整版，1万多字，当时人民日报社一位副总编说要删改。我说不能改，因为这是邓大姐一字一字审查过的，如果改的话要经过她同意，最后没改。后来听说在我文章的基础上还有人改编了一个电影，我当初都不知道，也没人找过我。对这些事，我也不计较。

1987年，我又接到为邓大姐写书的任务，是中央办公厅决定的。大姐在西花厅接见了我和妇联领导一行。她说："你们要实事求是地写，好就是好，有缺点就是有缺点。前面真正优秀的人都已经牺牲了，我们这些留下来的人怎么能给自己树碑立传？我根本不愿意为自己立传，但我是一个党员，服从是第一的，所以我就同意了中央的这个决定，但是我希望你们写的时候一定不要把我拔高了，要符合事实。有很多戏剧就不符合事实，对这个我已经很有意见，我提出过，所以希望在这书上你们不要这样。"

我接下来写邓大姐回忆录的任务后，为求严谨，我不仅反复听了以前别人采访大姐的60盘谈话录音，又在全国各地采访了各个历史时期与大姐有过交往的人，许多人老了，只能由我代笔。我将采访的每一个人写的每一篇文章都让赵炜给她念，因为有的人可能记不太准确了，她都要核对。用了一年时间，37万字的《邓颖超——一代伟大的女性》就问世了。

邓大姐是特别朴实的人，不让你给拔得很高，我的文章也没有那种拔高的文字，但是充满真情实感。所以邓大姐就特别地认我。后来她特意送给我一本她签名的书，我生病了她就叫赵炜给我送吃的来，外宾送她的大柚子什么的也都给我送到医院来。还有日本友人送给她的小电子表，那时还时兴，她跟赵炜说给金瑞英拿过去。其实除了公开场合外，我只见过她两次面。就在出书前接见的那次，在西花厅的院子里，她拉着我的手说："做一个女人，要自强自立，要学会坚强，要相信自己有能力干好事业，也有能力教育好子女。挫折往往使人变得更加坚忍不拔。"——她知道我离婚了。

1988年，五四运动70周年，也是邓颖超参加革命70周年时，这本书正式出版了。采访、编辑、修改、校对、发行都是我弄，出版社给了2万多元稿酬，作为主编，我没有收1分的编辑费，都分给了写稿和口述的人。我和赵炜同志一起算好每篇文章的字数，然后对着稿费单一笔笔寄钱。虽然大部分文章是我修改编辑的，但最

金瑞英和邓颖超大姐、记者金凤合影

后我只收了自己署名的一篇文章的稿酬300块钱，我做这类事都是十分严谨的。别人说金瑞英这个人走到哪儿都是没得说，堂堂正正。还要感谢赵炜同志信任我，给了我很多的帮助和鼓励，没有她的支持和帮助，我也不可能这么好地完成任务。

13. 半百之年办政协报，困境之中梦想起飞

1988年9月，我被调到全国政协《人民政协报》工作，报到时我49岁。刚到政协报我吓一跳——想不到赶上这么一个烂摊子，要啥没啥。当时报社在魏公村的一个破招待所里头租了一层，楼上楼下天天人来人往，净丢包丢东西。那会儿报社内部也很混乱，有多乱呢？报到当天政协领导先告诉我一个案子：一大批属于报社的名人书画丢失了，价值上千万。这事一直没立案，

协助查清这个案子也是我的一大任务。后来看,这应该是全国政协反腐倡廉的第一大案。当时这报纸还是周刊,一礼拜一期,薄薄的一张,这点儿事哪够我干的呀。

到政协报3个月后,政协党组来报社宣布,原来的正副手全部退休,金瑞英负责全面工作,但我还是副总编。这样我就接手了,我得想辙呀,一个人怎么弄?我先成立个领导班子吧。我给领导打了报告,跟大家征求意见,成立了一个编委会。然后就是找钱,财政部一年给50万元,买纸都不够,出报等米下锅,经常就青黄不接了,没纸出下礼拜的报了,天天找钱去。职工更别提了,一分钱奖金没有,就那点儿工资。

在那招待所老丢东西,后来我们租了解放军报社的一座小楼办公,但报社困难得连人家租金都交不上。怎么办呢?我就呼吁,我请中宣部新闻局的领导、政协的秘书长和民主党派的领导到报社来。我先说这张报纸的重要性,我说我来的时间不长,理解不深,但我知道它是统一战线的喉舌,在民主生活中不可缺少,现在必须得发展。报社现在面临困境,没钱、没人、没物资,什么都没有,需要国家支持,需要各民主党派的领导呼吁,需要中宣部的领导在中宣部给我们地位。以前中宣部新闻通气会没有政协报,是我愣挤进去的。我说我希望各位领导重视我的意见,要不然我们承担着这么一个重大使命,不对等。我口才还行,把他们说得个个点头表示支持。

有一个政协常委是国家计委的副主任,我拜访他,请他支持我们。那位部长帮了大忙,最后财政部批下来1400万元。1988年,1400万元是个天文数字,人说你可真有能耐,你胆也太大了,你敢狮子大张口。全国政协才要来几百万,人家倒没少给你。我就是求政协领导别反对就行了。我们用这钱买了一座3层小楼,还建了当时国内最先进的激光照排车间。报社此前8年搬过9次家,现在有家了,终于安定下来。原来报纸的发行量才一两万,在大家的努力下,发行量很快就到了10多万,有广告了,报社就开始不用国家拨款了。报纸改成周二刊、周三刊,后来又加了个周末版。我们在北京新闻界逐渐有了影响,不仅因为规模上来了,也是因为我们在新闻报道上的大胆和敏锐,比如说鄱阳湖断流这些事,当时不大能暴露问题的这些东西。周末版的负责人是年轻人,我就扶持他,让他大胆去写,但同时每一版我都亲自看,给他把关,题目什么的我都得把关,又怕捅娄子呀。你都不知道我累成什么样了,整天也顾不上家。我真是管得严,盯他们盯得眼珠子都要掉出来。我不怕劳累,每天把大样拿回家来,10点以后孩子睡了,我再开始工作。周三刊,每次8个版,后来周末版又加上了那4张,我累得不行,天天睡不了多少觉。报社的车接我上下班,坐车上我就打瞌睡,到地儿了司机叫我:"社长,到了!"这才醒过来,累成那样。

《人民政协报》蒸蒸日上,我却迎来了人生中又一场严峻的考验。我们原来没有人事权,上面给什么人就是什么人,一个业务单位,还是政治性强的报纸,混饭吃的占相当大比例,连幼儿园老师和干总务的都派来办报,这怎么行?为了报社大局,为了打破旧有体制,我在报社推行聘任制,以前都是铁饭碗,谁敢随便开人?所以我的聘任制就是捅了个娄子,编辑部有聘用权,但是谁走谁不走,要政协批准。我聘你做主任,你主任可以聘下面的:干得好,有前途;干得不好,我给你留机会。当时企业有聘任制的了,事业单位还没有,我也没跟谁学,我就是想不聘任不行,报纸这样下去不行。这就得罪了一批人,他们咬牙切齿地恨我,不停地在告我,写我的匿名信。但我仍然下定决心要实行聘任制,不合格的人、没有人聘用的人你就得走。我明知脑袋上顶个雷,但也必须改革,不然,这张报纸没有出路!

我是个敢作敢当的人,下面很多想干事的人说,就得跟着老金干,业务骨干都支持改革。1989年以后,组织把我给提成正的了,社长兼总编辑。有人提意见,说报社那么多人被开了,她不担着责任还提拔她?当时党组很支持我,说就是她了,因为要人干事不能不给人权力。

随着工作走上正轨,机关党组决定再次开始调查当年那个书画失窃大案,任命我当专案组组长,由党委派人协办。专案组一幅幅查找政协报自创刊后发表在报上的名人字画的下落,最后只找到十来幅,有近千幅不知去向,而嫌疑最大的就是文艺部主任邹某。眼看着离破案越来越近,被审查的人狗急跳墙，写匿名信编造所谓"经济问题"将我告到中组部，想将我击垮。在他们的逻辑里，我一年过手几千万，不可能一点儿问题没有，一旦我出了问题，他们也许就能趁机逃脱。当时"两高通告"刚刚发布，抓出一个局级干部就是大案，于是政治局常委宋平同志亲自批示审查，全国政协马上成立了一个更大的专案组来审查我。我在调查别人的同时自己又成了被审查的对象，当时内心的压力有多大，有多委屈没有人可以倾诉，为了不给孩子压力，在家又只能强颜欢笑。但越是这样，我越下定决心一定要查个水落石出，不仅要将罪犯绳之以法，也要证明自己的清白。

邹某及其同伙向各地的政协系统、报社记者站发匿名信，编造我的罪状，甚至卑鄙到造谣中伤我有生活作风问题，谣言不堪入耳。由于政治局常委、中组部部长的批示，大专案组对我的审查非常严格，我出差、讲学去过的每个地方，专案组都重新走了一遍，结果不但没发现我有任何问题，反而搜集到很多我在各地不吃请、拒收礼、不搞特殊化的廉政材料。而此时，字画专案组又从一些政协委员的举报中获得了邹某利用职权侵占许多知名书画家赠送给报社的大量书画的证据。公安机关正式介入此案，邹某被隔离，在对他家的搜查中，从夹壁墙等地方起获了名人字画700多幅和诬告我的匿名信底稿140多封，案件终于水落石出！党组很快也公布了对我的审查结论，在大会上宣布我不仅没有任何经济问题，而且是一位廉洁奉公的好干部。邹某最后被判15年徒刑，贪污罪10年，诽谤罪5年。他出狱后，还企图折腾翻案，但这是铁案，注定正义战胜邪恶，廉洁战胜贪腐。

我虽然恢复了清白，但严重的精神打击，让我的身心付出了沉重的代价，心脏病越来越严重，经常被送到医院抢救。在万籁俱寂的夜晚独守孤灯时，我常常问自己："为什么当个好人这么难？"我上初中的儿子，整晚坐在床边看着我，怕我想不开。我告诉他："妈这一辈子光明磊落，可竟然没有我走的道，我想不明白。你记住，我一生问心无愧，如果我心脏病发猝死，你一定要把诬陷我的人和事诉诸法律，不然我死不瞑目。"

当审查结束给我恢复名誉，邹某也被法办入狱之后，我却心灰意冷，向组织要求提前退休，但没有被批准。

在香港快回归的时候，政治气氛比较微妙。当时要在香港举办一个两岸三地女记者和女作家论坛，中宣部指定我当大陆代表团团长，香港和台湾也分别派出了代表团。到香港头一天，我的心脏犯病了，一分钟跳300次，舌头都硬了。但第二天早上开幕式我要发表演讲，所以不能去医院，我就告诉自己一定要坚持住，一夜没睡，熬到开会。当时香港还未回归，我在会上演讲后有好多海外记者恶意提问，说："你们大陆民主，你们政协是各党派的民主发言的地方，是真民主还是假民主？真民主你拿出证据来。"我侃侃而谈，举出了一系列委员参政议政，政府予以采纳甚至因此改变决策的案例来论证，很多都是本报报道过的。我说："民主不是在口号上，也不是只听他们说说而已，而是落实在国家的建设上。因为他们提的意见，对国家建设是有利的，是建设性的意见。所以民主党派也好，民主人士也好，在政协都有发言权。"有人不是说"不说白不说，说了也白说"吗，我说："说了不白说，说了也是真正有效果的。"我的发言有理有据。

第二天，香港报纸把我的演讲登出来了，后来我们慢慢地跟台湾、香港记者开始有了交流。我作的《当代中国女记者的形象素描》专题学术报告讲了中国从老一代到现在年轻一代的女记者在革命战争年代和建设中不可替代的作用，还被收入他们出的书里了。晚上会议闭幕后，我被紧急送到了玛丽医院，在香港的医院住了两天，稳定病情，回北京后就做了心脏手术。

我几十年就这么堂堂正正地干工作出来的。1982年从一个普通干部被一下提拔成了局长，到退休时，我在局级职位上干了20年。我从来不搞溜须拍马，领导家门朝哪边开，我全然不知；也不搞任人唯亲，用人就是凭能力、凭品行。连政协副主席向我推荐人，如果不合适我也婉拒。我不是给自己开店，是在把好党的舆论工作的大门。久而久之，大家都知道我的作风，也就不轻易往我这儿乱塞人了。一路走来，我可以拍着良心说是两袖清风，所以谁诬告我我全不怕，为人正、为官清是我不变的信条。

14. 转型公务员，参加十四届六中全会报告起草

1994年，我被调到机关，当了全国政协专门委员会三局的局长。三局涵盖面广，委员数量多——包括科学、教育、文化、卫生、体育五大方面，从此结束了我的新闻生涯。卸下记者的使命，等待我的是一个并不熟悉的职业——公务员。

在这个岗位上，我负责科教文卫体方面的工作。我局写的调查报告，总理、副总理常作批示，而我得到的最后一个批示，是对我本人起草的关于精神文明建设建议的报告。中央对这个报告很认可，于是中办调我参加了中央写作组，参与中共十四届六中全会文件的起草。写作组由政治局委员、中宣部部长丁关根同志负责，组里都是党内的理论家，有中央党校几位副校长、中央文献研究室主任、中宣部几位副部长、各省的宣传部长等。整个写作组就我是女性，又姓金，他们都开玩笑叫我"一朵金花"。我刚进组时，参加丁关根主持的汇报会，会前，有领导说："老金，如果你来不及就甭发言了。"我说："可以啊，大家都是理论家，一堆中央委员、部长什么的，我就别冒头了。"后来会上大家说不行，就这么一朵金花，不能不发言，老金得发言。结果我这一发言，结合社会问题和政协委员多年的建议提案，我总结了60条意见，这是直接来自基层的东西，接地气。大家反映说："你要不发言，我们都听不着这么直接的意见，真是有价值，我们就需要听这些。"

我被分到第一起草组，这组负责总纲部分的起草，几个人天天开会讨论。因为我不是专门研究理论的，对邓小平理论真不像别人那样烂熟于心，所以当时紧张得要命，每天夜里看书看到两三点，从头琢磨、理解，两条腿都肿了，那时不知自己已经身患癌症。就这样，全力以赴干了10个月，直到六中全会召开，我还作为工作人员参加了会议，听中央委员会的讨论，集中整理意见，拖着病体坚持到了最后。

回政协时，中央办公厅给我写的鉴定里对我进行了表扬和肯定。可是完

成全会文件写作后,多年来的过度劳累和身心摧残使我患上了癌症。我1997年动了手术,在休养了一段后主动提前退休,结束了我的职业生涯,而参加中央文件的起草,则是我职业生涯中最后的一次贡献。

15. 不管命运如何,总得打好人生这副牌

我这辈子得过两次癌症,动过10次手术。1997年,从写作组回来去医院做检查,医生说我得了乳腺癌,问我为什么不早来。我说没时间,医生说命没了,就有时间了!1998年,我胆又坏死,吃不了饭,开刀切除了。1999年,我又被查出子宫癌,手术后同时做放疗和化疗,痛苦啊,头发掉光了,吃不下饭,瘦了30多斤,人都走了形儿,可为了那个存活5年的目标,我扛着。我一生中大小手术10次,我是单身母亲,孩子们帮不了我,我只能自己为自己作决定,每次都是自己走着进的手术室,跟我的孩子和送我的朋友说:"放心吧,仨钟头以后,我出来还是一条好汉。"大家都说,我的坚忍无人能比。因为珍惜生命,我必须乐观,让自己内心强大,才能迈过一道道关卡。

57岁时我得了癌症,手术之后我就没再上班了。手术前,政协领导找我谈过话,说:"等你休养一段就回来上班,调动一个岗位,职务还有上升的空间。"我说:"不了,谢谢你们的好意。"写作组里有数的几个局长后来都成了部长、省长等。一些好心人为我惋惜,但这么多年,我实在是累了,觉得自己一辈子活了别人两辈子。尤其是得病以后,更是改变了对人生的看法。我生孩子比较晚,当时孩子还在上大学,我真是想开了,只想看着我的孩子平平安安长大。我这人不贪,对钱财、对官位没什么欲望,没伸手向组织要过什么。按政策,我是高级记者,两次获得全国优秀新闻工作者称号,是享受国务院特殊津贴的专家,退休应该领取百分之百退休金,全国政协规定被评为"三八"红旗手和全国先进档案工作者的,都享有百分百工资的退休待遇,但没人为我争取,多少年过去了我对此并不介意,不愿去争。为蝇头小利大闹天宫,我干不出来。

我想，人的一生不一定只做一个梦。梦想不是空想，不是幻想，不是浮想，更不是妄想。它是支持每一个人生命活力的奋斗目标。不同时期树立不同的目标，同样是一种生存的能力。

我做不了无所事事的人，于是在退休之后，在同疾病斗争之中，我开始追寻那个逝去已久的文学梦，我开始写小说讲述我的家族故事，我的人生故事。这成为我生命的新动力。

在病房里，我同病魔斗争的 4 年也正是我创作的 4 年。在我跨过 5 年存活期这道门槛的时候，我的 60 万字长篇小说《皇天后土》也出版了，这是我的第一部文学作品，也是我送给自己最好的礼物。有生之年，我还会沿着自己的梦想之路走下去。

我这一辈子苦难太多了，因为性格过于刚毅，宁折不弯。我父亲也这样，特耿直。我们的性格跟我这个民族有关系，满族，游牧民族，马上的生活，这是祖宗基因带来的。

我在一本书里看到，艾森豪威尔将军的妈妈曾对他说："人生就像一副牌，上帝发给你一副牌，你是不能退回去的。你只能接受你的命运，是好是坏，你都必须面对。你所需要做的就是冷静思考，去把这副牌打好。"我觉得人生就是在打这副牌，命也许是注定的，但运是可以改变的。老天爷发给我这副牌，不管是好是坏，都得打下去。我几十年的追求、挣扎、奋斗，就是为了改变。一辈子里可能有过荣光，但更多的是坎坷曲折。人只有自己救自己，必须要强，出身不同的每个人，都在自己的轨道上走，走歪走好是你自己的事，必须自己走出来，你得打好这副牌。一个人只要努力付出，梦想多多少少都能成真。

这就是我的故事，也是一位职业记者的人生报告，虽然不那么精彩辉煌，但也并不平淡灰暗，而是跌宕起伏。作为平常人，我很知足。对党，对国家，对人民，对家族，对儿女，我都无愧于心。我已年近 80 岁，我要用最后的血肉铸成我最后的长城。

访谈员后记

采访金瑞英时她正生着病,但她的豪爽健谈和超人的记忆力,加上满腔倾诉的欲望,使得讲述如潺潺流水般顺畅。她的人生故事跌宕起伏,充满了戏剧元素,辛酸却励志,凄美而高亢,令人不忍打断。所以,采访时长超过预定计划,8万字的访谈记录压缩如此。

退休后,她创作了长篇小说《皇天后土》,讲述的就是自己家族从皇亲国戚变为平民的故事。访谈结束后,笔者迫不及待阅读她的长篇巨作,于是,更深刻地理解了她作为光绪贴身侍卫的孙女、最后的皇族后代,为脱胎换骨追赶时代极尽了何等能量,其奋斗精神令人无比钦佩,自叹弗如。

磨出的青印永远去不掉了
——郭玲春访谈录

- 访谈时间：2015年3月21日、26日上午
- 访谈地点：北京宣武门郭玲春家中
- 受 访 者：郭玲春
- 访 谈 员：卢小飞
- 整 理 者：卢小飞
- 摄 影 师：王权增

编者按

郭玲春曾经是新闻界一个响亮的名字。这三个字代表的是真诚的文字和不断创新的写作，是独立自主的思考和个性的坚持，以及对新闻事业的执着。

郭玲春是新华社高级记者，1964年毕业于复旦大学中文系，1971年成为记者，在万马齐喑、舆论一律的年代，她的个性化写作几乎成为一面旗帜，对于新闻文风的扭转起到引领和催化的作用。1992年，她担任新华社香港分社记者。

退休后，她成为一个且行且思、漫游世界的旅行者。

磨出的青印永远去不掉了
——郭玲春访谈录

1. 童年经历了生活的动荡

1940 年,我出生在上海。20 世纪 40 年代,这里已经是十里洋场,相当繁华了。父亲是一家证券交易所的经理。可能是股市的动荡吧,有时候,家里很富有,有时候又会拮据得开不出"伙仓"(上海话"伙食"的意思)。记得爸爸第一次带我到百乐门舞厅吃西餐,铺着台布的小桌上放着一盘蛋糕,上面镶嵌着红红的山楂糕,特别诱人。大人离开座位了,我趁人不备,把每块蛋糕上的山楂都吞进肚里,他们回来一看,笑了,我却东张西望,假装不知道。

我家住的是石库门房子,离北京西路(那时叫"卡德路")很近。抗战期间,有一个汉奸把我家和相邻四家的一层楼全部占为己有,开了一间印刷厂,专给日本人印商标。父亲爱国,又是一副侠义心肠,他早就留心,把捡来的商标藏好当"物证",等日本一投降,立刻收集材料把汉奸告上法庭,几家邻居也答应出庭做旁证。但没想到,那个汉奸竟摇身一变,成了国民党的接收大员,与法庭勾结,说我父亲是诬告,邻居胆小,没一个敢挺身而出。父亲当场被捕,判刑半年。

那时我 6 岁吧,家里发生大变故的当天,我被寄放在邻居家里。邻居们回来时都悄悄地传话,气氛与往常大不一样。我心想,你们以为我小,但我都懂,父亲出事了!那以后,母亲每个礼拜都提着藤篮(里面装熟菜)去探监,还要拿钱打点看监房的"牢头"。母亲撑起了这个家,已经成年的大姐和二姐这时放弃了大学学业,当小学教员来供养年幼的 5 个弟妹。

父亲说,证券交易是大鱼吃小鱼,他这个当经理的,也是给老板卖命。有一年,母亲过生日,这或许是父亲事业的兴旺期吧,他为母亲在上海专门做佛事的"西园寺"办了寿宴。姐姐们的旗袍是到名店鸿翔公司定做的,我还记得大姐穿的那件紧身旗袍上有淡紫色的花纹,她的烫发向上卷曲着,好漂亮噢。四姐的白绸衬衫配着蓝绣花裙,我穿了件粉红绸面泡泡袖的小连衣裙，心里美滋滋的。来客们每人发一个银圆的拜寿钱，有人送"堂会"当寿礼，除了魔术、杂技表演，还有上海大名鼎鼎的滑稽演员姚慕双、周柏春的"双挡"，姚、周两位的名声就像现在的赵本山呢。晚上，一桌桌的客人又被请到北京东路上的大加利西餐馆，那应该是家里最"风光"的时候吧。一旦金融危机或者时局混乱，用一麻袋一麻袋装回来的钱，已经不值几文了，家里连日常开销都难，印象中，这样的日子居多，母亲四处张罗着借钱。记得那个放高利贷的阔太太姓金，坐在家里讨债时挑起眉毛，一脸怒气，我心里在说，我有钱了，还你。我还跟着妈妈去"典当"，跨进店铺，前面有一块大大的"遮羞牌"，当铺的柜台很高，我仰着头只能看到几根栅栏，妈妈取出一些首饰，递到账房先生的手里……

这是我幼小时最早的记忆。

2. 正直的父亲，善良的母亲，7个孩子一大家

我祖籍福建闽侯，直到60岁退休后才去"寻根"，听说那里确有姓郭的一族。祖父当年参加科举考试，从福建派到宁波的县衙门供职（官名不详）。祖母是他的继室，宁波人，有心的祖父早有准备，去世后留下很多古董。祖母（按我们的叫法是"阿娘"）就靠变卖居家过日子，父亲有个姐姐已经出嫁，孤儿寡母的，日子当然很艰难。

我母亲是杭州人，外公在海关工作，会英语，后来被派往宁波做事。他高大威猛，用现在的话说，长得很酷。外公有5个女儿、3个儿子。他不顾世俗，拒绝给女儿缠脚，又让我母亲穿上马褂，假扮男孩到私塾读书。儿子被安排在上海商务印书馆函授英语（用书面往来的形式学习）。父亲和我二舅是发小，他们称彼此是"光屁股的朋友"。二舅懒散，对英语不感兴趣，在一旁的父亲趁这机会，帮二舅"代学""代考"，成绩单从上海寄到外公手上，二舅交了差，家人也满意。母亲那时还是个未出阁的姑娘，觉得父亲虽穷却很有志气。

磨出的青印永远去不掉了
——郭玲春访谈录

郭玲春出生前的一张全家福

之后，母亲又随二舅和我父亲等一批进步青年参加抵制日货的活动，还为募捐义演。母亲说："你父亲会各种乐器，他拉二胡，你二舅唱京戏，我在剧场门口收票。"五四运动时，我的父亲母亲和一群热血青年一起走上宁波街头，那时他们还没有成亲，但我猜已经是两情相悦了。20世纪80年代，我在上海出差，一天大早，见二老挤在收音机前小声说话，我问："这是听什么啊？"他俩告诉我，今天是五四纪念日，便回忆起当年的情景，二老感慨无限，让我这个当女儿的也肃然起敬！

再往回说，我父母是自由恋爱的，也得到开明外公的支持。母亲说，婆家连像样的彩礼都难凑齐，她不在乎，她在乎的是那场婚礼的与众不同。她是穿着西式婚纱做新娘的，而新郎也是一套白色西装，黑白相间、当时称为"香槟"式的皮鞋，那真叫"潮"。在20世纪20年代的宁波城中，绝对是领风气之先。

父亲对我影响至深。我们家7个孩子，排行一、二、三的是女儿，当中一个男孩，下面又3个女儿。我是老六，小时候吃饭，常常是两大桌，我们自家一桌9个人，另一桌是我母亲家的兄弟姐妹以及他们的孩子，我所有的舅舅、阿姨的家里人大多在我家住过，或是逃难来的，或是暂时借住。二舅家搬到了镇江，他的一个儿子从十来岁一直到成家立业，都待在我们家。即使在家境不好的年头，对母亲娘家的亲眷，爸爸从来都慷慨、热心，在他看来，这些都顺理成章，就像是他分内的事。

　　有一件事，很有戏剧色彩。20世纪50年代，父母到宁波给祖母扫墓。回来的那天下雨了，他俩在长途汽车站屋檐下躲雨。这时，有个中年男子在他俩身边转悠，末了问："先生是不是姓郭？"父亲说是呀，对方"哎呀"一声，叫了一声："恩人呀！"就把我父母拉进屋去了。原来，新中国成立前的某天，父亲也路过这里，见几个汉子动手打人，出于义愤，便上前去阻拦，打人中的一个人喊道："他欠我钱！"父亲与他论理，说打人犯法，这个钱嘛，我出！离开时，被打的男子问了父亲的名字，因为没有地址，也无法联系，但记着这份情意。他说他常在附近寻找，希望哪天能再见到"恩人"。还真是老天有眼，终于盼到了这一天。那天，他非要我父母住在他家里。说起这桩往事的时候，母亲的语气带几分自豪，这是在夸奖父亲的为人和仗义。

　　每遇到不合理的事情，就算是素不相识的人，尽管事不关己，父亲必定会去过问。"路见不平一声吼"，用在他身上最贴切不过了。过去的上海，管当警察的印度人叫"红头阿三"。有一次，父亲坐在车上看见"阿三"在打一个黄包车夫，于是他掉转车头，下车去打抱不平，还险些被拉到警察局去。回来讲起，知根底的朋友说，你官司还没吃够啊！真是"憨大"（上海话，念"港度"，傻瓜的意思）！

　　20世纪70年代，我们家搬到上海的北区。一位邻居老太，因为儿子待她不善，抹着眼泪坐在扶梯口不敢回屋。父亲也陪着蹲在那里，等那不孝子下班，他便上前责问，说："你再虐待老人，我明天到你单位找你领导去告你。"那年头，谁都害怕"组织"的制裁，那人只好低头认错。一个冬天的晚上，

磨出的青印永远去不掉了
——郭玲春访谈录

我恰好在上海出差，隔壁邻居家传来打孩子的响声，夹着孩子凄惨的哭喊，父亲立即从床上跳起，只穿一身棉毛衫裤，便冲过去敲门，边喊着："不许打孩子！不许打！"我赶紧拿件棉袄给他披上，也一道大喊："不许打——！"我相信遗传基因的作用，因为类似的事件不时在我的姐妹、哥哥中"重演"：坐轿车的主儿冲撞了路人还理直气壮地斥责，我四姐姐会冲上去理论；年轻人随手扔垃圾，我三姐姐会大喝一声："你给我捡回来！"

母亲是我们心目中的美女，中年时的一张旧照片，人都说像那个时代的电影明星，但她说自己头发稀拉，长得也平常。她善良、宽厚，遇事有自己的定见，在亲戚中很有威望。

我工作后，母亲来北京探亲，原先往来各地都是坐火车硬座，这回，我工作了，好不容易托人买了张卧铺票，让母亲过把瘾。过些日子，我回家探亲，问母亲坐卧铺的感觉怎样。她说，卧铺好，但是我没坐。为什么啊？因为，开车后上来两个人，其中一个断了条腿，是到上海去装假肢的。陪同的问，哪位好心人照顾照顾，给病人挪张卧铺？车厢里没人回音，那年母亲整70，说我让给你吧。就这样，母亲在卧铺边的小凳上坐了一个晚上。下车时，人家要付钱给妈妈，但她不要，说这钱是我女儿的，你留着买点儿补品吧。我心疼母亲，但更敬仰她的为人和豁达。

"文化大革命"期间，我父母在四川北路租了一间房。房东的儿媳是中学教师，因为丈夫定居香港，被"造反"的学生剃了"阴阳头"（一边有头发，一边没有，是当时很流行的一种惩罚的形式）。她踏进家门，公婆都不理睬她。我母亲迎了上去，受了委屈的儿媳扑在我母亲身上痛哭，我母亲对她说："王老师，人总有落难的时候，会过去的。"然后，做了一碗热腾腾的排骨面，送到楼上。这件事，我母亲从没有提起过，是当时在场的外甥女告诉我的。此后，王老师把原来称呼的"郭家姆妈"改成"姆妈"，我们搬家后还一直有来往。

对父母，我怀有很深很深的感情，人生多变，境遇无定，但他俩以自己的行动告诉儿女，人可以活得很坦然，淡泊名利，重情重义，人可以活得更

追寻她们的人生
——女新闻工作者卷

自在。

新中国成立前父亲在证券交易所时，我家有一辆汽车，哥哥后来向我证实那是一辆劳斯莱斯，不过是二手的。那是老板买的车，用来提升交易所的声誉。司机叫李维新，常带着我和妹妹到南京路"兜风"，因为他老婆有肺结核，便参加了"三青团"，可以得到免费的治疗。维新师傅技术很棒，新中国成立后当上江西九江汽车厂的厂长，"文化大革命"中挨斗受罪。外调人员到我家来询问李维新在"三青团"里有什么劣迹，我父亲据理反驳，竭力证明他的清白。"文化大革命"刚结束，维新师傅带着江西最好的瓷器来看我父亲，感谢的话说了许多，被父亲一句话"叫停"："你本来就是清白的！"

我家石库门的房子，在上海解放初期就卖掉了。1949年到1950年，上海遭到轰炸，火车站附近的房价大跌，爸爸把北京西路的房子卖掉，换成火车站对面的房子，手里便存下了一笔钱。证券交易所老板已经跑到台湾去了，但一些股民遭了殃，一笔笔辛苦钱都有去无回，这成了父亲心里的一个"结"。现在，手头有钱了，他便找到几个家境困难，或孤苦无依的客户，一一还债。有一个寡妇，等父亲上门时已经故去了。那天我是陪着父亲去的，她的养子并不知道有这笔"意外之财"，父亲很自责，说："我来晚了，来晚了！"嘱咐那个寡妇的养子给养母做一块墓地。

火车站对过的房子叫颐福里，现在听说快要拆迁了，这是我童年、青年时期住过的地方。20世纪50年代，爸爸不工作了，家庭的重担落在大姐、二姐身上。我对两位甘愿牺牲自己的长姐，深深地感激，家里那么困难，但姐姐坚持让弟妹们接受高等教育。大姐、二姐成家以后，还拿出工资的大部分来照顾我们。大姐随姐夫调到北京又辗转到广西，姐夫患病躺在床上18年，她独自一人伺候，所有的磨难她都经受了，提起她，我心痛！

妹妹是家里最小的，上海人叫"末都女儿"，一般说，也是最受疼爱的。她充满了革命的理想，不是有出话剧叫《青年一代》吗，好儿女志在四方。1963年，妹妹立志到新疆支边去了！家里就剩下两个老人，于是，父亲大刀阔斧，进行了第二次"房产改革"。

磨出的青印永远去不掉了
——郭玲春访谈录

父亲卖掉了三层楼房，租用了一间房。父亲在偏于保守的年代，敢于跨出这一步，四周的人大多不很理解，那是1964年的事，他半认真半玩笑地说，我不要资产，要当无产阶级。父亲用卖房子的钱，给自己和母亲各做一身最时髦的的确良衣裳，两人又携手出游，走了莫干山、雁荡山和庐山。父亲喜欢在山水和大自然中享受人生。可惜的是，儿女们都不富足，父母的暮年只能困在一方小小的空间，与邻居合用一个厕所。唉，不堪回首那个穷困的、只能维持起码生计的年代！

父亲是1985年去世的，那段"故事"也有些离奇。当时家里经济条件不好，医疗常识也欠缺，究竟是什么病，都没有个定论。当我得到消息赶往上海时，父亲已经是弥留之际，但他还清醒，逐一叫出我们的名字。一缕烟香在屋子里飘散，父亲把母亲叫到身边，与母亲握手，说："这一生，有件事我对不起你！"那件事，指的是新中国成立前父亲曾经有一个姨太太，是个年纪不小的女人，因为生活困窘，带着9岁的女孩跟了我父亲。对于母亲，这无疑是重重的一击。那天，母亲拉着父亲的手说："过去的事情，不提了。"

我们7个子女，还有孙子辈的都默默地坐着，16平方米的小屋很静、很静，桌上的小录音机播放着民乐《春江花月夜》，这是父亲喜爱的一支乐曲，哥哥寻遍南京路才找来的磁带。母亲说话了："今天家里要发生一件大事，父亲要走了。他走的时候大家不要哭，但必须跪下。"她略一停顿，又补充了一句："共产党员也要跪下！"我们家有两个党员，二姐和四姐。三姐是医生，带来一支药剂，打下去可以结束生命，减少父亲的痛苦。她轻声地征求意见，大家都默认了，三姐举起针剂，不知怎么的，那针突然掉到了地上，当医生面对的是自己的亲人，也不忍心啊！

父亲的心脏停止了跳动，房间里没有一声哭泣。那天，是1985年10月6日。

父亲的遗体在家里停放了3天，这是母亲的要求，她说："你们的父亲爱这个家。"虽说入秋了，但上海的天气温度不低，我的外甥女在商店工作，每天取来大块的冰块放在床下，我们不断把流出的冰水扫掉。没有医院的死亡证明，有关部门派人来调查原因，邻居都证明说，这家的小辈个个都很孝。

母亲是 1992 年离开我们的。父亲和母亲的行事、为人影响了我一辈子。在一个相处融洽的大家庭里，大姐、二姐是榜样，下面的哥哥、姐姐大学一毕业，就给家里寄钱。那时，新华社很多人知道我穷，因为我用工资的大部分赡养父母。记得我拿 79 元工资的时候，给家里 50 元，自己就留吃饭钱。《经济参考报》的总编周建英知道了，每个月让我编几篇稿子，发一份稿费，有时候，还评一个好标题，这样就有了额外的收入，物质生活虽然不富裕，但有一种精神力量的支撑，苦日子，也是值得回味的。

现在条件好了。我也像父亲那样处理房产，10 年前我卖了北京的房子，在近水靠山的威海找到一处住所。每到这里，心里会隐隐作痛，因为父亲不能随我而来了，我常站在能望得见山水的窗口胡思乱想，如果早几年开放改革，该有多好！

我在一个开明、自由的家庭氛围中，很少受到约束，了解我的朋友总结我的性格是随性，还有些任性。

3. 小时候我嗓门大，胆大，演讲得了第一名

问我从小的经历？有一首歌是这么唱的："童年去了哪里，在什么地方才能找到你？童年在睡梦里，在你深深的记忆里！"

我前些时候回上海，和童年的朋友相聚，一个个都是白发老头、老太，都感叹说，哎呀，那真是无忧无虑的时光啊。1947 年，我 7 岁，跟着大姐到唐山路小学（后来改为提篮桥区中心小学）读一年级。这所小学在虹口，是日本投降后的"战利品"，原来是为日本军官子弟开办的。学校每天早上要升旗，也就是青天白日满地红旗，唱"三民主义，吾党吾忠"，还没撤走的日本女人和孩子从操场经过，都得站住，低下头。我们小，但抗战胜利后那份爱国情结很浓，无论在哪里与日本孩子碰到了，都会拿着石子朝他们扔过去，大喊：亡国奴！

在 7 岁孩子的眼里，我们的学校大得让人惊讶。从大门口到第二道门之间有一段长长的路，两边种上一排排冬青。到了春天，教室的窗前开满了樱花，粉色的、白色的，很美；教室楼之间，有给孩子们做课外游戏的小花园；操场很大，边角上有一个防空洞，当然是抗战的"遗迹"了，调皮的男孩们常常跑进洞里，扔出鸟骨头来吓唬我们。

姐姐在学校教书，我和她挤在一张"榻榻米"（日本人的床铺）上，日本式的门窗是推拉的，木格上糊着纸。房间里一共放了 8 张"榻榻米"，还有些老师也带着女儿和儿子，住在同一寝室里。这下，有了玩伴，我们几个"住校生"形成了一个特殊的小群体。放晚学后，我们玩抢四角、跳房子、官兵捉强盗，甚至把课桌掀起来，玩得那叫肆无忌惮，昏天黑地。奇怪，似乎我们的玩兴并没有受到阻挠，也没有做不完的功课让童年失去自由的空间。

学校有间大礼堂，高高的穹顶，水磨石地板，很气派。每礼拜一的第一节课，全体学生在那里听教导主任训话，主任姓黄，平日也是脸拉得老长，这是我最怕的老师。礼堂的另一功能是各种演出。小学一年级，我参加演讲比赛，题目是《说谎的孩子》。大人们教我做手势：说"各位老师"时右手一摊，说"各位同学"时左手一摊，然后一字一顿："今天，我要讲的故事是——"哈，整个一个拿腔拿调，好在我嗓门比较大，胆子也大，被学校选拔到区里，竟然拿了个全区第一。但这也种下了"祸根"，之后所有年终成绩报告单上，老师给我的第一条评语就是：骄傲自满。

4. 小学校里的"上海风情"

如今回想，小学的老师们活脱是上海 20 世纪 40 年代小资产阶级的一个族群，这里发生的故事和趣闻，也是抗战胜利后到解放初期那段历史的一个侧影。

比如，老师中的 3 对恋人。

我的班主任梅舜英老师漂亮、可人，和教算术的陈可知老师恋爱多年。她只希望未来的丈夫能换到薪水多的银行去做事，好让她的家人摆脱困境。陈老师仗着表哥是国民党里的一个小官，便满口答应，但迟迟不落实，一直拖到上海解放。陈老师是"三青"团员，被"清除"到附近的舟山路小学去了。念旧情的梅老师偷偷地和他约会，为了掩人耳目，还捎上我。那是放学以后了，他俩站在那所学校的阳台上，梅老师穿一件紫色小碎花的旗袍。我当时是四年级小学生，到现在还记得，戴着金丝边眼镜的陈老师搂着她，轻轻地抚摸着心上人。我心想，你们以为我不懂？哼，我都懂。后来的故事是个悲剧，陈老师"失踪"了，听说是随表哥去了台湾，痴心的梅老师默默地等待，很晚才成家。

教幼儿园的真中英老师拖着两条小辫，也就十八九岁，和美术老师黄玉林是一对，这对恋人好起来，在大家面前一点儿也不遮遮掩掩；吵架了，当众哭得稀里哗啦，真老师冲出门去，"艺术范儿"十足的黄老师长头发一甩，一拳打碎了办公室的玻璃窗，满手是血，刚绑上绷带就追了出去。末了，两位性情中人在外滩的外白渡桥上相遇，又拥抱着回到学校。

谢娟老师教音乐，是个名副其实的苏州美人。她的对象是位大学生，闺密之间在寝室里，这类事都是谈话的资料，她们讲着、咯咯地笑着，我就一句句地听着。谢娟老师称呼她的对象只用一个字："孙"，礼拜六"孙"要来看她了，和"孙"在哪儿约会，"孙"家据说蛮富裕的等。果然，西装笔挺的"孙"来了，在小学老师的心目中，找大学生脸上有光，后来，谢娟老师告诉大家，"孙"每次来，都穿不同款式的西装，还真以为他家非常阔绰呢。后来他承认，为了讨好女朋友，他是和同学相互交换服装"翻行头"的。

老师当中，有正宗的上海人，有从郊区来的，还有从南京和北平过来的，南北两边实力相当。有一位叫席才林的苏北籍老师，一口硬邦邦的"江北闲话"，在当时的上海滩，就不大有人搭理了。有一年，还来过一个国民党的退伍小军官，大家背后叫他"丘八"。这文化不高的"兵"更没人理睬，"丘八"带我上百老汇电影院看了场电影，退伍军人是免票的，他穿件大斗篷，把个儿不大的我往里一裹,大摇大摆地走进了二楼的包厢。那部好莱坞大片,我在"开放改革"后又"重睹芳容",里面的几个经典镜头竟然还记得,片名是《出水芙蓉》。

抗战的胜利,曾经给国人带来振兴中华的希望,更有人乘此东风为自己谋取利益。这是我和童年的玩伴回忆往事时的分析。我们这所小学被一个国民党的区长相中,他雄心勃勃,想把学校打造成全区、全市,乃至全国的"典范",此人名龚夏。他的第一步是,把现任校长赶出门去。

机会来了,原来的校长姓周,他有家室,但好色,看中了一位年轻女教师。有一天,他召"部下"外出谈话,老师心里明白,把我当"挡箭牌"带着一道去。在周家嘴路的百老汇电影院旁边,有一家小酒店,是从欧式的镂空转角扶梯上去的。老师买了好多零食,叮嘱我站这儿,如果一直不见她下来,就大声喊人。不知道过了多大工夫,突然,老师从那扶梯上狂奔下来,根本忘记还有个我,她捂着脸,哭着往前跑了。我很害怕,也哭了,最后,都不知道是谁把我领回去的。

这桩意外成了导火索。有人一鼓动,全体老师开始罢教。我特别记得那天早上,校门口来了一辆敞篷大卡车,老师们到教育局去请愿,要求罢免周校长。内中情节我们不得而知,但最后,校长卷铺盖走了,龚夏校长走马上任。

学校的许明老师瘦瘦高高的,她是我的钢琴启蒙老师。可惜,"启蒙"的第一堂课,也是我的"最后一课"。原因是,大姐要送礼,她拒绝,大姐觉得还不起这份人情,于是戛然而止!感谢许老师,这半小时的教授,让我知道C调的哆是在钢琴的哪个位置,知道哆、来、咪、发、索是什么意思,这也成为我日后敢于"乱弹琴"的资本。

许老师很忙,也不住校,老师们隐隐约约地感到她有些怪。这个"谜底"到解放军进入上海才解开——她是地下党员。学校被接管的时候,她来了,戴了一顶八角帽,军装上系根皮带,还打着绑腿呢!温文尔雅的许明老师变成雄赳赳的战士,教师和学生排着队在大门口夹道欢迎,好威风噢!新来的校长叫蒋丽似,我小学的毕业文凭就是她署名签发的。

解放初,上海常常举行"大游行",各单位派出大批人马,敲锣打鼓或军乐伴奏去游行。"和平女神"穿白色礼服,头上是银色的皇冠,手举火炬被人抬着;扮蒋介石的,脸上贴一块膏药,拄着拐杖一步步往前挪。大家振臂高呼:"打倒美帝国主义,保卫世界和平,打倒蒋介石,解放台湾岛!"妈妈领着我和妹妹在南京西路的"鹅"牌衬衫广告牌前,从下午站到傍晚,看得那个过瘾啊!后来,小学生也上街了,我们搭了台,当啦啦队,给游行队伍加油。我还是主力呢,嗓子都喊"劈"了,老师称赞两句,自以为了不得!

我的普通话还可以,喊口令时不发怵,同学们选我当少先队中队长。这也是我求学生涯中所担任过的最高职务。我还常被派去代表少年儿童欢送参加军干校的学生,解放初,动员年轻人参加军事干校,他们出发的时候,会开大会或到火车站送行。我被抱上讲台或临时搭起的高台,大声念一篇讲话稿。这稿子开头是老师写的,后来便自己动笔了,我读五年级,作文不错,什么亲爱的大哥哥、大姐姐,你们响应祖国号召,到最需要的地方去等一类的词,背得滚瓜烂熟,回想起来,公式化的那一套从小已经在脑袋瓜里生根了。

小学时光好像过得挺光鲜的,我还拍过电影。20世纪50年代电影《武训传》挨批,昆仑电影制品厂为了让主演赵丹散散心,投资让他当导演。那部影片叫《为孩子们祝福》,演过三毛的王龙基是主角,黄宗英扮老师,还有蒋天流、傅伯棠、中叔皇、黄晨,一班子老搭档。后来一看到他们的名字或演出我就觉得可亲切了。你看,现在我还留着一个小校徽,写着"新华小学",就是特为拍电影做的,我在里面跑龙套,一个班三十几个学生的其中之一。当然,能从上千个孩子中被选拔出来,也很得意了一阵啰!

粉碎"四人帮"以后,我采访过赵丹。讲起这段陈年往事,这位曾被我们亲昵地叫着的"阿丹叔叔",已经不记得他的导演处女作了,那时他刚出狱,精神、身体都受到极大的摧残。

5. 男生送我贺卡，我意识到自己是女孩子

那时，拍照是件时髦事儿，女老师们化好妆站了一排，让我和同寝室的男孩程健在前面，说你们俩拉着手吧。程健不肯，我却愿意，悄悄地把手伸了过去。大家笑了，说，哎呀，还不好意思呢！

我们班上有个男生，家里是开银楼的。这个上海"小开"（富二代的意思）下雨天要保姆背着来上学，过端午的时候，额头上还画个红印，大家取笑他，但他功课好，还会英文。过圣诞了，他给很多女孩都送贺卡，上课预备铃一响，全班同学都在自己位置上坐好了，突然，他走到我的身边，郑重其事地把贺卡放在课桌上。男同学起哄了，"噢，噢"地叫着。那年，也就是9岁、10岁的光景吧。为了"划清界限"，下一堂课预备铃响的时候，我也当众把贺卡送还过去，全班又是"噢，噢"地叫着，好像男同学最得意了，有的摇头晃脑，又喊又笑。这大概是我第一次意识到"男女有别"。

其实，男孩和女孩之间，天生的不是冤家，别看表面上怒目相视，骨子里倒是很友善的。上了初中，最调皮的学生边上总归要安排一个女生，目的是"制约"他。我的同桌叫童文光，全班顶尖的捣蛋鬼，我俩画了"三八线"，我只要稍稍出线，他便毫不留情地"制裁"，我疼得哇哇地叫，老师就会让他罚站。但是，不大一会儿，他又送过一块橡皮，递一张条子，向我道歉。另一个同桌叫方肇庆，吵架时把我气哭了好几回。放晚学后，他跟在我后面，我不理他，他一个劲儿地套近乎，塞给我一本连环画，那年头连环画是要拿钱租的，说，借给你看看，什么时候看完什么时候还。

6. 我迷上了读剧本，图书馆成了半个家

初中，我上了"钱业中学"（现在上海很有些名气的"新中中学"），这是由一些钱庄（相当于如今的银行）老板出资开设的。解放初，这类私立学

校蛮多，学费比较贵。我算术不好，拍电影又耽误了功课，没能考上免费的市立学校。

"钱业"的师资力量很雄厚，但我还是个不用功的学生。老师在上面讲课，我和同桌周怀泓不是递条子，就是讲悄悄话。一次，两人正在交换鞋子穿，被老师叫到讲台上去回答问题，我只好一瘸一拐地穿着两只不同的鞋走上去。校长姓施，很严厉的，把我"请"去训话，我自己还装出满不在乎的样子。

由于功课不好，加上那年国家在教育上好像有个精简政策，我没考上高中。但考试之前，我自作主张，要上南京去碰碰运气，我的三姐在那里当医生。父亲当即表示支持，他送我上了火车，于是，就有了如同朱自清名篇《背影》里那样的场景。我已经坐在车厢里了，站台上挤满了送行的人，父亲上哪儿了？我四处寻找，终于看见了他匆匆走着的背影，不一会儿，他回来了，做手势让我打开车窗，递给我一把刚买的纸扇子，还有一包花生。那背影直到今天都是我永远抹不去的记忆。

"自学"这一年，我每天都去南京路上的上海图书馆，那里几乎成为我的半个家。早上赶到，中午5分钱的罗宋面包，夹上几块五香豆干，喝着免费热水，边吃边看书。这是一段值得留恋的日子，很多图书馆员都认识我，说这孩子天天来，有些我要借但一时找不到的书，他们还会给我留着。

我喜欢看剧本，曹禺、郭沫若、于伶、夏衍的剧本通通拿来囫囵吞枣地读。20世纪80年代我采访夏衍时，告诉他，我读过他的处女作——独幕剧《他是谁》。他很惊讶，说自己都记不得了。后来于伶同志送了我一套他的全集，我说，我早已经是你忠实的读者了。

我爱看书，起源于哥哥和他的伙伴办的"三友图书馆"，他们还自刻了图章，把书存在我家一个红色的玻璃书柜里。我偷偷地去翻书，小小年纪时似懂非懂地看巴金的《家》，眼泪流得稀里哗啦，还读大部头的《风萧萧》，看一本本当年最流行的《小说选刊》和《万象》；再过些年，读肖洛霍夫的《静静的顿河》。夜里关灯了，我坐到楼梯口一直看到天亮。

看书的习惯，一直延续到现在。晚上睡觉以前，不翻翻书，好像缺点儿什么。20世纪80年代，我还买不起电视机。每天中午，我在食堂打饭，回到家里随手取一本莎士比亚的剧本，翻开一页，任何的一部剧中，任何的几句台词，都可以成为经典，让人回味，让人沉思。

在我们身边，读书如今几乎成为一种奢侈的习惯。而在国外的公交车或火车上，时常能看到年轻人捧着厚厚的一本书，老年人在公园休闲或是在临街的咖啡店里，手上也总有书和他（她）做伴。

7. 小时的作文比我写的新华稿好看

"洋泾中学"是上海的一所重点中学，在黄浦江的对岸。我向家里宣布：我要考高中了，去住读。不管是不是心血来潮的念头，父亲总会点头，说："好！"他不约束我们的思路，总是给子女充分的自由。过于出格了，他会"旁敲侧击"，让我们自己慢慢地思考。

"洋泾"的生源分两类，一拨是上海来的，一拨是浦东本地的。上海来的都住校，60年一晃而过，但我们同寝室里的几个朋友，仍旧来往密切。

高中时，我仍然是数理化差，作文好。我从小的作文，有细节，还有联想，好像比我后来写的新华社稿件可读性还强些。我的作文常被老师当范文在全班读。老师出题写《我的母亲》，我写了一个片段，就是父亲被捕的那段日子，在一个下雪天，母亲出去筹钱，她说，等我回来，给你们做晚饭。天色慢慢地暗了下来，我和妹妹眼巴巴地等着。妹妹哭了，我抱着她，朝窗口哈一口气，从挂着冰碴儿的玻璃窗上往外看。哦，妈妈来了，她胸前抱着什么，突然跌倒在雪地里，但是，她没有松开手，支撑着爬起来，回到家里。妈妈胸前抱着的是烧饼，热乎乎的烧饼。这是童年记忆中的"残片"，或许细节有些模糊了，但绝对真实。

再说我写春游。老师说，同学们写的春游都是桃花、杏花的，千篇一律，看郭玲春是怎么写的。我写的是，春天了，我带着小外甥到叶家花园去踏青，小外甥一抬头，叫着：樱花，樱花！这一树樱花，把我带回到过去的时光。在少年宫，我参加过世界儿童大联欢，好多国家的小朋友在一起跳舞、唱歌。其中有一个日本女孩，和我分在一个小组，她会说中国话，我们聊得很开心，她告诉我她快要回国了，她家在冲绳，家门口种着许多樱花树。我说，我也喜欢樱花啊。我们留了通信地址，她答应会把晒干的樱花瓣寄给我。后来，她来过一封信，说家门前的樱花树找不到了，这个地方已经成为美军的一个基地，而她和父母也要离开自己的家乡。此后，我再没有收到她的来信。这篇作文，老师给我打了最高分——5分。

8. 5年大学，结识一帮好友，学会独立思考

我是1959年考入复旦大学的。高考前的关键时刻，我突然生了场急病，横膈膜痛，因此错过了毕业考试，不得不去补考。就这么着，我耽误了许多宝贵的时间，只剩下了四五天，才急匆匆地拿起书本。我下决心要在这短短的几天复习完高中3年的功课。但上海夏天那个热啊，你手臂往桌上一搁，就是一道汗印，我躺在凳子上睡午觉，还边翻着书，看着看着就睡着了，太困。复习不到位，也得奔赴考场啊！

那时考大学，录取的范围比较宽泛，必须填写24所大学作为自己的选择。我的第一志愿是复旦大学中文系。我以为中文系就是写作文，第二个是北京外国语学院德语系，之后什么华侨大学、杭州大学一股脑儿都填了上去，父亲当时说："嗯，杭州，好地方啊！"

考试，总是运气与努力的结合，而我，运气占了第一。比如考政治，人民公社的特点是什么？不知道啊，正着急，突然脑子里蹦出一个词儿："一大二公"；语文解说题"一蹴而就"，糟糕，没听过这个词儿，转念一想，也就是希望一下子把事情办成吧；考历史，问某农民起义失败的原因，这个起义军的名字很陌生，没复习到啊，镇静下来想，农民起义嘛，大多数都是进城以后骄傲自满，脱离群众。你看，我基本上都是蒙对的。

磨出的青印永远去不掉了
——郭玲春访谈录

那时候上考场，不需要家里人送。妈妈给我5毛钱，1毛钱坐车来回，1毛钱买根奶油雪糕，还有3毛钱是午饭：一大碗肉面。

暑假还没过完，录取名单下来了，北大、清华、上海的复旦和交通大学都是第一批发榜的。我们班录取"第一志愿"的有两个人，一个考上北京大学物理系，另一个就是我，复旦中文系。在我看来，我好像是中了头彩，挂上复旦校徽的那天，还真有点儿晕乎乎的。

我所在的复旦中文系五九级是个大班，90多人，从全国各地聚拢来，女同学24人。班里分成若干个小组，以男同学的宿舍为标记，我在的小组是221。

入学不久，逢到一场"教育革命"，也就是学校之上的领导机构号召青年人破除迷信、解放思想。一帮毛头小子和姑娘还不知"学术"为何物，就要挖空心思去"革"学术的"命"，浩浩荡荡地列队到中文系办公楼去"示威"。上课时，蒋孔阳老师坐在课椅上，同学们轮番上讲台发言，批判他的美学观念。

大学时代

有一位说到激动处，指着蒋孔阳老师，说："你应当去劳动改造！"老师受这当头一棒，当场站起来，一口四川话里发出颤音："我，我是不是去改造，要组织上决定。"随即离座而去。那是"革命"的初级阶段啊，蒋孔阳老师还保持着一份自尊、几分书生气。后来，他在"文化大革命"中的遭遇就不堪设想了。

浮夸和不实的风气已经刮进大学的校园。我参加复旦话剧团，人人都要表态，哪位明星是你的追赶目标。于是"张开飞翔的翅膀"，还特认真地写下书面材料。担当女主角的说，赶超白杨；扮老头的说要拿下张伐；我除了报幕还演小孩，大家出点子让我进军"美国童星秀兰·邓波儿"，哈，这出戏，真比在台上还热闹。

　　大学里,我的心思没有放在学问上,我仍然不是个好学生。毕业 50 年聚会时,有位学兄对我说:"你啊,记报幕词几分钟就背得滚瓜烂熟,老师叫你站起来背《出师表》,你就卡壳了。"没错,这事我有印象。

　　但那 5 年,我有幸领略了名师风范。有一些业绩非凡的教授,比如郭绍虞,哪怕站边上一睹风采,听几句至理名言,也自有一种收获;周谷城教授开课是在上千个座位的登辉堂,不记得他讲的内容了,只知道你用笔记,一定赶不上他的思路,那透出的一股大气令人折服。20 世纪 80 年代,他出任全国人大教科文委员会主任,某年遭到"弹劾",有人认为周老年岁过大,不妨自动卸职,新华社要我做一次采访,周老正在气头上,对记者的提问一概回绝。我与他通了一次话,说,你是我尊敬的老师,当年为了听你一堂课,是要一大早赶去抢占座位的。他笑了,给我这个八竿子打不着的学生一点儿面子。于是我顺势而下,写出一篇两头都不得罪的采访记。

　　现今在古典文学界赫赫有名的章培恒老师,当年已经是满腹经纶。他正为刚故去的母亲服丧,按照古训,不理发,不刮胡子,脖子上、手上挂着麻绳。他用颤颤巍巍的声音在课堂上回忆起"我的母亲——",我想笑,却不敢,因为心里对他充满了敬意。系主任朱东润老师是同辈中的佼佼者,他讲授文学批评史时,对不同观点的论述都摆到桌面上,然后坦率地发表见解,说,关于这,请参阅我写的论著的多少页。潘旭澜老师为我们上现代文学批评史,当时他还年轻,却已经显露才华。若干年后,我收到他寄来的专著,内中有针砭时弊的文章,足见他的思考早已超越了他所研究的学术范围,进入了更为开阔的领地。戏曲界很有些名气的赵景深上课,从来没有讲义,上来就笑眯眯地说,当年我演唐明皇,我的爱人扮杨贵妃,我的儿子女儿就是金童玉女,然后一转身,自己打起锣鼓点子,比画着唱起了《游园惊梦》。扳着手指算算,这些老师一个个都是有学问、不可多得的专门人才,但命运不济啊。就说教古汉语的周斌武老师,著作等身,但末了都评不上正教授。他还记得我一年级时测试古汉语,标点点得还不错,便常念叨我,说给我留着字画呢。老师96岁谢世，我很怀念他。

中文系有文学与语言专业之分，四年级时我被分到文学专业。记得学年论文写的是李清照。古典诗词中，我偏爱词，唐诗虽好，但宋词更为洒脱，少受拘束，这当然是我这个不懂格律的懒惰学生自己的感觉。我毕业论文的题目是《夏衍剧作初探》。我熟悉也喜欢他的作品。四姐是上海戏剧学院的学生，她毕业演出的《上海屋檐下》，就是夏衍在抗战时期的剧本。他抗战时期的作品还有《心防》《法西斯细菌》等，我早年都读过，一搬上舞台，觉得格外亲切。毕业论文的指导老师是李萍，所有的学生都完成了论文，我还在那儿磨蹭，一直到交卷的最后一天，才慌慌张张地塞到老师宿舍的门缝里。那几页用圆珠笔写的纸页至今还在，上面有老师慷慨的赐予：5分。我清楚自己的"底细"：凡事浅尝辄止，这篇论文东拼西凑，欠缺深度。这是老师对学生的鼓励，我记住了。

说到这儿，想起文学评论家雷达对我的一个评价。当年他的大名是"雷达学"，我和他在文化部静海五七干校是"同学"。后来我当了记者，他在《文艺报》做编辑。我们俩很熟，他便无所顾忌地发表评论了，说，你啊，当记者是找到了自己！那意思是，记者灵敏，反应也快，但是蜻蜓点水，无须深刻地思考。有点儿道理，不过，这仅仅是指我。

再回到大学课堂去。复旦重视学术研究，希望你埋头做学问。如果有人在外边杂志上发表个小文章，或填个报屁股什么的，并不见得光彩。一次，教室的黑板上写着几个大字：某某有杂志退稿一份，请速来领取。大家一阵哄笑，你说让那投稿的脸往哪儿搁？

外国文学显然不是主课，但授课的陈孟昭老师，是男同学心中的偶像。课间休息时，男同学扔过一支烟去，她随手接住，慢悠悠地吐出一圈圈烟雾，那姿势真美。这堂课，我认真地听讲，暑假作业中老师开列的近100个书目，俄罗斯的、法国的、英国的，大多会找到手，哪怕是看得云里雾中的《浮士德》，也"硬啃"了下来。西方19世纪人文主义的影响，讲求人道、平等、自由，可能就在这样的时刻，嵌入我的思想深处了。

追寻她们的人生
——女新闻工作者卷

复旦5年，我感受到一种学习的氛围；我懂得了怎样去思考；我结识了许多知己，这一切使我终身受益。我不能记住老师的每一句话，也没有消化老师的每一个提示，但是其中的精髓或许是潜移默化的，借用一句"文化大革命"用语，是融入我的血液中了，成为我的一笔财富。

临近毕业，却发生了"骤变"。20世纪60年代中叶，"阶级斗争天天讲"的大气候进入大学，复旦首当其冲。毕业鉴定时，我们班有9个同学被列为"反动学生"遭到了批判。其中一个是工人家庭出身的阮恒辉。平常，我和班里几个说得来的，会在宿舍的过道里聊天。他喜欢问：为什么会有人失学、失业？为什么贫富差距那么大？为什么种种社会问题没有解决？……总之，他在思考各种问题。我呆呆地听着，觉得有几分道理。有人向上打"小报告"了，我大约属于"边缘人物"，加上小资产阶级情调什么的，年级党支部找我谈话，要我对阮恒辉进行揭发、批判。

我发言了，"揭发"了些什么，如今记不起来了，但划清界限的态度是明朗的。这位被批判的，倒并没有和我"一刀两断"。"文化大革命"时，我住在地安门帽儿胡同五号的大杂院里，他找上门来叙旧，还请我在有名的马凯餐厅吃中饭。刚放下筷子，他慢悠悠地拿出个小本，说："郭玲春，你在批判会上讲的话，我给你念念。"我一愣，又傻笑，这是秋后算账？也不像，只是他做人较真，书生气十足，就要问个水落石出。

其余几个遭遇不幸的同学，境况更是不言而喻了。他们大多都很有才华，一直熬到20世纪80年代，哈九增同学的大学毕业论文《鲁迅研究》，终于被发掘，在业内崭露头角；黄麟康同学几经挫折，又有恩师蒋孔阳的提点，完成了他的心愿，在太仓师范学校开设美学讲座；而阮恒辉呢，他的语言学研究书籍，一本接一本，得到业内的肯定。

成就你的是复旦，埋没你的也是复旦。那前者，是复旦的学风，更凝聚着师长的心血；后者嘛，原因纷繁复杂，就难以评述了。

9. 复旦剧社为我打开另一扇窗

入大学不久,我成了复旦话剧团的一员。这个剧团的前身,是中国话剧先驱洪深先生开创的,所以名声在外。20世纪60年代,又有校长杨西光的支持,更是非常兴旺。

你看剧团的阵容:上海人艺的副院长杨村彬担任艺术指导,他亲自挂帅,导演《红岩》;请人艺的名角沈阳辅导台词;由专业人士教授形体训练,一切按"正规军"的要求,连演出的布景、道具都是人艺的班子协助制作的。我是跑龙套的,随着这支队伍几乎观摩了上海所有的大型剧目。当剧场暗灯、大幕徐徐拉开的时候,我甚至能"闻出"这是上海人艺还是北京人艺,抑或是上海青年话剧团的"味道"。

剧团党支部书记叫于成鲲,是复员军人,是调干生,高我们两届。在不大讲人情的年代,他的身上却充满了浓浓的人情味。班上说我同情被批判的同学,他为我开脱说,这个郭玲春啊,不懂政治,比较单纯,帮助她提高觉悟吧。他关心人甚至关心起你的家庭成员,我妹妹在家待业,父亲担心她年轻生事,老于知道了,给妹妹找了份差事,到剧团抄写剧本。三年困难时期,他省下粮票回四川老家探亲,没料到遇上了洪水,眼看家在对岸,却一筹莫展,而他的母亲就在这饥荒的年代去世了。回到上海,他病了,蒙着被子睡了几天大觉,把这桩伤心事埋在了心里……

有这样的领导,也就会有一个温暖的集体。20世纪60年代,吃饭要凭粮票,大家都自动减量,女生的标准是每月24斤,我减到19斤。男同胞们胃口大,常常是"食不果腹",我们女生相约着从嘴边省下几口,凑上粮票为他们"雪中送炭",还彼此书信往来,互称"难友",兴致蛮高的。

我们开始了《毛选》学习。剧团规定,凡中文系的,每人写一个有关的剧本。这是任务,又是必需的,再懒,也只好提笔。我交上的剧本是《曙光初照》,讲一个学习小组甲乙丙丁四个人,各有不足,如何对照毛主席的著作改正缺点。我用的是喜剧形式,我们的副团长杨乡说,嗯,有戏!于是投入排练,我本人担任其中的一个角色。这个戏逗人开心,效果还不错,在上海大学生的年度会演中得了两个奖:优秀创作奖、优秀演出奖。

这个戏的导演是历史系的董立生。他绝顶聪明,功课也好,在《红岩》里扮特务头子徐鹏飞,那演技连专业人士都竖起大拇指。只可惜,他背着家庭出身的包袱,做人小心翼翼,"文化大革命"时终归"不堪重负",疯了。他一生孤单,离开这个世界的时候,身边没有一个亲人。我之所以不忘这位才气横溢的同学,还因为这是一出悲剧。据说他那做特务的父亲,最后被认定是我党派往国民党内部的特工,最后被平反,但对于他已毫无意义了。

因为有老于,剧团人与人的关系比较融洽,这半个世纪来,都没断了联系。分到北京的,也很抱团,那年针对四人帮的"四五"运动,外面风声紧,天安门戒严了,几个剧团人聚在中山公园(有一位在那里上班)评论时事,矛头指向江青一派,说的全是心里话,如果没有绝对的信任,谁会有这样的胆量!

剧团的聚会年年都有,在上海,在北京,一直到近来的五十、六十大庆,我们还像当年那样疯疯癫癫的,唱起:"怎能忘记,旧日情谊……"

10. "四清"是我走向社会的开始

走出学校大门是在 1964 年,我被分配到文化部电影剧本创作研究室。

这个新成立的机构,是夏衍发起创立的,头两年,他因为政治上的原因刚挨了批评,想把精力转向艺术领域。几位文艺界前辈,鲁勒、马德波、曹华、刘谦加上从人大、电影学院、吉林大学和复旦来的 4 个,都算"元老"。

所谓的创研室,真是名不副实,我们没搞一天研究,也没写一个剧本,两年全蹲在山西搞"四清"。"四清",也叫社会主义教育运动,专找农村基层干部的"四不清"问题,像多吃多占、贪污腐化等。

磨出的青印永远去不掉了
——郭玲春访谈录

天安门广场前留影

第一年,去了昔阳县的建都大队。那地方偏僻,有条松溪河,往县城方向走,一路的风景可以和北京的八大处媲美。但是村里那个穷啊,让我这个刚出家门的大学生开了眼界。来之前,我特幼稚,以为全国人民都是吃米饭的,还做足思想准备,想农村人下饭的菜只有青菜、豆腐,谁料到,这两样稀罕东西,在这里是婚丧"摆席"时才能看到的。第一顿"派饭"(到老乡家,给粮票)我就出了洋相。一个碗足有小脸盆那么大,清汤寡水,碗底数得出的一撮小米,上面漂几片腌黄豆叶。这是农闲时的家常饭,糠面饼子一类的主食,只有男劳力才能享用。我这个从上海来的"三门"(指家门、校门、机关门)干部,为了自觉改造,硬撑着一口气喝了下去。刚出门,还没从坡上走到平地,便急着要找厕所了,在建都的头一个晚上,我就尝到了饿的滋味。

干部下乡,要找"根子",意思是依靠的对象,谁家最穷,谁就是。我的"根子"家四口人,合盖着一条1949年政府发的被子,硬得像块没有发面的饼,还有个木头枕头,是大娘当年的陪嫁。大娘善良,待我好。我只有80多斤的重量，每天随村里的姑娘挑担。一筐四五十斤的泥巴，不是咬牙还真难坚持，肩膀磨破了，我不敢声张，发炎流脓了，我只有躺到炕上才敢哼哼。大娘轻轻地拍着我，说："俺孩累了，俺孩受罪了。"深夜，她煮了绿豆汤给我消火，在我耳边悄悄说："俺不告诉人，不告诉。"我肩膀上还有当年留下的一块青印，这磨出的印记是永远去不掉了！

大娘的儿子撮荣自小放羊，一大早，要上一里地外的村东头挑水供全家用。我舀一茶缸水洗脸、漱口、解渴。这里水可金贵了，至于洗脚或是洗澡，都成了奢侈的幻想。第一次在衣服上发现虱子，我大惊失色，"啊"地大叫一声，大娘安慰我："俺孩，没事！"后来，习惯成自然，一边和妇女们拉家常，一边向虱子开战。

这是我走向社会的开始，给朋友的信里我写道，在这里，我懂得了什么叫"一穷二白"。

我所负责的小队清查不力，上面以为我斗争意识不强，派一位同事向我"传经送宝"（那时最常用的词）。我一咬牙，集合全体干部在副队长拉荣家"训话"。我踏进窑洞，里面一片漆黑，还传出打呼噜的声音。我问，咋不点灯啊？煤油灯亮起，我才看到队长、会计、出纳、保管在炕上躺了一溜儿，一个个慢吞吞地爬起，说："犯困哩！"我又气又忍不住笑，这下，底气全没了。我那年还梳着两条辫子，他们真没把我这个"妞"放在眼里。

第二年，我们到山西长治的韩店公社继续"四清"。"左"的倾向，在"四清"时占了上风，工作团甚至召开大会，让民兵押着公社党支部书记，五花大绑地推上台。书记叫郭过盛，在群众中很有威望，我是大会的记录，心里存有几分同情，暗想，上县城"吃香的，喝辣的"，不就是碗驴肉杂碎汤吗。我私下对人说过，上海的黄包车夫吃大饼、油条，都比这里的老财强。北京电影制片厂厂长汪洋是工作团的"片长"，因为我写材料得心应手，他把我调到他所在的一片。晚上，累得睁不开眼，他取出北京寄来的黄油，抹在馒头片上，往炉子上一烤，别提有多香了。"文化大革命"前夕，汪洋被《中国青年报》点名，因为这层关系，我也被"株连"了。

磨出的青印永远去不掉了
——郭玲春访谈录

事情出在回北京前的自我鉴定上。我的鉴定不予通过。创研室的领导老马亲自到我所在的小队，挑明我的问题是，没有和汪洋划清关系，回到北京是要重新算账的。我也不知道是哪儿来的勇气，犟头倔脑地对着干，会议告一段落。我站起来问："我的事说完了吗？""嗯，完了。"那好，我朝大门走去，老马说："你，怎么就走了？"我回答："你不是说后会有期嘛！"

我的同班同学后来又成了同事的李兴业，常被戏称为"少年维特之烦恼"，他比同龄人成熟，这次也受到与我同样的待遇。我们俩在公社的墙根下晒太阳，他说："看来，你和我都要离开文化部了。""为什么？"我不明白也不以为然。我做事说话大都不计后果，更没有长远打算，说白了，头脑简单。日后，新华社的大记者陆佛为评价我的时候，用了好几个"一定"：如果你遇到"反右"，一定划为"右派"，你一定不服，也一定会发配到北大荒去。

未曾想，一回到北京，文化部成了"文化大革命"的"重灾区"。老马是副部长陈荒煤的笔杆子，自然在劫难逃。1967年1月14日，我眼看中央戏剧学院、中央音乐学院的两面大旗，被一批年轻的学生高举着，昂首阔步走进文化部，办公室的一位女同志拿着一袋子图章（权），东藏西躲，这便是闻名的文化部"114夺权"。电影局的一些老人也跟风，胸口贴一块"造反有理"的条，创研室的这些人被圈在一个小房间，我们也贴条写上"革命无罪"。什么年纪了，都像打了鸡血一样，可笑，也很可悲！

紧接着，"119反夺权"，我参加了这一派下属的"延安红旗战斗队"，两派都自认为是"最最革命"，对立一派的人找我来了，说："老马整过你，还不写大字报揭发他的罪行？"我写什么呢，他吹捧文艺黑线的文章，没读；他有什么阴谋诡计，没说，真的写不出。我并不是产生了同情心，也没想过不要乘人之危、落井下石之类的话，只是凭感觉，做一个真实的自己而已。

老马正直、有学问，只是在某种思潮的影响下才会显得"左"，抛开本不属于个人的恩怨，我们的友谊一直保持到今天。

我离开建都后，和大娘一家常有书信往来。后来家事烦琐，有一阵子断了联系，但是我惦记他们。2008年，从昔阳县公安局又打听到了消息：大娘不在了，撮荣还打着光棍，闺女嫁到了县城。那年元旦，我赶着去和他们兄妹见面。今年春上，又把他们仨接到北京，给撮荣借了张轮椅，天安门城楼、人民大会堂、故宫、天坛、鸟巢，凡能去的都带他们去了，撮荣说了句让人心酸的话："这回，我死了都值。"

11. "金山逝世"消息成为改进文风的契机

我跨进新华社的大门，是1971年11月5日。

站在宣武门西大街的北侧，望着新华社10层大楼，我的第一个感觉是：好高的楼！我是天津静海文化部五七干校的头一批毕业生，那里是郭小川的诗"静静的团泊洼"所在地。新华社选中了我的丈夫苟煜升，把我也捎带上了。

坐在国内部文教组的办公桌前，没有人告诉我新闻是什么，应该怎样写新闻。但领导放心得很，大型的亚非拉乒乓球赛，也派我这个新手去采访。一次，领导还把冠亚军比赛的特写任务交到我头上。我急了，可巧，迎面走来当年的乒乓球"大腕"王传耀，我向他求救，他答应帮忙。记得，那是庄则栋和日本的顶尖选手对垒。第一个球发出，我问："这是什么球？"王回答："下旋。"第二个发球，我又问。第三个发球，我再问："这是什么……"话音没落，我扭头一看，王教练起身走了。他大约没想到，会有这样一个无知的记者，又如此地纠缠不休。我几乎崩溃，幸好，中新社的体育记者业务熟练。他安慰我，又在旁边给我解说，才勉强过了这一关。

文教组是采编合一的，主管文艺、教育、科技、体育方面的报道。我分管文艺。

好心的同事说："你也该学学怎么写新闻了。"我写的第一篇消息是《京剧〈平原作战〉上演》，由浩亮审稿。他住在梅兰芳原来的府邸，护国寺的一个四合院里。我先在传达室通报、等候，进得院内，被安排在石凳子上就座，好一会儿，才见浩亮出来，那已经是午后4点多了，他睡眼惺忪，穿了一套睡衣。看完300来字的稿子，他问："怎么没有结尾？"按照新闻的惯例，这

磨出的青印永远去不掉了
——郭玲春访谈录

条消息的最末是，《平原作战》从几号到几号将在北京上演，便戛然而止。我问："怎么结尾？"他沉思着回答："就写沿着毛主席的革命文艺路线奋勇前进！"

20世纪70年代初，除了八个"样板戏"，就剩下美术和摄影展览。那会儿是给毛主席、周总理照相的杜修贤领衔。大学的时候，我对中外的艺术展览兴趣很浓，每礼拜六放学，我会先到南京路的美术馆去，可是，文艺一旦与政治挂钩，文章就难做了。每次，我都是煞费苦心，交出的稿件被领导改得"体无完肤"。我父亲正好在北京探亲，看到被红笔画得七零八落的几页稿纸，担心地问："你还能在新华社待下去吗？"

好在时来运转，文艺界拨乱反正，我负责采访中国作家协会，赶上了创作繁荣、人才兴旺的大好时光。

我写稿，不愿意用同样的词汇，也不愿意用别人用过的角度，这是我的"软肋"：追求完美。每次摊开稿纸，看到横竖排列的方格格，就想，干吗要受它的约束？我们编发的稿件，有时连自己都不忍卒读，又怎么能吸引读者呢？我试着不按规矩出牌，就这样，有了后来被新闻界时常提起的《金山追悼会》一稿。

业内有人把这篇稿子说成是改进新闻文风的开山之作，那是过誉了。如果没有新华社的电头，它还不如一篇作文，只是，我没有沿用多年来一成不变的格式来写追悼会的消息，仅此而已。但这则消息，我确是有备而来的，把积攒多年的念想，放在最容易掉到程式化的新闻中去尝试。稿子开头，就一反常规，不写金山的各种头衔，而是把一副精彩的挽联呈现在人前，夏衍的悼词只摘录了几句，却写了大庆人对逝者的怀念。晚上10点，我才迟迟地交稿。那天，文教组副组长付军发稿，国内部的蔡修本值班，这两位大编辑尊重记者的劳动，对我的"试验品"准予放行！

过几日，我从外地出差回来，我丈夫苟煜升告诉我："你的稿子挨批评了。"我粗枝大叶，挽联写错了一个字。"也受表扬了。"他不紧不慢地接上第二句。社长穆青在社内的碰头会上称赞这篇稿子是"新闻散文化的写法"，穆青当年的成名作《雁翎队》用的就是散文化的笔调,而这,正是他所积极倡导和推崇的。

那些年的新闻人很关注业务,北京,上海,还有外省市的新闻刊物都在讨论这篇稿子,还要采访我。我向领导李峰汇报,李峰的态度很明确,说:"怕什么,你真出名了,以后写稿就一路通行了。"那意思是,领导层对外界盛传的所谓"创新",有不同的看法。

在接受采访时,我把自己的尝试,比喻为吐丝为自己筑茧的蚕,当你咬破了裹在身上的茧,外面的天地是何等开阔!

果然,再提笔时,轻松些,也更自如了。新闻界前辈子冈离世,我把自己的敬意和一份感慨带进了800字的消息里。她的家属给我一封信,说朋友们来电话问:这应当是亲属写的吧,那么有感情;沈从文追悼会消息发出的当天,我去文化部开会,王蒙在主席台上朝我招手,大声地说:"郭玲春,读了你写的消息,我差点儿流泪了。"这是对一名记者的奖赏,我心领。

我写的,大多是应景之作,但即便是短小的消息,能否赋予更多的内涵呢?记者在传播新闻的同时,能否给人一些新闻之外的思考呢?我试着这样做,譬如对某些社会思潮的评价,对某些人事的不同看法,当我把想说又无处说的一些话,写在了字里行间,那是我最满足的时候。有人看懂了,我得意,不被人觉察,也无关紧要。

谢晋的电影《芙蓉镇》在捷克斯洛伐克获奖,召开新闻发布会,那是在20世纪80年代中期。我去了,原本是一条简单消息可以打发的,但我从闪光的奖杯中延伸思路,说到"左"的思潮曾经的束缚,说到文艺面临的难题,题目是《从水晶球折光中所看到的》。过些日子,谢晋的家乡绍兴为他举办从影几十年的庆贺活动,上影厂的邀请电话从北京追踪到上海,我正在探亲,因为杂事没能去,说:"以后再补吧。"这随口一说,没当真,直至我的新闻事业"落幕",也没有和我钦佩的大导演照面。意想不到的是,新世纪某年,在上海新闻界的一个研讨会上,邀请谢晋发言,他的第一句话竟然是(大意),写文艺新闻的,我最佩服的是新华社记者郭玲春。这话传到我的耳中,真可谓感慨万端！我立意回上海时向他表示感谢，表示歉意，那年刚一下火车，却听到这位艺术大师辞世的消息，天不尽人意啊！

我写过最长的一篇报道是《一代名医张孝骞》，刊登在《人民日报》上，但名字前新华社记者的字样，却被抹去了。张老名扬国内，我颂扬他以往的业绩，但着重点放在一个知识分子的追求和向往上。通讯的最末，我写了一段"记者的话"，说到有气节的知识分子，总是昂扬着头，不为名利所困，说到历史的长链环环相扣，每一代都是其中的一节，他的作用、影响不可低估。

不几日，在某个科学研究论坛上，钱学森推荐大家"读一读新华社记者郭玲春的这篇文章"，没有新华社的桂冠，钱老还能记住我，我有些得意。钱老当选全国科协主席时，拒绝了我的采访也拒绝审稿。我写消息时，只能凭着他在会上的讲话和各种资料，但播放后他必定是读了。这次的"推荐"，想来是文中对知识分子的理解、推崇，他也认同。

我连续3次得了全国好新闻奖，还被选为全国记协第四次代表大会的常务理事。郭超人社长通知我的时候，好像也挺纳闷，说："大家都推举了你，这……"他说的"大家"，指的是全国各大省报的老总，我不认识他们，他们也不认识我，只是从新华社播发的稿件上，知道有我这样一个埋头写稿、不问其余的记者。

我不免惭愧。作为一名记者，我获得的远比我付出的要多，这不是指头顶上的那层光环，对于这份虚职，我很少有感觉，而对于同行的认可、理解，我十分感动！

12. 懒散的作风让我愧对作协，愧对巴老

工作中，我有用心的一面，也有懒散的一面。许多难得的采访机会，一些摆在眼前的素材，由于我的拖沓和漫不经心，就这样从我的手指缝漏了过去。

1979年春天，我到巴金家中采访。我所崇敬的作家坐在我的面前，他一口四川乡音，说话有些断断续续的，却透着真诚和智慧，刚从"四人帮"的

控制下获得"解放",他更有一种激情,除了《随想录》,他还在酝酿写作长篇小说《美丽的眼睛》。大约是两个小时的访谈,临走,巴老递给我一本书,上面已经写了我的名字,他指着扉页上的落款日期,说:"今天是3月8日,你的节日。"那天下着小雨,巴老送我到大门口,我回头挥手,看站在那里的,似乎不是名声显赫的作家,而是一个善良,让你感到亲近的老人!

巴老的《随想录》那时刚推出几集,这是我写稿的重要素材。当读到他回忆爱人萧珊的文章时,就如我当年看他的成名作《家》,写到鸣凤投湖、瑞钰难产时那样,抑制不住自己的感情,竟然在分社的资料室失声痛哭。过些天,上海作家协会打来电话,说巴老愿意再给你一次采访机会。我真是愚钝得可以,回答说,不用,材料已经够了。

某天,我接到文学评论家陈丹晨的电话,说巴老知道你又到了上海,问怎么没有去他那里?我说我的任务完成了啊,通讯《一颗燃烧的心》已经在报章刊登了,而且我听说巴老不喜欢被记者打扰,所以没去。丹晨郑重地转达了巴老的话,告诉我,他没有把你当记者,而是当成了一个小朋友。

采访巴金

磨出的青印永远去不掉了
——郭玲春访谈录

1991年，巴老去杭州疗养。我的前夫苟煜升已故去7年，我刚和本社同仁邵泉结婚，巴老邀请我们俩去杭州灵隐寺，和他在中国作家协会的"创作之家"叙谈。这是个古典格局的院落，不大，却精致，巴老晚年常在那里休息。我们和巴老一家一起待了7天。每天早上，巴老坐在大树下的藤椅上，和我聊上两个小时，我录音。这是我们曾经的约定，他要把写作《随想录》的心路历程做一个记录。7天，20几个小时的表述，他的思考已经远超出文化的范畴，我几乎很难消化。我有些畏难，更因为我不能深层次地理解、分析，这份珍贵的资料，就这样被我压在了箱底。我愧对巴老。

当年的京城，文化界虽说起起落落，但凝聚着一股向上的力量，众多大师级的人物都希望释放自己的能量，中国作协的朋友鼓励我记录他们精妙、独到的见解，供后人研究，还开玩笑说，这样你就功德无量了。我也摩拳擦掌的，但最终，一切还是付诸东流。我的懒散是双重的，包括体力与思想。

我在不经意间，有时还会伤害采访对象。《人民日报》在头版下方用通栏标题刊登过我的一篇报道《1988——沉思的中国作协》，文中引用作协党委书记唐达成的话，对文坛的沉闷表示忧虑。但恰恰是这句话，为他制造了麻烦。听说他为此做了检查，他辩解说，这只是与我闲谈时随意说的。人反问：你不知道郭玲春是新华社记者？在一个熟悉的记者面前，他并不设防，我却没有考虑在党报上的"表态"，会给一个在职官员带来怎样的后果。一直想对谦和、谨慎的达成先生表示歉意，却一次次错失机会。如今他已作古，我连说声"抱歉"的机会也已失去。

13. 记者生涯的最后几年

1992年4月，我随丈夫邵泉到新华社香港分社供职。此后6年的经历，一言难尽。我领略了另一种生活方式，新鲜也有趣，但作为记者，显然是"黔驴技穷"，无法施展自己了。

邵泉任副总编,他把"不出活儿"、别人不愿承担的政治报道,派给了我。我很少关注香港事务,更谈不上研究了,我的无知和无奈,仅仅能把手头的任务完成,偶尔还会有差错。

我的第一份差事是报道港督卫奕信离职,新任港督彭定康上台。那天,我穿上新买的藏蓝套裙、白色的高跟鞋,一走进大厅,站在门口的侍从便给我递来一杯酒,我一看,同来的香港新闻界朋友没受到如此礼遇啊!你猜怎么着,原来是我这副装扮,人家错把我当成了嘉宾。

记者被赶到了礼堂的边角,竟然还用根绳子把我们圈了起来。长达几个小时的晚宴,我们就在这不足10平方米的角落里活动。同行们都是有备而来的,找块空地一坐,拿出自带的矿泉水、面包填肚子,我哪舍得这身1000多港元的"礼服",只好直愣愣地站着。再看,身边的记者像是刚跨出校门的年轻人,在香港,这是惯例。我这等年纪还在外晃荡,他们会想:怎么连个编辑还没混上?当场,许多报社的、电台的,已经开始向部门发稿或者直接口头报道了,我呢,离开会场后乘叮叮当当的电车,一路慢行,回分社写稿,再按照程序层层审阅,不用说,发稿的时间落在其他传媒的后面。

不间断的"中英通报"一类的事儿,常会让记者苦等几个钟头,你就在露天晒着、淋着,没人招呼你。最后,双方谈判人员礼貌地出来,向各位说一句"无可奉告",一切到此结束。

我采访过霍英东、曾宪梓,还有香港"民建联"主席曾钰成;我也采访过踌躇满志的富豪,后来成了一无所有的人;有一个内地人来香港时身无分文,我和他有过些交情,以后眼看他步步升迁,最后把"香港亚视"的大权都握在手中。

我喜欢在维多利亚湾的不同方位,去观察这座城市,香港的夜晚灯火璀璨,而那些影影绰绰的高楼里,每时每刻都在演绎着不同的故事;我也到庙街这类地方去,那里的嘈杂、污秽和港岛的繁华构成了强烈的反差,世事沉浮,在这里,梦想会成现实,现实又往往十分残酷,就连这位"亚视"的主席眼下也是穷途末路了。但谁知道呢,或许某一天早上,你会听说,他又东山再起呢!

在香港做记者的那份无奈,不期然就会想起内地当"无冕之王"时的"张狂"。中国作家协会曾经邀请我入会,在那个年代,作协会员是一种荣耀。空白的表格在抽屉里放了好些日子,一天,作协的朋友来电话,告诉我星期三要讨论和投票了,赶紧填表吧,还说:"你的问题已经内部通过了。"我没多想,便直截了当地回答,当然,语气中带几分玩笑,说:"我没写过一篇小说,也没写过一首诗,为什么要参加贵会?好吧,等我有了鸿篇巨制,再入也不迟。"

西方的新闻教材里,好像有这样的一句话:"如果人家把你从门口赶出去,你就要设法从窗口跳进去。"对此一说,我不服,记者也需要保持自己的尊严。20世纪80年代中期,"中美作家座谈会"在上海召开,当地的记者群被挡在会场外,对境外来的记者却举手欢迎,为此上海方面与中国作协的办事人员发生了一场小冲突。不久,举办作协全体理事会,京城媒体也被召唤入住京西宾馆。会上,作协主管外事的领导说到了这段公案,他说:记者有什么必要住宾馆,有什么必要吃宴会呢?听此一说,我站起身径直走向大门,正是应了那句成语"拂袖而去",但留下一句话,除非耀邦同志接见你们,否则我是不会来了。心想,哼,耀邦同志哪会为这等不起眼的会议拨冗。出乎意料,耀邦同志还真的是关心文坛,决定接见与会者。这下,作协的朋友慌了,负责日常会务的周明来电话说,小郭啊,你来宾馆一起吃顿饭,晚上还有内部电影呢,我连讽带刺,过了一把嘴瘾。其实,中央首长的活动是新华社必报的新闻,我岂能不去。第二天接见之前,作协又派人通知我:与首长合影时候,记者的位置已经安排好了。我回答说:"耀邦同志接见的是你们,不是记者,我就不参加了。"我赞成同行们站到照相席上,并自告奋勇,为各位照看衣服杂物。

当记者各有难处,唯有尊重自己,方能得到别人的尊重。

14. 我的婚姻和两任丈夫

我和苟煜升结婚，是在 1970 年的春节。郭家的 6 个女儿出嫁，向来的规矩是，不备嫁妆。父亲说，不是没有，是把嫁妆都化作肚子里的学问，带过去了。从大姐开始，每人结婚时会给家里寄去 100 元钱，买糖分送亲友。父亲说，我得告诉大家，女儿出嫁了。

母亲曾经给我寄来一件夹袄，是上海的时髦衣料，我买了 5 颗红色的纽扣钉上，算作新婚礼服了。煜升呢，自己买布，又买了颜料染成咖啡色，做了件新棉袄。那天是大年初一，来贺喜的朋友都有些紧张，踏进门来，还四周观望，你猜为何？原来，清查"五一六"通知刚下达，人都担心是否会有嫌疑分子在内。那一晚上，话题不离"五一六"，猜测、估计，那气氛有几分诡秘！我们把各式礼物摆在桌上：毛选、毛主席像章、毛主席石膏像，最阔气的是一张芭蕾舞《红色娘子军》的剧照，女主角一个"倒踢紫金冠"，造型优美，我将它郑重地配上相框，挂在最显眼的地方。

煜升在国内部农村组当记者，他勤奋，文笔很好，心气儿也高。他写的通讯《抗棒槌的种子》被农林部作为必读材料下发各部门。后来他调到新创办的《法制日报》，费尽心力策划了《华表》专栏，发表有关法制方面的小说、散文，还让我请冯牧写了创刊词。在我看来，这就是当今"法制文学"的雏形。

他是个农家子弟。在旁人眼里，一个上海城市姑娘找一个农村子弟，似乎不大般配，也有人私下议论，或许我这个资产阶级出身的，为寻找一把保护伞才与他结缘。这其中的内情，只有天知、我知、他知了。从农村走到县城，走到省城，再走到首都北京，这条路对于他来说，是何等不易。初中时，和十几个孩子挤在炕上，尺把宽的地儿，翻个身要喊一、二、三，每个礼拜从家里带上窝头，就着热水，就是一顿饭。他的经历、他的诚实和沉稳使我感到亲近，还因为，他是我的初恋，虽然年轻时光会有情感的种种纠葛，最终，我还是选择了他。

在调往《法制日报》后不久，煜升患了癌症，我像着了魔一样，四处寻找偏方，终究没有能够留住他。他离开世界的那一天，对我说的最后一句话是："我很好。"那年，他43岁。我送他的骨灰回吉林德惠县，一路上，枯黄的树叶飘落在车窗上，秋天了，本应该是他生命结出果实的时候，但他走了。煜升离世29年后，我按照他的遗愿，把他珍藏的书送到他的母校德惠中学，他的妹妹想给他立个碑，我问，多少钱？说有1万、2万的。那好，我拿出3万，捐给他母校的贫困学生，虽然少，但我以为这比立碑更有意义。

我独自生活了7年，才有了第二个家。邵泉是从新华社北京分社调到《瞭望》的，也是个实诚人。结婚当天，上午我到办公室交了一篇稿子，随即去西城区婚姻处登记，然后在旁边的餐厅吃了顿饭。新居就在我这间小屋里，除了床，还有一个书柜，一张两屉桌，都是从五七干校调到新华社时，文化部给的"陪嫁"。邵泉的妹妹送了一套简易家具，把原先的"空白"填补上了。

记得一个有趣的细节，晚上，我们拿出各自的银行储蓄簿，他只有很少的钱，我的是"0"，彼此相视，便笑了起来。那时工资微薄，我们都照顾着父母，他还要负担孩子，这下好，真正的白手起家了！

日子过得清苦，但生活的情趣并不少。10元钱一张电影票，我们下决心，买，还喝了杯免费的劣质咖啡，回家时坐在他那辆吱嘎响的自行车后面，一点儿倦意都没有。邵泉告诉过我，他17岁随"二野"的"西南服务团"从南京一直走到昆明，之后，在大森林里伐木，修筑滇藏公路，是吃过些苦的。他说，如果不是解放，他和守寡的母亲，还有几个兄弟姐妹恐怕会饿死。我说你是因为挣一碗饭吃才去参加革命的，我更钦佩的是抛弃优裕的生活、为理想而投奔革命的人，他笑，并不和我争论。

退休了，我们似乎没有任何的失落感。说实在的，业务圈里的人，除了失去加班的劳累和肩上的责任，并没有更多可留恋的。我和邵泉想到了一起：走，去见识外面的世界。

我们曾经随团旅游过北欧。但是，你想走进丹麦的古堡，导游把你拦在围墙外，你想在博物馆浏览，导游催促你"快，快"，提溜着你就到了购物市场。我们决定单独出行"走自己的路"。

这一走，路途开阔，5个月游览美国东、西岸，3个月在加拿大各城市乡村转悠，两个月到澳洲和新西兰落脚。这些地方，常有亲友相帮，但单独活动的时间也不少，而最近的一次，我们两个月自由行走在东、西欧七国、18个城镇，就完全是单独行动了。

这是一种挑战。两个年迈的"老外"，到陌生的国度闯荡，我的英语单词至多一百五六十吧，但当过记者，遇事不怵。我专攻"外交"，诸如问询、买票等，邵泉负责网上预订酒店。虽然做足了功课，"险情"还是不时发生。我们在德国法兰克福遭遇了小偷；在科恩行李箱被锁进橱柜；在奥地利小镇哈尔斯塔特乘错了船；在瑞士，刚把箱子拖上车厢，仅仅几秒钟，火车就启动了。我们幸运，危难时刻，总会有华侨、台湾同胞、中国留学生、外国朋友伸出援手。于是，一切都化险为夷！

自由行走的乐趣，它的魅力和韵味，不亲自品尝，是无法体会的。

我们就像当地的居民，四处游逛：懒懒地晒着太阳，在草地上听摇滚乐演唱；买一个汉堡到街心公园看街景。"巴登巴登"原是欧洲皇家休夏的小城，我们在黑森林的盘山小径上，遇到拄拐杖的老妇，彼此打了招呼，便站那儿闲聊。当然，用的是我那几句"洋泾浜"，德国人的英语也是半生不熟，正好！伯尔尼的歌德故居是有中文翻译的，爱因斯坦博物馆也是，我们会待上大半天，维也纳有一家咖啡馆，茨威格曾经是那里的常客，列宁喜欢在临窗的小桌上写作；我们去了，坐那儿喝上一杯，心里想着，如果时光倒流……

每座城市有她的风景，每座城市也有她的伤痛。我们看到过桥洞底下，一个年轻人急急地取出针筒，把毒品打进自己的身体；我们看到过一群白人殴打印度人，之后赶来的警察无动于衷，围观的人也没有任何阻止。

返回北京的前一天，我们走进维也纳国家歌剧院，欣赏百年前的精美建筑和一出新上演的歌剧。衣帽间的女士礼貌地请邵泉脱掉外衣——他的一身旅行服不符合剧院的着装规定。我用了一个英语单词"冷",说德语的女士也用一个英语单词回答"热"!她指的是剧场内。邵泉脱去了外衣,里面只剩一件短袖衬衫,还有一件背心。我憋住笑,这在整个大厅,绝对属于"另类"。国情与东西文化的差异,我们忽略了。这段小插曲没有影响我们的兴致,虽然不知道这出歌剧的名称,也听不懂歌词,但看懂了剧中的故事,音乐跨越了国界,魅力无穷!

我们的自由行还扩展到家族组团。前年,郭家姐妹兄弟集合,去台湾旅游了10天。我还带着90岁的两位老姐姐,到我熟悉的香港、澳门走走,又去新加坡乘邮轮。邵泉是这些"冒险"活动的积极支持者,还自动担起"后勤部长"的重任。姐姐说:"你这样做也就算了,邵泉这样,让我们不安呐!"邵泉说了,凡是你要善待的人,我也会对他好。

现在,我们在北京住的日子也越发短了,夏天去威海,冬天到三亚。邵泉的冠心病不能适应太冷的天气和过重的雾霾。我们把北京的一套房子卖了,来支付旅行的费用,旁人难以理解,我们却想法一致,朋友常打电话问:"你在哪儿啊?"我说:"浪迹天涯,四海为家啊!"

15. 这辈子的欣慰与感激

我身上的缺陷、不足,包括性格的弱点,使我在为人、为文上留下许多遗憾。我不是一个努力学习的好学生,也不是一个勤奋的好记者。这绝不是故作谦虚,你会说,记者不是当得挺好吗?我不这样评价自己,我的成绩只是时代给予机遇,让我发挥了潜在的一些能力,还有基因,我父亲那种与众不同的思路,在我身上留下的烙印。我在20世纪70年代初开始写的新闻报道里,肯定有过套话、空话,甚至假话,我更没有像一些勇于深入基层的记者那样,写出过真正有意义、有价值的作品。

但有一点是问心无愧的,自小到老,我没有打过一份整人的小报告;当记者,我没有拿过一个红包。

大约是20世纪80年代初,海南的一家文化公司拿着卡拉OK碟片来北京做宣传,在国际俱乐部草坪上摆开阵势。我看屏幕上唱的是《在那遥远的地方》,画面上,穿着三点式的女孩在那儿左右扭摆,搔首弄姿,那么纯洁的一首民歌被糟蹋成这个样子!叫我宣传,没门儿!那天晚上铺开席面,大吃烧烤,临走,每人发一个红包。我到门口,把红包交给公司的负责人,那人一愣,向人询问,意思是此人何方神圣?别人告诉他,是新华社的记者。他有点儿紧张,站在后边的一位媒体记者说:"你放心,她不会去打报告的。"第二天一早,公司的小姐打来电话:"你发的消息登在什么地方?"我说:"抱歉,我不觉得贵公司出品的东西值得宣传。"当然,我还加了一句:"我没有拿过你们的红包。"啪,把电话挂了,理直气壮。

当时的200元,是值点儿钱的。我想,拿了,不会富到哪儿去;不拿,也不会穷死,但要用钱来买我手上的这支笔,我不卖!我也并不影响同行们领取红包,当时的工资不高,人都有难处,那就各随自便吧。

在当记者的30年间,无论是顺势或是处于逆境时,总有熟识或不熟识的前辈在我身后支撑着,我庆幸,我是遇到贵人了。

且不说新华社社长穆青的支持,副社长李普也是我的恩师。我第一篇署名通讯《摘花记》,因为提出"社会主义也会有悲剧",这话题在20世纪70年代末是犯忌的,发稿时一波三折,李普审阅后却大笔一挥:此篇可署名,发!我的顶头上司国内部主任李峰,也算新闻界的领军人物了,但对我这个初学新闻的外行十分宽松,我在写作上有不妥,或采访中有了差错,他先是安抚,再作批评,我这个被认为"刺头"的下属,当然是心服口服了。

我写过俞振飞重演《贵妃醉酒》的特写,《文汇报》总编辑陆灏撤下了本报驻京记者的稿件,换上了我的那一篇,这是顶着些压力的。那年我回上海,他把我叫到家中,告诫我要勤快些,多思考,多动笔。我既不在他的麾下,也与他素无往来,这一番诚意纯粹出于对后辈的爱护。他甚至细致地为我制订每星期的写作计划,而我,感动之余,迟迟不予行动,我有负于尊敬的师长!

我和《人民日报》的副总编范荣康只一面之交,他坚持要调我到记者部工作,想为我开创更广阔的天地。虽然调动不成,我仍感念于他的信任;记者部主任林冈当年为调动积极操作,成了我的"忘年交",他过了90岁生日,我还能从这个前辈的言谈中,感受到老报人的敏锐与执着。

范敬宜出任《经济日报》社长时,请我去讲课。他自己呢,参与他策划的现场写作竞赛,不署名,由我们评分,他得的是二等奖,也毫不在意。几年后,他出任清华大学新闻学院院长,还取走了我早年的新闻作品小册子,作为讲课参考。他后来电话说,他和我的新闻理念有很多是相通的。范老患病后约我聊天,想交流些看法。我答应了,但没有把握时间,待听说他卧病不起时,为时已晚。在追悼会的当天,我向八宝山方向三鞠躬,对这位前辈表示我的敬意。

和主持作协工作的冯牧接触不少,他的外表严肃得让人敬而远之。当面,他从不对我的报道发表意见,而在《文艺报》的编辑会上,却肯定了我采访刘心武的一篇通讯,说写评论文章,也可以像郭玲春写新闻那样。听到资深评论家的赞扬,我心里美滋滋的,当然,更是一种鼓励。

回顾人生,我付出得少而收获得多。我没有子女,但收获了亲情、友情;我没有留下传世之作,但作为新闻界中的普通一兵,我收获了前辈的呵护、读者的鼓励。我知足!

  郭玲春为人率真坦诚，所以她的口述自然如流水，按她自己的话就是想到哪说到哪儿。她的人生也如她笔下的新闻一样，既有传奇的色彩也有隽永的文学性。标题选择的"磨出的青印永远去不掉了"这句话，是她在讲"四清"的生活磨砺时不经意间说的，肩膀上留下的青印，和面前这位清秀的上海女子是多大的反差啊！而她的童年和其后的记者生涯尽管有些跌宕，但未改初衷，她的青印，即是恒久的童真。

  她将晚年的足迹更多地留在环球旅行上了，是旅行而非旅游，两者的最大不同是行思和游逛。

风雨平波有静潭
——王秀琳访谈录

- 访谈时间：2015年4月29日全天
- 访谈地点：北京通州王秀琳家中
- 受 访 者：王秀琳
- 访 谈 员：卢小飞
- 整 理 者：任　然　卢小飞
- 摄 影 师：王权增

编者按

　　王秀琳是《中国妇女报》第一任总编辑,从1984年10月任职至2000年11月退休,在任16年,凭着对妇女新闻事业的执着和艰苦奋斗的精神,带领团队将《中国妇女报》从一张4个版的周刊逐步发展为一张在业内有影响的日报,也由此留下"拼命三娘"的雅号。《中国妇女报》具有鲜明的社会性别立场,并假以积极的新闻干预进行倡导,从而维护妇女的合法权益,而王秀琳也以低调、稳健、慎思的行事风格保持了报纸的健康平稳运行。退休后,她担任首都女新闻工作者协会会长,在任期内开展了海峡两岸三地的女新闻工作者业务交流,组织策划若干社会公益活动。

1. 我的父亲母亲

我的家乡在山东黄县，属于烟台市，是个沿海的小城，那里从过去到现在一直都是自然条件比较好的地方。我出生在黄县西姜格庄村，村庄就在县城边上，是一个比较富庶的村庄。黄县人除了在家种地外，还有外出经商的传统。外出经商的人挺多，我父亲就是其中一员。

我父亲王健堂原是跟着他的舅舅在青岛经商。我在黄县老家出生，我的弟弟是在青岛出生的。我小的时候去过青岛多次。当时，青岛有很大的股票市场，我父亲的舅舅在那里做股票生意，经常是股市里的赢家，名气很大。我父亲在那里，因为舅舅的关系，算是跟着当徒弟吧，从"站柜台"开始干。那个时候的男人出去经商，都要先"站柜台"，从学徒开始一点点往上升。

我母亲叫吴佩珍，1915年生人，也是黄县人。她没上过学，出嫁前在娘家跟两个哥哥学认字、画画，学会了查字典，凭着一本字典，读了不少古典文学作品，有唐诗宋词，还有京剧戏曲选粹等，变成了知识女性。后来，她父亲和大哥先后离世，二哥出外经商，她也出嫁了。

我母亲从小就是在这样的环境下长大的，像一个大家闺秀，平日里看书，学绣花，手艺非常好。我现在还保存着她做的黄豆大小的小老虎、小青蛙、小黑猫，真的是活灵活现，绝不是一般的水平。她绣的花真的很漂亮，她绣的很多东西我至今都留着，现在拿出来看，仍是珍品。我受我的母亲影响很大，我的祖母也是特别好的人。

我的父亲母亲是亲戚介绍认识的。我上小学时，父亲才从青岛回来，回来后在村里当会计，家里也沾了光，母亲在地里的活儿也少了。后来我们家划的成分是中农。我曾祖父是老中医，所以我祖上不是纯粹的农民家庭，但是家里也有土地，土地大多是亲戚帮着种。

我父亲上过私塾，有文化。我母亲没有上过学，但她知道很多典籍中的故事，因为她的记性好，看过的东西都能够记得。我也觉得这是很奇怪的事情，可能这是中国传统社会的一种现象，很多大家闺秀在家里其实也会学习琴、棋、书、画。

2. 童年时期的懵懂印象

1940年9月26日，我出生在老家西姜格庄。对于太小的时候的事没有什么记忆了。但我记得三四岁在青岛时，见过日本人。日本人在青岛都是带着一家子，女人、孩子挺多的。

到1945年后，我就能记得事了。当时，正是解放战争时期，青年男子都要当兵，学校也能正常上课。新中国成立后，青岛的股票市场取消了，父亲的舅舅是资本家，要被新社会改造，财产都没收了。我父亲没受什么影响，继续在股票市场开车，仍是劳动人民，干了几年后就回到了我们黄县农村，在村里做会计。

抗日战争期间，我也见过日本人的炮楼，但没见过打仗的场面。我去姥姥家要走十来里路，姥姥家表哥来接我的时候，也看见了拿枪的日本人。

我父亲的舅舅在青岛的时候非常慷慨地帮助我家，买地买房，还给其他亲戚家买果园。有了果树，亲戚的日子都好过了，所以亲戚就像报恩一样，每年帮他家种地，水果成熟了，也给我们家送水果。就这样，小时候我觉得生活过得挺好的。

3. 新中国成立后才上小学

1949年，我9岁。当时，在烟台一带，要求男性年满18岁都要参军。那时候很多人还不懂得参军的意义，害怕打仗，有时还要躲一躲，于是有的参军了，有的就没去，在我们家帮工的后来是去了。

关于解放战争，我没有太多印象，记得有当兵的到家里来吃饭，我们便给他们做饭。我们村附近没有打过仗，没有经历过枪林弹雨。

新中国成立以后，10 岁时，我才上了小学，是村里办的完全小学。上小学前我还上了几天幼儿园，幼儿园是我姑姑和她几个朋友在村里办的。后来，我姑姑参军了，堂叔也参军了，幼儿园就不办了，但幼儿园这个概念，我们那时就有。至于在幼儿园里上什么课、做什么游戏，这些细节我都记不住了。

我上的小学就在村里，校长也是我们村里的文化人。

那时候，上小学没有课本，我的课本是我母亲按照正规的课本抄的。一年级、二年级都是自己先抄课本，然后再上课。抄的课本有语文和数学，语文课本内容就是"人手足，刀尺布，山水田，狗牛羊"一类，再多一点，就是"小清河长又长，山东是个好地方，出产豆麦和高粱"。小清河是山东的一条河。这些课本应该是当地人自己编的乡土教材，和现在的教材简直没法比了。

上小学的事情就有印象了。我家就我和弟弟两个孩子，弟弟比我小两岁，我们俩在一个班。我因为遇到解放战争，晚了两年上学，只能和我弟弟在一个班。

上小学时，印象最深的就是 1953 年斯大林去世时小学里很认真地举行悼念活动。我们和苏联有时差，他们的中午时间，是我们的下午 4 点半，全校 100 多名学生都为斯大林默哀。

我们村里的小学属于"完小"，从一年级到六年级都有，名叫西姜格庄完全小学。那会儿，教育资源差的地方只能办"初小"，就是只有小学中低年级的学校。

我小学一直都在这个学校就读，至今还能记得当时的校长、老师。那些老师都很和蔼，书教得也挺不错的。虽然是农村学校，但我们村庄所在地区文化水平高，因此村里小学教师文化水平都不落后。

虽然我上学上得晚，但是我 14 岁小学毕业，因为学校里很多同学和我一样，晚了一两年才上学，于是学校就帮我们往前赶功课，不是个人的跳级行为，是学校安排的。

4. 边准备考初中边干农活儿

小学毕业以后,要干什么呢?和我一起上学的同学在小学毕业以后,大家的差别就很大了。我 14 岁时,想干什么呢?我特别羡慕在县城图书馆和书店里工作的人,因为他们可以有书看;还羡慕教书的老师,当时我就特别喜欢这两种职业。因此,小学毕业之前,为了考中学,我很用功。

那时,家里和地里还有活儿需要我干,比如拔麦子、绑麦子。我有一个怪脾气,就是我功课再多,也不能耽误干活儿。于是,我白天干活儿,晚上就念书复习准备考初中。

1954 年,中共中央号召发展农业生产合作社,从互助组到合作社的过程,我的印象也很深。互助组是两三家一起干,合伙把地种起来。过了几年,开始发展合作社,到合作化的时候规模就更大了。从互助组到合作社这段时间,我放学后和假期里都在地里跟着干活儿。

就这样,我边干活儿边备考初中。我在农村干过很多年的农活儿,到北京参加工作以后,还参加了很多年的劳动。北京每年 6 月 17 日麦收,过去学校、机关都下乡帮助夏收,印象很深,割麦子、绑麦子,还要捡麦穗。小时候捡麦穗能挣点儿零花钱,那时候生活比较困难,这点儿零花钱是很重要的。

我父母的文化都比较高,所以他们也很重视子女的教育。当时我要是不愿意考初中,就只能在家等着长大后嫁人了。我小学时的女同学,很多都是等到十八九岁或者二十来岁就嫁人了。像我这样能继续读书的就一两个,我们村里考上大学的就我一个,还有一个考上了中专。村里人因此对我的评价挺高的,而且我奶奶特别愿意听人家夸她孙女好,一听人家夸我就高兴得合不拢嘴。

5. 我考上当地最好的中学

当时我报考的是黄县一中，是当地最好的中学，他们要求严格，挺难考的。我第一年没考上，留在家又下功夫复习了一年，第二年就考上了，也就是说，15 岁那年我终于考上了黄县一中。

黄县一中的教学楼是过去教会盖的洋楼，在当地特别出名。我报考它还有一个原因，我们村在县城边上，所以我就考了这个中学。

初中要上 3 年，这期间又遇上了"反右"运动，那是 1957 年。"反右"运动开始后，我们都放假回家了，一下子放了几个月的假。后来就听说这个老师是"右派"，那个老师是"右派"，我很喜欢的一位数学老师也被打成"右派"了。

我上初中的那三年（1955 年到 1957 年），是我特别快乐的少年时代。那时，苏联和中国的关系很好，我们经常唱苏联歌曲，穿着大花布拉吉（一种连衣裙）去参加少先队活动。

到了初中毕业该考高中时，我就直接考了本校的高中，虽然还有个二中也是高中，但是二中在山区，我不想去那儿，就在本校升了高中，本校升高中的比例也挺高的。高中分文科、理科，我选的文科，读了两年。但在那个年代，因为政治运动，高中也被耽误了不少时间。上高中是在 1958 年，遇上了"大跃进"和人民公社运动。

这两个运动给我的印象特别深。考上高中后，先是"大跃进"，学生就没怎么念书，到处参加秋收，走到哪儿吃到哪儿，吃饭不要钱，说这是共产主义，还有个口号叫"走到哪儿吃到哪儿，吃饭不要钱，饭后一个苹果"。

后来接着是大炼钢铁运动，当时的口号是"超英赶美，实现钢产 1080 万吨"。让我们回家把家里门上、柜上铜的、铁的门环都给撬下来，去凑那钢铁数。1080 这个数字我印象特别深。

全民大炼钢铁，学校为此停课炼钢铁。怎么炼呢？先弄铁矿石，然后装到一个土炉里，就像一个高窝窝头似的，里面是空的，把铁矿石装进去，下面烧木板，烧到一定温度土炉就爆开，叫"一脚蹬"，这就炼好了。那时，我们都是学生，一般就十七八岁。我们一个班一个班地倒换，不分白天黑夜地做坩埚，坩埚是一个长形圆筒，把矿石装进去，再放进炉子里炼，不知道要炼出多少钢来。

那时还按班比赛，如果干少了，就会被挂白旗，所以谁也不敢慢了呀。于是天天做坩埚，秋天挺冷，手上都裂口子。我们还编了顺口溜，什么"乒乒乓，乒乒乓，一天到晚炼钢忙，天上的星星数不清，地上的坩埚赛星星"。

就这样，我们把坩埚装到大土炉子里，最后炼出一堆海绵铁或是废渣那样的东西。当时不好好炼钢铁，就会被打成"右倾"，学校有几个好老师都被打成"右倾"了，很多老师觉得这样炼不出钢铁来，提意见就成了"右倾"。

大炼钢铁运动之后，"大冒进"又开始了。提出要亩产万斤粮，要是不能够产万斤粮，就给你挂白旗。于是，上头要求农村搞"丰产方"，说是可以"亩产万斤粮"。"丰产方"怎么搞呢？先深挖地，挖一个四方形的大坑，挖到比一个人还高的时候，踩着梯子下去继续挖，挖出的土再填进去，然后再把庄稼都种进去，结果一下雨，松土就会陷下去。本来种麦子不是这样的种法，是往平地里撒麦种，说是深挖地可以高产。麦子哪能那么种呢？反正有人是有看法的，说麦子不能那么种。其实上头哪知道底下这些事呢！上面精神一层层传达，到基层就变成这种样子。到第二年麦子就收不了了。

1958年的下半年，又开始了人民公社化运动，各村都要办食堂，各家都得把粮食上交食堂，家里不允许剩一点粮食，各家都从食堂打饭，食堂那些桶里面都是稀汤稀水的，根本吃不饱。突然间不知道粮食到哪里去了。紧接着三年自然灾害，人们吃尽了苦头。

因为吃不饱，有些家里在交粮的时候，就悄悄留下一点儿，给老人孩子做点儿吃的，做饭的时候，还怕烟筒冒烟，也不知道怎么偷偷把饭做出来的。

学生停课就跟着搞这些运动，所以高中起码耽误了一年，到最后才正儿八经地念了一年多的书。

6. 我考上了山东大学

1960年，我考上了大学。我们黄县一中的教学质量确实很高。考大学时，升学率是98%。只要你没有特殊情况，就都能考上大学。我考的是山东大学中文系。

当时，是全国统一考试，许多同学想报北京大学和复旦大学。我考虑到家庭经济有一定困难，就报考了免除学费的北京师范大学，同时也报了山东大学，结果被山东大学录取了。

山东大学中文系也很好，名气很大，名教授很多，有陆侃如、冯沅君等。冯沅君是北大教授冯友兰的妹妹。

当时，山东大学也很难考的，但录取分数还是比北师大低点儿。

山东大学中文系、历史系的名教授很多，所以我读大学还是挺享受的，5年大学读得很扎实，高中少念了一年，大学又多念了一年。那时候大学是5年制，后来才改成4年制。1960年，我上大学，1965年才毕业。

大学期间，我又参加了一些运动，如"四清"运动，就是针对农村基层干部搞的"清政治、清经济、清组织、清思想"的运动，到农村清理和批判那些"四不清"干部。搞"四清"运动就几个月时间，我参加了3个月就回来了。开始搞"四清"是因为当时有一个政策叫"前十八条"，就是根据各种问题列出的十八条意见，因为后来又出台了一个十八条，所以人们就把两个十八条按照前后来区分。那个"后十八条"是刘少奇的夫人王光美去湖南桃源县蹲点总结出来的，也叫"桃园经验"。

我对那个"后十八条"有看法，因为它的倾向明显是"左"了，我不同意搞阶级斗争扩大化。于是，就劝告村干部对出了问题的干部别整得那么狠。我们当时在基层搞得不厉害，但是听说有些地方的干部整人整得很厉害。

1964年，"四清"运动结束后，我们就回学校了。1965年，我大学毕业，当时的大学生毕业后都是国家统一分配。

7. 母亲摆摊变卖家底支持我读书

我母亲非常支持我读书。那时家里总体来讲，生活都不太好。为了我上学，我母亲需要卖一些东西换钱。我记得家里一时用不上的东西，她都拿到城里去卖，摆摊卖，卖了后换点儿零花钱，买点儿菜什么的。我们家的家底还不薄呢！我妈有一些陪嫁品，如座钟、首饰什么的。有一次卖掉东西后，她在另一个摊上看到一套《辞源》就给我买了，很厚的两本，是上下册。这套书对我读书帮助很大。

我觉得我母亲可以归为知识女性这一类，我从小受我母亲的影响很深。

奶奶也是一位非常好的老太太，虽然她不识字，但人特别好，和儿媳妇也就是我妈相处得很好。那个时候，女子结婚是叫找婆家，找婆家是什么意思呢？意思是要找个好婆婆。找个好婆婆比找个好丈夫还重要，因为你需要在家里天天和婆婆打交道。于是，我母亲选婆家的时候，了解到这家婆婆真是好，最后就定了我父亲这门亲事。

我们家庭没有重男轻女的观念，从来没有说男的应该怎么样，女的应该怎么样。因而我在小学、中学、大学都没有注意到因为性别而有什么不同，也没有这个概念，直到我参加工作以后，才接触到性别歧视的概念。也正因为家人没有重男轻女，我才能一直这样读书上学。我弟弟是男孩子，比较淘气，也不好好念书，小时候我们在一个班，我就管着他。后来他也没有上大学，16岁就到青岛当工人了，直到40多岁才通过自学拿到大学文凭。他后来在中宣部工作，现在已经退休。

我想读书，家里人都很支持，从没说过"叫弟弟念，你不能念"这样的话。只要我念书父母就供我念，不管有多难也供，好在我上大学有助学金。

在我们家，是奶奶当家。我的爷爷我没见过，就只见过曾祖父。他是一个老中医，后来活到80多。我记得，曾祖父常常坐在那，口里念念有词："人之初、性本善……"我们就哼哼唧唧地跟着他学念《三字经》。

8. 我和我的爱人

我和我的爱人李尚志在大学期间就确定了恋爱关系。我和他同岁,一起毕业,一起参加统一分配。那时,我们班上有好几对情侣,大家都是公开谈恋爱,毕业分配时,都希望能分在一块。那时就算不能分配在一块,大家也没意见,首先是要服从分配。无论是被分配到新疆还是西藏,是南京还是北京,都听从分配。

当时,山东大学毕业生在北京很受欢迎。我那一届,我们班80多人,就有50多人分到北京。每到毕业前夕,北京各个单位都到学校去挑学生,全国妇联把我挑去了,而我爱人被新华社挑走了。当时新华社那位招干的老大姐后来和我住一栋楼,念叨说看中了李尚志,但是一开始是让他先去新华社南京分社,而我在全国妇联,是在北京。后来这个老大姐了解到我们的情况后,就把他留在总社,留在北京了。就这样一个决定,对我们的一生有着至关重要的影响。

我们班同学因此开玩笑,还编了个顺口溜,说"南京到北京,哪一个不出名",把我们俩给编排上了。就这样,我俩都进了北京,他在新华社,我在全国妇联。

我和我的爱人上大学时在一个班,他学习挺好的,我学习也不错,不然我们同学也不会给我们编歌了。其实,一开始,并不是我们俩谈恋爱。我有一个高中女同学,和我可以说是发小,考上了山东大学历史系。我先是给她介绍了李尚志,我给她说这个人挺不错的。结果他俩没成,她说那个时候不想谈恋爱。结果因为我给他们介绍,反倒我和李尚志之间了解多了,彼此都产生了好感,毕业前就确定关系了。

他是干部子女,他父亲那时在山东是省委秘书长,后来做了副书记、政协主席,但他身上并没有干部子弟那些习气,人很朴实。追他的人很多。我也不知道他看中了我什么,是因为我人品好还是学习好,我也一辈子没问过他这个问题。

王秀琳与李尚志结婚照

退休之前,大家都忙工作,晚上回家吃顿饭,再各自看点儿书,没工夫交流和吵嘴斗气。现在退休在家,闲暇时间多了,反而老吵嘴斗气。

我是 B 型血,他是 A 型血,有不同意见时,我们两个谁也不让。我要改造他,他要改造我,相互改造了一辈子,最后谁也没把谁改造成。他说我就是因为在全国妇联工作,因此自立自强意识比较强。他在新华社也是工作得相当出色,业务水平很高,是新华社中央组的,经常报道中央领导的活动。

9. 工作没多久就赶上"文化大革命"

1965 年,我大学毕业被分配到全国妇联后,分到了儿童福利部,工作不久,就开始到地方上参加"四清"运动。

"四清"运动还没结束,"文化大革命"就开始了。当时,我们从新河乡下回到北京后,马上感觉到一种搞运动的氛围。全国妇联机关干部分成两派,一部分人成立的群众组织叫"红旗",后来称作"红旗派";一部分人成立的组织叫"革命联合",就叫"革联派",每个人都面临着选择,谁也逃脱不了的。

我参加的是"红旗派"。当时的妇联主席是蔡畅,副主席有邓颖超大姐、康克清大姐。两个派别成立时间差不多,后来搞大联合,又合在了一起。"文化大革命"开始没多久我就怀孕了,于是很多事就不去参加了。"文化大革命"这段时间,我怀孕生孩子,前前后后时间也不短,那个时候机关也没人管，参加活动就是去开会搞政治运动，不去也不存在不上班的问题，也没有班可上。

1968年，我生了我家大儿子，我母亲从山东老家来北京，帮助我照顾孩子。到1969年，毛泽东有个"五七指示"，让干部接受贫下中农再教育，党政机关干部、科技人员和大专院校教师都到农村或者农场劳动锻炼。很多单位都有"五七干校"，妇联机关干部也都去了干校。于是，刚满1周岁的儿子，就由母亲抱回山东老家了。

去干校之前，大家要把宿舍都腾空，把各家东西都搬到一个大房间里存起来。我那时候家底也少，买了一个大木头箱子，装了一些衣服，然后就拎着这个木头箱子，到了河北衡水参加"五七干校"劳动改造，一直改造到基辛格访华那年。我被组织安排回北京工作。这么算来，我在干校待了大概一年半到两年的时间。

回到北京后要干什么呢？因为国际交往的需要，工青妇需要恢复一部分外事工作，于是各单位都要一些人回去，我也被派回了北京。那时青年团、妇联、全总三家都在总工会的大楼上班。

我们工作的小组叫工青妇外事工作组，工作内容就是跟各国的共产党组织联系，不和政府联系，因为我们都属于中联部管。领导是耿飚，耿飚给三家布置接待来访或出访的任务，在这里也就待了一两年吧，从1972年到1974年。

后来工青妇也要恢复正常工作了，三家都要筹备全国代表大会，全国妇联又派我参加了筹备组。那个时候，在全国妇联的年轻人中，我是本科大学生，人品又好，工作很认真，好像有什么事总是挑我去做。筹备代表大会的时间是1975年，当时住在京西宾馆。没想到，没等工青妇的代表大会筹备好，"四人帮"又开始折腾了，开始搞"反击右倾翻案风"，主要是针对刚刚复出的邓小平搞的整顿工作，结果把这个代表大会给搅黄了。

10.《中国妇女》杂志复刊

代表大会没搞起来,大家只能"各回各家"了。等"四人帮"搞的这阵风过去后,工青妇三家要恢复因"文化大革命"停刊的杂志,即《中国妇女》《中国工人》和《中国青年》。这3个杂志都创刊于延安时期,准备要复刊。

1974年到1975年期间,我们一直在精神抖擞地搞复刊。包括胡耐秋老大姐都参加了,她在20世纪30年代就参与创办进步期刊,曾经是全国妇联书记处书记,已经退休了又把她请回来。

那时候,我与侯荻、胡耐秋两位大姐同时负责复刊。我们请老画家周令钊设计了橘红色的封面,又到处组织稿件,总算把第一期做出来了,但是因为"四人帮"捣乱,又不让办了。

1976年的7月份唐山地震前,"四人帮"又搞起批判邓小平的运动。地震后,我又去了"五七干校",一直干到9月"四人帮"倒台。得到这个消息,我们高兴地欢呼,彻夜难眠。

我来来回回去了几次干校,那时候的干校很多,有的干校是工青妇三家在一起。叫我们去哪儿我们就去哪儿,按部门分配,一起去的人并不都在一个干校,会分在好几个不同的干校。

1971年,我在干校入了党,我爱人也是在干校入的党。当年遭遇这么多运动,也顾不上孩子了,我因为要去干校,就让母亲把老大抱回老家了。1974年,我生了老二。休产假56天后上班,我忙得要命,又叫母亲把老二也带回去了。这俩孩子都是我母亲管的,管得挺好的,启蒙教育也做得很好。我母亲从小教他们文史知识,背唐诗宋词,给他们讲历史故事。

粉碎"四人帮"以后,我参加了英文版《中国妇女》杂志的复刊工作,在那里做编辑记者。当时杂志的人也不是很多,余克立和卢琼英是社长和总编辑,都是老干部。后来,我当了副总编。

期间我还去了趟日本，为了报道"中日友好之船"。那年，时任国务院侨务办公室主任、全国侨联名誉主席廖承志任中国代表团团长，率领"中日友好之船"代表团赴日本开展了为期1个月的访问。我随团采访，给杂志社写稿子。

在去英文版《中国妇女》杂志之前，我先去了中央党校。那是1977年，中央党校恢复招生，我是第一批学员，胡耀邦是校长。我被分配到青年班，当时还有省部级班。第一批学员中还有李瑞环、叶选平等。我在那儿学了3个月，回来以后就在英文版《中国妇女》做编采，一直干到1984年。

当时，很多因"文化大革命"停刊的杂志都在陆续复刊，除了英文版《中国妇女》复刊，中文版的《中国妇女》也在复刊。

11. 万里长城万里行

在英文版《中国妇女》担任编辑期间，我曾参与了报社的一个大选题，叫"万里长城万里行"，由我负责带队，沿着长城所经过的路线去采访。一路上基本都是在农村采访，在西北采访的时间比较长。这一选题的主旨是以长城为引线，主要报道长城沿线地区两千多年来的变化。外国读者很感兴趣。

围绕这个选题，我们断断续续做了两三年，一出去采访就是两三个月。每一段采访都很扎实，我对那个年代的农村也有了相当的了解。我从河北山海关出发，接着是山西、内蒙古、宁夏、甘肃，从东到西，走的地方相当多。那个年代，我们看到的农村，宁夏黄河滩的情况还不错，有"塞上江南"的美誉。而从银川走到西海固，就是西吉、海原、固原3个县，就是六盘山北面的那一块，因为干旱缺水而特别贫困。

我去过甘肃很多地方，去了甘南藏族自治州、祁连山山区，从武威到山丹军马场，再从张掖到酒泉。嘉峪关、阳关是河西走廊著名的地方，在那里有一段汉长城，保留了那么一大段，是了不起的文化遗址。这一路，我除了了解农村，还了解了大戈壁滩、大沙漠。至今印象深刻的是从嘉峪关到阳关，这一路都是戈壁，没有人烟。我们要去看汉长城，就雇了两峰骆驼。我们先到大方城，看不到人，四周静极了，等了一大会儿，才从远方传来了叮当叮当的驼铃声，再一会儿，才见到骆驼。

全国妇联有一个好的特点，就是组织很健全，从省妇联到地市妇联、县妇联、公社妇联，村里还有妇女主任，走到哪里都能找到娘家。不管到哪里，妇联的领导都是热情接待。在内蒙古时，我们要去大草原，妇联就给提供吉普车，车虽然破点儿，呼呼透风，但也是个车，很管用。还能和草原上的牧民一起，在帐篷里休息过夜。做记者，生活还是很丰富多彩的。那段经历是我新闻工作生涯中最难忘的。采访回来写的东西都陆续刊发在英文版的《中国妇女》杂志上，国外读者反响还是很大的。

12. 谢绝了组织安排的"官职"

这期间，还发生了一件事。

1983年9月，全国妇联召开第五次全国妇女代表大会，会议将产生新一届妇联的领导班子。会议是在京西宾馆开的。康克清大姐当选为妇联主席，罗琼担任书记处第一书记，班子里还有很多书记。那个时代，配备领导班子都要求"老中青三结合"，妇联书记处换届自然也得讲"老中青结合"。于是，书记处开会确定我作为"青年代表"进入书记处书记的候选名单。

妇联领导们对我的印象不错。那时候，全国妇联机关里本科毕业的大学生也不多，一直到"文化大革命"结束，大学恢复招生后大学生才渐渐多起来。当时干部队伍青黄不接，人才缺乏。于是，当时我在妇联挺显眼的，好几个部门都看中我了，都想叫我去。妇联书记处班子里，就选中了我，准备在全国妇女代表大会上参加选举。于是打电话把我从采访的地方叫回北京，当时我还在甘肃采访。

回到北京，我去了京西宾馆，康大姐找我谈话，谈到正在筹备的新一届书记处班子，希望我能够成为其中一员。我一听，连忙说："康大姐，我不行啊！我不想当书记啊！"当时我思想准备不足，当领导的愿望也没有那么迫切，可以说，根本就没有想过要当领导。20世纪80年代初，我40岁出头，当时就希望做点儿实事，比如办刊物，过个三年五载，东西还在这里，是一段被记录的历史。可是，如果要在书记处里当领导，整天开会、组织活动，一年就过去了，什么都没留下来。而且，组织基层妇女搞活动，我也不太懂。

书记处是全国妇联的领导班子，对这个领导班子，中央一贯都很重视，1983年的换届也不例外。可是，面对我的推脱，老大姐也没办法，名单就先没有公布。代表大会结束后，书记处还是给我保留了名额，一直留了三四年吧，怎么等我都不去。后来她们把关涛调过去了，关涛此前在《河南日报》当副总编辑。

1984年，《中国妇女报》准备创刊了，要创办一张新的报纸，书记处开会决定由我来挑头，我听了很高兴，马上把任务接了下来。

关涛比我年龄大很多，当了全国妇联书记处书记后，在书记处主管宣传，刚好管我们，那我也不在乎。后来她又进了政协当了委员，接着做了常委。

对拒绝组织提拔这事，我到现在都不后悔。我爱人李尚志也是支持我的。当时彭真也想提拔他，邀请过，他要是去了现在起码也是副部长了，但他也是不愿意离开新华社。

那时候中组部培养青年领导干部。每个单位都要提供干部名单，全国妇联报了我，我在中组部挂了名，属于青年干部后备人才。

书记处书记那事算是搁下了。1984年春天，全国妇联书记处向中央请示，说全国妇联有了一个《中国妇女》杂志，还想有一份自己的报纸。共青团有《中国青年报》，总工会有《工人日报》，作为半边天的妇女，也应该有自己的一张报纸，为妇女说话、办事。中央很快就批准了。批准后，全国妇联开始物色人选组建班子，决定调我去筹备。我听了很高兴，马上同意了。调去没多久，便决定由我牵头筹备工作。于是，我便从英文版《中国妇女》杂志社调到中国妇女报社。

当时在英文版《中国妇女》，我是副社长，当了一年多，便去了《中国妇女报》做总编辑。这个不像去书记处做书记，我是很乐意去的。

13. 创刊《中国妇女报》 艰苦又快乐

我去中国妇女报社之前，全国妇联书记处书记王立威先去了。王立威先调了两个人去，一个是张朔，一个是丛伟利，这两个人都比我先到报社。

王立威从全国妇联书记处书记任上退休，后去了全国人大，和胡德华一起在全国人大内务司法委员会妇女组，这个时候把她抽出来帮忙筹备《中国妇女报》，说明妇联很重视这份报纸。

当时，全国妇联党组在关于创办《中国妇女报》的决定中指出，《中国妇女报》是中华全国妇女联合会的机关报。任务是向社会宣传妇女，向妇女宣传社会。方针是在全国妇联党组的领导下，根据党在新时期的总任务和总目标，宣传中央关于妇女工作的方针和政策，充分反映妇女的愿望、要求和呼声，全心全意地为妇女服务，做妇女的知心朋友，激励和团结广大妇女为建设社会主义现代化强国而奋斗。

这是一张全新的报纸。当时，没有办公场所，也没有现成的人才，条件是非常艰苦的。1984年是新中国成立35周年，《中国妇女报》是10月5日创刊。那一年的国庆节举行盛大的庆祝活动，天安门广场有大规模的游行。为此我们都回不了家，都在报社加班。

最初，我们办公地点就在灯市口，离全国妇联的那栋老楼很近，在一个招待所的地下室，像个防空洞，弄了几个房间，我们十几个人坐在里面满满当当的。

那时候人可不好找呢！十年"文化大革命"耽误，人才青黄不接，找个大学生很难，"老三届"就算是好的了，还有"上山下乡"回来的知青。等到后来，招到了几个大学生，像吴洁玲、陈本建、张小楠、池雨花，陈本建是从粮食部调来的，她们是"文化大革命"后毕业的大学生。这些人后来都挺不错的，都是报社的骨干。

地下室的创业阶段是非常艰难的，因为在地下室，特别阴冷，冷得背凉，腰也凉，越是夏天越潮，我就拿床小棉被包着，整天都围在腰上，同事们还都笑我。在地下室待了将近一年的时间，后来妇联给我们在后边那个小楼里头，腾了一个大间办公室，我们才从地下室搬上来了。

那时候，二三十个人都在一个大屋子里，大家面对面地坐着办公。领导成员有申万启，是社长，还有戴深燕，戴深燕后来调到杂志社去了，刘永祥副总编是再晚一点儿来的。

那段生活，我们都非常留恋，既艰苦，又快乐，觉得那段日子非常温馨，同事之间的关系非常亲密，在一起不分彼此，没有上下级之分。至今，当时我们一起创刊的同事偶尔还会聚一下。

那时，没有领导班子的概念，什么事情大家都一起干，采访、编辑、印刷、出报、发行……

申万启是从新华社调来的，来之前曾经先后在新华社内蒙古分社和西藏分社当社长，有丰富的新闻工作领导经验。还有杨杏南，是从全国妇联调来的，曾经是妇联宣传处处长，摄影部的主任王裕亮是从《中国青年报》调来的老记者，谢丽华是从全国妇联来的，是部队转业的干部。大伙儿每天都是一边商量一边干，哪有什么上班下班的概念呐！每天清早一睁眼睛赶快起来上班，到晚上很晚才下班。谁也不觉得累，也不觉得饿。妇联的人都叫我们"拼命三娘"，朝气蓬勃的一种状态。正因为这样，所以我们把创刊的开局工作做得非常扎实。因为有那么一群能人，加上高度的工作热情，所以筹备工作进展很快。1984 年 8 月 8 日出版了《中国妇女报》试刊第 1 期，对开 4 版，以赠阅方式发行。这期一版刊登了我的文章《大力提高妇女素质》。一个星期后的 8 月 15 日，又出版了《中国妇女报》试刊第 2 期，还是对开 4 版，以赠阅方式发行。一方面广泛征求意见，一方面继续磨合，为报纸的正式创刊奠定了基础。

10 月 3 日，经中共中央书记处批准，《中国妇女报》于北京正式创刊。邓小平同志亲笔题写了报名。邓颖超大姐为报纸题词，"中国各族妇女要在四化建设中做出优异成绩",康大姐署名撰写了发刊词,强调"义不容辞地维护广大妇女的权益"。创刊时召开了首都各界知名人士座谈会,康大姐、罗琼,还有丁玲出席了座谈会。

10月4日,全国妇联党组会议决定了报社领导班子的任命,我是总编辑,是法定代表人,申万启是副总编辑,戴深燕是副总编辑兼总编辑室主任。报社机构有总编室、新闻部、婚姻家庭部、儿童部、通联部、摄影部、资料室、经理部等。报纸为周一刊,对开4版。

《中国妇女报》创刊的时代,正是改革开放初期,一切百废待兴。比如做发行,都是领导带头下基层。从全国妇联到省妇联,再往下一级一级地做发行。为了做好发行工作,康大姐还为杂志社和报社题词:"进一步做好中国妇女杂志和中国妇女报的出版发行工作,提高广大妇女的政治文化素养,维护妇女的合法权益,为四化建设作出贡献(注:1985年7月26日)。"应该说力度是很大的。当时,我们分几路人马到全国各地去发行报纸。我去的是浙江和上海。在基层与各种各样的读者接触,发现《中国妇女报》在各地还挺受欢迎的,不光女的爱看,男的也爱看。有些男同志还不好意思直接买来看,就是家里有妻子是女干部的,才和妻子一起看。那个时候的报纸充满了生活气息,很受读者欢迎。

1985年8月15日,妇联党组会议批准报社成立编委会。由我和申万起、戴深燕、刘永祥、侯慧男5位同志组成编委会。1987年2月,妇联党组决定申万起任社长,刘永祥任副总编辑。这就是报社早期的领导班子。创刊初期,报纸大样都是由我和罗琼看。从成立编委会后,编务工作就逐步走上正轨。那时,全国妇联书记处把报纸当自己的孩子一样,每期都非常认真地看,罗琼同志看得特别仔细,有什么问题马上找我们商量。

早期办报,选题都是大家一块出主意,讨论出好的选题就开始采写。20世纪80年代末90年代初期,正是社会思想比较活跃的时期,《中国妇女报》在社会舆论中发起了很多讨论,在社会上的反响很大。1986年10月,我们和《中国青年报》《农民日报》《婚姻与家庭》杂志社联合召开农村婚姻习俗调查新闻发布会。全国妇联书记处书记、中国婚姻家庭研究会副会长王德意出席会议并发言。这年，报社又召开婚姻家庭观念座谈会，邀请新闻界、社会学界、法学界以及妇联系统共60多位同志参加，围绕"是精神文明，还是封建愚昧"等内容进行讨论。

那会儿婚姻家庭领域的话题最吸引人，比如"五好家庭"典型宣传，似乎有一种惯例，那些有困难的家庭容易博得关注，评出来的"五好家庭"有些是残缺不全的，要么是丈夫去世的家庭，要么是带着残疾丈夫改嫁的家庭，把这当作典型来宣传。于是我们想到，把这样的家庭当作"五好家庭"来宣传，这到底是爱护妇女，还是损害妇女权益呢？

再比如，那会儿热播的电视连续剧《渴望》，人们都喜欢看，几乎到了万人空巷的地步，很多男同志都希望自己的妻子像剧中女主角刘慧芳那样贤惠。我们就围绕妇女在家庭中的地位掀起了一场讨论，妇女在家庭中到底该不该忍辱负重？家庭中如何体现男女平等？类似这样的讨论，搞了好几场，在社会上影响非常大。

经过几年的磨炼，我们带出了一支队伍。早期的骨干有谢丽华、侯慧男、王云汉、杨杏南、陈本建、吴洁玲、张朔、郭艳秋、冯媛。那会儿的《中国妇女报》办得有声有色，发行量最高达到39万，大家的情绪也特别高涨。

1994年10月，《中国妇女报》创刊10周年的时候，我们在大会堂开了纪念会，很隆重，中央也很重视。党和国家领导人江泽民、李鹏、乔石题词祝贺，江泽民题词："团结广大妇女为我国现代化建设作出新的贡献。"李鹏题词："动员各族妇女，推动社会进步。"胡锦涛写了贺信，要我们"结合妇女实际，突出妇女特点，进一步办出自己的风格和特色，更好地成为党指导妇女运动的一个重要舆论阵地，成为广大妇女群众更加亲密的良师益友"。

那时候，人的精神世界很充实，工资奖金并不高，但大家一心要把报纸办好，精力、心气都用在这上边，都是从妇女工作的角度、维护妇女权益的角度考虑问题，一心一意地为了妇女的解放，为了妇女地位的不断提高。每到三八妇女节，我们都说，等到妇女真正解放了，就不用再过三八节了，那才是妇女真正解放的时候。

1986年，报纸改为每周出两期。这年10月，报社第一个记者站在上海成立，当时叫华东记者站，记者葛珊南后来成了有名的律师。11月11日，报社中南记者站在武汉成立，从《长江日报》调来刘满元。以后，驻地记者站成熟一个建一个，多数省份都建立了记者站。1988年7月，妇女报改为每周3期，印刷改为激光照排技术。1993年报纸改为每周4期，同时创办了一个面向市场的《伴你》周刊。编采工作逐步走上正轨。

那时候，不要说工作条件差，生活条件也都不算好。但即使没有房子、没有宿舍问题，大家还是那样拼命干。后来，为解决职工宿舍问题，我找到康大姐，我说这么些年都解决不了住房问题，有些职工住宿非常困难。我对康大姐说，我们给财政部写了一份申请报告，请您给批一下。康大姐给批了，在报告上签了字。后来，财政部的钱就给拨下来了。那时盖房子便宜，几百万块钱便盖了两处职工宿舍。一处是在双井那边，是和重型汽车厂一起盖的。另外一处是与中直机关合建的。为了公平分配，报社成立了分房领导小组，根据工龄、职务等标准给每个职工打分，打完分后集体讨论，反反复复。最后按照分数的高低分配住房。1995年，大部分职工都入住了新房。我记得，我们住进去以后，第四届世界妇女大会召开了，我们就全力投入了世妇会报道。

等到后来，实行了住房商品化，就有住房公积金了，晚来的职工用公积金攒几年能够付个首付吧。

办公楼呢，又是另外一回事。1987年，报社迁入灯市口大街50号，就是妇联旧址。当时算是改善了办公条件，同时建立了电脑平台，采编人员和记者站的稿件传输初步实现了内部网络化。但随着报纸发展办公用房越来越不够用。后来全国妇联盖了新楼，机关搬走了，但旧楼也只给了我们两层，《中国妇女报》处在发展阶段，办公楼还是不够用。直到1995年世界妇女大会结束以后，我又开始向财政部申请办公用房，财政部批了1000多万元。那时候，中华女子学院已经有了新址，妇联把原地安门西大街女子学院的一栋旧楼划拨给报社,把我们的1000多万元给了女子学院。

1995年,北京召开世界妇女大会,《中国妇女报》是做了很大贡献的。当时我们的热情和积极性都非常高。既然是妇女的大会,我们《中国妇女报》当然应该是报道的主力,我们做的世界妇女大会特刊一送到会场,很快就一抢而空,不仅新闻快捷,内容也非常丰富,受到陈慕华大姐的表扬,称赞我们对世界妇女作出了贡献。

14.叫声"大姐"就觉得亲

说说全国妇联的老大姐吧。

那时候让我到书记处当书记我拒绝了,这是我的价值观决定的。那时候,没有官本位概念。就说称呼吧,那会儿都是叫邓大姐、康大姐,前边还有蔡大姐,就是蔡畅。而全国妇联书记处第一书记罗琼,我们就直呼其名了,最多再加上个"同志",叫她罗琼同志。书记处有位老书记叫吴全衡,是胡绳的夫人,全国妇联无论年纪大的还是小的,都叫她"小吴",很亲切。

罗琼是全国妇联的思想理论家,年轻的时候办过妇女刊物,对报刊这方面都是很有研究的。所以她对报纸特别上心,每期报纸来了都认真阅读,哪篇文章写得好了,就表扬,发现了什么问题也都找你商量。

蔡大姐和邓大姐呢,我是"文化大革命"期间在全国妇联遇到过她们,只是说说话什么的,没有更多接触。我跟康大姐的交往是很深很深的,她管我叫"小王"。因为她领导全国妇联,她在担任主席期间和罗琼一块向中央申请办《中国妇女报》。她对报社非常关心,有什么事都想着你,哪个地方不太好了,就会告诉你,出了什么问题,大概该怎么办也都替你想。康大姐经验丰富,敢担责任。罗琼在妇女理论上、在文字功力方面,那是没得说的。那时候跟康大姐在一块工作,到了午饭后就说一块去吃黄瓜,康大姐不吃水果,爱吃黄瓜。叫她秘书中午去买一口袋黄瓜回来,坐在一块吃,她都叫着我,我们那会儿是晚辈。等我去了中国妇女报社后就忙了,有什么需要的就去找康大姐。报道上的事她都不太管,是罗琼管。但像批款、买办公楼是她批着给弄来的,给了将近1000万,把咱们这个办公楼给弄下来了。虽然是个二手楼,但咱们报社位置好,交通也方便呀。老大姐对人既亲切,又体贴,你有什么事找她,她都会帮你解决。所以,我有话都敢去跟她讲,她叫我去当书记处书记我就不当,就到这份儿上,那不是一般的关系,非常好。我经常到她家去。有一段时间,她要我去找她,她要给我说她的经历。说她年轻的时候在红军部队里,和朱总司令怎么认识的,怎么结婚的。她说,刚开始她也是不太愿意的,觉得总司令比她大了那么多,后来还是挺好的。在大姐那儿她跟我谈了两天,后来她身体不太好,没讲下去。她说,先说这些吧,写不写再说。

康大姐原先想叫我去给她当秘书的。后来,叫我去创办《中国妇女报》,也就没有去给她当秘书,就找叶梅娟去了。那会儿,她什么事都想叫我跟着干。开全国人民代表大会,她叫我去给她写发言稿。还有,我们一块到党校去看胡耀邦。老大姐就像母亲一样对我。只不过我们都叫康大姐,不会叫别的,也不叫职务,如康主席什么的。

在那种环境下,人的脑子里头就没有这些当官啊、官本位啊这些念头。

还有罗琼大姐,她真给下面办事。包括向上面疏通,请领导题字,帮我们出报道思想,出了很多点子。后来,书记处第一书记是黄启璪,她是比较关心报纸具体事务的,关注报纸的思想性和舆论引导是不是正确,每天都盯着报纸在看。

15. 这辈子没有什么遗憾的事情

我这人不当官一点儿都不遗憾,无论到了什么时候都不后悔。我现在跟李尚志都还是这个态度。现在的很多人都是只要有好处,只要能升官,从这个单位调到那个单位,管它胜任不胜任,管它喜欢不喜欢,就去呀。我们那会儿不是这样子。我偶尔也会有点儿懊悔,那是在生病住院的时候,也就是一闪念。这是非常非常实际的事,生病的时候,才发现普通干部看病住院怎么那么难哪。

我这一生没有什么遗憾的事情了。我觉得我上中学、考大学都挺顺的,那个时候可不像现在这样千军万马过独木桥。考初中那回有点儿小挫折,第一年没考上,没关系,那第二年我还要考,不就考上了吗?我考上以后,念完了初中顺其自然地就考高中了,考上了,没费什么劲儿。考大学那会儿也都知道什么大学好,要填报什么志愿,因为我们的中学太好了,从这里走出来的学生分数都很高的。

你现在到我们的黄县一中去看看,那晚上灯火通明的,学生们学习热情那个高呀!高中生都住校,只要一住校,人就进入那种奋发学习的状态。有一次,我回家顺便去学校看看,正好是晚上,教室里都亮着灯,学生们都在学习。现在山东那些农村县城里的中学都这样。

几十年没回家了。老家没有什么亲戚了,我没有什么叔叔大爷,也没有什么姑啊姨啊,这些亲戚都没有。所以把老家的房子卖了,也就没怎么回去。有一次,我是到那边采访,顺便回老家看一眼就走了。当时还有认识的人,到现在就没有认识的人了。

我觉得这辈子呀,没有什么特别遗憾的事。我以前常说,很多事情是我还没想干的时候,人家就安排你干了。我没想当书记,人家安排我去当书记,但我拒绝了;我也没听说《中国妇女报》要创办,没有想过要去当总编辑,人家就让我

相亲相爱的伴侣

去当总编辑了。所以说，我这辈子还是挺顺利的，虽说在办报的过程中，也出过这样那样的事情，但都还是过来了。那时候还要搞报业集团，那真是心气高。我去给陈慕华大姐汇报，告诉她我们一年的报纸怎么样，收入怎么样，给国家交税交多少。说起来那都是很自豪的。

16. 我是个开明豁达的妈妈

我有两个孩子，都是儿子。他们上学的时候，我忙得要命，顾不了孩子。我母亲在这儿帮我带了几年。后来，我婆婆在这儿带了两年。孩子们上小学，那都是她们管的，我管不了。孩子们都不算调皮，我没操多大心。

虽然在孩子小的时候都是老人帮着带，但从培养他们的角度看，我还是用心的。老大李方后来考上了北大中文系，1991年大学毕业。老二李明喜欢音乐，特别喜欢摇滚，既写词、作曲，又弹吉他。当时我的工资虽然不多，也给他买了六七把吉他，我觉得孩子有点儿特长好。开始看到人家有的孩子学小提琴、学琵琶，我说李明我也给你买把吉他吧。他很高兴，他哥给他当老师。后来他哥不练了，他有了浓厚的兴趣，到后来我觉得这事麻烦了，他成了摇滚青年，头发留长了，在家里整天闹得邻居不安。中学时期过去了，考上北京财贸学院后，又在大学组织了乐队。

我说李明你看，我们家在城里居中，你哥的北大在北边，好大学不是都在北边吗？财贸学院在南边，在丰台那边。你看你，从初中到大学，越来越往南去了，南边哪有好大学？

这孩子在高中的时候组织了乐队，叫什么"神经末梢乐队"，到处去演出。那正是"唐朝"乐队火爆的时候。孩子对音乐着迷啊。热闹的时候，出去演出，头发很长。那会儿我们住新华社职工宿舍，我见着熟人都离远一点儿，怕人家笑话："你儿子怎么那样子？留那么长的头发！"后来，高中快毕业的时候，我说："李明，你这么喜欢音乐，但你又不是主唱，是吉他伴奏，可在这个乐队里主唱是主要的呀。"他虽然也能弹能唱，但是我觉得他嗓子不是太好。我说:"李明,你还是要考大学的。你想搞音乐,但我觉得你的嗓音条件不是太好。仅靠弹吉他这不靠谱,唱歌才是主要角色。可以是业余爱好嘛!"我说:"你走音乐这条路不容易,别考音乐学院了。"当然,我是循循善诱,给孩子自己选择的权利。那时候,他也还听得进去,他觉得我说得有道理,就接受了,但他依然喜欢音乐。直到大学毕业工作了以后,他还是有了钱就去买电子吉他什么的,自己置办了齐全的音乐器材,一个屋子装满了,下了班就去搞他的音乐。直到现在他也还是喜欢得要命,常常自己作曲作词、自己唱。

他毕业后在深圳国际投资公司工作,后来公司在山东成立分公司才到了青岛。但他对音乐的心就是不死,还想回北京干,不当歌手搞别的。后来,他已经当爸爸了,给儿子起了个名叫李歌行。我问他:"什么意思?"他回答:"我未完成的事业叫我儿子来完成,边歌边行。"真有意思。他给小家伙买了吉他,这父子俩一起玩音乐,可带劲儿了。小孙子现在10岁,小学三年级。有时也关在屋里写词写曲,还弹给我们听呢。

李方北大毕业以后分到新华社,他爸碰巧看见了当年新入职人员的名单上有他的名字,是分在国内部,而他爸那会儿正好是国内部负责人,于是回家马上跟儿子说:"你现在不能来新华社国内部,因为我是国内部主任,不能在一起。"他爸真是守规矩,便把李方的档案退回北大了,又换了他的一个同学来,叫孙承斌,后来干得不错。李方的档案就这样被退回学校去了,退回去后上哪儿去啊?分配工作都结束了。我就找了中华英才的人,去那儿上班。我跟儿子说,报刊工作就是先学着写稿、编稿,是个日积月累的过程。就像盖房子一样,你盖一栋房子搁在那儿,就是你的作品。你再盖一个楼搁在这儿,那还是你的作品,当记者也一样。你先去中华英才,跟人家学,积累点儿东西,等以后别的单位调你,你把作品给人家看看,自己的东西在这儿好说话。如果你什么东西也没有,除非当年分配的时候那样行,过后就不行了。儿子在那干了将近两年,写了不少有分量的东西。后来,中国青年报社看着他不错就要他,他便去了中青报。在中青报干得也不错。他是属于那种思想新锐的青年,非传统的。在中青报开始是搞摄影,后来是当编辑,创办了一个《版主日记》,很有名气,社会影响很大,就此开始出名。后来,他又到理论部去写社论。他喜欢读书,知识比较渊博,他参加过一次问答辩论,就没有答不上来的问题。之后,网易去要他,当时中青报正要分房子,就是那个节骨眼上,他想来想去,房子也不要了,铁饭碗也打了,去了网易。在网易干了几年,腾讯又去挖他,他又去了腾讯,是分管新闻的副总。他都47岁了,也不想再怎么的了,因为网络这行是年轻人的天下,不养年纪大的,都是年轻人一拨儿一拨儿地上去,干网络很累很苦,下班也很晚。当然,收入也高。

这俩儿子我都还满意。老二现在不想在那干了,还想回来,还搞他的音乐。我劝他想好了再下决心。

至于对家庭的付出,你看那会儿我们忙成那样,对他们的管教不像现在的父母。加上那会儿经济条件有限,但是再紧张,我还是肯给他们买书,买扩大知识面的书。书对他们的帮助是非常大的,李方的知识面特别广。等到他们一点一点地大了,那个时候大家在一块讨论孩子,讨论对子女的期望。大家也是互相启发,觉得对子女的期望值不要太高,期望值越高,失望会越大。我想,做父母的能尽到的责任,不论是经济上,还是感情上,或者精力上,你该尽到的你必须全力去尽,这样才无愧于心。我们作为父母就不后悔。那会儿我母亲就不断告诫这两个孩子,说:"一等人不用教也成人,二等人教育才成人,三等人教育都教不成人,你们做不了一等人也得做二等人啊。"

到现在孩子们都不忘姥姥的话,虽然他们不算是拔尖的,但都比较优秀。

我们家是个民主的家庭。他爸爸对两个儿子很公平的,没有说厚此薄彼的。孩子们都在外头忙,老大一个月能回来两次。老二在青岛,每年都回来过年。我们现在住的这房子也是孩子们看中的,是李明的,李明出的钱多点儿,我们帮他出首付了。这个地方特别安静,适合养老,等到儿孙们都回来才热闹呢。

作为秀琳的继任者，我在听她讲述故乡往事的时候，意外地发现此时心细如发的秀琳如此有人情味儿，完全不同于彼时大刀阔斧的那位总编辑。原来，她把对家乡的情和对亲人的爱都深深埋藏在心底，如烟往事在她看来都已成淡淡的流水。人生的惊涛骇浪此时都已化作清风飘散，大江大河亦如平波静潭。这也是在整理录音时再度感受到的。在"官本位"流行的年代，她在副部级官职面前能够做到心无旁骛，仍执着于自己热爱的事业，醉心于自己的粗茶淡饭，不可谓不惊世骇俗，也由此可见她做人的纯粹。在担任首都女新闻工作者协会会长期间，她善于集思广益，组织了女新闻工作者的业务交流，尤其是克服体制障碍，先后3次举办海峡两岸三地的女新闻工作者对话交流，成为台海新闻女性联谊的一段佳话。

声音有约，40年意犹未尽
——佟雅坤访谈录

- 访谈时间：2015年5月19日
- 访谈地点：北京朝阳区雅坤的家
- 访谈员：周志飞
- 整理者：周志飞

编者按

佟雅坤，中央人民广播电台著名播音员、节目主持人、播音指导、中国广播电视学会主持人节目研究委员会副会长。享受政府特殊津贴。1961年，进入中央人民广播电台，曾担任新闻、专题、音乐、戏剧、文学等各类节目的播音。除负责日常播出工作外，也参与很多台外、台内大型节目及重要节目的播音、主持工作。1987年，调文艺部任综艺节目《今晚八点半》主持人，直到1998年节目改版。荣获全国第一、二届"金话筒"金奖；《永不消逝的歌声——纪念音乐家王洛宾》获首届中国播音作品奖一等奖；主持的《今晚八点半》春节特别节目《春灯乐》获第二届中国主持作品奖一等奖。有3个担任播音的音乐专题、广播特写获"亚广联"大奖。之后录的节目大多是文学节目，包括诗歌，散文等，每年都有节目获奖。

1. 我的父亲母亲：父亲特别谦和

我的全名是佟雅坤，起播音名字是为了便于听众记，两个字的多。我们领导说你不用再另起了，叫"雅坤"就挺好，就这样把姓去掉了。名字是家里老人起的，"雅"是文雅，"坤"就是女性的意思。

1942年，我出生在沈阳，12岁时随父亲工作调动全家迁到北京。家中5个孩子，我老大。父亲是搞石油化工的。母亲最初没有工作，后来孩子大了，不用她天天围着转了，她身体挺好，觉得老在家里待着没意思，也有邻居劝她，说干脆你跟着我一块上班去得了，就那么去上班了。她上班的工厂是造纸的，不是特高级的纸，就是一般的纸张。她出去工作时都50出头了，在那里也没干几年。回家后闲着怪难受的，她养过鹌鹑。我们住的那房子比较大，她腾出一个单间来把鹌鹑一个格子放一个，就像书架似的，搭一大排。下了鹌鹑蛋，我们这些孩子可以有蛋吃，多的卖给街坊四邻。

整个家庭比较和谐，遇到事情父母都商量着办，母亲有时比较急躁，父亲的性格更温和。孩子们的事母亲管得比较多，吃、穿等都是母亲照顾的。母亲对我的影响就是家庭妇女的勤劳，对孩子的体贴入微，这些影响是潜移默化的。父亲总说待人处世要怎么样，要容忍人，要谦虚，千万不要和人家去争、去吵，这对我们影响特别大。父亲永远是谦让别人，在家里也是。他比母亲小2岁，家里的活儿只要他在家他都干，包括做饭。出差学了什么新菜的做法他回家来就实践，这样，我们就可以享受到新的口味。后来，我们工作了，礼拜六去看老人，他总是事先把要吃的都给准备好，而他自己不上桌，让我们跟母亲一块先吃。等他都弄利索了才坐下，你不叫他都不过来吃。他绝对是特别谦和，我们作为子女有时都觉得过意不去：一切都是现成的，连帮忙也不用。晚年时，家里的事基本是他做，我父亲做好了饭母亲吃。母亲开玩笑说："他做就做吧，反正一直都是我做的，我也该享福了！"母亲就管家里这摊事，父亲除了要工作，还教我们做饭、做菜等，包括包饺子、调馅儿。他特别替别人着想。我结婚以后,他还给我买和面的盆,这他都想到了。我妹妹后来在沈阳成了家,有时需要东西他从北京给带过去,特别仔细、认真,对孩子总是关心备至。现在我继承了他的传统,儿子、孙子过来了,吃什么我得想好了,然后让大家吃得挺好,吃完了给他们带这个带那个,学我父亲。有同事说:"瞧你这贤妻良母型!"我说这可能是受父亲的影响。父亲的同事常说:"老佟这好脾气!"父亲绝对和谁都不带红脸的,在外受了委屈回家也不说什么,绝对是能容忍。父亲念书到高中,我爷爷奶奶去世早,他在亲戚家长大到20岁,然后跟着姑爷爷出去学做生意了。

父母家务上都比较勤快,谁也不说自己懒得干,都觉得自己应该干。父亲上班回来有时间会把菜弄好了,谁有时间谁就干,你要不愿意干我就做,谁也不会不高兴,俩人都比较谦和。上学时,母亲会叮嘱一下,别迟到了,别跟同学打架,这是经常说的,孩子们也都记住了。我们在学校听老师的,回家听家长的,说一不二,都比较乖。我几个弟弟都喜欢文艺,大弟弟吹号、拉胡琴,二弟弟歌唱得很好。

父亲一人的工资要养活一大家子,所以全家人都挺节俭。三年困难时期,一次,他从大连出差回来买了一大袋子做罐头的水果削下来的皮——苹果皮、梨皮。那时,这些东西也是可以吃的,洗洗煮成水,我们带皮连水一块吃。我父母的身体一直挺好,后来父亲得了重症肌无力,越来越不能动,脚抬不起来,骑车也摔倒,我们特别心疼,就不让他骑车了。他走路也磕磕绊绊的,但特别坚强,不管怎么着,自己能顶的就顶,宁可自己受罪,也不给儿女增加负担。父亲先去世,76岁,1997年8月去世的。母亲是两年后,1999年的8月去世的。父亲病重的两年里,母亲已经得了糖尿病,但我们注意力都在父亲身上,跑医院,照顾他,就忽略了母亲。那时她说有一些口渴,特别容易疲倦什么的,我们也不懂。等父亲走了,我们才想起来给她检查,发现已是严重的糖尿病,后来,一只脚溃烂不得不截肢了。她说:"我如果哪天不行了,你们把假腿给我安上,让我全身走,别让我少一条腿。"等我们都长大工作有能力来照顾时,两位老人却没能享上几天福,觉得挺对不住他们的。

2. 从小爱唱歌：外号"小夜莺"

1949年，我上小学一年级。上学后，我参加秧歌队，由学校组织时不时上大街去扭秧歌。我们还戴着口罩，戴着手套，拿着小瓶子，见着只要觉得能变成活物的东西，比如小虫子，就赶紧抓起来，当是一些细菌，一人拿一个钳子夹起来装进小瓶里。小瓶交给学校统一处理。只知道这是日本搞的细菌战，我们中国老百姓都应该警惕起来，反对细菌战，要发现这些东西，把它消灭了，防止细菌扩散。当时，感到特别怕。

我从小特平常，也从来不跟人争什么，是特别乖的一个孩子。我只是爱唱歌，甭管唱得好赖，就爱唱。在学校里参加合唱团，上台表演，嗓子好，能高上去能低下来，不走音不走调，唱得很准。老师也就特别培养，上音乐课经常被点名给大家唱，给示范。我没当文娱委员，而是当个小班长啥的。音乐老师对我影响最大，最初的音乐老师姓肖，梳一辫子。后来的音乐老师姓周，年龄大一些。两位都是女老师。因为我爱唱歌，老师就比较喜欢我，一有什么唱歌活动，拉着我就去了。刚工作时，我也喜欢唱，和一同事在水房洗衣服时，她在那头唱美声，我在这头唱民歌，可有意思了。后来老播音，发音的位置不一样，就唱不上去了。现在唱歌，如果在我经常说话的音域还可以，但如果高我就高不上去，低也低不下来。所以，我说我这不叫"唱歌"，叫"说歌"，但有时候还愿意哼哼。

我的性格比较开朗，很直接，什么事我都说，不会隐藏。刚到北京在西板桥小学时，班里一男生给我起外号，管我叫"大愣"，愣头愣脑的"愣"，说你怎么什么都不怕，什么都敢说。当时，好像是老师提什么问题，别人还没怎么着，我就开始说了。新生一般都会比较羞涩，我不，我自己觉着还挺勇敢，结果就说。我说："你给我起外号，能不能起个好听一点儿的？什么愣啊，真难听！别叫我这个，再叫我跟你急！"可人家时不时还叫，同学之间就瞎起哄。

一年级到三年级我是在沈阳上小学，到北京上的四年级。刚到北京时，因为口音——东北人说话卷舌音和平舌音有点儿分不清，经常被同学笑，自己就不好意思张嘴说话了，但又不甘心，心想："你笑我就练！"回家我就关屋里说、练，不出俩月，我的语音都正确了。父亲一朋友见了以后说："哟，小雅坤满口的京腔！"我说，人家老笑我东北味，我不服气就练。

北京的豆汁我接受不了。父亲的一个朋友带我去吃豆汁，他是老北京。走到鼓楼后面，我以为是什么好吃的东西，还挺高兴。喝一口，那味儿我差点儿没吐了！他问我："好吃吗？"我说："陈大爷，一点儿不好吃，特别恶心。一股泔水味，特别难吃！"他说："你可不知道，老北京人都欣赏这个豆汁，这儿的是特别有名的。"

学习上，我也不是说自己多优秀，但估计考大学没问题。我们有英语班、俄语班，我们对门一班的是学俄语，我们二班就是学英语。我喜欢学外语，想着将来就朝这方面努力，但是将来能不能干上这个，能不能学好，那还是另说的。我喜欢唱歌，是从小唱到大的。初中时，有个实习老师说："佟雅坤像个小夜莺似的，老是唱。"就给我又起了一外号"小夜莺"。我小时没有特别远大的理想，那时的小孩哪有现在的小孩这么精灵？我就是老老实实的，人问："长大你干吗？"我说："唱歌。"因为喜欢，也唱得好听，人家喜欢听，说："这孩子唱得真好！"我就觉得我将来得好好唱，可没想到当歌唱家什么的，没那个意识，只是觉得人家说我唱得好，我还得要唱更好。

3. "文化大革命"中的转折：家人因出身问题被遣返回老家

"文化大革命"让我家来了个大转折，因为我父亲被划成了资本家。他以前做过生意，但他根本没有那么多的资本，是几个朋友一起合伙的。"文化大革命"外调时又说他是地主：我爷爷有几亩地，后来抽大烟，把地都当出去了。当出去了也算在我父亲头上，说因为当了你将来还可以收回来。这对我家影响挺大：父亲工作的工厂，挺大的化工三厂，把他遣返回老家了。我已经工作了就没走,其他的孩子都走了,回东北铁岭的农村去了。父母那个年纪已经没有多大劳动能力了,弟弟们以前也没干过农活儿,要学着赶大车、打粮食、送粪……肯定吃了不少苦。但是,我在这样一个单位工作,不能够跟家走太近。从政治上来要求,就是尽量要划清界限,别跟他们扯在一起。我没往家寄过钱和粮票什么的。实际上,我不是不想,我肯定想啊,想给他们力所能及的帮助,但我忍住了,就是为了要表现出跟这个家分开。现在想想,自己那时有点儿太过分了。再怎么着,生活上也应去关照他们一些,尤其是弟弟妹妹小。我妹妹后来跟我陆陆续续说过,她说:"姐,我也不愿意跟你提这些事,过去的事就过去了。"有时只言片语透露出来一些,我就能知道他们当时过得挺艰难,比如不够吃了就去挖野菜,然后到沈阳我的姨家去跟他们匀点儿粮票,有时候我姨也给他们送点儿粮食,接济他们一下。弟弟那时正是生长发育的阶段,什么也吃不着,谁家杀了猪,买点儿肥肉炼点大油,就用它拌饭,搁点儿酱油,说香得不行。我一想觉得够难的,好在家人能理解我。

  本来我的工资够我和我大弟、妹妹3个人在北京生活的,我可以不让他们走。可工厂的人找到我单位来,说:"你还是应该让他们走,不该留他们。"就为这,"整团"的时候有人给我提意见,说我划不清界限。我说:"我弟弟、妹妹跟这没关系,出身没有办法选择,重在个人表现,他们还小,都是学生,如果我有这个能力,我还是希望他们在北京继续上学。"但还是不让。我二弟和小弟跟着我父母先走了,大弟和妹妹后走的。当时我精神上的压力挺大的,因为这样一个工作性质,像我们这种出身的,工作上都受限制了,直播区不让进,把我们的工作证都换掉了,一些重大活动的播音也不能参加了。我心里挺不痛快,那也没办法,就这样了,你怎么办?要论业务能力,我不是不能胜任,但是因为出身,机会被剥夺了,那是被歧视的一种感觉。这种情况下,如果我工作上再不认真,再出点儿什么事,那就会上升到出身、阶级立场的问题。所以,就更得要干好工作,别让人家说出什么不好来。家人走了以后,逢年过节,我没地方可去,从办公室往外看,灯火辉煌,大家过节,自己孤孤单单,想家又不能回,特别孤单寂寞,可即使这样也不能哭。一个类似情况的同事,为此掉了眼泪,我劝她说:"你别哭啊,如果让人看见说你这什么感情——还得克制。"总之,这些事过去了,我就不去想,尽量不去想。

4. "上完大学再去行不行?"——祖国需要就是你的志愿

我在沈阳上的是一经路完小,到了北京先是在西四北小学,然后转到西板桥小学。中学是四十中学,初中、高中都是,然后就直接到电台了。我没有上大学,高中我们还没毕业,电台就招我们这批人,送到广播学院新闻系去培训了一年。工作以后,领导让我们这一批来的20个年轻同志一边学业务,一边学电大——电大中文系,读了4年,学历算大专。

1960年,我高二的后半学期,电台去我们学校招人,招的时候没说是招播音员,就说了解一下你们的朗读水平。当时我在学校广播站,有时候给大家读个通知、报纸什么的,学校的老师就把我给叫去了,还有另外几个同学。来的两位老师跟我们聊,问我:"你在广播站工作,除了干这些,你喜欢朗诵吗?"我说:"我很不喜欢,我一听人家朗诵我就起鸡皮疙瘩,但是我爱给大家读读报纸,就是告诉大家有什么新闻,国内、国际大事的,让大家知道。"老师又问:"你还喜欢什么呀?"我说:"喜欢唱歌。"老师说:"那你给我们唱个歌吧。"我就唱了《我的祖国》。考我的时候,我看到两位老师交流了一下,然后让我读报纸,说:"你经常给他们读报纸,你给我们也来读一段。"我读了一条周恩来总理会见外宾的消息。当时的小孩尤其北京的孩子说话都特别不清楚。读完后,老师说:"你说'周恩来总理'。"我就又说:"周恩来总理"。后来,我才知道这是看我是不是有口齿构造上的问题或是发音的毛病。

试完了我们没当回事,然后就放暑假了。开学就是高三了。到校后,校长找我谈话,我还以为我犯什么错误了,挺紧张地进了办公室,校长问:"你

声音有约，40年意犹未尽
——佟雅坤访谈录

还记得广播电台那次到咱们学校来吗？"我说："他们说咱们什么了？"我以为是来调查什么的。校长就说："现在电台需要人，周恩来总理特批在快要毕业的应届学生中挑选一些人去培训做播音员，他们选中了你。"那时，我对电台一点儿不了解，虽然天天听广播，但从没想过要去从事那个工作，一下觉得特别迷茫。我说："老师，咱们现在马上高三就要毕业了，上完大学再去行不行？"老师说："人家要求现在就去，去了要培训，完了就要到岗，可能有老师带着你们学，文化课可能将来还有机会学。"校长这么说了我就不好说别的，我说："我得回家跟家人商量一下。"家人也是我这个意见，连学校也有老师说："你问问大学毕业了再去行不？"不上大学多可惜啊！马上就要考大学了。我思想上很矛盾，但那个年代组织上说啥，你得服从，祖国的需要就是你的志愿，这没有你个人选择的余地。再说了，自己还是团干部，这个那个道理说了一大堆，现在轮到你选择了，你却要上大学，不服从祖国需要，你将来还怎么张嘴去做别人的工作？我觉得这说不过去，不能说一套做一套。所以思想上斗争来、斗争去，最后决定去吧，我就这么到了电台。

在广播学院培训时，佟雅坤（前排左二）与学习小组的同学合影

我们被送到广播学院培训，当时没有播音系，叫播音员培训班，还招了一个电视台的摄影班。我们培训的是各种稿件的播音，都是老播音员教的。学了半年，到地方台实习半年，然后分配，30个人中央人民广播电台留下20个，其他的分到地方台了。1961年，我们到了台里，先培训，播音组一老带一新。我最初的老师是马林，后来是刘炜老师。新闻、文艺、评论等所有的稿子，老师都手把手地教，给你留作业，叫你自己去练，录好了以后老师听。听完了指出你的问题，你再去录，有时候一篇稿子反反复复都可以背下来了，自己都不知道录了多少遍。老师对我们非常严格，比如一条新闻，什么时间、什么地点、发生了什么事，你要把导语播清楚。反反复复地录，反反复复地听，然后老师就一直在问，为什么要发这条消息？它针对的是什么等都得让你说得特别清楚，然后再通过播音体现出来你理解的这些东西。为什么有的人的播音你一听就都明白了，而有人的你却不明白，是因为有的人播音是停留在字面，有的人是深入其中了。所以，我们应该感谢这些老师，他们教的都是自己的实践经验，非常有指导意义，让我们的基本功打得非常扎实。这样一来，我们的业务成长很快，也很全面，成为播音部的一部分中坚力量。能有这样的进步和成绩，这些老师的贡献是不能低估的，他们是你好了替你高兴，不好就批评你，绝对没有私心，不像过去师傅带徒弟，怕你压过他，老师们则是真希望你快点儿成长。

5. "练兵"作业播出：播音部飞出了"金凤凰"

工作中，我没特别去想我是女的、他是男的。我只想我在这个位置得做好我的工作，我不能落后，不能对不起老师，不能给老师丢脸。在一起来的20个同学当中，在女生里自己不能落在这些女同学的后头，也不能让男生小瞧我。我的声音特点是宽音大嗓，有一种震慑的力量，掷地有声。1961年，反修批赫鲁晓夫，台里组织我们这些年轻同志跟着老师们一起录音，然后帮着我们分析稿子。我们去试录、练兵。结果呢，我和另外一个女同志赵培的练习录音，被台里同意说够播出标准，所以我和赵培播的一篇评论就给播出了。孟启予台长听到后问是谁，向播音部表示祝贺，说这是我们新的力量的成长，新的声音！"播音部飞出了两只金凤凰！"这让我挺振奋，挺受鼓舞的。因为没想到自己的"练兵"作业能够播出，作为"练兵"，也就是跟着老师学，没想到自己的也能播出。这对我们本人来说，我们要再接再厉，对其他同志也是个激励。当时播音部你争我抢争上游，这是一个动力，挺好的。大家都憋着一股劲儿，业务上谁也不甘落后。领导重视培养，年轻同志知道上进，才有这样的成绩出来。如果死气沉沉，你干你的我干我的，事业就没法发展。

我那时老上早晚班，早上新闻5点钟就该播出了，我们上早班的4点钟起床。早上的新闻报纸摘要节目6点半播出，稿是各个报纸的报样，编辑拿来以后挑选、编辑。有的有时间写，有的没时间写，直接就把报样拿上去了。我们看稿子就是眼观六路、耳听八方的感觉。一边录一边播，半个小时的节目有时能跑4盘带子，基本上处于一种直播的状态，你不能老错，老错就完了：断档了，空播了！所以挺锻炼人，有的稿子来不及看到就先进录音室，然后这边录着，一会儿稿子再送过来，接力似的。报摘6点半播出，6点开始录，前边录的越多，后边的才有机动时间，要不然都开始播了，后面还没录，那哪行！节奏挺紧张的。不是能播新闻就能上早上的报摘，业务得达到一定的水平，领导审听觉得你够资格了才能上。直播下来后，经常发现紧张得汗水顺着腋窝流！那时播音部几乎没有胖人，都挺瘦的。只有一个同事是因为原本体格就比较壮，又在苏联工作过几年，吃黄油面包什么的，是我们播音部唯一的胖人。其他人吧，10个有8个都神经衰弱。因为早晚班换，这个月早班，下个月中班，再下个月晚班，来回倒腾。我宁愿上早班不愿意上晚班，晚班一过11点我都不愿意张嘴了。但是我们还有零点新闻，还有对欧洲华侨广播，有时候等稿要到一两点，或者是4点，都第二天早晨了，很辛苦。我睡眠特别不好，神经衰弱，老着急说我得好好睡，因为还有直播新闻，结果越着急越睡不着。20多年在播音部，直到1987年调到"八点半"我才觉得活过来了，觉得不上早晚班了好幸福！结婚前住集体宿舍，有老大爷敲门叫班:"雅坤起床了!"结婚后住家里,上俩闹钟,跟打更似的,生怕睡过头了。一会儿一醒,睡不踏实。早上4点就得起床,4点半到班,然后吃点儿喝点儿得让嗓子打开,看稿子。老是处于一种亢奋的状态,都不是一般兴奋,那弦就老这么绷着,所以人胖不了,我那时候才90斤。总而言之,那是一个非正常人的生活。但我们当时不觉得累,就觉得工作就得这样。看着有的同事躺下就能睡着,真是羡慕他们。

我的业务成长比较顺利,没有走什么弯路,在同一批的同学当中,播新闻,包括播联播,我是上得比较早的。我没有刻意去追求,也不是非要努力当什么干部,或领导什么人,我没有这样的想法。我就是随大流,大家怎么样我就怎么样,是不争上游的中游思想,顺其自然,我这一辈子都是顺其自然的。我觉得你是这样的人,人家就会用你;你不是这样的人,人家就不会用你。但是我不能让人家说我不好。我有一点儿自制能力,对自己有一点儿要求。有人说我,你看你同事关系处得也挺好,我说我就是这样,我母亲说我们家雅坤没心没肺,什么事大大咧咧,不过脑子,好像什么都可以说得过去,什么到了她这儿都不是事。有同事就说我,你这是大智若愚。我说我有那么棒吗?没有啊!我真的没想那么多。业务上的成长也好,同事关系也好,我没刻意给自己提什么要求,都顺其自然。说好听点儿,就是比较听领导的话,老师让我干什么我就干什么,都好好干。跟同事相处,就像父亲原来对我的教育、影响那样,我不跟人去争,能容忍,说我好也行,说我不好也行。我现在还有这么一个心态,是我的就是我的,不是我的争也没用。所以,这可能就促使我在许多事上不刻意地去削尖脑袋往里钻。但我实实在在,交给我的工作我一定干好。台里跟日本NHK签了10年的汉语教学合同,派我第一个去日本做讲师——之前,有一同事去蹚过路子,不过没签合同——如果我没有这个工作实力,领导也不会派我去。我也没争着非要去,我甚至都不知道这件事。这说明我的日常工作积累,我的实际能力,领导是了解的,也看在眼里。我就这样一步一步走过来了。不像人家有什么规划,几年要达到什么目标,这些我都没有。

声音有约，40 年意犹未尽
——佟雅坤访谈录

1981 年，我在日本做讲师工作了 100 天。录电视节目，一个礼拜要录几次，还有广播节目，不光是教学，还有一些文章要读。电视教学还得自己写稿子，有一个栏目叫《谈谈听听》，关于中国的风土人情、地理地貌等，自己选题撰稿，审稿觉得可以后再翻译成日文，你这边朗读，屏幕上出日语字幕，这样，边听边看让人学习汉语。这个挺有意思的，写好了，还得背下来，挺锻炼人的。我们的汉语讲座还是很有影响的。20 世纪 80 年代初，就是 1982 年或 1983 年，有一个日本的听众（后来我们成了忘年交，他才 30 出头），他拐了很大一个弯找到我们电台的一个记者，带给我一封信。他说："我可以和你通信吗？"我说："当然可以。"后来他就不断地给我写信，说最初选择学中文就是因为听了你们的广播，你这个播音好听，反正就是表扬了一番。他通过汉语讲座了解中国话，认识了我的声音。他说中国话好听，促使他学了中文。最有意思的是，他说他选择女朋友的一个标准就是说话声音一定要好听。

佟雅坤在播音中

1984年，我作为播音员与记者一起，随国家领导人出访搞现场报道。因为有的记者有口音，听众不容易听清楚，所以，台里在探索播音员可不可以搞现场报道。第一次派我跟两个时政记者随领导人出访西欧、北欧的6个国家。这对于我来说是第一次，从来没接触过，不像我们的时政记者，一看就能知道这个领导人是谁。所以，我就得要记者事先告诉我谁是谁，要不告诉我，有的人我熟悉，有的面孔我就不认识，这样，遇到一些困难。

6. 麻袋装信：最初没想报名主持人

1987年，中央人民广播电台改革节目，《今晚八点半》和《午间半小时》是两个创新节目。文艺部的熊主任对《今晚八点半》有一个比较周全的设计，采取了主持人的这种方式。那时，中央人民广播电台还没有以这种方式正式地来办过节目。选主持人时让大家报名，我没报。因为我40出头了，一是想要去一个新的领域重新开始，我能不能适应？二是语言风格的改变，我能不能胜任？三是播了多年新闻，另开一片天地我心里没底，也不想舍弃我原来比较喜欢并擅长的新闻播音。熊主任跟播音部的领导提过两次，播音部说这个事恐怕你得找人家雅坤说，她没报名就说明她不想干。熊主任就打电话给我，我不好说别的，就说我身体不好。"你有什么毛病？"我说："我可能更年期了。""哦，妇科毛病。我让我们家小梁陪你去看病，牛街有一个大夫不错。"我说："别麻烦了。"结果，没出一个礼拜，他爱人给我打电话："雅坤，我是小梁，他说让我陪你去看病。"我说："这下糟了！"其实我也不是什么更年期，就是身体不太舒服。中医号脉总能给号出点儿问题来吧，完了给开了一些药。过一个星期，熊主任又来电话了，问我："吃那药管事吗？"我说："管事。"然后，他说："怎么样？雅坤，你说咱们以前合作那么好，你做这个主持人我觉得最合适了。"反正就是动员我要干这个。我也实在不好意思再推托了，你说身体不好人家带你去看病，再不接受邀请我也没有理由了，确实我那也不是理由。盛情难却，我说："那我就试试吧。"这么就算答应了。

声音有约，40 年意犹未尽
——佟雅坤访谈录

开始人少，就七八个人，除了我跟贾际之外，编辑记者不够一天一个人的。所以，大家的精力就必须都在这个节目上。有人要出去采访，那时有个同事的小孩还挺小的，抱着牵着刚会走，等她采访回来一看，孩子在车上睡着了。我当时跟贾际录音，说一段话外面复制一段，有时是采访人物，得剪接，那我们就坐里头等着，经常是一坐一下午，甚至快到晚上了。都是今天做明天的节目，得留出审听的时间。我天天加班，老伴儿就说："你跟《今晚八点半过》吧，家你也不管了！"后来人员逐渐加到十几个。最初我和贾际两人搭档主持了两年，后来编辑也开始主持了。节目组一心一意，天天干，真是干不完的活儿。还得看信呢，阅读信件是个大工作量。

《今晚八点半》曾经辉煌，1987 年 1 月 1 日开播，第一年听众来信 11 万多，第二年 12 万多，3 年后就 20 多万。这个改革非常成功，听众认可，内容他们喜欢，主持人的语言方式他们也喜欢。后来是直播，最初的几年怕出问题，所以都录下来审听，有错再改，没错就播出。过去我们羡慕澳大利亚华语广播电台，他们用麻袋装听众来信，我们说："你瞧瞧人家那个电台，听众特踊跃，我们能有这时候吗？"后来《今晚八点半》就有了。麻袋装信，完了大家分着看，虽然很辛苦，很累，但是挺高兴！节目如果没有听众，还有什么意义。只有大家喜欢这个节目，你才越干越有劲儿。我们撕信多了有时手很疼，听众特可爱，给你寄剪刀，还给你出主意，怎么撕信快。我嗓子不好的时候，听众就给寄偏方、寄药，有的寄钱，特别让人感动。我就在节目里说："大家的好意我都接受，但是你们千万别寄东西、别寄钱，到时候我还得跑邮局给寄回去，您别给我增加负担了，谢谢大家的好意！"

广播用声音塑造形象，听我声音好多人都以为我挺年轻的，这样就出了一些故事。《今晚八点半》的编辑要看大量的听众来信，比如听众点播你要选择哪些，有的写得非常好的，要选信里的话播出。一天，组里一个编辑说："雅坤，我给你念一封信。"原来是南京一位小伙子的情书：从声音上听，他觉得这雅坤特年轻，一定也是年轻貌美……信写得特别缠绵。我说："这个小伙子不了解情况，所以不能怨人家。"后来又接到过这样的信。贾际说："不行，咱得在节目里面透露一下您多大年纪。"我说："行，随你说。"一次在节目最后，他就说："听众朋友，今天我的这个搭档嗓子不太好，我真的希望我的老师啊，赶快恢复健康，要不这个沙喉咙听众听着多不高兴啊！其实你们还真不知道，雅坤她是我真正的老师，我大学上三年级的时候，她还给我上大课小课辅导，她亲自教过我。"这样一来我的年龄实际上不就点出来了吗？我是他的大学老师，我能比他小吗？他都大学毕业工作好几年了，我还能小吗？这么委婉地在节目里把我的实际年龄说出来。结果这个孩子听了这个节目以后，又来一封信，说："是真的吗？我不相信，这太遗憾了！"打那儿以后他就不来信了。我说："这谁都别怪，要怪就怪我这声儿还可以。"当然这是开玩笑的，我也高兴，这说明我声音还挺有活力，挺年轻。我感到很欣慰。但是这个没有什么值得骄傲的，是爹妈给的这个嗓子。

节目得到大家喜欢，主持人只是一部分。如果没有好的内容，大家再怎么喜欢你也没用。节目内容跟主持人密不可分，好的内容，好的水平，两者是相辅相成的。节目内容成就了我们这俩主持人，我们这俩主持人又给节目内容添点彩，所以大家喜欢，我们成了这个节目的代言，成为一个标签似的，一说这个节目，雅坤、贾际，今晚八点半，大家觉得密不可分了。我记得一对农村双胞胎姐妹在信中写道："雅坤阿姨，你是不是长得细高个儿，戴着眼镜，挺漂亮的阿姨？"我有一次在节目里引用了她们的话，我说只是这个阿姨个儿不太高，眼镜只有在工作的时候戴，平时不戴眼镜，至于漂亮不漂亮，随你去想象吧，你要说我漂亮就漂亮……在节目中有时会跟听众作很近的一种交流。

7. "别把自己当盘菜"：是中央台这"喇叭"大

人民大会堂纪念长征胜利 70 周年演出，还有纪念建军 80 周年、新中国成立 60 周年，我都参加了。"建军 80 年"的大型文艺演出，我和方明有两个章节的串联词朗诵。重要演出时，从开始排练到预演——领导没看的任何一场都是预演——今天说领导要来看了，就是正式演出。正式演出之前，有时今天改这段词，明天改那段词，改完了就是新词。这样的演出压力太大了。有一次，一位男主持岁数比较大了，因为老是改来改去，后来又还加了一段，所以，朗诵到中间的一个重要人名时他总是出状况，结果那天预演，直接就把他撤下来了。你说这多难受。而且经常是排演完了还要开会，三番五次地动员，先鼓励，再说大家还要更努力，让大家重视、别松懈，因为怕出问题。这无形中更增加了精神压力。这个压力，是工作性质决定的。新闻播音工作是党的喉舌，是代表党、代表政府说话，不能因为自己的疏忽纰漏，影响了整个国家、党的形象。所以，我说，我首先是党的新闻工作者，然后才是语言艺术工作者。

我工作中没有出过什么大的错误，打结巴偶尔有过。我们做这个职业，最忌讳的就是话筒前思想开小差儿，只要开小差儿准有打结巴。我第一次播文教新闻时打的一个结巴，我记了一辈子：我上了10分钟的文教新闻，其中一条里报了很多少数民族的名字，我在准备的时候，"柯尔克孜"念得不太顺溜，可直播时很顺利地就念下来了。我刚一高兴"没念错"，结果就这么一闪念，松懈了，后头的我就打了一个结巴，给我气的！下来时我恨不得自己打自己！直播时注意力一定不能离开稿子，你稍微有一点儿分神，肯定出错。话筒前绝对是要集中精力，不能有任何私心杂念，"一有分神，你看，那后边我就打结巴了，它就教训我了——这是我一辈子的教训"。我经常讲给同行听。

我比较容易知足。我就是干我的工作，过我的日子。根据自己的条件，是什么样就什么样，我不和任何人比。我的工作谈不上有多出色，主要是干的年头多了，这"大喇叭"大——中央台的影响面大。我有一句非常俗的口头禅，就是"别把自己当盘菜"。自己干什么干好了，那都是应该的，没有什么可炫耀的。所以人家一说什么这个那个的，我说得了得了，别过分夸奖，没必要。不是说你多出色，而是你的工作给你养成了这么多好的工作习惯。这种工作性质培养了我们的工作作风：优点是认真，缺点就是太认真。看人家不认真就会生气，跟人较真。社会在发展，也在变，包括我的同行们，有人拿着稿不看，不准备，到话筒前可以信口开河，乱说一气，我是不能理解。也有认真的人，但这样的人没有以前那么多了。现在的社会可能是比较浮躁，每个人身上可能也多多少少有这种浮躁。但是，我们这个工作真的不能浮躁，不能偷懒，不能不认真，因为你这个话出口，没有遮没有挡就出去了。如果你不认真，不负责，信口开河，那你就要犯大错，可能不定什么时候你就会捅娄子。这是不怕一万就怕万一啊！这个工作不允许你有这样的纰漏，工作性质决定了你的工作作风就是严肃认真、一丝不苟，不然你就胜任不了这个工作。

播音，我们专业上称为"二度创作"。人家给你提供的文字，你根据你的理解，根据你的语言，把它再次塑造出来，传达给听众。我这一辈子读过的稿可能得有一间屋子那么多，包括新闻播报、专题片解说、诗词解析，这个朗诵那个文章……这一辈子干了多少活儿，从19岁开始，现在整整73岁，我还在不断地看一些稿子。比如广播剧解说，全剧本都得看，我不能光看我解说的东西。这广播剧从头到尾，我都要看，然后有我的解说在里边。你想想这是多少东西？录了多少广播剧、电影解说、戏曲解说、歌剧解说、话剧解说，光新闻稿就得多少……你要看的不仅是你读出来的，没读出来的你也要看。因为这是整个剧、整个内容的一部分，前头是什么，后头是什么，你这解说起到一个什么作用，怎么把握语气，这都有要准备的。不然，到时候剧情衔接不上，就会不行，有时往往要录好几遍才可以。你说的是什么东西，你对这个事情的态度，你对它的感情，尤其播一些通讯，人物事迹，非常感人的东西，你要是真感动了，你才可以把你的感动传达给别人，让人产生共鸣。你如果自己都无动于衷，你播出来的东西能打动人吗？得声中有情，声音里有真实情感的流露，声音是无形的，但是它表达的东西是有感情的，所谓"声情并茂"，有声音，也得有感情，要不然就是白开水一杯。

播音创作中常常充满了遗憾，有时候自己准备好了，也希望播出来怎么怎么样，但是播出以后，感觉这个有点儿遗憾，那儿有点儿不满意，很难有十全十美或特满意。相对来讲，我以前播新闻比较多，播新闻、播评论，这只能说是比较熟练，也比较容易得到领导、同行的认可。后来主持《今晚八点半》，从播音到主持，这个语言风格的转换，也得到了大家的认可，不然听众也不会喜欢这个节目。

播音接触的稿件复杂多样，不是说只有文学的，或只有戏曲的，而是什么都有，包罗万象。大千世界什么事都有，什么知识也都有，你不可能是全能的，但是我们要学会尽量地去多了解各行各业，了解各种知识，要做杂家。就说文学方面，就算是你干这一辈子了，比如说古典诗词，我们录了不知道多少篇，但是中国几千年的古典诗词和文章，那是浩如烟海。没见过，没学过，没接触过的太多了。这可以说我干了一辈子、学了一辈子，是在不断地积累，没有到头的时候。真的是"书到用时方恨少"，老觉得学到的不够用。没有完，学不完，也学不够。到现在，碰到一些古典诗词，我还是觉得有很多没接触过，像《春江花月夜》不知道念了多少遍，我都背下来了。有的东西熟了就能背下来了。有的只去背不行，还得理解琢磨。现在我正在准备给中华书局要录的东西。我刚看完了稿子，参考书都在书架上，是高中的古文、诗词。有的字我先要自己查，查不到、拿不准的，再请教专家该怎么读，以免读错误导听众。字音是一方面，字义是另一方面。有时一个字蕴含的内涵也很多，所以，还要看相关解析，比如说唐诗解析，还有宋词解析，这是一个字都能写出一篇文来，咱们那点知识不够用啊！

8. 恋爱受阻：出身不好的不让谈，出身好的还不让谈

我觉得，女同胞除了体力上有时不如男同志，其他时候没有感觉我是女同志就比男同志差。也从来没有觉得男同志就该照顾女同志。我觉得，在工作上，有女同志胜任的一部分，也有男同志的一部分。由你来做，你就要去做好，像我们播新闻，男的播一条女的播一条，如果人家男的播得特棒，你特差，那肯定不行啊！不管男女，播音都是要怎么适合内容就怎么来表达，从声音、感情的控制来说，都应该是一样的。像《再别康桥》这首诗，大家

耳熟能详，这是徐志摩写的，可能更适合男声一些。但是用女声去表达，我也有我的处理方式，也不会与作者本身的意图相悖。根据女性的特点来表达这首诗的目的是一样的，那就是体现出对康桥留恋的感情。女声更细腻、更柔和一些，突出了那种爱恋和难舍难分的情绪。声音的处理方面，比如在使用声音气息上，男性和女性有所不同，女性有女性的特点。

谈恋爱受阻碍是我的一段不同寻常的经历。那时找对象必须跟组织汇报，组织上同意了你才可以继续交往，不同意你就不能再交往。所谓不同意，通常就是针对家庭出身不好、社会关系复杂等情况。我这人听话，如果一听对方出身不太好，或社会关系比较复杂，有海外关系的，那得，就不谈了。我这个老伴儿，是"文化大革命"从部队到我们这个知识分子"臭老九"多的地方来"掺沙子"的，部队的革命军人，共产党员，家庭出身又好，这没得说了吧。结果领导说："你看你出身不好，你找一个出身这么好的，你不是给他增加负担、给他带来不好的影响吗？"我说："领导，这我就接受不了了，出身不好的、家庭关系复杂的我都听领导的，不找了。可我找出身好的你也不同意，那这辈子我是单身，还是我的对象领导给我找？这样吧，要么我一辈子不结婚，要么你们给我包了。要说结婚我还非他不可。"领导一听觉得不同意我谈这个对象也没有道理，就说再去调查一下，又去做了我的外调，说就是一个出身问题，也没有什么其他问题。我说："出身不好我可以选择吗？我没得选择，只能这样，我个人有问题吗？""没问题。"我说："那你们为什么不同意？"领导想了想说："这倒也是。"最后就同意了。从我递报告开始，这件事反反复复折腾了得小一年，所以，我28岁才结婚。人家二十五六岁都结婚了。这件事弄得我觉得挺窝囊的。这个问题我较真了，我从来没这么较真过，是有点儿咽不下这口气。这是我生活上经历的比较特别的一件事，也是那个时代的特定产物。

丈夫大我2岁，开始是在部队，后来作为优秀干部调到台里的播音部。开始他也播音，因为他是吉林人，口音比较重，当领导以后就不播了。因为老上早晚班，老熬夜，他身体受不了。他有肠激症，就调到编辑部门去了。

我们就一个儿子。那时工资低，又没有老人在身边，"文化大革命"时家人不都走了吗？请不起保姆，所以，我们也就只生一个孩子，一个就一个吧。我老伴儿是农民出身，一看是儿子，得了，够了。我那时候也确实不想再要，早晚班上得很辛苦。有时候有工作，我接不了孩子，只能同事替我去接。我得在这边录文章，完成工作才能走。孩子送全托。最逗的是，周六接出来，儿子守着那冰棍箱，吃了一根还不走，跟人说："阿姨，我要吃冰棍，我还要！"上全托也是没办法，第一个礼拜我去接的时候，一看儿子怎么那么瘦，而且俩眼睛发红。老师说："他昨晚发烧了。"我说："发烧了你们怎么不给我打电话呢？"老师说："我们给他吃点儿退烧药，一想明天就来接了，就没告诉你们了。"我说："那要是给耽误了呢？"然后孩子就抱着我腿说："妈妈回家。"我这眼泪就下来了，我见不得孩子这样子。那时真的挺困难。孩子这一病一发烧，小一个礼拜都上不了幼儿园，我们俩就换着班请假。老请假单位会有意见，但没办法。怎么办呢？我们已经到了山穷水尽的地步了，我也不可能再请一个保姆，我拿什么钱给人家啊？那时候工资很低，我们大专毕业才49.5元。我1981年上日本时，56块钱。日本那编导问："你这56块钱够花吗？"我说："够，我们的房子、水电都很便宜，我就一个孩子。"出去之前我请示过领导，如果人家问我工资实话实说吗？领导说："日本人鬼着呢，对中国的情况了如指掌，实话实说。"那时，虽然不是像人家过的那种富裕生活，基本能吃饱，而且咱也没露着，但是你跟人家讲时髦咱就没法比了。月底要是发点夜餐费、早餐费有那么八九块钱，还能过好几天呢。那个时候的物价低，带鱼3毛8一斤。这不可思议，现在3块8你都买不来。所以，56块钱就觉得过得算可以了。

"文化大革命"时播音，老喊。那不是播音，是喊："无产阶级革命派的战友们，祝我们伟大导师、伟大领袖、伟大统帅、伟大舵手毛主席健康长寿，万寿无疆，万寿无疆，万寿无疆……"有时，上完早班，下午都不能睡觉，接着开批判会，或者是上街游行，庆祝毛主席最高指示、最新指示发表什么的，这些事不能不参加，没有政治热情哪行？想起来，我们那时候太不注意了，把嗓子喊坏了。喊多了，我的声带长东西了，发有的高音时，一上去就劈。一查是声带息肉，给音乐学院声乐专家们看病的医生给我做的手术。半个月内，绝对禁止说话。那时孩子还小，一吃完饭，我家先生就说："你赶紧走，躲开。"我就到街心小公园走到晚上孩子睡了再回来，躲着孩子，不跟他说话。还有一次面神经麻痹了，开始是声带充血，我先是在同仁医院理疗。自己骑车去，骑车回，谁知出汗以后受风了，第二天早上刷牙，我说怎么嘴使不上劲儿，漏水，才发现面瘫了！大夫说："得了，你现在别理疗嗓子了，赶紧去治这个面瘫！"于是，又是针灸，又是拿热水熏脸，然后到广安门医院，半个身子全针灸。我的天，那个时候，也不知道哪儿来的勇气，赶紧扎，不怕疼，赶上现在让我针灸，一看见针我就晕，当时也的确怕自己真的不行了，干不了播音，嘴噘不起来了，好多音发不出。所以那时候拼命地治疗。领导说，你别担心上班，你就放开了治疗，哪儿有办法你就去哪儿，好几个月，跑这跑那的，后来是对付过去了。

9. 如果岁月重来：还会选择做播音，还是愿意做女性

我一直喜欢自己的这个工作。我们退休是"一刀切"，高级职称60岁退，但是文艺部主任还希望我再干，我说那好，因为身体状况还允许，一下子全歇了我也很不适应，所以我就答应返聘又干了几年。干到后来老伴儿不让我干了。儿子也说："这么大岁数了，你自由点儿吧，别那么累。"因为天天我第一个到班，9点钟上班，可我习惯了8点钟上班，肯定8点钟以前就到了。擦擦桌子，扫扫地，给大家打点儿水什么的。

退休之后，我就有点儿迷茫了，"不播音了我干吗去"？但是没想到退下来以后，找我解说片子的，找我去朗诵的，没闲着，一直到现在。所以，就感觉这个专业一直没丢，挺好的。这是干了一辈子了，除非我的声音不行了，我的气息不够了，那我就不能干了，现在还行。所以，有人请我，力所能及的，不是那么太费劲儿的，我就答应。有的压力太大那就不接了。背个短诗、

散文什么的还行，但没有以前那么自信了。这个月前几天，去江西九江参加一个母亲节的演出，朗诵了一篇台湾作家张晓风的散文《我交给你一个孩子》。本来我都背下来了，但我怕忘词儿，心里不踏实，所以拿着夹子上的。虽然，我基本是背的，朗诵表演时就极个别的时候稍微看一下，提醒一下，但我不敢不拿夹子上。我们有一个同事，比我岁数稍微大一点儿，他到天津演出，背一首古诗词突然忘词儿了，站那儿10秒钟的时间，但是在底下的观众看来觉得时间好长，急得人手心冒汗。有这样的先例，我就得吸取教训，别出这样的纰漏。

去九江朗诵表演之前我准备了好多天，遛弯儿的时候我就背，每天我背一两遍，睡觉前躺着我背一遍，早晨睁眼背一遍。活动组织方的人说："大姐你都背下来了。"我说："给我事，我绝对当事干了。"现在岁数大了不自信，有时候在台上突然空白，很有可能的。年龄不饶人，你可别充大头，说"我没问题"，我就怕万一——怕万一忘词儿了。曾经有一个人表演朗诵毛主席的诗词，他念了刚两句后边什么词忘了，又从头来，还是没想起来。你说这多难堪，真要命！他可能也觉得他没问题了，但这个万一真的挺难受的，而且下来以后你就懊恼得了不得："我不应该在这儿出岔子！"我想起殷之光老师，有一次，他在朗诵一篇他非常熟的文章，结果突然他大脑空白了……事后他说到此事时都快要哭了："你说这么熟的文章我怎么会突然空白？"我劝他说："没事，这个都是难免的，您都这么大岁数了，大家都能理解。"可他就是懊恼得不行。也是，这样的场面之下，众目睽睽之下，大家都在那儿看着你，你突然卡住了，这真没法交代。这台上就那么几分钟的时间，你要是应付不了，那还真受不了。

我现在的生活还算是幸福吧。2011年，我得了甲状腺癌，做了手术。你看我这儿有一大刀口，没事儿，我从来不当回事。现在恢复挺好。我也一直没消沉过。我是没有什么奢望的人，特别容易知足。比如我现在这个房子，儿子在10年前买的，我觉得我们现在这样的居住条件已经挺好的了。这个家，你别给它当奴隶，你是要用这个环境来享受的，你要是这个那个讲究吧，还不够你收拾的。你现在有能力收拾，你要没能力还得请别人收拾。我觉得只要舒服了就得了，不要太讲究。所以，我家里比较简单。我从来不瞎折腾。现在除了唱歌，我还看看书，看看电视，比较随意。有时，我也翻翻报纸、上上网。我看书特别杂，什么东西都爱看。电视我看电视剧比较多，好看我看得下去的就看，看不下去的就不看了。我倒是愿意出去溜达溜达，不是动静很大的旅游，只是出去玩玩，比如说同学聚会、同事聚会什么的。我们这个老播音部的人，这个礼拜天就要聚会，我也报名了。

幸福的晚年

我这个人一直是老老实实的，不做违规违法的事。一没那个胆，二没有那个愿望。我就希望老老实实地做人，平平安安地过一生，这就行了。我是共产党员，另外，老老实实做人，这就是信仰了。我这个人真的大大咧咧的，有人有些什么其他信仰的讲究，我没有。我什么都顺其自然。有一次，有记者去采访我广播学院时的老师齐越，齐越老师就说："雅坤的播音就像她这个人——真实。"我不会掩饰什么东西，所以大家给我起外号说我"愣"，可能也是出于这个原因吧。

声音有约，40 年意犹未尽
——佟雅坤访谈录

我也不算什么名人，只是电台播音这个工作对人们生活的影响还是挺大的，尤其是在 20 世纪 80 年代以前。各式各样的媒体出现以后，广播受到了一定的影响，不像以前影响面那么大了，但总归有它不可替代的作用，而且有它的优势，就是简洁、快。尤其体现在一些重大灾害的时候，供电都没了，而小半导体就能发挥独特作用，把党、政府和老百姓等各方声音联系起来。有一次发生灾情时，我们台里把我们所有的半导体收音机全都搜罗来送到灾区去了，这样老百姓就知道党和我们时刻在联系，这就不断线了。要是电视、电脑的话，没电什么都用不了，所以说广播有它的不可替代性。

假如人生从头来过，我还会选择这个行业。我挺喜欢这个工作的，因为按我的性格来讲，如果真的让我去唱歌，可能不如我干播音干得好，也可能是因为干久了对它有感情了。我父母声音都挺好的，我们这一辈，这几个兄弟姐妹唱歌都好呢。我就一个妹妹，我有时在楼道里一听她说话，觉得她是我，声音特别像。有时候别人说，你瞧你们姐俩的声儿极其像，问我妹："你怎么没当播音员？"我说她那时候在东北插队呢。所以，我是误打误撞地撞进播音这一行了，我过去从没想我会干这个，那个时候上中学念书，大学还没有上，你知道自己将来会干吗呀？干了这么多年，现在我看见好文章就有创作的冲动，想坐话筒前录一下，实践一下，感觉一下，播出给大家听。这是一种创作的享受，觉着特过瘾。有时在家我会情不自禁地朗读，不由自主地那声儿就出来了。儿子说："您真是成职业病了吧？"——儿子现在也是在做播音工作。我的获奖节目挺多，得奖之初，我还都比较在意这些奖项，因为这是你工作成绩的一种体现。到后来，我得了两届"金话筒奖"以后，就不再去报了。领导说你怎么不报？我说留给更多的人吧。有这些成绩就说明了你的水平了，应该给年轻同志多一些机会。

1981 年，我出差去日本，1984 年，又去西欧、北欧。国家领导人出访，我们做现场报道。出去就是工作，什么都顾不上，因为领导人上哪儿我们都得跟着，有的是我们要先行，有的是领导人去了我们后追。很紧张的，顶多有时大街上看见这景好就拍照留个纪念，没有时间玩儿，总之是以工作为主，咱不是去旅游去的。去日本那次从东京出发坐高铁，到京都玩了 3 天，特意安排了我去玩儿，但平时的工作量很大。出国转几圈回来还是觉得自己家好，在家里感觉最安全、最踏实，没有任何负担。出去都是工作，总是在紧张的工作状态，永远是绷着一根弦：不要出现问题，不要出现纰漏！你这跟着国家领导人，没有报道传回台里去，空播了，这不失职吗？所以出去就很紧张，一环一环不能落空。我也不是特别爱出去旅游，因为这儿出事那儿出事让我有点儿担心，觉得不安全，还不如就上周边玩玩得了。我这老伴儿晕车，以前没这个毛病，不知道什么时候开始坐公交车 4 站地，他就难受得下车了。出远门旅游，我不能撂下老伴儿一人在家，我不落忍，也不想。

如果岁月重来，我还会选择做女性：温柔、体贴。总归就是说，这一生还是顺利的时候多，坎坷并不算多，觉得老天也是不能把所有不好的、不开心的都给我。大半辈子过来了，对国家也好，对社会也好，还是有自己该贡献的一部分，不枉此一生。

声音有约，40年意犹未尽
——佟雅坤访谈录

访谈之前，网上搜出一首雅坤朗诵的《春江花月夜》，似曾相识的声音与她的名字一起"昨日重来"，恍若从前——这个好声音，也曾萦绕我耳旁：大学躺在宿舍高低床的上铺听过《今晚八点半》。只是时光远去，已潜藏记忆深处，需要一个契机唤醒。采访那天，可谓"满眼新绿又逢君"：初夏的北京，风刮得天空一片晴朗，她家房前屋后都是绿树，林涛阵阵，好似住在一片小森林里。人如其名，她是那种谦谦君子型的人：真实的谦逊，低调的文雅，真实地对曾经过往不以为意，不论那是辉煌还是难过。除了说到"文化大革命"中家人被遣返她独自在北京那段岁月，她拿起餐巾纸，不断擦拭眼角。迟钝的我后来才明白：她是在阻止眼角将要流出来的泪。她给我的感觉就像同事称呼她的"雅姐"，还有一点"愣"，不少时候，她会说："这个，我真的没有过；这个，我真的没想过……"与她面对面，你会不由自主地放松，甚至有点儿放肆，与她淡淡地幽默起来。虽然，你明知她是一位知名前辈。采访时，我对她有"人生若只如初见"的好感，也有一种息息相通之感。由于她心态的平和宁静，她把过往讲述得似乎不够跌宕起伏，有时还略显风平浪静，但仔细体会，却发现是于无色处见繁华，可圈可点：一段还算平顺的人生，一个真实的人如何踏实地走过时代——"声音有约"，意犹未尽，情犹未了。

我庆幸此生没有虚度年华
——白玛乔访谈录

- 访谈时间：2015年1月27日
- 访谈地点：西藏日报总编室新闻研究室办公室
- 访谈对象：白玛乔
- 访 谈 员：尼玛潘多

编者按

　　12岁，是个不谙世事的年纪，当大多数孩子还在家里跟父母撒娇的时候，白玛乔却离开家乡，离开双亲，踏上了到异乡求学的路程。也许是过早的独立，铸造了她坚忍独立的气质，无论是在学校，还是在工作岗位上，她都是以一股不服输的劲头，坚定不移地追逐着自己最初的梦想。作为一名母亲，她努力平衡事业和家庭之间的关系；作为一名党员，她总是以身作则，砥砺前行，即使在行将退休之际，仍然在高原奔波采访，显示出与这个浮躁社会不一样的定力。

1. 该跟父母撒娇的年纪我离开了家乡

1948年,我出生在西藏林芝地区林芝县布久乡自热村,那是个山清水秀、风光绮丽的地方。我的父母都是农民,他们养育了5个孩子,4个女孩和1个男孩,我在家里排行老二。我的名字叫白玛乔,如果对藏族地区的风情民俗有所了解,单听我这个名字,就会知道我来自西藏林芝,因为这个名字很有地域特色。

我小的时候,我们家的生活还不富裕,但父母对我们几个孩子的教育很严格,要求也很高。1959年,在我11岁那年,他们把我送到村里的学校读书。按今天的眼光看,那是一个十分简陋的学校,相当于私塾,我在那里学了一段时间藏文和简单的数学,算是完成了扫盲教育。

1960年是我人生一个巨大的转折点。那年,我们村里突然来了几个干部,这在偏僻的村庄是件大事,大家很惊奇他们是来干什么的。后来,村干部说,这些人要招人带到内地。我是个好奇心很强的孩子,也想去看看内地是个什么样子。家里人以为是到内地参观一趟就回来,也答应让我去。

到拉萨后,我发现一起去内地的人很多,有西藏各个地方的人,大家操着不同的方言,对即将前往的地方充满好奇和担心。我们这批人年龄差距也很大,大的有近20岁的人,小的就像我,只有12岁,连卡车都爬不上去,得有人抱我上下车。从拉萨出发时,场面非常壮观,因为担心路上有叛乱分子,每辆学生车都由一辆军车护送。

一路颠簸,也不知走了多少天,终于在一个灰蒙蒙的地方,我们的车子停下来了。大家都以为是在这里休整几天,但带队老师告诉我们,这就是我们要学习生活的地方,这个地方叫咸阳,这个学校叫西藏公学。

咸阳和我想象中的内地相差太远,完全没有城市的繁华,四周都是农田,风光还不如我那个山清水秀的家乡,一时觉得很失落。特别是得知一路照顾我们的老师要回西藏后,我就特别难过,眼泪也掉了下来。

送我们的老师走了以后，年龄大一些的都适应了，我还是不能适应内地的生活。当时是8月份，天很热，我从来没有经历过这样的高温天气，身上长满了痱子，十分难受。我们几个年纪较小的都十分想家，想父母，我们甚至把身上仅有的一些钱凑起来，准备离开这个地方，徒步走回家。但毕竟都很小，拿不定主意，有人就去问了比我们大的同学，他们说，走路回西藏真是开玩笑，路上都有可能死掉。这么一说，大家就害怕了，再也没人敢提走路回家的事。随着学习生活的渐渐适应，想家的感觉才越来越淡了。

进学校不久，所有学生按成绩分成甲乙丙班，每个班五六十个人，我被分到甲班。

在当时那个年纪，学习是唯一能让人忘掉家乡和亲人的事情。所以，我在学习上特别上心，每学到一点儿知识，就有一种强烈的满足感。加上当时在班里，属我年龄最小，记性也好，学习成绩在班上名列前茅。按照学校的安排，我们这批学生完成两年的基础知识学习后，就要进入专业学习。分专业时，对师范和医学等专业的成绩要求高些，我被分到了师范科，这个专业是为农牧区培养师资力量的。我一想到将来能教书，就有一股兴奋劲儿，学习上就更刻苦了。

西藏公学后来又改名叫西藏民族学院，在这里留下了我最美好的青春记忆。我在那里第一次感觉到了性别意识。那时，我比较胖、比较矮，我的班主任叫旦增罗布，是昌都人，心直口快。他在办公室的门上用一根白线刻下了我当时的身高，然后一脸严肃地给我说，你不会长个儿的，只会横向发展。我当时有点儿急了，觉得那样发展会很难看。为了能长点儿个子，我常常很早起床，到学校操场上练单杠，也没人告诉我应该这样做，我只是凭着感觉做，觉得这样能拉伸身子。为了长个子，也为了背书和记生字，一天都不敢偷懒。

2. 糊里糊涂中决定了我一生的职业

1966年3月份，我已经是再过一年多就要毕业的学生了。有天早晨，我正在操场上练单杠，一位同学跑过来说："你被西藏日报选中了，要送到中央民院去学习，你赶紧去找班主任老师。"我心想，连招生的人影都没见到一个，怎么会被录取呢？但还是跟着这个同学去找老师了。原来，西藏日报社人事科的石宝善老师带着两个记者，到民院来招新闻工作人员。他们通过老师了解学生的情况，综合了学习成绩、年龄、家庭背景、写作能力等各方面条件后，从全校2000多名学生中选了10名，我在其中。

后来我才知道，20世纪60年代，西藏日报社严重缺少记者，特别是藏族记者，这严重制约着西藏日报社的发展。为此，1965年底，以金沙为总编辑的西藏日报编委会研究决定，从西藏民院、中央民院、拉萨中学选拔一批条件较好的学生，集中到中央民族学院办新闻班。

得知自己被报社录取，我没有多少感觉，因为对新闻行业了解特别少，倒是老师给我讲的两个条件令我非常心动。一是要送我们到中央民院培训两年；二是培训结束后，直接保送到中国人民大学新闻专业学习5年。学业结束后，回西藏日报社从事新闻工作。我一直觉得自己特别适合读书，有机会继续读书，我就特别乐意。1966年5月，我们一行10人，加上从中央民院和拉萨中学选拔的10多个同学，开始了中央民族学院的学习。因为我们是西藏日报社委托中央民院培养，所以，我们的班主任也是西藏日报社派来的，他就是西藏日报社的记者赵宗仁老师。教我们其他课程的老师大多也是西藏日报社派来的记者，还有新华社的记者。我记得最清楚的是曾在新华社西藏分社工作过的名记者格列老师也经常来给我们讲课。

初到中央民院，真有一种豁然开朗的感觉，新闻这个专业让我越学越着迷，我除了吃饭、睡觉，绝大部分时间都在教室和图书馆里。班主任赵宗仁常常给我们讲起尹锐、刘汉君、肖俊熙、惠琬玉、姚梦林等记者的感人事迹。

我们听了以后,非常崇拜他们,把他们的名字写在笔记本上,立志要做一名像他们那样的记者。

这段美丽的时光很快被乱糟糟的大环境破坏了。我们到北京才4个月,"文化大革命"爆发了。北京城里到处都是罢工、罢课、闹革命的人潮,无处不在的高音喇叭和满墙的大字报让我们人心惶惶。因为我们属于委托培养,始终保持着一方清静,但形势愈演愈烈,我们20多人组成的小班,在中央民院根本寻不到一处适合学习的清静地方。赵宗仁老师考虑到诸多因素,就向西藏日报社汇报了学校的形势,报社发来电报通知我们立即全员返回报社。

离开西藏很多年之后,有返回故乡的机会,每个人都兴高采烈,可我有些闷闷不乐。那年我18岁,离开家乡6年,其间也给家里写过很多信,特别是刚入校时我们学习了汉语拼音,借着学到手的兴奋劲儿,我用拼音给父母写了很多信,表达我的思念之情。但6年来,父母那边杳无音信,我是彻底跟家里失去了联系,慢慢地,家的概念也淡了,我很享受读书的日子。我跟老师沟通,希望有一个自愿选择的机会,让我留在这里读书。但他说,必须全员回去,一个都不能留下。

1966年9月,我们一行人坐火车、转汽车,在路上颠簸了七八天之后,终于回到了久别的拉萨。

那时的拉萨,已开始能嗅到"文化大革命"的气息,但还没有北京那么浓烈。走进西藏日报社的大院,举目之处都是破破烂烂的铁皮房。才告别美丽的校园,心里的失落感还是有的,可一投入正式的工作中,这一切都显得不那么重要了。

3. 初当记者 激情满怀

20世纪60年代的西藏日报社,藏族编辑记者很少。我们这一批的到来,被寄予了很多希望,都认为我们受过专业训练,一定会成为藏族编辑记者中的佼佼者。肯定的言语和信赖的目光,让我们倍受鼓舞,也感到压力巨大。

那时的报社，实行采编合一，我们20多个同学分到藏文编辑部和汉文编辑部的各个小组。我非常幸运，分到汉文编辑部经济组。当时经济组的编辑记者大多是汉族干部，他们多数毕业于名牌大学，知识功底扎实，视野开阔，业务能力一个比一个强，对新来的记者也是毫无保留地传、帮、带。

第一次下乡采访，我印象很深，是到林芝地区鲁朗等乡去采访，由马宁轩和延振华老师带着我。

林芝是我的家乡，但我对家乡并不熟悉。我12岁离开那里，记忆中的家乡一片模糊，连回家的路都记不太清。

在鲁朗乡，我们吃住在一个村干部家里，要一边找村民采访，一边帮住家捡拾柴火，抵消我们的食宿费用。下一次乡不容易，要尽可能多地写稿子，两位老师给我这个对新闻还一知半解的新手也布置了一篇稿子。这是我记者生涯的第一篇稿子，我把这件事看得十分重要，写得非常认真，光导语部分就抄了整整一页毛主席语录。写完交稿，只见他俩看着稿子哈哈大笑。我一时不知所措，不知道这是好事还是坏事。后来，他俩拿着稿子逐字逐句帮我分析，指出其中的亮点和不足，还告诉我这篇文章该怎么开头、怎么展开、怎么结尾。

第一次实践让我找到了差距，比听上百次的写作课更让我获益。我深深地感受到在学校里写好作文，不一定能在岗位上写出好新闻稿。写好新闻稿，除了敏锐的眼光和扎实的文字功底，经验是最重要的部分，只有在实践中摸索，才可能全面提升新闻业务能力。

这一次采访后回到县城，两位老师特意给我安排了回家探亲的时间，而我茫然不知所措。他俩得知我的难处，立即联系宣传部请求帮助，宣传部派了一位通讯员，让他送我回家。这是我12岁离家后首次回家，过尼洋河，坐牛皮船，走半天路，就到了家里。一边是已长成大姑娘的我，一边是慢慢见老的双亲，一家人见面什么话也说不出来，只有不停地掉眼泪。

在报社经济组期间，是我业务能力提升最快的时期，也是采访热情最高涨的时候。可那时记者外出采访交通工具只有自行车，这个还要记者自己想办法解决。我最喜欢农村经济这一口子，跟农民聊天聊收成，写出来的稿子也最鲜活。所以，我常跑拉萨附近村庄，像娘热、纳金、夺底沟等。我没能力买自行车，就经常和几个同学相约借老师们的自行车出去采访。记得有一次到夺底沟，连车带人摔得很惨，自己受伤倒可以忍受，最怕的是不好跟借车的人交代，好在当时的老师们并不计较这些。

工作热情高涨之时，"文化大革命"在拉萨全面开始，并形成了两派斗争的局面。我对这类事情兴趣不大，凡有下乡采访的机会，都会积极争取。那时，报社只有两辆车，下乡采访只管送下去，回来就得自己想办法。当时，县里有招待所的不多，何况我们一下去都是直接扎到区里、村里，只能住在区里、村里的办公室。

最初，我去得最多的地方是林芝、山南和拉萨郊县。有一次，我们到山南加查县采访。报社派了一辆苏联产小车，我和我的同学阿多挤在放油桶和行李的后座，带我的范老师和带阿多的陈军老师坐在前面。开车的是一位姓王的师傅，特别爱说话，从泽当出发，一路说个不停。说着说着，我们就睡着了。在睡意蒙眬中，车身剧烈震动，等我们完全清醒时，才发觉翻车了。我和阿多费了很大的劲儿才从车里爬出来，幸好我俩没什么事。坐在前排的两个老师却摔得不轻，范老师脑震荡，陈军老师事后小便出血。

车祸让我惊恐万分，真正感觉到生与死其实离得很近。事故发生后，两位老师给报社发电报要求回去治疗。报社回电报同意，但让我俩留下来继续采访。没过多久，我们也接到了一封电报，要返校。这个电报让我十分纠结，如果返校只是写大字报闹革命，我真不愿意回去，如果是继续学习深造，我愿意马上回去。我给报社发电报问清情况。单位答复称是返校闹革命，回不回去自愿。我当场表态不愿回去，想留下来在实践中学习，向老记者、老编辑学习。

我一直盼望着能有机会再回课堂，续上我那段求学梦。所以，在工作8年后的1974年我重返了校园。当时还处于"文化大革命"期间，全国各大院校还没有恢复考试制度。经过西藏日报社推荐，教育部门政审和知识测试，我被上海复旦大学中文系录取了,我真是高兴极了。在复旦大学学习的除了我,还有我的同学旦增(曾任西藏自治区党委副书记、云南省委副书记等职),他在新闻系,我在中文系。我梦寐以求的就是学新闻,但我学的是中文,不过有这么一次机会,我已经很满足了。从1974年8月到1977年8月,我一直都在复旦大学的校园里,一次都没有回过西藏。寒暑假时,整栋楼就剩下我和值班室的师傅两人。

在复旦大学的3年是我学习生涯中获益最多的3年。有了一定的工作经验,再回到校园,思考问题的能力大大提高,吸收的知识更容易消化。这3年,我的书包里一直装着碗筷,吃完饭就去图书馆或者教室,刻苦学习专业知识,完成专题的写作,广泛阅读经典名著。这一切对自己的人生定位、理想信念都产生了很大的影响。

4.失意之时不曾动摇曾经的梦想

就在我踌躇满志,决心在经济新闻领域有所建树时,报社提出了要把工作重心放在办藏文报上,全面加强藏文报的力量,从各个方面支持藏文报的办报思路。我是第一批受过专业教育的藏族记者之一,所以,报社藏文报经济组组长悦平向领导提出,要把我调到藏文报。在举全社之力办好藏文报的前提下,领导让我立刻到藏文报工作。我的藏文根本达不到用藏文采写稿件的水平。考虑到我的实际情况,藏文编辑部把我安排到编辑室,让我负责编藏文报副刊《新竹》。说是编辑,其实就是让我从汉文报副刊选一些比较有西藏特色的作品,稍加编辑删减,然后送到翻译组翻译。如果我是个乐于享受的人,这份工作确实不错,比较清闲,也不会出什么差错,日子过得平平常常,有较多的时间放在家庭和孩子上。这样的日子过了一段时间,我觉得自己浪费了大好年华,十分焦虑,就鼓起勇气找到当时的尹锐总编,跟他提出了回到采编部工作的要求。见尹总编沉默不语,我又退一步说,实在不行,下地区驻站也行。尹锐总编之前是我们经济组的组长,我们之间很熟悉。但这会儿，他严肃地说："你一定要当记者的话，我们把你安排到阿里站。"也许，他这么说只是想让我打消换工作的念头。但我心意已定，毫不犹豫地说："可以，去阿里也行！"

这期间有很多人劝我，让我不要去驻站，理由也都很充分，有的说，这样照顾不了孩子；有的说，记者站任务重，为了完成任务，必须经常下乡，一个女同志一定吃不了那个苦，身体也吃不消。我是个认准了就很难再改变的人，一门心思要换岗位，就是想当记者，想跑新闻，重新找回那种成就感、满足感。

没过多久，组织上终于同意了我换岗的要求，让我下到日喀则驻站。

一下站，我才发现同事们的劝说不是没有道理，记者站的任务很重，而且对体裁要求多，消息、通讯、内参都有任务。当时西藏日报驻日喀则记者站已经有古兰芳、熊庆元、冯泽国3人。下乡采访时，大家一起去，互相有照应，生活上比较方便。但新闻采访源少，挤在一起完不成任务，只有单独下乡。

日喀则是西藏的第二大城市，面积很大，下辖18个县，只要肯吃苦，还是能找到很多新闻素材。也许因为我自己是农村出身，我最喜欢采访农牧民，跟他们打交道聊家常，总能收获很多，无论是鲜活的素材，还是纯朴的语言。到乡村，我感觉自己能发挥得最好。但交通是个大问题，那时各地记者站都没有配车，只能自己想办法搭便车。当时，从地区到各县之间还没有班车之类，只能搭便车。但各县有车到地区办事，或者地区有工作组下乡，车上总是满满当当，搭便车也很难。最好的办法就是求助于开邮车的师傅，但只能坐到车厢上，驾驶室一般情况坐不了。那时的道路状况十分差，一路泥泞一路颠簸，有时感觉整个内脏都快颠出来了，到了目的地，整个人都瘫了，可这都是我自己的选择，所以，我从不叫苦，从不怨天尤人。

除了交通，作为一名女记者，最难的还有住宿问题。很多乡村的条件差，乡里只能安排我们住办公用房，很破旧，连门扣都没有，试过用各种东西顶门，仍整夜整夜害怕得睡不着。有一次，我到萨迦县麻加乡采访，乡里让我住到会议室。门坏了，根本关不拢，只有硬着头皮睡，睡得迷迷糊糊时，听到有响声，侧耳一听，又好像没有，翻个身子又觉得有响声，并且感觉那声音正慢慢朝我靠拢。我怕极了，悄悄地摸到枕头底下的手电筒，大着胆子，摁住了开关，借着光亮着，一条很大的黑狗就在离我1米左右的地方。它好像饿了很久，一点儿都不怕人。我连大气都不敢喘，死死地用手电筒照着它，生怕它一下子扑过来把我吃掉。过了很久很久，经不住手电筒照射，它才慢慢地走出去了，恐惧让我睡意全无。第二天中午，我找到区长，跟他说明了我的情况，提出我想住到一户人家里去。他很为难，区里的条件也差，找不到一间像样的房子。想来想去，区长说，供销社有个女售货员，一个人住，但她那里摆不下多余的床，只能一起睡。这时的我已顾不了许多，马上就搬到供销社去了。年轻的女售货员是从附近乡村抽上来的，人很善良，但晚上睡觉时，我发现她的内衣内裤都是污迹斑斑，但条件有限只能将就了。为了完整地做好采访工作，我和这位陌生的姑娘，在一个被窝里整整睡了一个礼拜。

从县里到乡里、村里都是马车，碰上到城里办事的农民就搭上一程，一路聊聊家常，采访工作也顺便完成，能抓到好多鲜活的素材。那些采访过的老百姓，都特别朴实，特别让人感动。在跟他们接触中学到的东西，成为我一生的精神财富。

当时，西藏的企业不多，江孜有个卡垫厂，厂长叫次仁拉姆。我采访过几次，感觉他们的企业管理模式、产品开发等各个方面有许多创新，就蹲点在那里，采访了厂长、员工、市民等，把改革开放初期敢于带领企业勇闯市场的卡垫厂领头人次仁拉姆的事迹写成了一篇通讯稿。由于正值改革初期，对全区各类型企业的改革有借鉴意义，这篇稿子取得了很好的反响。另外，还有一篇《卡拉今昔》，写的是日喀则市郊的卡拉村在改革开放中的变化，由于采访扎实，贴近群众，这篇稿子在报纸上刊用后，也引起了较大反响。

在日喀则期间，我工作特别卖力，很多稿子除了被报社采用，还常被广播电台播出。在县乡采访，很难及时看到报纸，所以经常听广播，听到广播里用了自己的稿子,给自己的鼓舞很大,对采写好稿子更有信心。我在日喀则记者站期间,克服各种困难,跑遍了日喀则地区的18个县、一个口岸,采写了大量新闻稿件,日喀则地委宣传部对我的工作、品行都很满意。在驻站期间,宣传部经过多方面考察,发展我入了党。

白玛乔在拉萨机场采访原西藏区党委第一书记阴法唐

我驻记者站工作了很长一段时间后,就面临着回报社调换工作。我太喜欢记者这个充满挑战性的工作了,又去找尹锐总编谈我的想法和要求。

报社领导一直对我非常关心,这次他们也充分考虑到我的优势,把我安排到拉萨记者站工作。

拉萨是自治区的首府城市,这里不像基层那么艰苦,但采访非常多,任务很重,对记者的要求很高,对我来说又是一个挑战。当时拉萨记者站的实力也是几个记者站中最强的,我们的组长是杨尚迪,从江苏来援藏,很有才华,对下属的要求也非常严,对我们采写的稿件很挑剔。

记者这个职业注定了我们要不停地与陌生人打交道,遭人冷遇是经常的事情。我觉得当好一名记者,有一个好的心态非常重要,要学会理解、尊重和包容，但对于过分的行为，也不能一忍了事，要不卑不亢。我自己曾遇到这么一件事，到拉萨站没多久，根据拉萨市委的安排，要求我们采写一组交通方面的稿子。我跟当时的拉萨市交通局局长联系，约定了采访时间。我如约而去，他却要出去办什么事，让我在办公室等。领导很忙，我能理解，我就在办公室里安心地等着，好不容易等到局长拿着一堆文件回来，我期待着采访快点儿开始。局长却不紧不慢地看着桌上的材料，就当没有我这个人。我问："局长，我的采访什么时候开始？"他竟然无理地说："你没见我在工作吗？"我反问道："你不是让我在这儿等吗？我等了一上午，你这样做是不尊重我。你墙上挂了这么多工作守则和文明礼貌公约，都是摆设吗？"我几声质问之后，还不解气，随后又跑到拉萨市委，向秘书长汇报了情况。

我觉得很多人一看到是个女记者，就会产生不信任的感觉。其实女性从事记者这个职业，很不容易，长年累月外出采访，你必须把家庭放在一边，在这方面我有着切身体会。

5.温暖的家庭是我前行路上最大的动力

我和爱人是在"文化大革命"当中相识的。那时，和我同宿舍的一个女同志，是当时某一派系的广播员，我爱人刚好也在那里当播音员，偶尔被她带到我们宿舍聊天。他是上海戏剧学院毕业的，在自治区话剧团工作，我们在很多方面比较谈得来。随着交往越来越多，日久生情，我们就自然而然地结合在了一起。

我的两个孩子只差一岁，老大还不会走路，就生老二了。当时组里的负责同志也批评过我，说年纪轻轻干吗这么急着生孩子。我听了心里也不是滋味，暗自决定不能因为家里的事耽误了工作。在工作上，我的爱人对我支持非常大，他是个非常勤快的人，团里的排练结束后，马上回家帮我带孩子。他家在日喀则是个大家庭，家里人对我们特别好，知道我俩都忙，孩子们小的时候他们帮我们带着，让我们有更多时间扑在工作上。

我对孩子要求比较严，只要在身边，一定会尽到母亲的责任，帮他们辅导功课，检查作业，每天总要等到孩子们安顿好了，进入梦乡，才开始整理笔记写新闻稿，通常都要弄到凌晨四五点钟。我的爱人则跟孩子们特别亲。他有一个观点是，每个人都有自己的命，不必太操心，顺其自然就是。其实，他是心疼我，不想让我家庭事业两头操劳。

我这一生最大的遗憾就是爱人去世太早，我们相亲相爱、相濡以沫的时间太短。孩子们稍大以后，我爱人的身体状况却越来越不好，被诊断出患有严重的高血压，前前后后病了七八年，每年最少住院几个月。作为妻子，不管多忙多累，每次他生病住院时，我一直留在他身旁伺候他。我自己当了很多年记者，认识的人比较多，所以想办法找了很多名医诊疗，又通过各种办法买进口药，但命运最终还是让他去了。这是我一生最大的心痛。那一年，我才42岁。在给他办后事的时候，我整个人几乎崩溃了，有种生不如死的悲痛，我的同事们也来看我、安慰我。当然，也有人说风凉话，意思是我没尽到家庭主妇的职责，这些言语伤我很深。但我知道，如果我的爱人还在世，他一定会理解我，他总是支持我的工作，鼓励我去干自己想干的事。

爱人去世后，我一直单身带着两个孩子。值得欣慰的是，我的孩子们都很争气，大女儿在西藏日报社从事财务工作，小儿子在拉萨市医院当麻醉师。孩子们善良纯朴，特别孝顺我，孙子辈们也健康成长，让我很知足，这也许是我一生勤勤恳恳积下的福报。

6.有付出就一定会有收获，我庆幸此生没有虚度年华

记者是历史的见证者、记录者，我有幸参与了自治区许多重大历史事件的报道。

调到拉萨记者站之后，我又被安排到记者部机动记者组。机动记者组承担着全区所有重大采访活动，对文字、发稿速度各方面的能力要求很高。我到机动组后也参与了多项重大活动报道，采写了很多重大活动的新闻稿件。

20世纪80年代，时任全国人大常委会副委员长的十世班禅大师多次回到西藏视察工作和举行各类佛事活动，组织上多次安排我全程报导。许多时候，领导要求自治区各大媒体采用通稿，也常要求通稿让我执笔。

接受这么重大的采访，我十分紧张，好在我一直从事新闻工作，积累了很多采访和写作经验，全程我都能及时、准确、快速地采写出稿件。后来，十世班禅大师圆寂，这一突发事件也是我执笔首发，稿件处理得当，没有任何差错，得到了当时负责此项工作的领导的赞扬。

我们那时记者少，一个记者什么部门、什么行业都要采访。许多来援藏的记者说："我们内地报纸的记者就采访一个行业、分管一个部门，不像这里的记者，什么行业、什么部门都能采访。"的确，西藏的记者就是杂家，什么都要学习，什么都要适应，什么样的任务都要完成，从中也锻炼了自己。

我的成长也离不开西藏日报社的大力支持。各届领导对我一直很关心，从汉编部经济组、藏编部、西藏日报驻日喀则记者站、驻拉萨记者站，到后来的机动记者组，每一步都得到了领导和老同志的关心。

1978年，党的十一届三中全会召开以后，开启了改革开放的历史新时期，西藏各项事业也呈现出欣欣向荣的局面。为及时反映西藏各地的改革热潮，西藏日报立即组织了一个采访组。在时任副总编张成治的带领下，从山南扎囊县开始，经林芝、米林、朗县到工布江达采访。张总业务能力很强，对自己、对他人要求特别严。他总爱说下乡一次不容易，要多写稿子、写好稿子。白天我们跟着农民下地采访，夜晚又把他们请到村委会座谈，送走了村民，就得潜心写稿，写完稿还得一次次送审，稿子到了张总手上，不修改个三四遍没有过关的时候。超负荷的工作让我十分疲倦，甚至羡慕到了目的地就可以休息的司机，而我们的心里、脑海里一直得装着采访写稿这件事。张总可能看出了我的消极情绪，不止一次地对我们说："你们现在还年轻，不要怕苦怕累，这些经验都是你们今后的资本。"那次采访，我们写了很多稿子，由我执笔的一篇稿子还获得了好评。很多年以后，再回想那些经历，真的都是财富。如果没有那些严格的好领导、好同事，成长路上肯定要走好多弯路。当时的尹锐总编也是个要求特别严的人，记得有一次为了做一个典型报道，我们几个记者跟他到墨竹工卡县日土乡采访。那是个冬天，下着大雪，当时还没有撤区并乡，那时的乡就相当于现在的村子，条件特别简陋，乡里把我们安顿在会议室。尹锐在采访组下去之前，就提出要求不能给当地老百姓添麻烦。采访组里就我一个女同志，但有规定在先，我也不敢提出什么要求，就跟一帮男记者睡在一个屋子，所有的不便只能自己克服。当时我们走得急，没带什么食物，就到区里买了米、面、糌粑之类。光吃主食也不行，给采访组开车的旺杰师傅说，他有个亲戚在当地，可以请他们为我们买几个鸡蛋。尹锐总编知道后，严厉地批评了我们几个出去采购的人，再次强调了采访纪律的严肃性。这种事情在今天的年轻人看来，未免有些不近情理，但他们那代人对待纪律是非常严肃的。伙食住宿差也罢了，最头疼的是采访，我既承担写稿任务，也承担着采访组的翻译工作。群众的语言都比较散乱，我就把主要的内容翻译过来，尹锐也懂点儿藏语，他听了我的翻译很不满意，对我说，老百姓说得那么生动有趣，你翻译得太笼统、太呆板。这句话到现在我都是记忆犹新，记者作为记录者，就要用原汁原味的老百姓语言。

现在想起这些事，我觉得自己很幸运，在成长的阶段遇上了良师益友，使一些缺点和不足得到了及时矫正。

这些前辈对我的影响非常大，我一直没有离开过新闻采访工作。后来，当了记者部副主任，从事管理工作，我仍然带队跑采访，带队参加自治区许多重大事件和重要活动的采访工作，采写了大量的新闻稿件。

1991年，昌都解放40周年之时，我带着一个采访小组去做大庆前期采访报道工作。当时，单位派不出车，我就带着两个记者搭便车采访。车过二郎山时，差一点儿翻下山，心里特别惊恐。作为负责人，我非常担心两个年轻记者的安全。好在到达昌都后，我们得到昌都记者站等各方面的配合，把昌都各行各业的成就性报道做得特别出色。当时稿子传送很困难，有时可以按机要发，有时就得打电话，我一字一句地给编辑念，编辑记下来再发。回来时，我们几个人一起不好搭车，就分头各自搭车回来，一路很辛苦，但也很高兴，毕竟做的是自己喜欢的事情。

　　1995年，我主动向组织要求赴阿里采访，行程5000多公里，走遍了阿里地区的所有县，采写了一系列鲜活生动的稿子。至此，我也已经走遍了西藏的所有地区，内心得到了一种从未有过的满足。在漫长的记者生涯中，身为女记者曾有过十分辛苦的经历，但我从未放弃过我喜爱的新闻事业，并为之艰苦拼搏，笔耕不止，在《西藏日报》这个大平台上充分展示了自己的才华，采写了大量反映西藏各个时期和重大事件的新闻稿件。如通讯《东风吹奏最强音》、侧记《他们心里装着国家和集体》、特写《副委员长和农民在一起》、见闻《卡拉今昔》、通讯《无愧于时代无愧于人民》、专访《昌都的明天更美好》《做一名合格的民族干部》等发表后，产生了一定的社会反响。

　　记得20世纪80年代中期，我在采访西藏自治区文艺调演时，一位从北京来的舞蹈家告诉我："我的成长就像一个金字塔，我在顶端，但许许多多的人为我奠定基础，没有他们，也就没有我这个尖子。"她的这段话一直留在我的脑子中，我觉得这是一句很有道理、很实在的话。我当记者，从不会写稿到会写稿，从一名普通的记者到能独当一面的主任记者，享受自治区级专家津贴的荣誉，都离不开西藏日报社的教育和培养，离不开老记者、老编辑们的关心和扶持。那些扶携我成长的老大哥、老大姐，让我慢慢地熟悉并热爱上了这份工作。虽然他们中的很多人已经作古，有些已音信全无，但我一直心存感激，感激他们手把手的帮助，感谢他们的谆谆教诲。

　　现在，我已经退休了，退休后的生活也很充实。早晨八九点从家里出来，到宗角禄康公园散散步，活动活动筋骨。白天在家里看报纸、看看书，我最喜欢人物传记，也喜欢读史书。有时干点儿家务活儿，有时也回老家林芝享受大自然的美景，有时去内地看望孙女、孙子。

　　总之，这一生我做了自己喜欢做的事情，努力学习过，刻苦钻研过，辛苦工作过，虽没取得过什么惊天动地的成就，但这就足够了，我庆幸自己没有虚度年华。

访谈员后记

  白玛乔老师是我的前辈，但在这次采访之前，我与她没有什么交集，在我眼里她只是一位谦虚低调的老大姐。对于这次的采访，她最初是不太情愿的。温婉谦和的她，觉得自己就是个普通而平凡的人，没有什么值得书写的地方。几番沟通之后，她接受了我的采访，并敞开心扉讲述了她的人生旅程。听了她的故事，特别是她轻描淡写的那些真实经历，让我深深地感觉到，她其实并不普通，在安逸与磨砺之间，她能够义无反顾地选择后者，本就是个勇敢的决定。她的人生经历告诉我，有些人的梦想是用一生守候的。这样的人，不管她最终收获了什么，都值得人尊敬。在那些条件异常艰苦的岁月，在儿女成长需要母亲的阶段，在人生伴侣撒手而去之时，记者这份工作让她痛苦、纠结、犹豫，但她始终没有放弃，以她自己的方式，诠释了一个女人的坚忍。采访结束时，她十分平静地告诉我："在我的记者生涯中，没有创造过什么辉煌业绩，但我努力了，付出了，我知足了。"仅这一句，浸湿了我的双眼，能用这么一句话总结自己的人生，何尝不是一种幸福，一种成功。

女闻天籁 润物细焉
——叶咏梅访谈录

- **访 谈 时 间：**2015年4月24日上午
- **访 谈 地 点：**北京美丽园叶咏梅家中
- **受 访 者：**叶咏梅
- **访 谈 员：**卢小飞
- **整 理 者：**卢小飞

编者按

叶咏梅,笔名叶子,一生甘为他人作嫁衣的绿色使者。

在她33年的广播生涯中,录制的《平凡的世界》《穆斯林的葬礼》《白鹿原》《毛泽东的故事》《我的父亲邓小平》等近150部长篇小说和编导的《世纪末的挽钟》《世纪之声》《中华之声》《憨憨》《永恒》等40余部广播剧为她在这个领域树立了口碑,也让她收获了数十项国家级最高奖项。

她笔耕不辍,工作闲暇之余还主编和创作了业务专著《上帝青睐的节目》、新闻专集《金色回响》、报告文学《金色辉煌》《透视生命》、三卷本自选集《天籁之梦》《光与火的撞击》,在告别广播职业生涯纪念人民广播70周年之际又编著出版了220万字三卷本《中国长篇连播历史档案》。

由她策划撰稿并导演的《永不消失的电波》《血与火的记忆》《照亮黑夜的烛光》和《智慧之光 梦想之路》等演诵会亦成为业内经典。退休后,她做老年文化义工,还成为广电总局和中央台老年书画协会的骨干,在中国彩墨画领域续写着美的华章。

女闻天籁　润物细焉
——叶咏梅访谈录

1. 出生在黄浦江边，父母都是普通工人、共产党员

1949 年 11 月，我出生在上海一个工人家庭。爸爸是八级钳工，是轧钢厂里的技术尖子；妈妈是纺织女工，是技术级别最高的挡车工。1951 年，因为上海轧钢厂迁址，爸爸从上海调到天津东风轧钢厂。

爸爸妈妈都是劳动模范。后来组织还让爸爸上过冶金大学，在那个时代，他算是工人技术专家。爸爸绝大部分时间都泡在工厂里，负责全厂的机器检修。1953 年，爸爸让妈妈利用探亲假的机会去了北京。爸爸带着妈妈看了天安门，去了北海、景山、颐和园，都是名胜古迹，妈妈对北京印象很不错。这次探亲，为妈妈后来的举家来京作了铺垫。1955 年，上海纺织系统支援北京，妈妈作为共产党员积极报名，并携全家从上海迁到北京。

日本电影《啊，野麦岭》讲述了缫丝童工的苦难。我妈就像这部电影中的人物那样，从儿时起就干缫丝活儿。妈妈因为个子小，要踩着凳子缫丝，当时妈妈才 8 岁。外公带着家人从老家常州来上海谋生，而外公又顾不上她。她从小就成了包身工，做大家认为最苦最累的缫丝工，后来就在上海定居了。妈妈儿时起就特别独立，在纺织业干了一辈子。我后来看周而复写的小说《上海的早晨》，觉得特别亲切，书里纺织工人的故事就是妈妈她们生活的场景。

我对老上海的记忆深刻而又清晰。我出生在离黄浦江边不远的新闸路 117 号。我家甄庆里那条弄堂至今还保留着，我曾回去寻过根。我是在家里出生的，当时我妈并没在意，正擦着地板，突然感觉我要出来了，然后就大叫起来。可能邻居都会知道这种事情如何处理，很快就有接生婆赶到家里，我就在一阵忙碌中来到人世。大人们老爱讲我小时候的往事，说："你不是我们家生的，是从垃圾箱捡的。"结果我当真了，就问我奶奶，直到奶奶跟妈妈说："别跟她说这个了，她当真了。"后来我回去寻根时，妈妈指着从街面能看见的那个北面二层楼我家的房子说："那就是你出生的地方。"

爸爸和妈妈认识得很早，但我从没问过他俩怎么认识的。肯定是自由恋爱，但估计也有人介绍。我们家在上海有一个老邻居万顺店的徐阿婆，她跟我爸爸、妈妈和奶奶非常熟悉，尤其是跟我奶奶特别好，说不定她就是牵线人。我们两家处得就像亲戚似的，其实就是知根知底的邻里。他们家过去是开劈柴店的，就是那种老虎灶烧的木炭。后来，徐阿婆的儿子赠银叔叔也调到北京来了，一到节日，尤其端午节，妈妈总要我把家里包的独特小脚粽子给赠银叔叔家送去。

3岁的时候，家里送我进了上海最正规的幼儿园。那时候，爸妈都宠我哥哥，没让他去幼儿园而是在家由奶奶、阿姨带。幼儿园给我留下的美好记忆就是跳蝴蝶舞。那个蝴蝶造型道具特漂亮。跳舞时我们做一些蝴蝶飞舞的动作，那印象特别深。小时候我可能有点儿淘，中午有时候不好好睡觉，老师就来敲打、提醒。

小时候，家里一直有个保姆阿姨。晚上她跟我是脚对脚睡，南方人睡觉都不是并排睡的，一般是脚对脚睡。她常常在那边做针线活儿，我在这边就看她。她跟我妈讲："将来你这闺女肯定有出息，她那双眼睛盯着我时我发现她很专心，她以后干事会特别认真。"上海话管盯着人干活叫"盯盯较"。我们家女孩都很早就学会针线活，寒暑假时就会在家里织毛活儿。

我们在上海的家离黄浦江不远，奶奶经常带我们到公园，那时候还坐过人力的黄包车。我记得特清楚，我们穿着妈妈做的衣服，我穿的布拉吉连衣裙、毛衣都是妈妈做的、织的，打扮得跟小公主似的。妈妈是纺织女工，手特巧，我们也很小就学会了织毛活儿，给娃娃织毛活儿，我记得玩的娃娃都是那种躺下就闭眼睛的高级娃娃。等到大一点儿后，我印象最深的是我那个做事有头无尾的大妹妹，老爱织东西，一会儿织围脖起个头，一会儿织毛衣又起个头，想起织毛背心再起个头，反正就是起好多头，最后她都织不完，就让我给她收尾。我说："你老开头、不收尾，好像故意显现你有创意而培养我更有执行力。"

2. 举家北上援建国棉二厂 开放的家有自己立家之本

1955 年初，我奶奶、哥哥、妹妹和我一起随妈妈从上海迁到北京，这下跟爸爸就离得很近了。那年我 6 岁，来北京后，感觉北京跟上海完全不一样。

到了北京，我们走出永定门火车站，天刚下完雪，我们坐在有棉帘的三轮车上，走了很长时间的路。记得过朝阳门时，我悄悄地掀起棉帘的一角，看见四周白茫茫的一片，惊讶地说："这就是北京啊?!"因为我从来没有见过雪。

我们小时候就住在国棉二厂的家属宿舍，就在朝阳区八里庄那边。到北京后家里又添了一个弟弟和一个妹妹，我们兄妹五人，老大是哥哥，中间三个女孩，我是老二，两个妹妹，一个弟弟。可能是妈妈连生三个女孩，还想要个男孩，就生下我弟弟了。我们家是新中国成立后那种特别典型的工人家庭，爸爸妈妈都是共产党员，都是工人队伍里的技术骨干，我们受的也是那种传统教育，好好学习，助人为乐。

奶奶一直跟着我们生活，1993 年送走她老人家。奶奶身体特棒，活到了 93 岁。我们都是奶奶带大的。我妈妈上"三班倒"，她是挡车工，技术强。这样，日常家务就由我奶奶来做。"文化大革命"前，我们家还属于对外开放的家庭，是国棉二厂对国际友人开放参观的家庭，几乎每天都会有国际友人来参观。有时候还有中央领导人陪同着来，王光美、朱德都来过我家。国有工厂都很规范，每天都有人来参观车间，看完工厂就想看看工人的家庭，所以有一批像我们这样被开放的家庭。有时候一天两拨人，上午一拨，下午一拨。我妈妈是优秀的挡车工，我们家是北京市五好家庭，还有一个证。就像人家说，好的家教就是正规教育。

我爸爸在轧钢厂属于待遇最高的，在那个年代月薪 156 元。然后他自己主动给自己减了 30 元，国家不是有一段困难时期吗？是那时候减的。爸爸是个特别慷慨的人，那时候过年给压岁钱，人家给孩子一块两块的，他能给我们10块。而我妈妈会持家，会把这些钱都收集起来给存起来。我属于特听话的，就让我妈存起来了。我哥哥和大妹他们就会留点儿，不全上交。其实，我真正了解我爸，是在我当兵后去天津探望他的时候。我到爸爸的轧钢厂，印象最深的是他人缘好、一心扑在工作上。爸爸一直在天津工作，没有调到北京。因为他是技术骨干，厂里机器维修主要靠他。他会把星期天积攒起来，每月回家4天。我爸人老实，觉得天津离北京也很近，所以就在天津一直工作到退休。

我爸爸上过天津冶金大学，那时他已经42岁了，老师都没他岁数大。他特别聪明，打小就善于"偷学"技术。在他做学徒的那个时代，师傅都要留一手，不愿意把技术全部教给学徒。他就很用心，悄悄地学。我大伯伯跟他差了8岁，他们家就哥俩。大伯是上海造船厂的，业务上也很厉害。爸爸话不多，眼里特有活儿，而我们姐妹的话多，可能一个礼拜就把爸爸一辈子的话都说完了。我爸对人特实在，他要是对你好，你到家来，他会马上给你沏杯茶，送到你面前也不说话。然后等到茶点时间，他还会煮上一碗馄饨给你吃。他自己经常要买些点心之类的，都跟孩子们分享。所以，我们的小孩子都知道，外公有点心糖果可以分享。爸爸在儿孙辈的面前就是个慈爱的老人。

我的性格综合了爸爸妈妈两个人的性格。做事认真细致像我爸，热心张罗事情像我妈。我妈从小受苦，解放初参加扫盲有了点儿文化，她很早就接触上海地下党，解放初期就入党了。她组织能力很强，所以我们这个家由她来当。你想，爸爸妈妈两人分居28年，我爸爸到退休才回到北京。他们两个都是一心为公的人，我妈妈工作家庭两不误，所以我爸在心里非常感谢我妈。

长大后我才感悟到儿时那种家庭氛围有多好，觉得建立家庭秩序对人的成长特别有用。爸妈工作忙又分居两地，爸爸每个月才回来一次。但是爸爸只要一回来，就把我们小孩召集来开会，然后一个个检查我们的学习，每人的成绩册都要拿来，成绩是铁板钉钉在那儿摆着，表现好他会有奖励。那时候，我爸爸就讲究对小孩的奖励。接下来他还会问我奶奶："他们衣服是不是自己洗的？每人劳动怎么样？诚实不诚实？"当时，我们家对人是否诚实看得很重，品质方面，一个勤快，一个诚实，就都有了。我奶奶总爱跟我们说："力气使完了，还会来的，不要惜力。"我奶奶90多岁时，那个擦地布都洗得特别干净，还晾在窗台上。那次她就是为了去取擦地布回来，被支在我们家门口的自行车绊倒了，磕了一下就骨折了，90多岁的老太太哪禁得住这么折腾啊。

我大妹妹是学医的，给奶奶挂了一个吊带，然后找了一个护理。可能就因为那一跤，没有多久，在晚上睡觉时奶奶就走了，走得很安详。我奶奶一辈子不停地劳作，她不是洗洗这个，就是补补那个。我爱人谈起我奶奶，说永远是一个干干净净的老太太，这都影响着家里的孩子。所以我们家的孩子，都比较勤快。现在人家还说我是只小蜜蜂，老是忙忙碌碌。其实想想，忙忙碌碌挺好的，因为都是在做事嘛。

我爱人家风也好，他父母都是新闻工作者。婆婆原来是新华社的，给周总理做过文教秘书，公公是国际台的老干部。俩人工作特别忙，家里有个相互留言的习惯，人要出去做什么了，都会有字条告诉对方。这个习惯在我们家也延续下来，我们那时候跟女儿交代事情也都是这样。她打小上学回来，我都把水果洗好、留上字条，告诉她：进门先洗手、换鞋，养成卫生习惯。一个好习惯的养成可以受用一辈子。我可能就因为养成好的习惯，在学校也好，在家里也好，永远都是积极向上的。

3. 活泼灵敏人称"叶猴"　从小受宠"吃小灶"

我小学是在国棉二厂子弟小学（后改为朝阳区八里庄中心小学）上的，就在国棉二厂宿舍区里。在我们班，我学习好，就是淘气，特别贪玩儿。小学二年级时，那些淘气的男孩送我个外号叫"叶猴"。可能是因为我学习好，性格又比较硬。那时候还分男女界限，两张课桌中间一道"三八"线，谁也别过这条线。这个外号可能是发生冲突的时候男孩随口蹦出来的吧。

猴子的特点就是淘气，体育好，动作特别灵敏。比如说，我踢毽子、踢包，不带踢坏的。课间休息不是 10 分钟吗？我可以从下课踢到上课铃响，能踢好几百，你数呗，反正我就这么踢呗。还有那个跳绳双摇的，我特别厉害。短跑我也是最快的。初中学打乒乓球，大家轮流占领乒乓球案子，印象特别深。体育成绩全都是满分。

没想到，中学同学也给我起了这个外号，直到插队、当兵，这个外号始终跟着我。中学毕业我是全校唯一考出朝阳区的，上的市重点女十二中。在朝阳区小学的一般都只报考本区中学，我第一志愿却填的是女十二中。那时候，我哥的心气儿特别高，说："不行，你得报师大女附中。把女四中做压轴的，放在第三志愿。"我说："那哪儿行啊，我胆小。"他还说："你别老想躺着就够得着的，得站起来够。"

我小学感触最深的是语文老师和算术老师对我的偏爱。教算术的陈老师没孩子，把我当成自己孩子，尽给我"吃小灶"。所谓"小灶"，就是加题加量，老师觉得题做得不错，就让我再来验算，乘法变除法，除法变乘法，就是倒运算。加了变减，减了变加，然后看对不对。她教了一个去九法的验算，到现在我还用得上。陈老师也是上海人，跟我妈很熟，说："你可得了一个好女儿。"那时候的食品供应都是配给制，每家都有副食本，买东西是每个月定量去买。有一次，我排队买完东西之后，发现售货员算错了，原本我给她 5 块钱，应当找我一块多钱，结果她又给我找了 5 块多钱。我就说："阿姨，不对，你算错了，应该给我一块多。"5 块钱在那时候是很大的数字，售货员特别感激我。正好陈老师在旁边，马上跟他们说："她在学校就是好孩子。"然后还告诉我妈，说我拾金不昧什么的。那时候在我们家里，这样做太正常不过了。像我妈妈那么忙，因为她是党员，她还经常给孩子多的人家做衣服，为此经常贴钱，搭上时间。三年困难时期，有的人家男孩多粮食就不够吃，而我们家女孩多，我弟弟是 1962 年才生的，那会儿还小，家里能剩下粮食，关键还有我爸做后援。他在天津轧钢企业属于重工业，一般成人每月 30 斤口粮，重工业是每人 45 斤，我爸爸肯定吃不完 45 斤，每个月都会攒 15 斤的全国粮票带回家。当时，家里的"特供"是我哥哥，每周都要给他送一次吃的，就是烙芝麻酱饼什么的，礼拜三给他送去。他那时在工业学校，念的是中等专业技术学校。当时怕他挨饿，他也是正长身体。每次给他送去，他们宿舍就开荤了，一顿就干光了。他最看不起自己独吞，每次我们家里带给他吃的都是跟大家分享。因为每次带好多嘛，甚至我们还省下粮票给我哥哥买烧饼带去。

当时我如果听哥哥的建议，是能考上师大女附中的，因为我的成绩是双百。可我哪知道这些呀。后来我们语文老师还说我这事儿呢，语文老师是我们班主任，姓任，她也特别偏爱我。任老师说："你考试那个作文写得特别好，你写的是散文体。"那时候，小学生谁懂这些东西啊。后来任老师送了我一摞散文书，都是散文集。她说："你将来可以练习写这个，我发现你的基础很稳。"可以说，我从小到大，包括到部队，一直出黑板报，都是自己去编辑，去找材料，写板书和插图，要不我退休后有兴趣学画呢。其实，我一点儿基础都没有，就是小学美术课上接触的那一点儿，虽说都是 5 分，但那种死板的构图，没显出什么灵气天赋。我哥哥有绘画的天赋，我爱人的家族里也有画画好的，所以我女儿后来选择学建筑学。女儿总鼓励我："妈，你老年肯定能学好画，因为我有你的遗传因子，因子都那么好，你肯定会有可开发的潜能。"后来我发现书画离我特近，好像能把我热爱的生活表现出来。如果说我过去是用文字写出来，文字是我的第一种语言，而后来，绘画便成为我用来表达的第二种语言。我退休后接触了中国画和西洋画，虚实、抽象什么的我都能去理解和接受。而且，绘画老师说我有感知力和鉴赏力，我现在又做我们班的班长。我们老年大学校刊还给我开了一个栏目叫"叶子说画"，已经 5 期了，每期的封三刊登我的"叶子说画"，一期讲一个故事。上期是讲俄罗斯风情的故事，这期讲的是建筑韵味天地作画的故事。我们广电系统的老年大学是全国 10 所老年大学中的先进学校。老年大学让我学到许多东西，让我的生活变得更加丰富多彩而有意义。

4. 我考上市级重点中学　最喜欢的是体育课

我考上了女十二中①。当时，女四中是朝阳区最好的重点学校。而我考出了朝阳区，考到了东城区的学校，还是北京市的重点学校，妈妈为了祝贺我考全校第一，给我做了3件连衣裙，有方领的、圆领的，还有一字领的。我印象特深。那时，从小学升到中学，又从朝阳区考到东城区，对小孩的影响很大，因为要坐车进城上学了。当时还是我隔壁邻居胖阿姨带我去的，我妈妈没时间，胖阿姨自告奋勇说："我带咏梅去，我们正好可以到百货大楼转转。"然后她带我去学校报到的，妈妈把我打扮得漂漂亮亮、利利索索。

关于穿衣服，我还说得有一个小细节，那时候我奶奶跟我反复说："你呀，养成的习惯最好。每天晚上把小凳子往床边一搁，睡觉脱下来的衣服都要叠得整整齐齐搁那儿。干什么都得有规矩。"我们南方人爱洗澡，洗澡就得换衣服。所以我每天都要换穿一条新裙子，这就引来一些议论，什么资产阶级思想啦，臭美啦。我听到议论，就跟我妈讲："你再别给我做连衣裙了，再说体育课又不让穿连衣裙，一个礼拜两次体育课，到那两天还得换成西装短裤。你以后就给我做西装短裤，而且你不要给我做花上衣，就白衬衫，省得天天还得记着有没有体育课该穿什么。"白上衣，蓝西装短裤，很精神。两件一样的白衬衫，我天天换，别人也看不出来，我特别烦人家嘀嘀咕咕。

女十二中继承了贝满女中的严谨教学风范，老师教学水平很高，令我们受益终身。尤其是教数学的何老师，也许她那时候刚刚大学毕业，充满了朝气。齐耳的短发，高度近视，那个眼镜显得她特别学究气。每天预备铃响时她往门口一站，那些老师通常是在预备铃响时就带着教案站在门口了。然后进入教室，等学生起立问好后放下教案开始讲课。她那板书特棒，我很注意老师的字，因为学生常常会不由自主地模仿老师的两个方面，一是口才，另

---

① 前身是著名的贝满女中，贝满女中是一所教会学校。

一是写字。何老师讲课循序渐进，比如说先列一个公式，然后再注释，接着出题，然后解题。她会在黑板上不同的位置给大家边讲边写，最后，黑板上一整板满满的，布局相当好。等到她翻开书，说第几页第几题，留作业，留完作业，下课铃就响了。我那时候就觉得这老师很神奇，时间怎么把握得那么准呢！她不是一次两次，回回都这样，我就特佩服她。在我的初中记忆中，何老师给我留下的印象最深。后来，一次偶然机会，我发现她是我们著名播音员方明的表姐。巧得简直不得了，去年我们还一起聚会。

那时候上学，大家好像潜意识里都会对老师进行比较，你想上这课上那课，本来你对数学也许不见得是那么喜欢，比如说你喜欢的是语文课，但如果语文老师并没有讲出什么彩儿来，你也就记不住，反正就按课本的顺序照本教呗。突然这个何老师，一个数学老师，课上得很精彩，而且她那种准确性，那种到位，那种严谨，一下子就抓住了我们的心。

还有好些老师都有故事，像我们的外语老师是上海人，讲课完全用英语。我们管她叫英文老太太。她个子娇小，长得特漂亮，所以我很自然地对她有好感。我们俩还可以说一点儿上海话。遗憾的是后来完全不接触英语了，你想想插队以后就没

叶子（右）和同学在黄土地荞麦花丛中

有这个语言环境，完全跟它无缘了，接着就搞文学了。

我进城上学后还照样爱玩，就爱上体育课。我从小到大，最喜欢的是体育课。因为喜欢体育的缘故，我很少穿裙子，都穿西装短裤。在高中，我800米跑全校第二。800米是最不好跑的，我们一起跑中长跑的同学王秀坤，是到现在还都经常联系的好朋友。王秀坤一见我就喜欢我，中学时也就是她最先

叫我"叶猴"的。神了!"叶猴"从小学叫到初中,又被人家延续到了高中,不同时期的同学相互并没有通气,都是顺嘴就蹦出来这个外号的。

初中3年,应该说学的东西很多,我打下了非常好的基础。考初中的时候,我们班与我要好的同学都考的女四中,只有我考上了女十二中,也曾有点儿孤独感。你想去上学时总是我一个人,人家都有伴儿。所以,初中时期的玩伴只能是学校的同学。小学时期,我们放学后有学习小组,作业做完后就接着玩。有时人家来找我,奶奶会说一句:"她这个野孩子,不到静校不会回来的。就等叫她回家吃饭了。"

5. 闹"文化大革命"赋闲去了工厂　搞文艺编创初露锋芒

上高一时正赶上"文化大革命",我也参加了红卫兵。1966年8月18日这天,毛主席在天安门城楼接见百万红卫兵,我当时有幸站在观礼台上。好家伙,天安门广场上人山人海,有的同学把鞋都挤丢了。这一年,毛主席先后8次接见红卫兵,我家外地亲戚也来北京串联,家里一时拥挤而热闹。

我也去串联,去了兰州和故乡上海。回来后我就联系下厂锻炼,正好是和我妈妈一样的纺织厂,国棉一厂,是我自己联系的,因为离家也近。我跟工人关系特别好,参加他们所有的活动。我跟工人上班一样,三班倒,特别认真,就是想体验我妈妈的工作。大家说我,你要当工人准是一个好工人。我是在织布车间做挡车工,查次布和接线头,就是织布梭子走的时候,看看有没有跳线出次点,如果发现了次头就要马上停车,把那次点接上处理好了再开机。那时候还没有复课,我在工厂待了半年多才回学校。

那时候我喜欢创作,回学校在毛泽东思想宣传队搞创作编节目。那半年里印象很深的是天天都琢磨怎么编节目。因为那时候没有别的,不上课就是每天学社论、读报纸,我们宣传队就是编节目。当时在学校搞了一台演出,是《井冈山的道路》,我负责编节目,可以算初露锋芒吧。后来我当文艺兵也是搞创作,主要搞舞台演出。我什么都编,如舞剧、话剧、表演唱、写歌、写词，写剧本。

记得 1967 年，因为江青的一个讲话引发了派性，红卫兵分成"四三"派和"四四"派，我是"四四"派的。还有"联动"，全称叫"首都红卫兵联合行动委员会"，后来被说成反动组织。我的一个好朋友就是"联动"的。我们班就她一个，大家都歧视她，插队时她跟我在一起。还有一个出身不好的也跟我在一起。有人说，你干吗交这些朋友？这一点我像我爸。我爸就有这么一个信念，咱俩今天是好朋友，不会因为出身，或者因为你家里的问题而反目。"文化大革命"中，好多人因为派性而反目。我是年级学生组织负责人，也不可能有太强的派性。

想想咱们那个年代，1966 年开始闹"文化大革命"，1967 年到工厂锻炼，1968 年 1 月复课，后来就开始分配。我妈那时候还到戏曲学校工宣队去了，我们报名去插队，走的时候，我和我妹妹分别去陕西和山西，我哥哥去云南当兵，我们 3 个人几乎是在一个月内离家的。我妈妈一下子放走了 3 个孩子，她当时也是真伟大，我奶奶可舍不得我们了，说一下子就走了，就剩了两个小不点儿。因为我小妹妹才 12 岁，我弟弟才 7 岁。

说起我们兄妹离家的这段，也很有意思：我想当兵的愿望让我哥哥实现了，我妹妹想学医的心愿，我陕北插队当了赤脚医生实现了。好在我后来又当上兵，我妹妹也当上了医生。我哥就像我爸爸，他虽然只比我大 3 岁吧，可是因为爸爸不在我们身边，他就特有家长的那个风范。老大嘛，教导我们，呵护我们，给我和大妹信写得最多。

我哥当时上的是工业学校，好像在三里屯那边。后来分到北京起重机厂。老大嘛，所以比较稳。他当兵时年龄是擦边过了。但他觉得两个妹妹都插队去了，也想出去锻炼锻炼，好男儿志在四方。

那时我们家是两间单元房，屋子都比较大，约十五六平方米。刚到北京时我们住在另一栋楼，后来就搬到宿舍区的第一排楼房。因为我们在上海住惯了那种亭子间的小阁楼，一下子觉得北京的房子真大。家里小孩都跟我奶奶一起住，我爸我妈他们一间。后来我哥住校，礼拜天回来也不住家里。

6. 当知青插队陕北星星沟　穿军装入伍西安小雁塔

说起来，我跟我爱人李唯特别有缘分。读初中时，我是女十二中，他是男二十五中，两校就隔了一道墙。当时，这两所学校是友校，开学和毕业典礼都要搞联谊演出。读高中时，我考到女四中了，他上的是第一机械制造学校，两校就隔着一条马路。不过，那时候我俩并不认识。我是插队认识他的。本来插队轮不到他们去的，那会儿他已经在第一机械厂工作了，插队纯粹是一种理想的追求。

他们学校有个先进人物——归国华侨张代书。张代书是他们的老师，她听到毛主席发出"知识青年到农村去"的号召，便带着两个学生报名去延安插队，一个是李唯，另一个是杨履谦，来了就提出要到最穷的最远的村子，就是黄陵县最北边的一个村。知青办介绍说女四中有个叫叶咏梅的在那儿当知青组长。然后他们就来了，我俩就是那时认识的。

李唯进村的时候，我不在。当时北京301医院的解放军医疗队来贫困山区培训赤脚医生，我去参加赤脚医生学习班。我们是1969年1月22日离开北京的，李唯他们是2月5日那一批来的。记得当时火车一直开到铜川，我们在铜川一个特别大的屋子歇了一晚上，几百个知青都是打地铺睡的。第二天，坐敞篷卡车到黄陵县的隆坊镇，然后由各队的架子车把我们的行李拉回村里。我在农村不到两年就当兵了，我原来在学校就有当兵的愿望，但是因为插队知青指标完不成任务，动员了我们68届的去插队。我当时在学校是年级的负责人，那时候是按部队编制设指导员、连长，我是年级指导员，我就带头插队了，放弃了个人的理想。我一直想当兵，在女十二中的时候，有一次北京招女飞行员，我去报名，体重不够。那时候我长得特瘦小，你知道吗？我真正蹿个儿是到高中的时候，初中毕业才1米52，那么点儿，一下"噌"地就蹿到1米60了，就这个高度，后来就不长了。

插队那会儿我俩还没相恋，很多年后才捅破的。当时我在小雁塔当兵，李唯在大雁塔上学,都在一个城市,时常相互探望,每次都来去匆匆,因为部队有纪律。

我当兵6年,是总后在西安办事处的一个机关,我们都叫"203"。我当兵也是有故事的。开始是新疆军区来征男兵,当时他们都在延安军分区,整个征兵的都在那儿。正巧,我的同学蒋思明分配在延安电厂,我就到她那儿去住,也想看看有没有机会当兵。我那时候为当兵还写了血书,真是把这个手指头割破了写的申请。那时候,征兵的名额已经满了。后来,几个征兵的人对我有了好感,说:"其实我们需要你这样的,招兵都应该招你这样的。"那个负责征兵的女同志留我住了一晚上,她们当时还不知道我有没有希望,反正征男兵的不可能把我带走,因为他们都是那种野战军,坐的是整车专列走的,带一个女兵算怎么回事。

那应该是1970年的年底,征的1971年的兵,我们队的另外一个男生,就是跟张代书一起来的杨履谦,他被征兵去了新疆。我没去成,也的确没名额。后来,我失望地又返回村子,还继续做赤脚医生,继续给李唯维修机器做小工。有一天,我突然接到通知去公社学那个中医的经络疗法。因为我从针灸到整个基础医疗知识,全都学了。不知为什么,老乡们都来欢送我,可能因为平时我待他们好,下了工就去给他们治病,有时候是中午,有时候是晚上,好多都是慢性病、关节炎、气管炎,还有妇科病什么的。那些我都用针灸给她们治疗,大概是缺医少药的缘故,一扎针一吃药就好,所以老乡很喜欢我。当时呢,我对学经络又感兴趣,就兴冲冲地去了。

老乡们把我送出二里地,最后我到公社就接到一封信,信中说:"你立刻到西安来,找紫参谋,你当兵有望了。"我当时高兴死了。后来遗憾的是这封信都没留住做个纪念,因为这事改变了我的命运。当时,正好我们村曹小乔要回北京,我俩一路到了西安。小乔是我们学校宣传队跳舞的,我们一起插队的有4个高中女生。到西安后,我找到小雁塔那个部队,拿着那封信跟传达室的人说:"我找紫参谋。"紫参谋就从里边出来了。他把我带到小雁塔招待所,安排了吃住行。过了几天,他又给我拿来绿军装,我就当兵了,够神奇吧!

真的不可思议。最主要的是征男兵的那个政委对我印象好,他才跟这个负责征女兵的人推荐我。他们并不属于同一个部队,但都负责征兵,因为年年都来征兵,可能相互也交流。我永远不会忘记,那个政委冒着大雪 50 里行军,赶回来就为见我。可能在他心目中,招兵应该按我这样的标准去选拔。当时我们老乡有推荐信,他觉得从插队知青中选拔才是最好的。

穿上了新军装

每个人的机遇不一样,某个机遇没准就改变了一生。退休以后,我的思维方式发生了很多变化,最大的变化就是变得包容。我年轻时不是这样,那时血气方刚,疾恶如仇。交朋友都是同类。我爱人总说我,现在进入老年了我都能包容了,有的还是我过去反感的人,你都意想不到。过去我清高啊,所有人包括老师都说我清高。

当兵时我遇到一件事。一个领导作风败坏让我撞见了,我本来已经快入党了,因为这件事我被私下审查了俩月。越审查人家上面的人越觉得我这人不错啊,而且那个反对我的领导原来是极力主张让我立功受奖的,最后他不仅不给我,还神神秘秘审查了我俩月。我们宣传队除个别人隐隐约约有所察觉外,其他人都不知道这件事,正好又面临宣传队要解体,上级就把我调到宝鸡 184 野战医院了。

7. 当编辑引出了广播生涯 天作合有情人终成眷属

塞翁失马,焉知非福。在宝鸡,我突然遇到一个新的机会,那时陕西作协的《陕西文艺》("文化大革命"期间被停刊,停刊前叫《延河》,"文化大革命"后复刊易名为《陕西文艺》,后又恢复为《延河》)期刊编辑部搞开门办刊,因为我在部队政治部宣传处一直搞创作,他们要吸收工农兵参与办刊,我正好以兵的身份去了。这不又是缘分吗?在那儿我有幸认识了王汶石、杜鹏程、李若冰夫妇等人,还结识了路遥、白描。《延河》的副主编贺鸿钧,还有杜鹏程的爱人,都在那儿,这才有了我跟《延河》编辑部的友谊,还有跟西北作家群的缘分。这也相当于对那片曾经插队的土地再认识,以及对那片土地上的文学大家们的深刻了解。我在《延河》编辑部工作了一年。我把老作家贺鸿钧家里的藏书借来,一本接一本地拼命看,好像久旱的土地遇到甘霖。正是这段时间,因为闭门苦读准备新的旅程,我和李唯没有联系。

大概去《延河》半年之后吧,北京那边就来函要我,工作就调动了。编辑部希望我再留一段时间,同时帮我办调动手续,我就在编辑部又工作了一段时间。这期间,人家公对公地办手续,组织上为我忙活。

当时是中央广播文工团要人,他们需要编创人员,然后就打听到我了。在这之前,我正好见过他们的曹团长。曹团长看了我在部队写的那些东西,厚厚一本,给他们留下深刻印象。进团后,曹团长才跟我说:"你知道我当时为什么决定要你吗?因为所有到我这儿来的人,都自吹自擂,只有你一问三不知。这不行,那不行,这不会,那不会。"我走哪儿都是,人家一问我,只要我不知道的,就如实回答。因为我在部队6年,哪儿知道地方上的事,所以一问三不知。再一看我东西,他就决定要我了。

1976年秋天,我调回了北京。在广播文工团待了3年,主要在编导组搞编创。中央人民广播电台文艺部正好跟广播文工团有渊源,广播剧都请剧团人来做,那会儿他们正缺编辑,说找一个能坐得住的人,一下就看上我了。我这人要动起来动作特快,要静下来谁也不理,就闷在那儿,属于做事特别专注、特别投入的人。就是做个饭我也特投入,我爱人冷不丁从背后过来会吓我一跳,所以我爱人每次叫我都得先从远处弄出动静提示我,要不就会一下子把我惊着了。

我跟李唯捅破窗户纸也是在这个时期,几乎同时表白的吧。第一封信可以算是我写的,其实那封信是白描的爱人毕英杰代我写的,李唯居然没认出来,可能是我俩文笔都比较接近吧。没想到,李唯竟然把这封信和此前我给他写的8封信搁在挎包里,在踏勘青藏铁路的外业车上,挎包也不知怎么飞了出去,掉到悬崖下的深谷里边了。

其实,那时他的老师张代书早想捅破这层窗户纸,想直接跟他说。当时,另外一个男同学,就是去新疆当兵的杨履谦想跟我好,李唯还帮着人家做工作,说:"你要主动点儿,叶咏梅肯定不会主动说的。"结果呢,我和李唯竟成了。之前杨履谦给我写过信,问我要照片。一张口就要照片,这让我感觉不好。在那时的观念里,女孩子不能随便给照片,我就没寄照片,把这事给挡住了。因为当时还没考虑这个问题呢。当时我二十一二岁,脑子里都是干事业,压根没想这个事。可能我这方面开窍得晚,在部队里待得木了。

收到我那封信,李唯兴冲冲地去找他的好朋友曹友为。曹友为是在山上作业,他们离了十几里地,李唯赶过去就高兴地说:"咏梅来信了!"其实,我当时捅破这层窗户纸也只是希望成为好朋友,并没有说什么情啊爱的。因为李唯那时候正好遇到了生活重新选择的大事,他一个人要去野外作业,要到世界屋脊去。当时我觉得这个问题好像有点儿严重了,而他的老师张代书特想让我跟他好,同时也考虑我可以照顾他爸爸和妹妹。

那年我27岁了,但我俩28岁就结婚了。我根本就没跟李唯谈恋爱,我说:"咱们不用谈了,都互相了解。也不用等你一年后回来咱们再谈,这不是有意把你拖了吗?我这一年也不会变化。"人家担心我有变化,因为我在北京而李唯在外地。他爸爸还跟他讲:"人家在中央广播文工团,接触的都是文艺界人士,你能对她放心?"你猜我爱人说句什么?他说:"我相信她比相信我自己还要多。"真的是特别了解。

当时,代我写信的那个朋友毕英杰帮我分析,认为李唯早就对我有好感。她说:"你这事肯定成,只不过他没好意思跟你提,因为他觉得自己条件不如你。那就只有你主动提。"后来,张代书老师要提,我就觉得与其让老师去说这样的事还不如自己提。因为在这之前,我们有过密切的联系。

插队时，在一锅里吃饭就不用说了，我在西安当兵时，他在西安上大学，这3年我们经常见面。我还帮助他排练毕业演出的节目，那会儿他是矿业学院的学生会副主席。可我好像从来没有思念过他，可能男女之情这方面我开窍得晚吧。

等我调回北京，周围的人就使劲给我张罗对象，连我们文工团的支部书记姜坦和曹团长都关心起来。因为你想，一个27岁的女孩，一般来说，早就该成家了。后来，我妈也是有点儿惦记。我说："你们千万别张罗这事，我怎么一回到北京听到的全是这个事了？是不是我岁数大了？"我当时都27岁了，大龄女生了，自己一点儿都不着急。

后来，我爱人那边也有一段插曲。他在延安谈的一个朋友，不冷不热的，正好跟他要吹了。吹了之后呢，他自己准备上山搞外业，又是去世界屋脊。有人还调侃他："你是不是因为想跟她吹，才去的那儿，你就想着分手。"其实他根本没那么想，是青藏铁路踏勘的需要。他当时去高原搞水文调查，就在唐古拉山下边。他是搞桥梁隧道的工程师，后来转成经济师，又升到副总经济师。我爱人是那种动手能力特强的人，在农村插队时就给队里修理农机、柴油机什么的，人家都叫他李师傅，因为懂技术。我当兵走后的第4年，他就被调到去县里当了技术干部，后来他又考上了西安矿业学院。

虽然我俩家庭背景不同，但并肩走过同一条道路，同样的理想抱负早已经将两颗心紧紧地连接在一起。他的父母都是新闻界的。父亲是国际台的，母亲是新华社的，曾经做过周总理文教秘书。有一阵不是提倡半工半农吗？他母亲那会儿是高教部教育研究所副所长，他母亲作为高教系统的干部，肯定带头响应，就让儿子报考了那所半工半读的技工学校。那个时代的革命者不都这样吗？

你说，这还用谈恋爱吗？彼此太熟悉了。后来我问他："你怎么就能确定咱俩一起生活会很好呢？"他说："你做事认真，待人诚恳，你看你对女朋友都那么好，对自己的丈夫还会差吗？"

我是事业和家庭都要兼顾的人。家庭教育是影响孩子一生的，妈妈给我的影响很深，她也是事业和家庭兼顾的人。作家柯云路曾来采访我，他原以为我在外面风风火火，一定顾不上家，家里一定乱得没地方下脚的。他说："没想到你把家收拾得井井有条，那顿饭半小时就给做得特好吃。"那时他正好关注西北的那片土地，李唯当时又在西北工作。我们两人话题越说越多呀，我说："那就在我们家吃饭吧。"正好我自己事先有弄好的春卷就给他炸了吃。我是属于干什么事要快，要麻利的。因为咱们的职业就要求高效，高质，得是那样才行。所以柯云路一看，就印象特别深，回去就和自己爱人讲，他的爱人罗雪珂正好是我的校友。

当时我爱人患乙肝，我们单位的人感慨地说我得顾孩子，又得顾工作，还得顾爱人。但是我没觉得辛苦，我觉得最难过的是病人，因为病人要战胜疾病，你不就是多出点儿力嘛。我思维方式可能跟人家都不太一样，像我先前帮人家写东西，人家觉得你出力了，你帮人家了。可我认为我还"偷艺"了呢，因为你去采访的人，都是优秀的人，行家里手，他们丰富的思想和经验你自然都学到了。

在家里我是特幸福的人，因为爱人和女儿都特支持我。而且越是到了关键时刻，他们支持得越多。比如女儿的中考、高考我都没在，都是我爱人管的。李唯说："平常我可以不管，但到关键时刻我要露峥嵘啊！"而我常常不巧，要么赶上拍片子，要么赶上做节目，这是必须去的，我都无法陪伴在女儿身边。

我认为人这一辈子跟谁在一起很重要。不能把时间都耗在那种特别无聊的事上，所以有些事渐渐都看淡了。跟那些有意义、有价值的人在一起，你也会过得有意义、有价值，没必要去为那些没有意义的事情浪费生命。所以，对自己这一辈子，我挺感恩老天。第一，在社会对咱们老三届不公的时候，我到了中央台，而且在中央台，我并未受到任何歧视，我的工作没有因为不是科班毕业而受到任何影响。第二，我找到了一辈子相知相守的爱人。

8. 老天厚爱，给我成事的缘分

2015年，因为电视剧《平凡的世界》热播，好多人都在议论，为这事找我的人也挺多。我去北京出版集团参加他们世界读书日和版权日的一个论坛，我发言的题目是《〈平凡的世界〉与不平凡的声音传奇》，讲了我和路遥以及录播《平凡的世界》过程中发生的故事。李野墨也去了，当年是他演播的。在现场，他又朗诵了一段《平凡的世界》。电视连续剧的播出，引发了人们对路遥和小说的关注，这时候我倒想躲在角落里。

大概是1987年秋冬时节，那天我正好去八里庄我妈那儿，在电车上碰见路遥。他是去鲁迅文学院，我们坐了同一辆车，是12路无轨电车，都是往东走，大约走到人民日报社红庙那站，好多人下车了，我就看见他了。过去在《延河》编辑部开门办刊物时认识他，而且我去西安次数又多，在贺姨家老碰见路遥蹭饭去，所以很熟。我问他："你怎么在这儿了？"他说："去鲁迅文学院。"我又说："你怎么《人生》火完之后就销声匿迹了，这些年还写了什么？"他说："在写《平凡的世界》。"我又问："写得怎么样呀？"他说："你自己去看。"因为那时候《平凡的世界》境遇并不好，他不愿意评价自己，让我自己去体味。我问是哪家出版社发行。他答说中国文联。说到这里，想澄清一下：刚出版的《路遥传》作者——厚夫在文章中说，路遥在车上就给我一本《平凡的世界》，你说有可能吗？他不能随身带着他这书要准备给我吧？还有，路遥对自己写的好坏没评价，他只告诉我他写了这本书，然后说了出版社是中国文联出版公司。我认得出版社的人，自己可以要去。

当时不是有《当代》《十月》《花城》这些杂志吗？小说先是在《花城》杂志上发表了第一部，然后由中国文联出版公司出版。所以我去出版社拿的是第一部的样书，第二部还是清样。我看得很仔细，小说把我带回到我所熟悉的那片土地，仿佛我又生活在他们当中。我当时就按捺不住了，准备马上录制。可巧李野墨打电话来，他不仅熟悉陕北，还会陕北方言、信天游，这就是缘分，我们曾合作过很默契，这次我还选择了他来演播。录完第一、第二部后，我又专门去了一趟西安，完成了3件事：一是采访路遥，二是看第三部，三是组织一组陕西评论家的评论。当时，路遥第三部初稿虽完成，但需要再润色，一般要两个月。我跟他说，我这边一开播就不能停下来。你必须6月1号给我稿子，要不我那儿就会造成"空播"了。我是1988年3月27日开播的，后来，路遥还真是拼命为我们赶稿子。6月1日那天，他拿着手稿和弟弟赶到北京。我和李野墨在自己家招待了他们哥俩，当时，只是看路遥疲惫不堪，哪想到他已经病入膏肓。他望着一桌的菜没有食欲，只吃了点儿西红柿挂面。他返回陕西后不久，给我来了一封信，感谢我的热情关照和亲切相待，说在现今生活中已很少有这种感受了。还说，许多北京人以为天安门广场就是世界上最大的地方，其实最大的地方是人的心灵。这封信后来我捐给了路遥文学馆。

1992年10月，路遥病重的时候，我正在海南开会，是陕西省台王晨编辑告诉了我这个消息。当时我想，可能就是遇到急病，应该能渡过难关。我完全没想到有那么严重，我跟王晨说，我会去西安看他的，谁知那一年还没过完，他就走了。我觉得很内疚，很难过，尤其他又在我生日第二天走的，我16日的生日，他17日走的。是作家出版社的侯秀芬第一个打电话通知我的，侯秀芬也是在黄陵县插队的，后来在北京晚报待了好长时间，再后来是中国作家出版社的总编辑。毕英杰和侯秀芬的爱人都在延安大学上学，毕英杰的爱人白描跟路遥是朋友，白描在《延河》编辑部当过主编，然后调回北京，在鲁迅文学院当副院长。

写《路遥传》的厚夫，他写书并没采访我，我们两人本来很熟。他引用了我写的大量内容，我曾经写过《路遥从普通人中走出来》，写过《路遥与平凡的世界》，就在我做节目的时候，我也发表文章。但是他没有认真地看明白，也没采访，包括其中最重要的人都没采访，就是把路遥调到《延河》编辑部的贺鸿钧（李若冰的爱人），他都没采访人家。所以，有些人只为宣传，要跟路遥沾边，那我们就退后了。其实，当年做的事也已经过去了，现在提它干吗？有些人把我捧得很高，说"叶老师看您当年如何如何……"我说，那是一个历史阶段，一个历史过程。我为什么这么说呢？我在中央台当一个编辑，是不是应该当一个最好的编辑？要做就要做得最好，要不你就不要做这个工作，因为你处在制高点。你如果发现不了，或者你没有缘分发现最好的作品，那是你的失职，是你的水平低。你做到了是很正常的，因为谁在中央台？你在中央台。谁在搞小说连播？你在搞。上次与霍达见面，她说："我现在才知道，那个《平凡的世界》，我的《穆斯林的葬礼》，还有那个《白鹿原》，现在都认为是茅盾文学奖最有价值的3部书，合算都是你做成节目的。"

他们这么评价，我只能说，那算运气吧，老天比较关爱我呗。我一直觉得老天厚爱，给我事缘，是成事的那个缘分，特别好。我说，一个人还有比这个更幸运的吗？可今天很多人对不起他的岗位，甚至还埋怨自己的岗位。

9. 广播人的由衷之情　成为作家期待的最高报酬

《穆斯林的葬礼》是在《十月》上看到了，小说在相当广阔的社会和时代大背景下，透过一个穆斯林家庭60年的际遇沉浮，浓缩了回族社会700年的历史。我被小说深深地吸引住了，读完就去找作者霍达。

霍达是很挑剔的人，可你知道吗？我们给她做完之后，她正好到大学里边去做讲座，主持人介绍说："这就是主讲人霍达。"底下没有反应，主持人马上又加上一句说："这就是《穆斯林的葬礼》的作者。"全场的人立刻都鼓掌。后来霍达给我打电话，说："你们广播真厉害，人家都念《穆斯林的葬礼》，都不念霍达，以为我是男的呢。"这部作品的案头工作我做得特细致，为了保持作品的艺术特色，我在处理开播时，录制了一段穆斯林的诵经，那个异域风情别提有多足了，各个章节的转换也都有合适的音乐。霍达得知我们这么处理后，特别兴奋地捶着我的肩膀说："这形式真好，你怎么想出来的？"第二次（20年以后重新大制作）制作的配乐新版（用男女对播）听上一集两集，霍达满意得不得了。后来，听她司机都说，现在霍达每天睡觉前，都要听自己小说录播的节目才能入睡呢。

《白鹿原》出来后,我在第一时间就看了。我跟陈忠实等陕西的作者都关系极好。这不光有《延河》编辑部的那段经历,有插队的缘分,也有后来我们拍片子去得多的缘故。《白鹿原》发表在人民文学出版社主办的《当代》上,这些出版社都跟我们有特别好的交往,是他们来找我,问能不能播这个。我拿到手一看就特喜欢,在做案头工作的过程中,有种莫名的躁动不安,那种心灵的震撼真是让你恨不能喊出来:"黄土地啊,你究竟珍藏了多少文学的矿石!"后来,台里批准我们录制的报告后,我马上把这个消息告诉陈忠实,然后才有了陈忠实给我的信。就是下面这段:

……你对《白鹿原》一书的由衷之情令人感动,这是我所期待的最高的创作报酬。在我来说,从开初构想到作品完成到发表面世,唯一萦绕于心的期待莫过于此。其实恐怕也是可以称为作家的所有作家的全部创造理想所在。评论家的评论重要,普通读者的喜欢才是最重要的,我非常看重这一点,能使你震撼首先不容易,因为你所涉猎的长篇太多了,关键在于使你震撼以后的结果太重要了也太珍贵了。你可以通过你的工作而使《白鹿原》一书得以与无以数计的听众交流,这不单是我无能为力的,杂志的编辑和书的编辑都无法企及,杂志与书的发行量再大也不可企及。所以从这个意义上着眼,我也由衷地向你致以最虔诚的谢意……

陈忠实

20世纪八九十年代,小说连播是非常受欢迎的大众文学传播形式。现在多元化了,文学已经被肢解了,大家的爱好有了多元化的形态,用不同的形式来替代了。但小说连播依然会有庞大的受众群。

回顾我已经走过的路,我感恩老天。一个人的幸福,主要包括个人生活和事业两方面。个人生活方面,最幸福的是找到能和自己走过一生的伴侣。而且这不是假的,不是给别人看的。我爱人常说,蜜要吃到嘴里,甜在心里,不要流在外头。流到外头的东西是给别人看。事业方面,最幸福的是你一生干的是你最喜欢干的工作。结果这两方面老天都给了我。那我还有什么牢骚?

我现在只有回报老天对我的馈赠。我要感恩所有帮过我的人，同时在感恩中我也会获得更多的智慧和幸福。我觉得我这一辈子很幸福，我也很满意我的职业，我从事一生的职业又是我最喜欢的，是我觉得最高尚的，因为它传播了经典的文化。人类如果没文化，会成为什么？那一定是一个糟糕的态势，人类就会向最低级的方面倒退。如果有了最高尚的文化滋养，人类就会追求最美好的东西，人类就会朝着最好的方向发展了。所以我自己觉得，我一生能跟这个职业结缘，特好。

10. 敏而行编织信息网　好记性不如烂笔头

我这一辈子因为工作的关系，接触了各种各样的高人，文学家、表演艺术家等，大家给予了我扶持、关照和欣赏。他们用一生心血创造的作品，把最精华的给了我。所以我觉得我这人，就这一点是挺幸福的。我女儿曾经评价我说："你这个人交友无数，知己过百，朋友上千。人家得一知己足矣，你这都过百人了。"因为她也参加了我的作品出版座谈会，看到那么多的名人来了，也看到我平常打交道的那些朋友，还有朋友做的那些事，我都会事先告诉她，她对此很感慨。

我写过3本报告文学的书。一个是医学方面的《透视生命》，人生自己要透视生命；一个是音乐方面的《金色辉煌》，我3次随中国民乐团到维也纳，这本书记录了1999年我首次在金色大厅跟踪演出的全程报道。第一次去，我就用40天完成这部20万字的作品，刘白羽先生看后给我写来一封富有激情的信。他说你本身就是天籁之音。后来我在这套三卷本大书里边收录了这封信。等到《金色辉煌》再版的时候，我就把这封信当这本书的序言。刘白羽是文学家，他还特别喜欢音乐。他喜欢欧洲的雪，就因为我有一篇文章写到欧洲的雪，一下勾起他的思绪，觉得他同时就在听我的心声，读懂了我。他后来还写了信，并让通讯员随信一起送来了他的散文集《蜡梅集》。

周而复看了我那本关于音乐的书《金色辉煌》，打来电话说："你文笔很好,那个感觉很好。但是,一个作家要耐得住寂寞,不见得她想写东西当时就能发表。但是你要真实,写你想写的东西,一定要有自己特色。"他告诉我,他写东西是早上5点起床写作,然后8点上班,这还是他在上海市政府工作时养成的习惯。《上海的早晨》就那么写出来的。

还有,作家柯兴写的《风流才女——石评梅传》,我是在1986年录播的。当时,这本书还没有正式出版,柯兴是拿着出版社给他的校样来的。来到电台门口,他跟传达室说要找负责小说连播的同志,我接到电话,就立刻赶到门口,因为不认识对方,我就喊了一声:"谁找我?"没人吭声,我又说:"我是电台文艺部的,有人找我吗?"这时柯兴过来说:"我找你,我找你。"然后开始说明情况。我接过小说的清样,因为原本第二天就要外出,所以跟他说一周以后再联系,话虽这么说,可我回办公室以后就看了,刚看了几页,就放不下了,一口气把它看完,马上决定录播。当年12月26日《石评梅传》开播,听众特别喜欢,高君宇投身革命以及他和民国才女石评梅的爱情故事打动人心。后来,1991年我们又再次播出。其间还和柯兴一起到陶然亭公园,就在高君宇和石评梅的墓前,与读者和听众搞了现场互动。最近,柯兴的爱人给我发了一个短信。她说:"柯兴走了,他在走之前一直念叨你,说你是他的伯乐,是你把那本《石评梅传》推广给全国听众。追悼会上,我把柯兴这本书奉上,跟他一起火化带走了。"于是,我一直想为柯兴写一篇文章,可一直忙着没写。去年重阳节想写来的,重阳节不是老人节吗?结果我又去延安了。这个清明我无论如何得为他写点儿什么。

因为工作的关系,我一直跟这些作家打交道。作家想写东西的时候,是他创造状态最美好的时候,因为他追求理想。或许他人品未必有多高尚,但是他追求的东西肯定是美好的;或许人格会有分裂的时候,有自己不能面对的现实的东西。为什么?因为美好的东西被扭曲了,理想在现实中破灭了。那些"冤错假案"或者腐败的东西,让你撞到了,你肯定郁闷纠结。但是你怎么排解?怎么用最美好的东西感化别人?广播是最广大的传播方式,看电视还必须具备一定条件,受到接受条件限制,而广播不受条件限制。要不人

女闻天籁　润物细焉
——叶咏梅访谈录

家怎么说,灾难来临的时候,人们立即会想起我们广播,因为重灾面前别的传媒无法发送信息,包括手机都收不到信号了,可我们电波就能达到。在灾难来临时,我们常常往灾区发送大量的半导体,传递温暖。

我选的小说连播的文本基本都是自己发现的,因为那时候大型杂志我都看,而且跟他们关系都好,他们都把杂志寄给我。而且,我那时候去出版社走动得特别勤。几乎每个礼拜都要去看看他们,跟他们总编室的人,或者跟他们的责任编辑聊聊。我还认识很多作者,又建立了作者群,掌握作者信息,防止漏掉了那些优秀的作品。此外,还和全国各个电台的联系,有了这些,就形成支撑自己事业的一张信息网。

现在好像全部是用信息来工作的,当初我有一本通讯录,各个出版社的、作家的联系方式都有。我就在自己的办公桌书橱前钉上个钉子,挂在那里,办公室的同事都可以共享。我办公用的东西也是,这笔筒里边,应有尽有,需要拿什么笔,随手即得,所以他们动不动就说,用什么小叶那儿都有。包括我的手纸都会搁在那儿,我要不在你们谁用都行,就是这么一个工作习惯。就跟王刚当年说的,我是好记性不如烂笔头,意思是说我勤奋细致。我是南方人,到现在说话唇齿音都很重,我有一张发音勘误表,经常会去对照,哪方面发音弱,我就要强攻哪项。

王刚是最早与我们合作的演员之一,1977年播出《牛虻》后就没有停顿。我和他录制过10多部作品,录《海妖的传说》是1981年的事了。我是因为听他播《牛虻》而对他印象特别深,喜欢他的风格。后来我开始搞长篇小说连播,我说一定得找这个人播东西,那才过瘾呢。后来相识合作非常愉快,有一次,他突然到我办公室,到那儿一看我的发音勘误表之后,他很惊讶,对我的印象就特别深。因为我们两个录书也很多,如《上海的早晨》《寻找回来的世界》《音乐世家》等。那时他在辽宁前线文工团,算是曲艺队的演员,年轻时也说过相声。我们俩是一路走来,他比我大1岁。在职业生涯中,无论他多忙,只要我们广播有重大的项目和活动,他都给予有力的支持,他说广播是他的根。我退休后,我们仍有微信、短信和电话往来。上个月,袁阔成去世，他特地给我打来电话，让我代他送上一个花圈。要知道，袁阔成跟我还是一个支部的。

袁阔成原来是辽宁的评书演员，我跟他因为录制《漩流》开始合作，然后我们又请他录《三国》，那会儿叫借调，是1981年的事，录完《三国》以后把他调进中央人民广播电台。我最近在《中国广播报》写了一个整版，主要写袁阔成和广播的缘分，借此还回忆那些去世的作家，《中国广播报》一下发了10位作家3个版面。

我跟我的作者、演播艺术家都建立了良好的关系。有个文学青年问我："怎么就没人好好树树你这个人，你这个人做了这么多事，怎么还那么低调？"陈建功跟我说："在中国的编辑家里边，你应该是第一编辑。现在谁这么做工作，谁这么认真细致？根本就没有。而且你还把这个既有文字又有声音的东西，做得那么好听。"

我爱人职业生涯中没听过节目，退休后才用MP3听故事，5年多听了几百部了。他第一次听我做的节目时说："你跟别人做的不一样，你确实是很认真、很上心，做得好听。"

11. "无极之路"让我顿悟人生　看淡名利使我追求完美

我这一生算是幸运的，但也遇到过一些不顺的事，也有好些人生的遗憾。

记得1990年夏天，我看了宏甲的长篇报告文学《无极之路》，是写河北无极县的刘日搞农村改革的故事。看完我就坐不住了，觉得特别振奋。如果全国每个县委书记都像刘日那样，中国的事不就好办了吗？我按捺不住心中的激动，马上请示领导，得到大力支持和批复后，我收拾行装就动身去了河北。

在石家庄，我先向省市两级领导征求意见，到无极县一对一的采访，力求它的真实性和准确性，后来又采访了刘日和他妻子。回京后就在我们加班加点地录制到第5天时，演员董浩还在那儿热情澎湃地录播时，台里突然通知我们要停机，部主任妥协地说："这是上面的决定，我们只能执行啊。"我当时都蒙了。真的，犹如晴天霹雳，人都不知所措。在河北采访的时候，我就知道刘日这个人是有争议的，对改革者没有争议才奇怪呢。问题是那些反对的东西能见阳光吗？现在看来，都是腐败的小官巨贪们想搞掉刘日。当时河北省的党委不是明确表态了吗？省委书记邢崇智还写了文章，题目叫《党组织就是要支持"百姓官"》。再说，那些诬告他的人已经受到处理，为什么还那么谨小慎微呢？是什么人在里面一手遮天呢？真想不通。

已经下午5点了，同事们陆续下班回家了，我还坐在办公室里发愣，我不能相信眼前的事实，突然感到那么无助，泪水止不住地往外流。天一点一点地暗下来，我就在黑暗中坐着，一直坐了两个小时，脑子里一片空白。我的情绪无从宣泄。后来，《当代》的主编秦兆阳约稿，我那篇3万多字的《一次净化灵魂的采访》，就是在一种激愤的心情下写出来的。后来因为某种原因《当代》也没敢登。这以后的一个多月，我都没缓过劲儿来，只觉得很累很累，好像要大病一场。我爱人每天等女儿入睡后都拉着我出去散步，一个劲儿地劝慰我，还讲述了当年在报道焦裕禄时所经历的艰难曲折。我想，我得向刘日学习，只要对老百姓有利的事，再大的挫折也得直面迎击。东方不亮西方亮。在我的努力推荐下，我又为地方台录制了《无极之路》，并通过一些地方台开始陆续播出，后来竟然有20多家省台播出了，至于省以下地方台和军队营区的播出量，那简直就无以计数了，直到1992年，还有省市台继续播出，北京电视台还制作了新闻纪录片播放了。我的心也渐渐平复下来。我想，历史已经对这桩不算公案的事件作出了回答。

或许人生中经历了这样的事件，你会突然明白人活着究竟为了什么。

无极之路告诉了我什么？无极，是老子哲学所谓包容天地万物之本源。无极，是河北省一个40万人口的小县城。王宏甲把这个县的第28任县委书记刘日的故事忠实地记述下来，便是《无极之路》。

这是一条怎样的路？刘日病了，农民们推着小车、挎着篮子自发地从百十里地以外成群结队地到医院看望他；刘日被诬告，百姓们抬着光荣匾提着整捆钞票到县委来给他送"奖金"……是雷锋？是焦裕禄？他不是雷锋，也不是焦裕禄，他是改革开放时代与群众同呼吸、共命运的真正的共产党人，那种让人类引以为豪的大写的"人"。这件在我不惑之年遭遇的事件令我铭记终身，也受益终身。我想，今后还有什么事情不能解决好的呢？

在我退休后，当我将220万字的三卷本大书《天籁文库：中国长篇连播历史档案》赠送文学协会的会员时，大家都关注了同一个小细节：我的简历里这样表述：笔名叶子，中央人民广播电台主任编辑。凡熟悉我的人都惊讶地说，怎么还是主任编辑？为什么不是高级编辑？无论从业绩获奖，到理论书籍出版及获奖，再到方方面面的成果和影响力，我到退休时连正高都没报，为什么？2004年，离我到退休年龄还有5年时间，我决定不报了，因为那一年正好要解决台领导的职称，突然宣布说不用考外语了。在人们眼里，我们中央台，即使只有两个正高名额，那也应该有我，我总不能跟那个一把手去争吧？当时我想，如果凭业绩应该会给我吧？你不能把高级职称都给了当官的，起码会留一个名额给搞业务的吧？即使只给一个名额，那也应该轮到我，我副高职称已经十余年了。

早在1983年工农兵学员回炉的时候，我去参加了考试，通过了以后人家说，你助理编辑都可以免了，你直接是中级职称。当时，我没有职称级别的概念，觉得编辑就是我一生最好的选择了。当时正好还做了个节目，叫《风雨编辑窗》，我觉得当一个编辑就已经很棒了，还分什么高低，那时候确实没有等级概念。

后来，等到1990年晋升副高职称的时候，听他们告诉我，我在文艺部排名第二，怎么都轮到我了。但最终没按那个晋升资格给我晋升，我也没当回事。恰好那一年又把我评为台里的先进，也不知道是为什么评了我。有人说，肯定是因为你的职称让人给顶了，所以他们要找个平衡点。我说是吗？因为我不知道。我说职称这事不是按规定吗？因为只要够标准就有资格去申报了。我也没去理论。最后，领导要做我的思想工作，说这次评职称涉及面比较广。我第二天就休假，我说我不用领导做工作。这丢人现眼的不是我，受刺激的也不是我。因为那会儿大家都已经把我叫什么主任编辑了,领导不好交代。当时《小说连播》归到广播剧组里,很受听众欢迎,既带来了经济效益,又赢得了时间段。领导给我的权力是既可以搞小说,又可以搞广播剧。也就是说,当小说不好选的时候,就改编广播剧,因为我有改编创作的能力。我到电台的时候,正好赶上部门业务我可以两条腿走路,一是主打小说连播,另一是搞广播剧创作。我就把我的创作经验都投入这个领域里,听众也喜欢。因为当时创作人很少,一般都是外请创作人员搞的,而我懂广播,再写广播剧,比外请创作人员感觉要好。我等于是一直这么两条腿走过来的,但我主打的是小说连播。后来,我们杨正泉台长在总局院里见到我了,说:"明年给你'戴帽'下指标,这副高名额就是给你的,别人不能动。"我们文艺部的头儿也说:"你一定要报,你要不申报,没法跟上边交代。"听领导这么一说,我在职称问题上就没看得太重,也没当回事。所以,我的副高职称是 1991 年评上的。

等到 2004 年,可能我申报也是擦边了,已经快到了最后截止日期,好像还有一个礼拜,我才去报。要不人家可能看我就乐,说:"你怎么这么晚了还来报?"人家广播剧组的同志来说:"你还不报?今年开始 55 岁以上不用考外语,你不必去背什么英文单词了。"本来我一直挺清高,因为按照国际惯例,人们并不在意这些职称,主要看你做过什么项目,做得怎么样?可后来的结果让我挺受刺激的,那年等于解决了我们所有的台领导,名额全给了他们。当时,在台里已经很重视业务质量的氛围下,他们还搞这个名堂。如果是这样的话,我以后不会再报了。所以有 5 年的机会,我全放弃了,不报!你说,还报它干什么呀?这都是凭关系走门道,都是先解决当官的职称问题,然后再解决业务人员的职称问题,并不是都按实际业务水平来考察的。台领导解决了,还有频道领导,你不报不是更好吗?可以成全当官的了。

我这人又特叛逆,那种大家都争的事永远没我。就讲部队入党吧,当兵时那些入党积极分子都比着冲厕所、搞卫生,结果一个比一个起得早,我非常反感,绝对不做那样的事。你让我入就入,但我决不会去冲厕所当什么先进、优秀而去入党。我就是那种打小就叛逆的人。但有一点要说明的是，对职称问题，我是严肃认真的，我的清高是为了人的尊严。我可以牺牲掉个人的一切，来求公平公正。

12. 退而不休编撰《天籁文库》 涉足绘画续写多彩人生

2009年底，我在退休以后，撰写和主编的《天籁文库》已经进入了最后紧张难耐的校对阶段。这部220万字三卷本的《天籁文库》是中国长篇小说连播的历史档案。这部长卷也是我人生广播文学生涯的总结。你看，我从事广播的这30多年里，就做了这件事儿，就是痴迷声音艺术，我主持制作的150多部近万集的长篇小说连播，还有45部300多集的广播剧，都收录在这本文库里，可以看到我的足迹，就是这么一条线下来。现在，我把自己30年的积累用讲故事的形式记录下来，还有我30多年珍藏的听众来信与反馈也记录和保存下来，此外，我对广播艺术的总结和思考都在这里了。这是我职业生涯的总结，这是我留给中央人民广播电台的最后作品，是我献给中华人民共和国60岁生日的礼物，也是献给中央人民广播电台成立70周年的礼物。

陈建功为这套文库撰写了总序，他看了以后特别感慨，他在序言里说，他惊异地发现我们中国的作家，乃至世界的作家，他们的作品与广播有着如此紧密深厚的联系，是广播为这些文学作品，插上了飞翔的翅膀。三分诗七分读，是声音艺术的魅力，使作品打动、感染、陶冶了几代人。他还俏皮地说，我把作家创作的优秀长篇小说几乎"一网打尽"了。可不是吗？如果有一部优秀作品"漏网"了，那倒是我的失职了。

我不喜欢那种选择记忆的回忆录，他们想怎么说就怎么说。现在叫吹捧，如果这个时期的风气不好，他完全就一面倒。咱们都经历过，所以为什么我要做《天籁文库》这3本书？为什么说是文献资料？因为我编著的所有东西，都是当年的东西，当年的案头，当年发表的文章，这是历史见证。还有一个是受众见证。就是人家受众来的信。我们每次都把听众来信整理出来，结果我们的广播听众工作部的编辑对我说:"叶咏梅,谁都不把我们当回事,就你给我们记录了。"我说:"你这才叫历史见证呢。"因为事后我们所能讲述的也只是自己留下深刻印象的和引起自己注意的记忆,哪怕是最佳记忆,也是不牢靠的。所以很多历史是不真实的。因此我们必须有当时的依据:当时的记录,当时的文字,当时的录音。你留下的东西是证据,是最有说服力的,听众的职业、地址、邮编、日期都在上面。

如果说,我这个人追求完美是为自尊,我的清高则为自己人格。我有自己做人做事的原则。我这套《天籁文库》,不请任何评论家来评论,也不做那些宣传推介。不用!因为它们本身就是历史见证,中央人民广播台30多年的小说连播和广播剧都在里边,好与坏它是一个历史的资料在那儿。所以他们现在做编辑的,做演播的,还有做活动策划的,都可以参考,这三卷本正好一卷一个主题,我都留给中央人民广播电台了。至此,我正式结束了我的职业生涯,无怨无悔,很自豪,也很幸福。2010年12月28日,由中央人民广播电台和中国作协现代文学馆联手为我这套三卷本的大书召开了百人(作家、演播家、出版家、评论家、广播人和听众)发行座谈会,我的职业生涯画上了终止符。

我一直这样看待人生:就人的寿命而言,大致可以分3个30年,第一个30年是成长、学习、索取的30年;第二个30年才是工作回报社会、服务人类、做贡献的30年;那么退休后的30年应该完完全全属于自己做选择的30年,一切都可以从头开始。由于你的人生经验、智慧、能力的积累,虽然在生理上你已逐渐老化,犹如登山你已经到达顶峰,如今是走在归途中。但你想过没有?归途的风景依然美丽多彩,你还可以驻足欣赏……

退休后,完成《天籁文库》后我原本想搞文学创作,将这一生的文学积累写成小说。我写的基本都是悲剧式的作品,我爱人怕我呕心沥血伤身体,就让我参加台里的一些活动。于是,我报名参加了中央人民广播电台老年文化协会的3个组织:文学协会、摄影协会和书画协会。

我这个人思维活跃,投入某件事情就会深入进去。退休后,我不记生活日志，也不记工作日志，开始记录摄影日志了。这样既可把每天的事情记录下来，还能留下可供选择的摄影作品，有了精彩事件和人物还可留下视频资料，非常好。我已经坚持了5年，一天一个文件夹，记录了我退休后的点点滴滴。另外，记得我2011年参加文学协会时就异想天开提出要做"365天金钥匙"的工程项目，想每天一个故事，记录一年365天的故事，开启老人世界里的富矿，滋养更多人健康快乐幸福度过老年生活。结果由于项目太庞大，了解老人世界的生活情况不足，根本无法实施。但我个人仍在坚持，已经积累了60余人，准备继续以支部为圆心，以中央人民广播电台为半径向社会外延伸展出去，写身边的故事，写感人的故事。

学习书画纯属鬼使神差而踏入了这道门槛，是"修身养性"，也是"使命托付"。我不仅去广电总局办的老年书画大学报名参加中国彩墨画班，还被中央人民广播电台老年书画协会会长赵善禄三番五次做工作拉进了书画协会班子里做宣传工作。3年多来，老年大学绘画班的同学们又推选我做了班长，我为大家写的《痴迷中国彩墨画的追梦老人》，发表在《校园生活》，又在《广电老年》转载，并获征文一等奖。去年我又开辟了《叶子说画》栏目，已经连续发表6期了，如第一期叶子说画《树木成林》"树公公"金铭的故事；第二期叶子说画《圆梦成真》孙川的故事……

在今年，老年书画协会又一致通过我任书画协会会长，我想无论做什么事情你答应了就要真干实干，我在原有的宗旨上，把"相互学习彼此欣赏"8个字，再添"提高鉴赏增强修养"8个字，团队不仅要有公平公正的和谐团结氛围，还要有出作品出人才的艺术机制。每年办好采风活动，请老师授课，大课与小课交叉进行，书画同源。办好每年的两次画展，记录每个人的学习成长。88岁的首任会长汪燕坚持3年传授"牡丹""鲤鱼""桃子"的绘画技巧后今年又开设了"梅兰竹菊"课。今年4月《中国广播报》创刊60周年，我们又策划了两个整版，是我们书画协会献给他们创刊60年的礼物。这个版面编辑得到他们社里的表扬，她说："叶老师你太棒了，你写的东西，我都不用动，就直接往里放就行了。"我每次问她版面需要多少字，我就给她写成多

叶子的绘画作品

少字。她说:"叶老师,你的稿子太好了,你给我们报纸添彩了。"

我家里这些画,是我今年3月份画的,是因为好友演员牟云要我为她画一幅。在她家里,我看到她在青海湖的三幅照片,我拍摄下来,然后组成一幅画。没有想到,快速成功被她认可,我仿佛又上了一个台阶。最近,我们家族和朋友们又去了丝绸之路,一路的风景美不胜收,太棒了!我回来整理照片想试着画,因为我觉得绘画已经是我用于表达的第二种语言了,真的美妙又神奇。

我相信,在老年世界里,我的一切才开始,我仅仅是小学生,还没毕业呢!在文学创作、书画习作和云游四海里,我享受着无尽的乐趣和独特的幸福。

与咏梅相识于宽街"老三届茶馆"举行的延安知青回忆录《回首黄土地》一书的首发仪式上。那天来的都是延安知青,不知怎的我俩攀谈后就结下缘分。应该说,是她的青春活力和职业精神给我留下极其深刻的印象。后来,她因替插队的村民儿女鸣不平找过我,那以后我们几乎没有联系。2015年初夏,因央视热播电视连续剧《平凡的世界》,引发我对咏梅当年力推这部小说在央广录播的感慨,于是翻出老旧泛黄的通讯录。谢天谢地,电话那头传来久违而亲切的声音。20多年失联,友情如初,故人依旧。

在咏梅人生的成熟阶段,她始终畅游在广播的有声世界里,80万字著述《天籁之梦》和220万字的中国长篇连播历史档案《天籁文库》饱含着她一生的心血。所谓天籁,既指自然界的声音,也指诗文浑然天成。如庄子《齐物论》所言:"女闻人籁而未闻地籁,女闻地籁而未闻天籁夫!"大意是说,你或许听到人们演奏的箫声,可否听闻大地发出的声响?又可知苍穹的妙音?咏梅以半生之累去追逐"妙音",实现了她自己的夙愿,她在散文自选集的自序中将自己比作一只候鸟,"既在幻想中翱翔,也在现实里畅游,无论在什么样的境遇里,都去提纯美,创造美;让真正的美给人以力量、信心和希望!"

我是一只自由飞翔的鸟
——熊蕾访谈录

- 访谈时间：2015年5月2日全天
- 访谈地点：北京木樨地熊蕾家中
- 受 访 者：熊 蕾
- 访 谈 员：卢小飞
- 整 理 者：周志飞 卢小飞

编者按

熊蕾是我国著名的对外传播记者,是一个平常大大咧咧、口无遮拦,但实则气度非凡、在国际讲坛上每每语出惊人的记者;是一个文章平实流畅、活泼洗练,但思维敏捷文风如剑且不达目的决不罢休的记者。曾任新华社中国特稿社副社长,中国人权研究会常务理事,首都女新闻工作者协会副会长。毕业于中国社会科学院研究生院新闻系,曾为美国东西方中心杰斐逊学者。

1. 懵懂少时：一笑就收不住

我的名字开始是金字旁的"镭"，后来人家说这个"镭"太厉害了，有放射性，能杀人，我就把金字旁抹了，弄一个草字头。

小时候懵懵懂懂，无忧无虑。

幼儿园的时候还不记事，我记得先是在爸爸单位的机关幼儿园，后来在府学胡同幼儿园也待过。1957年年底，我们家从城里搬到西苑大院，可我对那里一直也不是很熟，只记得大院里有许多可以玩的地方。小时候，我只记得爸爸来来回回地出国，但是干什么我不知道，我妈基本上都是在国内。1962年，他们俩一块出国了，去英国常驻。他们走之前，有一次，我忽然在机关的院里碰见我妈，觉得很奇怪，因为我一直以为她是在科学院上班，现在她可能是出国之前要上培训班，学外语，她不说，我们也不知道。我就问："你怎么不上班？"她说："我现在就在这儿上班啊。"最后听说她和我爸两个人都要走，我心里还挺高兴：这可没人管我了。我妈管我，也不是管得那么细，但就是让我没那么自在。比如，她说你应该一天写一篇大字之类的，我不爱做的事她总让我做。结果等到送行的时候，我妈不让我去机场，她说："你别去，你会哭的。"我心里想："我不会哭的，你走我还挺高兴。"我说我一定得去，我其实想看看机场啥样子。我还用少先队员的名义保证我绝对不会哭，她说："那你就去吧，你要哭就丢人了。"到了机场，她一再叮嘱我这事那事的，听得我挺不耐烦，结果等到她上了飞机，螺旋桨一转，我忽然想起：我妈要回不来怎么办？我就哭了，哭得简直天昏地暗，我哥都懵了，还有表哥、表姐一大堆人，怎么劝也劝不住，那儿送行的人也有老外，就看我这一小孩儿在那儿哭。那是首都机场老机场，非常简陋，送行的人可以上停机坪。我妈后来来信说："我在机窗前头向你刮鼻子，你看见没有？"我当时哪儿看得见，根本看不见，就顾哭了。

我比较淘气，在女孩子里有点儿冒尖，但不是我一个人，是我们一帮小孩。小学时受了几个同学的影响,因为老师有的好,有的不是那么有经验,一个是留作业多,另一个是放学回家要排队,一定要怎样怎样,比较古板,我们这几个人就不太愿意拘着。一个小同学就说:"只要咱们学习不掉下来,分数不掉下来,老师拿咱们没办法,分数是学生的命根,也是老师的命根,老师还得指着咱们提高全班的平均分呢。"这是六年级,我觉得她说得很有道理,所以老师让我们排队的时候我们就不排队了,然后该怎么着就不怎么着了,比较不听话。

我上的小学很普通,就是我们家门口的西苑小学。我这性子一直到中学也没变。要是觉得这个老师有学问、顺眼,我就表现得非常好;要觉得哪个老师不行就不听他的。中学第一个班主任现在跟我们关系也挺好,但当时不懂事,觉得他是音乐老师没什么学问,而且那老师挺一本正经的,我们就有点儿受不了。有的老师大概对听话的学生比较好,对不听话的就不是那么好,最明显表现在初中时,那时我还没住校。我们人大附中每学期有个下乡劳动,一个星期的时间。平常每个星期也有半天的劳动课,本来是挺好的,劳动课是在校园里分各种各样的活儿,可受老师喜欢的学生就被分到图书馆包书皮,老师不喜欢的学生就被分去扫厕所。有一次分配完了以后,我一个好朋友就说老师偏心:又让她们去包书皮,又让我们去扫厕所。这是老师的安排,但是通过谁来分配活儿呢,是通过我们班的劳动委员。表面上老师没有出面,但明显就知道是老师分配的。这老师没有经验,不能驳倒我这同学的指责,就说:"你无组织、无纪律,你也不举手,坐在那儿就说,像什么话!"结果我那同学一举手就站起来,说:"我举手了,我站起来了,我可以说了吧:'你偏心,你为什么老让她们几个去包书皮,老让我们去扫厕所!'"全班哄堂大笑,老师生气了,可又驳不倒她,就冲全班同学发火:"这有什么可笑的,都不许笑!"大部分同学就不笑了。老师说:"我看谁再笑就站起来!"只有我收不住,我是一笑就收不住,结果老师就点名:"熊蕾,你站起来!"我只好站起来,还觉得挺好玩儿的。老师还是没办法,就说:"还笑,站起来还笑,再笑你就到前头来!"我就到前头去了。那个时候老师还是好,基本上没

我是一只自由飞翔的鸟
——熊蕾访谈录

什么体罚。站到前头，看全班同学想笑又使劲儿憋着，很有趣，我就又笑了一会儿。本来好不容易笑得能收住了，结果老师又冒了一句："笑够了没？"一下我又笑喷了，我说"没呢"，又接着笑。本来可以笑够的，结果就一直笑了半堂课，笑到别人都去干活儿了，老师把我扣在那儿，坐在那儿就说我。我也不管他说啥，心里还特高兴，我不是不用干活儿了嘛。后来老师说要找你爸爸妈妈来，我说："我爸爸妈妈不在国内，我小学五年级时他们就到国外去了。"

  这个老师最后有办法了，他找我们都很敬佩的数学老师来说我。数学老师说："你不要太傲了，就算你的成绩在班里、全年级是最好的，那在全校、全市、全国呢？你别那么傲。"在班里，我的成绩也不能说是最好的，我觉得他说得对，其实我也没怎么傲，然后我就不说话了。要是平时，班主任说一句我顶一句。我在班里的学习成绩不错，我没学好的那门课——物理，那时候不用考试。我的英语学得懵懵懂懂的，有时候好，有时候坏。语文、数学、几何和化学都不错，化学也不用考。化学老师教课好，后来当了人大附中的校长，那个老师非常好。生物也不用考，这些老师都非常好。我的历史地理都可以，可这都不是主课。只要觉得老师好我就学得好，觉得老师不好就学得不好。那次笑了半堂课的事件发生在1963年上初一时。结果等到我爸我妈回来休假了，老师不知怎么跟他们联系上了，突然有一天，我爸妈回家就跟我谈话，我知道一定是老师告状了。我爸说："听说你上课笑来着？"我想了想，说："是有这么回事。"他问："你为什么笑？"我说："就是特别可笑。"我也没有讲老师偏心的事。他说："那你设身处地为老师想想，你要是老师，你的学生这么笑你怎么办？"我觉得这个问题太不成问题了，说："那我跟他一块笑呗。"我就觉得我不会那么没办法。我爸没词了，又等了半天，最后说："那你住校去吧。"

  我从小学一年级起到初一一直是走读，现在突然让我住校，我不愿意住校，就说我不住校。我爸觉得有问题，问："为什么不住校？"我不愿意说理由，只说："我就不住。"结果他就越觉得有问题，最后就一定要我说出理由来，把我逼哭了，一边哭一边说"住校不自由"。我爸觉得这不是理由，让我妈直接把我户口转了就让我住校去了。可能他觉得对我得有点儿约束。我初二开始住校，两年后"文化大革命"就开始了。我在班里比较调皮，后来入团入不上，我爸我妈远在国外也没法给我分析原因，那时我一个表姐住在我们家，她上清华大学，跟我们挺好的，她问我："你怎么入不了团呢？"我说："我也不知道，我觉得我挺好的呀！"她问："同学有没有给你提意见？"我说："可能有吧，可能是我跟同学吵过架。"她问："那你跟多少个同学吵过架？"我仔细想了想，发现我跟班里每个同学都吵过，而且有时不是单独跟某个同学吵，而是我站在凳子上跟全班都吵过。什么原因都不记得了。她觉得我挺可笑，她问："你们班多少人？"我说："56个。"她说："你能不能看看别人的长处啊，有没有你不会人家会的，你要是能向每个人学一点儿，你就会很有本事了。"我觉得她讲得挺有道理，后来就不那么跟人吵了。

我家两个孩子。我爸管教孩子的方式是，孩子明白事理就好。不住校是因为孩子觉得住校不自由，他觉得不对，所以，他就要让我去住，但他不用特别强硬的那种方法。他也不像现在的家长，成天问你考得怎么样，他从来没问我考试的事。他们回来休假时，要到广州去疗养，那时我妈做了心脏手术，我们一放寒假，他就接我们去广州，跟着别人一块坐火车去的。寒假不是有作业吗？别的作业都完成了，可到寒假快完了，两篇读后感，我还差一篇没有写。我在这方面比较老实，像写读后感的事我一定得读本书，没读书我就不能瞎编一篇。一寒假玩得也找不着书了，眼看寒假就要结束，我就想最后几天的参观游览不去了，赶紧找本书看了把读后感写出来。我爸就说："我回去跟你们老师说一说，你写个游记代替读后感不行吗？读万卷书，行万里路嘛！"我非得记成读万卷书不如行万里路，我觉得这挺好，行万里路我喜欢，读万卷书我不喜欢。可是当时我不敢听爸爸的提议，我说："那哪儿成啊。"但是我爸他就敢，他就能这么说，让你写一个游记来代替。后来我还是找了一本薄薄的书两天看完了，对付着写了一个读后感。那是1965年初的事，我当时上初二。其实我们的淘气只是学业以外的事才跟老师对着干。

我们是"文化大革命"最早的一批红卫兵。起初是清华附中发起的,我哥是那个学校的。那时候各学校都已经停课了,大家开始写大字报。有一帮学生可以说是比较忧国忧民,或者说是青少年的青春躁动,这中间有高中、初中的,年级、班级都不一样,联名写大字报。署名的时候,觉得几十个人的名字太累赘了,大家就想起一个共同的名字,类似起个笔名,提出来的有"向日葵""火车头""红卫兵"……后来都觉得叫红卫兵不错,结果这大字报出去,工作组或者是校领导一看署名,就觉得是非法组织。本来也不是说成立什么组织,结果就给说成是一个组织,还说非法。这帮小孩就不干了,凭什么说非法?让解散,大家不服气。正是青春期叛逆的时候,不会逆来顺受。最后学校就组织辩论,有的还批斗,这帮小孩的兄弟姐妹在别的学校知道了就跑去声援,声援回来也写出署名红卫兵的大字报。不知道别的学校怎么样,我们学校的红卫兵就这么组织起来的。

后来每个学校都要抓所谓的坏头头,我们学校就组织批斗。我们当时用天安门像章和毛主席侧面头像的像章一起做红卫兵的标志,戴上了就表示你拥护红卫兵,也没有什么组织手续,然后大家就挺抱团。抱团到什么程度?就是从宿舍里搬出铺盖,男生住一个教室,女生住一个教室,反正也不上课了。

结果红卫兵的人数越压越多,我们人大附中的在校生当时也就1800人左右,红卫兵一开始也就那么几个人,一个多月的工夫,到1966年7月底都有500人了。那时红卫兵还没得到官方承认呢,所以我说这是压出来的。不过到年底"联动"被打压以后红卫兵就散架了,又有新的造反组织发展起来。"八一八"对我来说很突然,我也不知道怎么就弄成了这么大的阵势,毛主席他老人家亲自上天安门接见红卫兵。

"八一八"之前,我有好几段奇特的经历。

红卫兵初起的时候,班里有的同学有对立情绪,有的虽然没有参加红卫兵组织,但是关系也还不错,没有搞得剑拔弩张。其实我们也有做得不对的地方,比如跟团支书吵,你干吗老不发展我入团?不过,跟老师很少闹对立。

大概7月下旬的时候，听说哪个学校红卫兵要挨整了，大家就跑那儿去声援。我那会儿还没有自行车，但是刚学会骑车，我就跟一同学借车，这同学不是我们班的，就是怂恿我跟老师对着干的那个发小。她一直没参加红卫兵组织，可是我只要借车她就借，一点儿都不含糊。我去过白堆子外语学校声援，去了发现也没什么大事。

那次去舞蹈学校声援，印象最深。以前从没去过舞蹈学校，心想能看到好多跳舞的小孩，可结果什么都没看见，而且这里还是我骑得最远的地方。从人大附中的黄庄，跟着人家骑到天桥附近。我那时候骑车还不太会上马路，反正是别人停我就停，别人走我就走，还不太会看红绿灯。到了那儿，我们懵懵懂懂的，只听老有人讲话，也没有什么表演。后来听说有人看见戴红袖章的就打。为了表示对舞蹈学校红卫兵的支持，让我们每人戴一个红布条。闹了半天什么事也没有，既没打架，也没干吗的，结果大家就回去了。回去路上骑车到和平门，过一个红绿灯路口，我不知怎么就跟一个人撞上了。撞上了以后不就得下车吗？那个人就跟我吵，他说你怎么骑的车，说实话我也不知道怎么骑的，人家走我就走，怎么跟他撞上我也不知道。结果我后面来了一个老师傅模样的人，看我戴着红布条，那时候是7月下旬，红卫兵还没到广为人知的程度。他竟问我："你是红卫兵？"我心想："他怎么知道？红卫兵也没有什么宣传。"我说是啊，心里纳闷他什么意思。他一推我说："你走，我来跟他吵。"我那脚正踏在脚蹬子上，他一推我就顺势蹬上车走了。我觉得我真是碰见好人了。他要不跟那人吵的话我真不知道怎么吵，因为我也不知道怎么回事。

我们红卫兵跟我们那个教音乐的班主任一点儿事都没有，后来班主任还很自豪地说："这是我的学生，都是红卫兵。"他一直跟我们关系不错。那时还有一个老师，就是我们的第二任生物老师，大学毕业没多久，有点儿青涩，是一个很努力的人。红卫兵被压着要解散时，他语重心长地说："你们这样，要是在1957年都会成右派的。"我说："我们不是右派。"但也知道他是好心，我们都非常感念这个老师。

我是一只自由飞翔的鸟
——熊蕾访谈录

1966年7月底,在人民大会堂开了个首都大专院校师生的大会。我们学校去了高中、初中的几个学生,大多是红卫兵,也让我去了。我不知道是什么会,也不知道为什么让我去,那时候尽熬夜,都筋疲力尽了。会上有总理讲话、邓小平讲话、刘少奇讲话。总理讲话我还听得懂,但是不太明白什么意思。邓小平讲话就不太听得懂了,口音很重。到刘少奇讲话我一点儿也没听懂,就睡着了。睡着睡着忽然就听惊天动地,海啸似的,把我给震醒了,我还在那儿说吵什么吵?一看人家都在喊"毛主席万岁"——毛主席站在台上了。人们非常激动。坐公共汽车回学校时,有一小孩在车上不停地背语录,一看就知道他特激动,不知道是哪个学校的。

红卫兵受压时,我父母还在国外,没人管我。可是学校里一些同学的家长害怕孩子参加非法组织,就把她们关在家里,不许到学校来。我们年级的红卫兵就分工,你们几个人去找谁谁谁的家长,要把谁谁谁给"救"出来。我和一个同学被分派到现在的国防大学(那时候叫高等军事学院)政治处的一个什么人的家里,去"捞"他的女儿。结果那个叔叔不让我们见他孩子,坐那儿跟我们说:"我问你们一个问题,你们说犯政治错误严重还是犯组织错误严重?"我俩说:"当然是政治错误严重啊!"可他说:"犯组织错误严重。"我从小到大直到现在都根本就没什么组织概念,所以认为当然政治是第一位的,没有正确的政治观念就等于没有灵魂,可他说不是这样。这是我第一次知道原来"组织"可以在"政治"之上,印象很深。

红卫兵串联的时候我走的地方太少,因为特别懒,直到别人说咱们去上海吧,现在学校都快走空了,我们才几个人结伴去上海。都是别人拉的我,不是我主动。回来以后人家又说去大庆,后来还去过新疆。我从上海回来的那年"十一"当了有生以来最大一回官:回到学校,学校基本上没人了,然后我们学校还领了活儿,"十一"时到天安门广场组字,就是在广场上站着组成"1949—1966"字样。是北京市按学校分派的任务,可是学校瘫痪了,红卫兵谁在谁就去,红卫兵基本都没头儿,头儿都走了,我从来也不是头儿。我小学六年级生平第一次当官是当小队长,还是因为我们那时有两个班,我从一班调到二班，二班为了对新来的"拉拢拉拢"一下就给当了一个官。上中学，大家都退（少先）队了，没人了，我生日小，当了一回中队长。此外没有任何任职的记录。等到这回1966年，大家都没头儿了，一个高中生来找我，说："为国庆组字的事儿咱学校成立一个营，你是营长，我是教导员。"我就当了个营长。我们学校要出500个人去参加国庆组字。我们通过学校广播说谁愿意参加就报名，因为红卫兵人不够了。后来就召集了500个人，简单地训练了一下，大概就是看着指挥升旗举花之类的。

结果那天，我们很早就到了天安门广场，典礼10点才开始，开始就没有结束。所谓的游行队伍都是各地来串联的红卫兵，到了天安门这儿就不走了，见到了毛主席不走，没见到也不走。我们在那儿等呀等，望眼欲穿，但这些人老不动，这样就老也不能结束。我们最后还有一个任务就是游行结束后一齐涌向天安门，游行不结束我们也走不了啊。等着等着，我不知道在广场上睡了多少觉。说是睡觉其实就是撑不住了往地上一躺，我这人比较随便，我说大家轮流睡，别一片都倒下就行。因为听人家也说了，你们即使有几个人坐那儿歇歇，上面也看不出来。就听最后天安门上领头喊的口号都变了。不是每年都有一系列国庆口号吗？最后他们就光喊"高举毛泽东思想伟大红旗奋勇前进"，甚至喊出"高举毛泽东思想伟大红旗向西进军"！因为游行队伍是从东向西走的。那天一直搞到下午四五点才散。

1967年，就复课了。虽然也没有什么联合，但我们也没派了，起码我们班同学之间的隔阂当时就消除了很多。回校复课了几天，后来我们又是散兵游勇了，就没怎么去学校，又想去玩。大家坐在宿舍里说，我们还没出过海，出个海吧。我们3个同学立马就出了校门，搭车去了天津，又从天津到塘沽，到了塘沽后天就晚了，到一个中学在教室里凑合了一晚，第二天就往海边跑。看见一渔船，我们就跟人说："你带我们出海吧。"那渔民说："可不敢带，你们到那边，那边水产局有大船。"我们就跑到水产局，其实那时都有学校的空白介绍信，我们也没给人看，就告诉他们我们是北京哪儿的，想跟他们出海。那水产局的军代表说："有的学生跟着我们船出海，跳上人家外国船就跑了。"

他们有政治方面的担心，我们说："我们不会的。"人家就说他们出海时间很长，那边渔政的有短期出海的船，你们还是到渔政那边。就跟踢皮球似的，他们又把我们踢到渔政去了。到了渔政那儿，也是军代表，又说有危险，要出了风浪怎么办。我们说那就立军令状，出了事我们自己负责。最后我们磨了半天，他们说有一艘船

熊蕾（左）与同学在延安

出去时间不长，就一个星期，你们跟那船出去吧。我们3个女生就上了船，跟那船上两个搞气象的姑娘在一块，船员对我们还特别好。

这是1967年的5月。家里也不知道这些。我星期一走的，星期天回来。这就是住校的好处，人大附中就这样。我把一个星期的饭票退了，钱就有了。而且搭便车过去也不用钱，在船上人家也不要你的钱，什么也不要，但我们还是坚持交伙食费，有点儿不拿群众一针一线的意思。

2.兵团岁月：他们人是真好

我必须得告诉你这个，我没心没肺到什么程度：我下乡那天早上，就是当天要去北大荒了，早上起来我竟然忘了，就睡那么好。早上我还没睁眼呢，就觉得今天有个事，想啊想啊想半天想不起来是什么事，这时候觉得床前有个人，一睁眼，我妈在那儿呢。我妈看着我，我特别纳闷，她到我床头来干吗？然后我妈说甘南和小田在门口呢，就是我的俩同学来送我了。我这才想

起来:"坏了!我今天要去北大荒!"幸亏那是大夏天,东西也都收拾好了,我穿上衣服就没事了。打开门,人家两眼红红来送我,我都不敢说我忘了。她们比我们分配早,分配到三线工厂,先在北京做1年学徒,想今天送我去火车站,但是工厂不准假,俩人特生气就哭了,所以就在我没出发之前跑到我家来,算与我共进早餐。我真是不好意思。

1968年,我去了黑龙江生产建设兵团,就是北大荒。我不爱当兵,是因为受到家庭影响,我不可能当兵,后来可以当兵了我也不愿意当兵,怕部队的纪律约束。去工厂,我觉得老干一样的活儿,特单调。去农村,要挣工分,要自己做饭,还要查三代,我们都不是贫农,也不愿去,因为知道去了养不活自己。我们那几个月闲着没事的时候到农村去待过,也找知青了解了工分的问题,我觉得那不行。我们学校有留北京的名额,可我们又不愿意留北京,觉得北京乱七八糟的,都想出去逛逛。后来我就觉得去兵团不错,兵团吃食堂,有工资,到兵团后才知道也有查三代的事。去兵团是我自己选的,人家说了我们那儿是水泥扬灰大马路,没雨的时候扬灰土路,有雨的时候就是水泥,条件还是比较艰苦的。

我们是三师21团,在宝清,也就是老农垦的853农场。待了半年,我们就又去了抚远,建新团。抚远那时候是要从开荒开始,比较苦,就想体验,还有就是它在中苏边境,我们觉得到那儿去看看挺好。再一个开荒,我们也创业一把,在853农场好像有点坐享其成似的,人家给你建得都有点规模了。853农场待了半年,抚远是一年。结果没开出荒来,就把我们撤回来了。不过,在抚远那一年,大家觉得挺有意思。一是事情从头到尾都得自己干,二是真正地接触实际。

比如说我印象最深的一次是我们那儿《兵团战士报》登了1版的以北京知青为主的英雄集体,为了救荒火,受伤了多少人,牺牲了多少人,登了一整版。《兵团战士报》到我们手里时都非常晚,因为我们路还不太通。全连就念这几张报纸,念着念着,老职工就说:"不可能,烧荒还能烧死人?他们不是救火死的,是烧死的。"我说:"他们怎么没救火?这报纸上登着呢,他们都是救火牺牲的。"老职工就说："救火死不了人，死人就救不了火。"他们的话就等于跟报纸完全拧着来。我说："你说它不对，那你说它撒谎了吗？"老职工说："那我不知道。"所有的老职工，不是一个两个，都说跑荒救火死不了人，死人就救不了火。我说："人家报上说那是英雄！"老职工说："英雄不英雄的我不知道，这些青年应该是好青年，但是他们不是救火死的，是烧死的。"后来我们对此事一直存疑。没想到一个星期之后，我们连烧荒也跑荒了，我们也救了一把荒火。

那天，我们连炊事班做玉米面发糕没发起来，等于是碱疙瘩，没法儿吃。后来连长就说："那我们今天就烧荒吧。"烧荒本来不用怎么出大力干活儿，我们分段看着就行了。有两个北京知青，一个是我们学校的，一个是另外一个学校的，他俩负责点火，结果跑荒了。我们过了好多年问那两个人：你们俩到底是怎么点的火？他们说是青年甲跟青年乙说，连长说了，没有他的命令不许点火，青年甲一边说一边就把火柴下意识地擦着了，一擦着就烧了起来，正好那会儿刮着大风。我们正在林子里自己负责的地段守着，一个老职工就叫："跑荒了！"我们就看见树林窜出一片红光，老职工一边说这火头已经追不上了——火头一小时几十里地，一边还是带着我们追上去，就是反正要让它烧得少一点那种本能。这样我们就一路追，一路扑火。风向老是变，老职工们很有节制，只要追上一片火，他们一看风起来，火势大，就喊"撤"，我们就后退。等到风势减弱，火小了，又大喊"上"，我们就一起上去，抡着衣服、树枝，一下就把那一片火给灭了。果然就烧不死人，我们那天最多就是把头发给燎了。报纸上报道的那事可能是他们不懂：他们冲进去，冲进火海里一下就窒息了。所以老职工就说救火死不了人，死人救不了火。

我们从早上5点就爬起来一直没吃饭，到了下午3点也不知道追了多少里，我是饿得前心贴后背，就说走不动了，一屁股坐到荒草甸子上。忽然这时，我们连的生力军上来了，我那发小举着红旗很威武地喊，成千成万的先烈怎么怎么着的，我一下就热血沸腾，站起来，谁知只走了六步，又倒那儿了。我说不行，还是饿。坐在那儿我还跟同学唠叨，不是说毛泽东思想是精神原子弹威力无穷吗？怎么就走六步我就不行了？话一说完我就觉得那话不对了。后来全团都来了，拖拉机拉着馒头上来了，吃了馒头后才有劲。那天我们追出去90里，可是也没看到乌苏里江。不过从那之后我对那些政治大话就开始不那么信了。我们那时特别实在。

我在兵团一共4年，从1968年到1972年，1972年4月回来的。抚远之后我们又到了一个叫饶河的地方，把853也就是21团的5营给拨出来，成立了一个新的团，然后再开荒。那时候开心，真是傻开心。因为我们也没有想着说要在这儿扎根一辈子，那也不太敢说不在这儿扎根，所以我们干活儿也不是很卖力。还是刚到兵团不久在21团的时候，我和我同学两个人突然就被调到炊事班去了，结果待了20天我不干了。我那同学待的时间长一点，但是也不愿意干了。我们俩就罢工，你不让我们到农工班去我们就不上班了。炊事班虽说没那么累但我真的不会，出了好多洋相。有一次，我跟我同学值夜班，我们俩就一盏油灯，她说你去找点儿盐或者碱。反正盐也是一大块，碱也是一大块，我挺好心，我说我把油灯给你。她会炒菜，我这同学在炊事班已经好几个月了，然后我就摸黑到库房去，我印象里它们都是一个架子一个架子放着的，记得放碱的架子就在门边，我就拿菜刀背凿，凿半天也没凿出什么东西来，我还在那儿凿。后来我同学着急地喊，你怎么还不来，我说等等。结果她等不及，拿着灯来一看，我凿了半天的是个冻得硬邦邦的大猪头。她说我让你拿碱你怎么砸猪头啊？我说看不见。现在她还老讲这事。再就是他们做菜、做汤或者烧水烧少了的时候都让我掌勺，我不是厉害嘛。有一次，汤做少了，全连200个人，汤就做了一小锅底，我就拿一小号勺给人家盛，一人一勺，盛完了人家都不走，还站那儿。我说："没了。"我就专给人干这事，因为我不会炒菜，炒菜还得拿那大铲子，我也没想学。我在家都没有学做饭，跑那儿学去？后来我们俩就不干了，副连长跑来找我们谈话，我们不理他，我们那个上下铺都垂着塑料布帘，他只能坐在边上也看不见我们的人，我们躺在帘子里边，你爱说什么说什么，我们就不干。他就在那儿说。他是个老大学生，八一农大的，人挺老实，我们去就是他接的我们，我们对他也

我是一只自由飞翔的鸟
——熊蕾访谈录

没有什么恶意,当时就是小青年的捣乱心理。忽然就听他说,我们都知道你们几个人和别的青年不一样,你们都是有长期扎根思想的。我腾地一下就坐起来了,我从来没想过长期扎根,但我也不敢说,只好问他,你怎么看出来的?他说别的青年一来就很卖力地干活儿,扛包,一扛就是180斤、200斤,那都不是长久的做法,像我们一开始就90斤、100斤的,悠着干,他说你们就是实在。我就觉得他们看人怎么那么不一样,我根本没有这么想过,可是他们居然就能从中看出这长期的思想来,吓死我了,他们看人特别有意思。

他们人是真好。我们刚去那个老农场的时候,安排让我们女工排脱坯,就是在凉水里和泥,你得赤着脚在泥里踩踩踩。这时,班上的老职工一定会问你们有没有情况?如果有的话,就一定不让干这活儿。我们小青年那会儿都觉得不怕凉,但是她们就说当年她们刚来时不懂这些,也没人告诉她们,结果闹了一身病,现在不能再让我们闹一身病。

我在连里干到1970年就调到团部去了,当报道员。别的团为了投一篇稿要跑到人家报社去,把稿亲自送到报社。我们那个团天高皇帝远,我们是你爱用不用,因为团里没有给我们指标。师里会有一个要求,我们觉得挺难办,但是团里并没有说我们什么。写的报道报纸登不上,我们可以给团里的广播站,那也是我们自己办的。后来让我给学习毛主席著作的积极分子们整理材料。一开始在连里时我就干过这事,老职工文化不高,让我给他们整理材料,他们说什么我给记下来,说得不太通顺的地方,我给顺顺、整理一下,基本上按照他们自己的调子。后来这两个老职工就到团里去讲了。其中一个是卫生员,我们这个卫生员也很棒,他是1966年从沈阳军区转业的那一批。他跟我说1962年大比武时他们是真练,练得很苦,棉袄袖子都磨破了多少个。

我后来出了工伤事故,我被人家不小心砍伤了手:我们那时在抚远,建了新房要挖排水沟,3人一组,前边一人用斧子砍断地上草皮子的根,第二个人用二齿钩把上面一层草皮子扒去,第三个人用铁锹挖底下的泥。我们这组前头拿斧头砍的这个人是我们连力气最大的女工,是当地老职工的子弟,很有经验。中间拿二齿钩的一个小青年发现有草皮子的根没砍断,她搂不动了,让前边那个女青年用斧子补砍一刀。我这儿正拿着铁锹往下挖呢,她回身一砍,我也不知道,结果就砍到了我右手小指根部。幸亏我那铁锹把比较长,我没握到头,所以只伤到我小指根部,但也伤及了骨头,我都看到白茬子了。她很有经验,一下子就掐住我手腕,止血。她一掐以后我就不觉得疼了,这时候卫生员正在那儿刨篮球板,一看我们这一帮人去了,就知道有工伤,我们离他住地有100多米距离。他住帐篷,我们住在盖好的房子里。他一看就进帐篷把羊肠线、针全都消毒,我们一走到那儿他就用止血带把我的手给扎上,然后马上打麻药,开始缝合伤口。后来回北京,大夫说缝得还不错。当时卫生员还给我刨了一块板,绑在我手上,以免手指变形。他说白求恩就会做木工。他每天给我打两次青霉素,我妈妈后来都说这"太奢侈了"。那时候还真有东西,连队就有那么多青霉素,挺神的,这是1969年。

当报道员时,我感觉我们团有的老干部很实事求是。有一阵,兵团对国务院一份文件搞大批判,是讲边开荒边建设的,每个团都要布置写批判稿。我们团里有1958年转业的一批老人,他们说这不能批,这文件是对的,而且讲道理,为什么要批?结果我们一篇批判稿都没写。虽然被上面催了几次,但我们还是按兵不动。最后可能这种反对的呼声很大,兵团就把这个运动停了。所以,这种实事求是给我的印象特别深。

从连里到团里,不能说所有的人都那样,也有人不那么实事求是。到了团里,又让我给一个准备上报到师里的学习毛主席著作积极分子整理材料,我还是按照在连里的时候那样你说我记。结果我们政治处的副主任说:"你这整得不行。"我说:"怎么不行了?人家就这么讲的。"他说:"你没提炼。"我说:"提炼什么?"他说:"要有闪光的语言。"我心想:"人家积极分子都没说出来,我要能说我不就成积极分子了吗?"我不明白什么是闪光的语言。他就给我看了另外一个北京青年,师大女附中的,给人家提炼的"佳句":心脏要为中国革命和世界革命而跳动,热血要为7亿人民和30亿人民而奔流。

我心说打死我也提炼不出这语言来啊!主任说:"你要多看看。"我就把所有的报纸杂志能找得着的都找来,拼命地看,还做摘记。另外一个北京青年就问我:"干吗呢?"我说:"我这看闪光的语言呢。"他问:"什么叫闪光语言?"我就给他讲这事,这太刺激我了,我也读了几年书,怎么人家能整出来,我就出不来呢?正好他看见我看的一篇文章,那里写着,这人怎么怎么胸中翻腾着四海的波涛,眼中闪动着五洲的怒火。他就说:"呵,这眼睛长的,左边西半球右边东半球啊。"从此,我就再也不追求什么闪光的语言了。现在我再看有人这样整材料,我就觉得怎么过去好的东西没学下来,坏的却流毒到现在,我听了都受不了,身上起鸡皮疙瘩。

后来我们三师办摄影报道学习班,我们团没人去就让我去了,那应该是1970年。我之前在团里也没干过摄影。那时画报上登了江青拍林彪的那些照片,还有几张她署名大海、峻岭什么的拍的照片。我们报道组的几个人也不是正式地学,就是一起琢磨这几张照片好在哪儿:有的有点油画效果,感觉不错。还有幅《月夜哨兵》,虽然那个人物不是兵,但起码夜景看着挺好看的。可有幅照片叫《全神贯注》,一个人在那儿用改锥听机器的转动,却看不出什么好来。我们正在那儿琢磨,我们团一个电影放映员过来了,一看就撇嘴说:"油压表指着零,那机器根本就没开,听什么呢听,假的!"我们哈哈大笑。到师里的学习班,还是学习这些照片,我憋不住了,说:"《全神贯注》这张照片,机器都没动,摆的。"这种话要在北京说了就不得了了吧。可在北大荒,不仅没有人说我,师里总结时还说,我们一定要深入实际、实事求是啊,否则即使像江青同志,也会犯这样的错。他们给我印象太深了,这帮人真的挺了不起的,他们属于北大荒版画那一帮人,就是1958年转业的。"文化大革命"时他们确实经历过一些动荡,重新出山来办这个摄影学习班,居然还这样。我真心佩服他们。

3.南开时光:不学桥牌,英语就白学了

我上大学走后门了。我爸跟我说大学恢复招生了,就是自愿报名、群众推荐、领导审批怎么着的。可我们根本就不敢自愿报名,我说不行,不可能。

群众推荐我觉得也不行，因为一是我觉得我群众关系不那么好，那时候在团部，入团入得可费劲了。我说群众推荐不了我，而且领导用你顺手的话也不愿让你走的，你表现太坏了不行，表现太好了也不行，挺为难的。后来也不知道怎么了，反正说北外可以要我，我们兵团也同意了。政审的时候，我出了两件事：一个是查出我叔叔在台湾，那时我不知道还有这关系，我也不知道他们怎么查的。另一个是，之前有沈阳军区的人来外调石油附中的蔡东北，他在沈阳当兵。我傻呵呵地说："我跟他不熟但是认识。"来人就说："那你就说说他情况呗。"我就尽量拣好的说呗。其实总共我都没跟蔡东北说过3句话。最后人家说："那他还写过一首反江青的诗？"我说："什么诗啊？"他说就什么什么，我说："那不是他写的，是我写的——《献沙果》是我写的，遥忆当初献沙果，江青阿姨真爱我，今日且看献果人，戴上手铐牢中坐。"结果我就把我自个儿给卖了。我当时无所谓，觉得写这首破诗的时候我刚满16岁，还没成人呢。可是北外后来就不要我了，北外一不要就真成了问题了，好多学校都不要。后来南开要了我。我进南开以后，南开大学工宣队的一个老师傅把我叫去了，他是天津铁路局的老铁路工人。我连他名字都不知道。他说："你是我招进来的，你爸爸是谁我也不认识，我对你们家也无所求，但是我就觉得不让你上大学是不公平的。你爸爸可以去联合国，为什么你连上学都不行？把你招进来了，你呢就好好学，别的也不要想。"这些话我记得特别清楚。

我在南开的英文系，从1972年到1975年学了3年半。在南开有一件事印象特深：一个老教授是到我们3年级时教我们的。前两年打底打得也不错。我们前面那几个老师是年轻一代的。这个老教授上课没多久就问我们，你们会打桥牌吗？大家都说不会。天津离北京近，我有时也回家，但不是老回，那时候我爸妈从墨西哥驻外调回来了，家里算团聚了，他们就开始教我们打桥牌。但是我不敢在班上说，而且确实也不太会，就是初学呗。大家没人说会打，那老教授就说："那你们这个英语白学了，你们谁想学打桥牌，星期六晚上到我家去，我教你们打。"

我们星期六晚上就去了，总共有四五个人，他就告诉我们怎么打，打了几个星期。这老师不简单，据说是在马歇尔主持国共谈判时给美军当翻译的，英文是很厉害。那时，"文化大革命"还没有结束，一般人还都很谨慎小心，他居然这样，我觉得不简单。再就是我们同学，不管是学打桥牌的，还是不学打桥牌的，没有一个人去说这个老师拿资产阶级思想来腐蚀工农兵学员，没有，都非常好，一直是学不学的人都很尊重他。又过了几个星期，我们学校有国外留学生来了，学校改了一个排球场变成网球场。这老教授又问我们，你们会打网球吗？不会。那你们英语白学了，谁想打网球星期几下午到网球场我教你们打。他带球带拍子教我们打了一下午，那是我生平第一次打网球。一开始接不住球啊，打完了就觉得真是可能会一个胳膊粗一个胳膊细。我以后再没打过网球，但是那次很难忘。

南开3年趣事也挺多的，学校让我们去开门办学，还得走着去，走500里，从天津到河北那时候叫完县，现在叫顺平，走到那儿，然后待3个月。待3个月就念了5课书，所以大家就不干了，说这开门办学不好。结果学校说，那再办一次，又开门一次，给我们气得呀，就造反了。老师们不敢说什么，学生们不干了，最后是你得把课程给我们准备好，开门办学办多久、要学到什么程度，你得给我们弄好了我们再去。我觉得开门办学纯粹是走形式，而且我们那时在南开斗争的焦点就是为了争取多学业务，班里的学生都是想要多学点，挺齐心。当时图书馆借外国小说，只对我们外文系和中文系等几个系开放，理科学生别想借。要求是每借一本小说，还书的时候要交一篇批判文章，才能再借。比如说借《双城记》，你得写一篇骂《双城记》的文章，特可笑。我们也是能借就借呗。那时我们学校来了外教，"文化大革命"以后这是头一次。这两个外教是夫妇俩，一个英国人一个美国人，学校如临大敌。我们系里的一个什么人，也不知道哪儿来的，就说这俩人一定是特务，否则的话怎么会一个英国人跟一个美国人结婚呢，你们不要被他们腐蚀、影响了。后来我回家就跟我爸讲这事，我爸说："这话说得真小气，你们这么多工农兵学员就不能影响他们，就怕他们影响了你们？这就是不自信。"我觉得我爸挺自信，而且我也觉得他说的是对的。那次，我又记住了他的话。爸爸对我的影响就是这样潜移默化的。我爸和我妈对我的影响差不多大。我爸是心里很有数，也很有原则的人，不是那种政治口号连篇的人。我在他去世以后才说他有信仰。他的坚定不是那种很外在的，他待人接物不是看人下菜碟。他有个老同学一解放就被打压了，他后来与这个老同学能来往的时候仍然来往，他们当年一起到胡宗南那里的战地服务团的老人每年都有聚会。我曾问其中一个老人的子弟，这聚会是不是"文化大革命"以后才有的？他说："哪儿啊，一直都聚。"其中20世纪60年代的聚会，都是我爸爸请客。那时吃一顿饭是很解决问题的，都是在友谊宾馆这样的地方。我那时一点儿都不知道。这样的事爸爸并不畏惧，很有人性。我叔叔不是在台湾嘛，后来我跟他通信时，他说他跟我婶结婚的时候，很多人反对，因为我婶是日本人，他们结婚时日本投降没多久。我爸爸就给我叔送养育儿女的书，表示你们俩只要真心相爱，他就赞成。她不会让你伤心，你也不会让她伤心就好。我觉得他真是很有人情味，可又不是那种外显的，平常看不出来。

在南开时还有一件难忘的事：我那时在天津星期天不能回家，有几个家在外地的同学喜欢星期天逛街，老喜欢就伴，我是来者不拒，谁让我陪我都会去。我骨子里不爱逛商店，但是我觉得人家求着你了，当个伴就行了。可没过多久好像就没人找我去了，我也没觉察出来。然后有一个哈尔滨同学对我说："我们再也不找你逛商店了。"说得咬牙切齿的。我说："我怎么了，我挺好的，谁让我去我都去啊？"她说："你到了这个柜台说，买不买，不买咱们走吧；到那个柜台说，买不买，不买咱们走吧，就是跟你逛商店非常无聊。"我根本不知道我说了这话，但这话一听肯定是我说的。在她说这话之前，我从来不知道不买东西也可以去商店，我以为去商店就是买东西，不买东西就不去商店。后来我知道了，因为我自己后来也逛商店，逛商店也蛮有意思，但那时我真的不知道。

在学校里还有一件事是入党，这跟我在兵团的经历非常有关系。在兵团也不能说我能干，大学里的同学大多是插队的，工厂来的很少，我起码比他们能挑水。我们那时候开水房在宿舍楼前边，教室在五层教学楼，所以就让学生每班轮流，一天或者一个星期挑开水，从开水房一路挑到五楼去。轮到我们班挑水的时候我就去，结果我发现，女生里只有我能够换肩不放担，她们插过队的都做不到，而且我可以一直不放担地挑到五楼上，把大家都给镇住了，把军代表也镇住了，当时军代表就觉得我是好苗子应该入党。我从来没表现突出过，结果这次不知道是怎么回事，突出了一把。我在兵团劳动，一到割麦子的时候我就歇菜了。在团部，别的人都比我能干，所以割麦子的时候，他们割，只让我捆麦子，我都比人家落后好多，就那么笨。

当时，我的入党介绍人说："我觉得你要求入党不主动，别人都会主动跟人家党员谈心，写思想汇报什么的。"我说："我觉得我做好了就行了，我不会那样来事儿。"她跟我澄清了很多误会，就发展我入了党。入党时征求群众意见，有个别同学说我入党心情不迫切。我的入党介绍人说，我们了解她，她还是挺迫切的，就这样入党了。我觉得这首先是挑水给人的印象好，其次是那书记不喜欢会来事儿的人，一看你真的不是有什么偏见，就发展你了。我们系党总支书记也是天津铁路局工宣队的老师傅，在我入党谈话时还语重心长地跟我说："熊蕾呀，将来你不管到了哪里，一定要注意和领导搞好关系哦。"毕业那一年，学校开大会，我们几个坐在他身边，问他这是谁，那是谁，结果他发现台上坐的领导我们都不认识，最后他就说："你们也太脱离领导了。"

4. 考研经历：政治 60 分算高分了

大学毕业后，我分到一机部的农业机械研究所（现在是中国农业机械化科学研究院），做翻译。我在一机部时比较沉默，就翻译资料，出过几次差，也挺好的。其间经历的是周总理去世，毛主席去世。总理去世时我们研究院的人都很悲伤。

刚开始给我看那些机械的书让我熟悉专业术语，我看得都快睡着了。我说直接给我需要翻译的文章吧,翻译完了,他们说你不像以前分来的大学生,比如把滚筒翻成圆柱体之类的。我说我在兵团也用这些农机,我不会把术语弄错,因为拖拉机虽没开过,但是坐过。所以,他们对我印象还挺好。这个工作中,以英译中为主,可我还是比较喜欢人文学科的东西。我爸觉得我能当好翻译就不错了,就在这儿待着吧。

我在一机部工作了3年,1978年我去考研究生了,顺利当中也有不顺利。当时,知道要恢复招考研究生了,我们农机院也有同龄的人一块说起来,我对历史感兴趣,我说我去考历史方面的研究生。她们说你算了吧,人家早就内定了,人家一个老师就招一两个学生。我不知道这行情啊,我说那历史系就没戏了。后来得知中国社科院的研究生院开了新闻系,有英语新闻写作专业,我觉得这不错。在兵团我也干过报道员,然后我就去报社科院研究生院新闻系的英语新闻专业。拿了招生简章看考什么课,我觉得历史地理比较重要,我就去准备了,别的都没有准备。结果呢,头一天考政治和外语,考完之后一看第二天要考新闻理论,我当时就懵了,在那儿叫:"招生简章上没说我们这个专业要考新闻理论啊?怎么变啦?新闻理论是什么呀?这怎么准备?"有个女的年龄比我大一点儿,也是考生,她是"文化大革命"前上了北外的老大学生。她说:"新闻理论是什么谁也不知道,但是毛主席跟报纸工作人员那几篇谈话,你是要看看的。"我就回去临时抱佛脚,然后晕了一样地把那几科考完了,根本不抱希望,连个辅导员都没有,该找谁都不知道。结果有一天,我竟然收到了复试通知。哎哟,我觉得真了不起,我居然还能参加复试!我那时真没什么自信,我把复试通知书放那儿,就到办公楼别的地方溜达去了。过了一会儿别人就来调侃我:"你政治怎么才考60分?"我当时都懵了,我光看见正面是复试通知,背面有初试的分数我都不知道。我说:"你怎么知道的?"人说写着呢,我一看,真觉得无地自容。新闻理论也是考了60分,及格。我对新闻理论的分数还是满意的,可是觉得政治分太不理想了。政治这第一门课考完后,我农机院的小伙伴是我小学同学,让我中午到她家去吃饭,她家在日坛中学(考场就在这里)附近。她说她表哥也是考生,考的是古代汉语什么的，她说你们俩一块。我说行嘞。那天中午到她家吃饭，见面她表哥就问我："政治最后那两道题你做的哪道？"我说："我哪道都没做。"我看那两题后边都有个括号，里面写的"任选"两字，就以为这两道都是可做可不做。其实我还有大把的时间。我这人就懒，多出一份力都不干。结果她表哥瞪大了眼睛，说："那是两道题任选一道做，你这什么语文水平啊！"我这下悔得肠子都青了。

我的英文分也不是特别高，没学那么多，68.5，也还不错。

政治是最后两道题任选一题，加上前面的题一起共7道题，应该至少做6道，我只做了5道。复试是在北师大，我复试时一去那院里，碰见一同学说问："你也是来复试的？"我说："是。"那人马上就问："你政治考几分？"我很不好意思，说："60分。"那人却说："那么高？"我还以为他讽刺我呢，他后来也考上了，我们一班的。告诉我如何准备新闻理论的那个女生也考上了，我们班后来录取了17个人，只有我们两个是女生，我很感谢她。后来我才知道那年的政治全考砸了，我也不知道我怎么少做一道题还考了60分。结果那年的录取分政治的及格线降到50分了，我是我们班政治最高分，我们班年纪最大的那个同学（党支书）也就考了50分。

我真不知道怎么考的，反正各科都及格，没有不及格的。我们班17个人，我的成绩大概排名第六。我报考的是英文新闻写作，奠定了以后发展的方向，但我那时候没意识到。我觉得我特别适合做记者，因为首先不用老待在一个地方。我爸那时在统战部挂一副部长，接待过国民党中央社的老报人赵浩生。赵浩生有一次问我说："你为什么要学新闻？"我张口就说："和谁都可以平起平坐啊。"他说："对呀，我从来没想到这个。"因为我觉得作为新闻记者，采访部长、国家领导人也好，采访老百姓也好，都是一样的。新闻工作挺合适我的，而且英文新闻还不用在国内出名，国际交流就行。那时也没有什么出名的问题，写稿也不署名，我们名利思想还是比较淡的。

我们上研究生时请了两个美国教授，当时都很新鲜。其中一个教授是1949年以后第一个到中国来教新闻的外国教授。当时很有争议，我们怎么能

中国社科院新闻系英语新闻采编专业师生合影，前排右二是熊蕾

够接受资产阶级新闻思想的影响呢？我们新华社就坚持，说我们搞对外报道的一定得知己知彼，你得用人家的方法来做新闻。这个人还真不错，我们从他身上，知道了美国新闻自由的局限，因为他就是麦卡锡主义的受害者。有一次，课堂采访他的时候大家问到最后，说："那你说，美国的新闻自由是不是虚伪的？"他说："在某种程度上是虚伪的。"他就讲麦卡锡时代的政治迫害，不是说在身体上，而是没有人敢在你的刊物上做广告，这样你就没有经济来源。同时，有人会破坏你的印刷机，半夜里打恐吓电话等，让你身心俱疲。他是哥伦比亚大学毕业的研究生，受的教育还是非常好的。20世纪30年代受经济危机的影响，接受了进步思想。他曾在《纽约时报》工作。"二战"结束以后，奉命去德国接收、改编战后德国的新闻机构，但是他反对冷战，觉得东西方不应该冷战。此外，他觉得美国应该承认中华人民共和国，而不应该再跟台湾搅和在一块。《纽约时报》并没有辞退他，可是按照它的编辑方针，按这种想法写的稿子是发表不了的。他当然就得走了。根本不用辞退你，

你自己就没法在这儿待着。后来他就自己办杂志或者报纸,但经营惨淡。

那时候有一个有名的美国记者安娜·路易斯·斯特朗,她到中国后写的报道是给我们这个教授办的报刊发的。

这个美国教授还给我们说,作为记者,你可以有观点,但是你不能采取行动。比如示威游行,他认为记者不能去参加。记者是报道新闻的,而不是制造新闻的。所以我就牢记这点。后来的那个美国教授是他的学生,以前是合众国际社的。他告诉我们:"我在麦卡锡时代采访,我必须得写谁说了什么,不能匿名。"结果他采访的人就受到了麦卡锡主义的迫害。他很痛苦,说自己怎么就成了帮凶?于是他就离开了合众国际社。他出身也比较苦,父母好像是早死还是离异,他跟爷爷长大,爷爷是个木匠。他"二战"时去当兵,复员回来可以免费上大学,这样才上的大学。毕业以后就从事新闻工作,然后他就去教书,在哥伦比亚大学教新闻,教得也很好,当了教授,一直到1967年,哥伦比亚大学也闹学潮了。我们这个老师希望国民卫队不要冲进来,他说这个时候有好多老师是不参与的,不管怎样,他要阻止这个事情。但是他不在的那一天国民卫队冲进来了,他说当时的场面是血淋淋的。这事过后,按说老师之间应该没有什么隔阂,但他还是待不住,他说:"我不后悔我参与行动,但是我认为我树立了一个坏榜样,就是作为新闻从业人员,参与到事件当中,失去了客观报道事件的立场。"所以他就离开了。他说:"你思想上可以有观点,但是行为上不能参与。"这一点给我印象很深,我认为这是对的。

5. 新闻生涯:硬碰硬的"特稿"数不胜数

研究生毕业后就到新华社了,因为我们是定向培养的,我们那个班去新华社的不少,还有回外文局的。我在新华社对外部。我比较随遇而安,跑大家不愿意做的行当,美术、音乐、舞蹈,这些好像都比较边缘,我就跑这个。那些热门的行当谁愿意跑谁跑,我也无所谓。

1983年，我去美国学习了1年，1984年回来以后筹备英文《瞭望》杂志，没做成。在《瞭望》待了1年，后来我就到特稿社了。特稿社专门给国外的报纸杂志供稿，有点儿像人家定什么我们就给什么。1986年，跟苏联的关系改善了，有一则莫斯科新闻，是苏联的一个英文周刊跟我们约稿。他们的约稿非常有意思，不像别的人定一个方面，他们是定题，比如说要写1986年10月26日这一天，他们可能约很多国家都写这一天。我觉得特别有意思，为什么写这一天？这不是一个特殊的日子。可能人家就是要普普通通的一天。我就跑去查资料。因为他约稿时已经是11月了，10月26日那天怎么过的我都忘记了，就去翻10月26日、27日的报纸，看那天发生了什么，写了一篇发过去了。人家用了，给的稿费很多，也不归我个人，都归新华社。结果那篇稿子还评上了当年新华社好稿。我当时还不知道好稿是啥意思，我以前做大广播的时候也评上过好稿，怎么评的我也不知道。后来看人家评好稿挺费劲儿的，我还挺奇怪，我也没怎么费劲儿，可那几年净有。

我写的是《从一天看中国的前进》，写到那一天哪个老帅去世了，新中国开国的十大元帅还剩下谁谁谁；同时那一天的一家报纸上登了上海一个大学生重走长征路的事，把老帅和年轻一代以及当时提倡的新长征联系起来。另外还说到这一天北京西单商场的销售额有多少，通过统计数字讲到这一天的钢产量之类有多少。我通过查报纸上的线索来写，也有采访，英文也就写了1000来字。当时有个同事说这叫精确新闻报道，我也不知道。

1988年，我作为杰斐逊学者到美国夏威夷东西方中心参加一个交流项目。那之前新华社接待过一个客人，是夏威夷东西方中心的头儿，一个女的。那时邓力群管宣传，安排了邓力群见她。我们新华社外事局就跟我们特稿社借一人担任邓力群会见的翻译，特稿社就让我去。我一听说是给他当翻译，还不想干。我们特稿社的领导，也是我研究生的导师就说："就知道你不干，但是你不看别的也要看外事局的面子，我们还有很多事情要和他们搞好关系，另外我们外事局长这人也不错。你就帮帮他们的忙。"那我就去吧。那次当翻译的意外收获就是这个东西方中心的头儿对我印象不错，她说下一次有一个

我是一只自由飞翔的鸟
——熊蕾访谈录

杰斐逊学者项目,就让她去吧。外事局也同意了。我心说早知道这样我就心甘情愿地去了。

这个杰弗逊学者交流项目是 6 个美国记者和 6 个亚洲记者,在夏威夷待一个月,参加各种研讨活动,再一个月就是亚洲记者到美国本土,美国记者到亚洲。到亚洲必须去日本和中国各一周,剩下两周,是自由行动。我们去美国本土也是有两周跟着他们的安排参观访问一些地方,剩下两周自行安排。最后都回到夏威夷交流。在夏威夷的一个月,有一些共同的课程,还有各自的演示,介绍自己和所在国家的情况,大家相处得不错。当时他们就说,熊蕾提问很尖锐。夏威夷大学的一位土著教授向我们介绍土生土长的当地人为了反对美国政府滥用夏威夷的土地所进行的斗争时,情绪非常激烈。她一身土著人打扮,讲一口极漂亮的英语,听说是享受政府奖学金读完大学,拿到了博士学位。而她对美国政府如此敌视,使我感到有些不可思议。我便故意问她:"你受过这样好的教育,为什么不因此感激美国政府,反而如此反美?"谁知她回答说:"我才不需要讲这么好的英语,受美国的教育呢!是美国人使我别无选择。他们剥夺了夏威夷人的权利,滥用我们的土地,把我们的土地卖给日本人,使地价狂涨;把我们的文化变成了商品……我凭什么要为此感谢他们?"可是她仍在这所州立大学任教,不也表明了政府的大度吗?然而这位女教授并不领情,说:"校方早就想解雇我了,但是通不过教师工会这一关,才不得不让我留下。他们仍把我看成眼中钉,刁难我,但我不在乎。"非常有意思。还有一次,是夏威夷一个什么机构的大会研讨,其中主讲人有台湾的钱复(原国民党的"外交部长"),那钱复就讲什么三民主义如何主导了台湾的发展,反观大陆怎么不行。台湾那时候"四小龙"挺厉害的,就是说台湾比大陆发展得好,就那意思。当时我们那项目的人也都在场听会,听钱复这样讲就都看我。我不是搞经济,也不是搞台湾问题的,对这次大会的程序事先也毫不了解,这完全是一次"遭遇战"。到了提问的环节我抢到了机会就提问,说:"台湾当局跟大陆的中央政府都认为台湾是中国的一个省,而 1949 年蒋介石去台湾时带走了中国所有的财政资源,你现在拿一个省来跟有这么多省的大陆来比较,你觉得公平吗?要是挑出大陆的江苏、上海跟台湾来比较的话,你又怎么说?"钱复当时很尴尬,然后我们项目的所有人就跟我翘大拇指。那时我香港有个姑姑也去了夏威夷,知道了这事,她说:"你敢跟钱复顶?我倒没觉得钱复怎么样,只是因为我对那个问题不熟悉,但是听他那么讲很不甘心,所以,我只能问一个大面的问题,效果倒还不错。"

我们到美国本土去的那两周按照他们的日程安排走,有两次参观博物馆。第一个博物馆是非洲裔美国人博物馆,在洛杉矶。馆长出于礼节来接待,给你一堆材料,看一看,没什么问题就算过去了。我们也就随便问问他本人的情况:"你到这里当馆长之前是在哪儿?"他说是在华盛顿的史密森学会的博物馆。我知道史密森学会是美国顶级的研究机构。我说:"你在史密森学会的博物馆多好,到这儿来就大不一样了,你为什么就低不就高呢?"这问题一下子让他来情绪了,他说他在华盛顿工作期间,发现黑人虽占全市居民总数的70%,但在史密森学会所属各大博物馆每天络绎不绝的参观者中,黑人仅占1%。这使他感到很痛苦,他觉得黑人似乎同那种文化格格不入。而担任博物馆领导的黑人更是稀少。因此加州政府邀请他来管理这座博物馆时,他感到一种义不容辞的责任。这毕竟是黑人自己的博物馆。这些鲜活的东西不会写在材料里,你要不问的话就不知道。在俄马哈,也安排我们去参观一个博物馆。我们一去,博物馆的馆长就说:"对不起,我只有20分钟的时间,因为马上还有一个约会。"他陪我们看陈列时,不时抬腕看表,魂不守舍。我们也不以为意,因为我们这种参观也不要写报道。这座博物馆不是由政府投资,而是靠私人捐款建成的,是美国中西部地区最大的艺术博物馆。它既收藏有美国开发西部的历史文物,也收藏了一些18世纪的欧洲艺术品。在我这个外行看来,那些欧洲艺术品与纽约大都会博物馆及华盛顿史密森学会同类博物馆的收藏相比,实在一般,倒是开发西部的文物有些意思。于是我问馆长:"你们馆里有哪些与众不同的收藏品最使你感到自豪?"馆长兴奋起来,把我们带到一组画前说:"这些水彩画是18世纪一个瑞典人画的,是反映当时的移民与北美印第安人生活的风俗画。这类作品本馆收藏最全,而且十分珍贵。"这引起了我更深的疑问："收藏 18 世纪的欧洲艺术品，决非你们这家博物馆所长。为什么不利用地处中西部的地利天时，扬长避短，以美国西部的文物和艺术为自己的特色呢？"这个问题一问出来，那位馆长顿时像遇到了知音一般，竟不走了。他不仅陪我们转遍了所有的陈列室，还带我们去了他从不轻易示人的地下库房，看馆内最珍贵的文物，最后又请我们去他的办公室详谈，竟置那个约会于不顾。原来，当时正有些博物馆的理事，包括馆长，提出要卖掉馆藏欧洲艺术品，转而专门收藏、展览美国西部文物和艺术。这一主张在董事会引起很大争论，馆长也受到不少责难。我们虽不了解这一背景，但顺理成章地谈到这个问题，馆长立刻产生了共鸣，恨不得把心里的话全掏出来。他明知我们这些外国记者并不能左右当地舆论，但既把我们当作知音，也就没有那些计较了。他和我们整整消磨了一个半钟头，才去赴约。

我第一次出国学习是 1983 年到 1984 年，在美国的马萨诸塞大学学习一年，是我读研时的美国教授推荐的。

我在特稿社做编辑，自己也做一些采访报道。我们是直接向国外报纸杂志供稿，条条框框的束缚比较少。

1995 年，我们关于西藏计划生育的一篇报道得了一个国际奖。那次真是随缘，没有什么特别的任务，我们等于是碰上了。这样子没有压力特别好，特别能了解真实的事儿。第一站我们到拉孜，有人要去买藏刀，就先去看藏刀，结果到这个刀匠的家里，就拉家常，问他几个孩子，4 个孩子，这在西藏可不多，因为一般每家都有六七个孩子。他说："我们做了节育。"我当时脑袋就炸起来了，因为筹备九五世界妇女大会时，国际上有人一直在那儿说，你这个西藏在搞人种灭绝。咱们说没有，西藏牧区不搞计划生育。所以我们问他："你怎么能结扎呢？"他说："我日喀则医院有认识的人。"是他妻子的弟弟在那儿，他们就"走后门"做了。为什么？然后他就讲了一套道理，说我们这儿人都要比鸡多了，家里小孩少的生活就好，多的就不行等等讲了一套，还说这上面不让我们计划生育，是我们自己要做的。到吉隆沟时塌方了，下不去，我们就在县上住着，结果有一个藏族乡党委书记，看我们几个人没事，就说附近有一个唐朝修的水渠，就带我们去看。走了半天，我们就坐在水渠那儿休息又聊起来，也不知怎么就说起人口流动的事，他说："我们乡人大有规定，这个人要是嫁出去，可以不受限制；如果是嫁进来，要经过乡人大的批准。"我们就问："那为什么呀？"他说："我们这个地不能增加，作物产量的提高也有限，所以对人口要控制。"我们又问："你们还搞计划生育？回答说是自愿的。"他说："他们乡人大规定一对夫妇可以生4个孩子，你要生了第五个，就要准备罚款。"我们开玩笑地问："那罚款罚多少？"他说："每超生一个孩子，就罚款222块钱；每生一个'龟儿子'罚款333块钱。"我问："龟儿子是什么意思？"他说："是没有结婚的私生子。"后来我们把这个都写到稿子里了。写的时候也没觉得怎么样。结果这篇特稿获得了当年美国人口学会全球新闻奖的集体采访奖。那年大概有好几千件作品申报，一共17个奖项，中国就我们这一篇。然后得到泰国去领奖。那个稿子是李慧做的记录，西藏分社的藏族记者央珍做了一些补充采访，我执笔，署了我们三个人的名字，后来我去领的奖。我还写过一篇江苏省盐城地区计划生育搞"少生快富"合作社的稿子，获得国际计划生育联合会亚太分会的优秀新闻奖。

我们从1996年开始给美国《科学》杂志写稿。他们同意我们以中国特稿社记者的名义给他们发稿，稿题要相互确定。一开始几年是我们的记者每写一篇跟他们签一次合同，要保证这个版权什么的。大概两三年之后，我就不用跟他签合同了，相互信任比较好。这当然是新华社授权的，我们算他们的特约记者，或者是特约通讯员。选题双方要讨论，比如说我们给他们供过中国的南极科考、中国的极地科考，我们要确立这个题目，说明为什么要做这个报道，然后他们也要了解一下他们读者对这样的题目是不是有兴趣。我们还给他们做过中国的地震预报的报道。他们一开始还不太同意，说地震不可预报，但是中国确实做过地震的预报。其实我们是想纪念唐山大地震，1996年是1976年唐山大地震20周年。讨论了几次，最后还是做了，做得不错。还有中国的大熊猫研究，研究中间有些什么争议。

这中间有一次算是小小的冲突。1997年，《科学》杂志忽然发了一篇文章，是美国的一个地质学家批评中国的地质学家不守信用，而且号召国际的地质科学家联盟抵制在中国的一切地质考察。他们地质学界给国际最标准的地层有个评价，如果你这个国家某个地层很标准，比方说白垩纪、三叠纪、二叠纪什么的，而你对这个地层研究很深入，他就定为国际标准层型，在那儿给你一个金钉子，这是很高的荣誉。

当时中国第一次有好几个地层入选，这个美国地质学家他突然号召国际地科联抵制这几个地层，把我国一些地层学家都给搞懵了。这个美国人为什么呢？就因为他们和地质科学院的一个联合考察在新疆不欢而散。《科学》杂志的那篇报道非常偏颇，只有那个美国人的一家之言，我们觉得对中国科学家很不公平，就通过电子邮件跟他们交涉。他们的编辑说："我们是想采访中国有关科学家来着，可是他们都不接受采访。"我说："那你为什么不通过我们呀？我们已经有合作关系了。"他说："你能相信这样的科学家吗？他只跟中国记者说话，不跟美国记者说话，这个科学家还有信用吗？"我说："那你得看什么情况呀，他为什么不跟美国记者说话，因为觉得你美国记者不可信任啊。"交涉了半天，他说："那你们可以就这篇报道写个读者来信，说说你们的意见。"我说："那不行，你这个报道的影响那么大，读者来信的分量不够，必须得要一篇报道。"那个编辑就有点儿慌，他说："我们《科学》杂志不能出尔反尔。"我说："我可以不针对你这篇文章，我们就说中国地质科学家希望什么样的国际合作，行不行？"后来又找到他们的主编，最后同意我们做这么一篇报道。我们就到南京、北京采访，采访了好多的地质学家，做了一篇报道。那篇报道做得挺好，内容本没有针对那个美国地质学家，但是《科学》的编辑自己编加了一段内容，比我们的报道更有针对性，所以效果非常好。那一次，捍卫了中国科学家的荣誉，就是中国科学家不能说是背信弃义的，也不是多要钱什么的，而是要平等互惠的合作。那篇报道在中国科学界的影响也不错。

1998年出了这么一个事：我国对血液制品的出口叫停了，这就涉及好多国际合作项目，国际上就说是不是中国这方面的国际合作停止了？其实不是，当时是一个涉及血液制品的生物技术合作的管理条例要出台,或者是要修改,在这中间可能叫停了一些项目。然后我们就去采访。结果我们一找什么人,人家就说你先找中宣部,我们非常气愤。我们找不着中宣部,再说这个东西也不是直接归中宣部管。我们最后找到一个院士,跟他说明情况,说我们为什么做这篇报道。另外也找到了参与修订这个条例的两个科学家,说你们做这个条例是不是要停止国际合作?他们说不是,而是要更有秩序,要共赢互利的国际合作。我们说,那这个原则为什么不可以对国外讲呢?他们就同意接受我们采访了。那个院士还拿出我们以前写的那个关于地质科学国际合作的报道,说:"我们希望你们做出这样的报道。"我们说:"这个报道就是我们做的。"他就跟我们谈了,同时他还通知别的科学家,说:"这个记者和别的不一样,态度很认真的,你好好跟他们谈谈。"结果那个报道做得也挺好。

2000年底,哈佛大学在中国农村违规采集基因样本的事出来了。当时是《华盛顿邮报》先报的,报的事都是真的,但是那个写法很像指责中国政府,有点儿阴谋的那个意思。《科学》杂志的记者给我们看这篇报道,说你们看怎么回事?我说我们先去了解了解情况。了解之后,发现这个事情是存在。是美国哈佛大学公共卫生学院等机构与国内一些单位合作,进行哮喘病等疾病的遗传基因研究,主要在安徽农村采集血样。负责项目的是哈佛大学公共卫生学院的副教授徐希平,他们忽悠了中国政府和农村的老百姓,动用中国过去建立的农村基层卫生保健网络,以给老百姓做体检的名义来做这个事,却不告知是要取走人家的基因样本。这种做法严重违背了科学研究的伦理准则。可是我们去实地调查的时候,徐的人不谈他们的违规,却大讲他如何爱国,在美国待了这么多年,还一直在交党费。之前我从来没有见过这样一个搞科研的人,不拿科学说事,而是拿这个爱国和交不交党费来说事。对调查中了解的问题,我觉得这个报道给国内做更重要,就决定先给国内做。我们在调查中发现,有些政府工作人员给这些违规行为打掩护,是因为他们也成了既得利益者。因为这成了他们的政绩,你看他们能走上哈佛大学的讲堂,能跟哈佛大学搞这种国际项目,能在国外的学术杂志发表文章,所以他们就不愿意说这个东西的问题，不顾事实。我们最后从老百姓的权利这个角度来做这个报道，主要讲它违背了知情同意的伦理原则，无视当事人的知情权。但是他这个东西拿出去做什么我不知道，我不能报道我不知道的事，怀疑说你是不是用作基因武器，那是别人说的事，我只能说你拿这个东西的做法不道德，没有按照国际的标准和美国的标准来做，你乘虚而入，趁中国的有关标准不健全来猎取我们的基因。美国其实有一个规定，就是在标准不健全的情况下，得按照美国的标准，也就是哪个标准最严格，你按哪个标准做。还有一个就是克扣钱款，那是具体操作人员做的事情。不是地方政府。另外，我也不局限在徐希平，因为他是代表哈佛大学来的。哈佛大学后来归咎于徐希平，我认为哈佛大学作为有名望的一个学府，不能逃避责任。

我们那次在安徽采访真是障碍重重。没真话，而且真能颠倒黑白，明明这个项目在这个村取过样，他就说这个村不是这个项目的。报道写成后，好多报纸杂志不敢发，结果《瞭望》采用了。发表以后就有人给《瞭望》的编辑来电话说："上面对你们这个报道很不满意啊。"编辑说："哪个上面不满意，你让他来说话。"那篇报道的标题是《令人生疑的国际基因合作研究项目》，2001年3月发表的。我们的调查一直持续做到2003年，为什么呢？这中间哈佛就老在否认这事。否认一次我就发一个评论，直到2002年，美国政府叫停了哈佛这些项目，说有问题，问题有15个之多。这时哈佛大学校长萨默斯来中国到北大时，有人问起来，他说："这事很糟糕，是很尴尬的一个事。"好像这个事我们取得了阶段性的胜利。结果没想到2003年，美国政府有关部门又说哈佛大学把他们的错误纠正了，项目可以恢复了。我们就又去了一次安徽，就是调查你们纠正错误了吗？结果发现没有，那些纠正都在纸面上，或者是把他的论文给撤了，或者是把论文提到的某个地方给取消了，再一个就是表示他们去人了，做了纠正了。我们就走村入户，证明他们根本没有对项目涉及的安徽农民有任何纠正错误的实际行动。我们找到一个叫章大牛的农民，当时采集他的样本时给他喷的那个东西差点儿没喷死他，过后再没有做任何补偿。那叫纠正错误吗？都快10年了，都没有人给他做任何纠正。然后我们就发稿了，英文发在《中国日报》上，中文还是发《瞭望》，当时国际上还是有反响，说这是应该追究的。一个德国朋友告诉我，国际有名的伦理学家公开写信给一个国际伦理杂志，说哈佛这事太不对了。

我就觉得这事有个界限，记者就是记者，你是记者，就只能去报道。有人说你应该跟他们打官司，我觉得那不是我的事，农民不提出打官司，我不能去。这个事件牵扯了我们差不多3年。安徽我只跑了两趟，我没那么多时间。我们安徽分社那个记者挺棒的，第一次去了大别山，到了那个镇，镇里的医院就说哪个村里有哪个人做过这个抽过血，抽过血在家怎么回事儿。但是从安庆市一直陪我们下去的人就说从镇上到那个村的路不通，不能开车。我们分社记者汪延说："没大路，有小路没有？村里总是有小路的。"那个陪我们下去的人说："小路你们走不了。"汪延说："你怎么知道我们走不了？我们走得了。"我心想，我到地方了，我就得听分社记者的，汪延有心肌炎，他要是不去的话，我就不去了，我没那么大的劲头跟着。结果汪延很执着，非去不可。我就挺不落忍的，我说："你行不行？"他说："行。"然后我们就走，一直快走到村头时，向导说："其实有路可以开车上来，他们不让我们告诉你们，他们以为你们上不来。"我们走了俩小时，差不多20公里。我觉得他们真是小气，当然我也没怨气。

2004年，我们做了有关转基因的报道。最早说的是水稻的转基因，当时是要大田试种，就是商品化之前的一步吧。这时绿色和平组织就出来反对。我们就采访各方面的人，找了做转基因水稻的专家，也找了绿色和平组织的人。有一个专家既管资金的发放，他自己也做这个转基因的水稻，也做评审，我就不说他身兼数职合适不合适了，我采访他之后就跟他说："你能不能给我推荐一个你认可的、不赞成做转基因技术的农业专家，我们去采访。"他挺傲的，他说："你不能随便找一个研究员，就来说我这个转基因不行。"所以我让他推荐人。他想了半天推荐了一个省的农业大学校长。我就给这个校长打电话，校长很紧张，我说："是这个专家推荐的你，你跟我说一说，你对这个问题怎么看的？"他吭哧了半天说："我们还要吃饭呢。"我就觉得这个转基因霸权已经到了这种程度,别人都不敢说话了,我觉得太不正常了。我跟这位校长说:"我们的报道不会不利于你的,而且是那个专家推荐你的。"他想了半天跟我说:"你就说我们觉得还是生物多样性比较好。"他还是不敢直接地说,他心里有想法却不敢说。我就觉得一个科学研究到了这个份上还正常吗?太不正常了。

后来有些做转基因研究的专家跟我抱怨:"你们这个媒体太厉害了,你们为什么反对我们?"我说:"我不反对你做转基因研究,但是你搞得我们没有选择的余地,我就要反对你了。"我就不同意他们这个霸道的做法,总得让我们有选择权啊。我没有参加任何行动,但我还是挺佩服坚持反转基因的这些人,他们还是挺了不起的。国际上好多人反转基因反的都是这种霸权行为,而且我从那里发现了他们在知识产权上的局限。我2004年去马来西亚参加了联合国生物多样性公约缔约方第七次会议,是一国际组织邀请我去的,还有别的组织参与。当时几乎天天有反对这些大公司的示威活动,以反孟山都为首——孟山都从根上起它就不是做农业的,它是做化学药品的。它做了好多坏东西,包括越战时撒的那个橘黄色粉末,搞得那些越战老兵等人有后遗症,还有以前做的DDT,早就被禁用了,等等,可是它能活到现在,还能活得这么好,跟美国政府的支持非常有关系。美国政府就不让华为进入美国,华为明明不是一个国有企业,算是一个民企,却非说因为任正非当过兵,它就和中国军方有关系。我说你别揪华为是不是国有公司,那孟山都有美国政府撑腰,跟美国政府的关系这么深,它能在中国长驱直入,华为为什么不能到美国去?再说了,华为又没有做坏东西。我觉得孟山都本来就脏,还那么横,这非常不公平,它转基因里头的猫腻非常多。他们从20世纪80年代开始经营到现在,最早培养的一批研究人员现在全都当权。所以我就说,这个转基因现在反思已经很晚了,可是不反思更危险。

还有一个就是国际知识产权的有关报道。他们保护的知识产权是形成文字的东西,是私人的东西。可是好多传统的知识是口头流传的,是一个族群共有的,它就不给予保护。我们当时在马来西亚开会时,联合国大学的一个教授举了一个很有名的例子，是巴西亚马孙地区的死藤水。这种东西能够让人清醒，是几千年流传下来的，由他们部落的萨满来负责炼制的，当然它是族群共有的东西。但是这种东西并不难拿到。美国一个所谓科学家到那儿去做田野考察，得到了这个东西，回去他就申请专利了，他就形容了一下这个藤长得什么样，能够干什么，他没有做任何东西，这就成了他的专利。他申请专利了以后，巴西人再做这个死藤水就算侵权了。巴西的那些部落知道了这事以后，就选派了一些代表，在国际律师的帮助下到美国去打官司，官司却输了，说他们这样的知识产权不受保护，因为你们那么多年没有形成文字。可它没法形成文字呀。

还有就是杜邦公司想把我们的一种野生大豆申请专利。如果申请专利了，我们再种出同样品种的大豆就侵权，可是这个大豆是在中国土生土长的，杜邦公司怎么得到的不知道，得到的手法不一定是很光明的，有可能是偷运出去的，可是它想申请专利。后来绿色和平组织在那边把杜邦公司的计划破坏，这边是《南方周末》给报道的。报道以后引起哗然，那时我对这个没有太多的知识，绿色和平组织当时刚刚进入中国，办事处的人员就一个小姑娘，其他的人还没来。这好像是在2001年或2002年。他们通过中国的一个环保组织，在一个记者沙龙上，杜邦公司与绿色和平组织来争辩这个问题。我们很感兴趣，就去听。杜邦公司阵容强大，从公关经理到技术顾问七八个，绿色和平组织就那一小姑娘。可是杜邦公司请的一个农大教授做顾问，坏了它的事儿。这个农大的老先生先讲，讲得得意扬扬，说专利这个知识产权太好了，现在我们也有车也有房了，改变了我们知识分子待遇了，等等。我们听了就不是味儿，不是你有车有房就可以呀，正好那时在说"三农"问题，农民增产不增收，大家就说农民增产不增收的原因就在这儿呢，你有车有房了，农民负担是不是加重了？这个种子你有专利权了，是不是农民就没有选择了，就得买你的这个种子？农民的生产成本增加了，增收了没有？大家就这样问，他无言以对。结果绿色和平组织的那小姑娘都不用说话，大家伙都群情激昂。本来大家是一张白纸去的，就听你们说，对谁是谁非没有概念，可是最后全都反对杜邦，去的所有记者没有同情它的。

以后再开这些会，再接触这些东西，就知道他们这知识产权确实是有偏颇的，或者是有缺陷的，不能太迷信它了。知识产权公约组织也认识到这个问题，在WTO里头有一个东西就说这个。但是这个东西怎么说还是弱势，比不了那些发达国家强势，人家需要保护他们产权的时候，说你说得一套一套的，到他侵你权的时候，你一点儿招都没有。你得知道这事，而且你不能迷信它。知道这件事后我们就赶紧在国内"鼓吹"，发了好几篇文章。

6.退休授业：有一次把学生给吓坏了

2006年，我不到60岁就提前退休了。

退休了以后人家就找我教书，其实我2005年就开始教书了，在北外教英语新闻的特稿写作，是非常技术性的。我一共开过3门课，现在只在人大讲英语新闻评论，主要是教研究生。开始的时候，也讲过英文特稿，还有新闻伦理。

我讲课都得用稿，这稿都是我自己写的，我得备课，希望能给学生讲得有趣，因为我自己就讨厌说教。我跟学生说，新闻伦理就是你的一种选择，或者是你根据个人做人原则的一种选择。我们国家有新闻职业道德守则，但不是特别具体，别的国家像美国有你可以做什么、不可以做什么的具体规定，这些东西有的可以照搬，比方说对新闻源的保护、尊重，人家什么做法我们什么做法。比如说汶川地震时，有记者跑去问那个小女儿在地震中丧生的女警察，看着别人的小孩你是不是想起了你自己的孩子？这就等于给人家的伤口上撒盐。我问学生这种做法你们觉得怎样？你为了新闻你就要戳她的伤疤，能不能这样做？你有一个选择，我也不说对不对，如果你觉得这么做是对的，我可以告诉你别人不能接受的是什么，我也不说你。结果这些学生听着就觉得挺有意思的。

还有一次，我把他们给吓坏了，北外的那些孩子听完了课有的就不愿做记者了。我给他们讲中国新闻的传统，从哪儿开始呢？从春秋战国的齐国太史兄弟，一个大臣把国王给杀了，杀了以后，太史写史说他弑君，他就把这太史砍了，然后太史的弟弟又写他弑君，又被他给砍了……最后他不敢再砍了。我说这就是中国最早的记者，记录历史。我等于把这个史官当成记者了。我认为中国的记者溯源应该是从史官开始，因为史官做的事跟记者是一样的，只不过他的受众不一样。新闻伦理第一次讲了8课，当我说这课是最后一课时，很多同学都说这就没了？还没听够。我在北外开过几次课，在清华开过一次，开了大概有两三年吧。

我离开北外，是我跟一个老师发生冲突了，也没有吵架，但是我觉得太别扭了，我就不去了。我们那次去做本科生论文答辩的评委，明天要答辩，今天才把论文给我们，一共要答辩9个，哪儿看得过来呀！人家就说那么你们3个评审的老师，一人看3个。我就看了3个，其中一个论文，我觉得写得太晕了，但是如果你想让他不过的话，你要比他还费劲，所以我说通过就完了，但是他这指导老师也是评委之一，非说这篇论文要评优，说他有创意。我说这怎么能评优呢？这不都是废话吗？再加上"百度"来的东西。这老师是刚从美国回来的博士，她说熊老师你不懂，我们写论文就是要用科学的方法来论证在你们看来是废话的东西。所以我就跟北外拜拜了，你们这样的博士要用科学的方法论证别人看来是废话的东西，你们就去跟她玩儿吧，我是不玩儿了。

我现在人大讲的英语新闻评论，共十几课。先讲为什么要有新闻评论？再就是讲新闻评论涉及的观点和立场等。我觉得讲立场特别有意思，开始我没想到，后来我发现必须得讲一下这个立场，因为现在新闻事件这么复杂，一个事件出来了，你站在谁的立场上来做这个评论，是很关键的。你是站在资方的立场、劳方的立场、中间的立场，还是官方的立场？你得有一个取舍，对吧？我不说你应该站在什么立场，我说你自己会有一个选择，这个选择根据什么？这样子都讲一讲。还有就是视角，观点就是视角，这个问题你从什么地方切入。人家这么评了，要不想老生常谈的话，你要怎么看，怎么来一个新鲜一点儿的思想？还有我说要有中国视角，我给他们举例：参加有关全

我是一只自由飞翔的鸟
——熊蕾访谈录

球气候变暖谈判，有专家就说发达国家和发展中国家不应该承担一样的责任。你不能这么搞，你不能限制我们的发展，对吧？我们中国的专家就说，你们发达国家都一个人有两辆车了，你们还不让我们坐公共汽车？我说这就是中国观点，你得有这个视角，没有这个视角的话，别人不会替你这么说话。

还有一个是多佛惨案，好像是2000年的事件，58个偷渡的福建人憋死在一辆货车里。你看这个事怎么评？你可能会说应该加强法制建设，应该搞国际的联合反对偷渡。我说当时我在网上看到一篇文章就是说这58个中国人的死是对西方种族主义的签证政策的控诉。我刚给一个英国人看这个题目时，他说这不是牵强附会吗？扯得上吗？我就把文章的观点给亮出来，现在你搞全球化，你只允许资本去寻求最便宜的劳动力，那劳动力也要寻求能把它的劳动价值最大化的资本，可是结果就遇到限制了，不能自由流动等，我说你看看人家这个视角。学生们觉得挺有意思的。

2010年底，央视成立了一个对外传播公司。正好我们从亚运会回来，我这几年参与了奥运会、亚运会的新闻服务，就是每当有大型国际赛事的时候，主办国要为采访的各国记者提供新闻服务，包括各赛场的赛事前瞻、回顾，还有就是叫即时引语，就是每个赛事之后，运动员、教练员说了些什么。因为记者不可能哪个赛场都去，你就得给他提供这些东西，让他没到赛场也知道赛场发生的情况，便于做报道，我们等于提供的是一种编辑得比较好的素材。这个是悉尼奥运会人家最早做的，做成了一个产业。到了北京奥运会时，中国就说我们自己来做这个事。组委会给新华社一笔钱，让新华社来承担，然后到亚运会的时候，亚运会组委会也会给新华社一笔钱，让新华社承诺发多少条稿，也做得不错。承担了这件事就得有人做，我们就是做这件事的人。团队是以大学生为主，我们是编辑，国外的那些编辑跟我们合作，他们确实很有经验，比方说篮球明天什么事，这场比赛应该关注什么场馆、关注哪些人，在哪儿会发生一个什么关注点，都给你说得清清楚楚。

亚运会以后是大运会，然后是南京的亚青会、青奥会，还有南宁的体操世锦赛。

7.最爱旅游：用英语表现了一把"吵架"

旅游是我的最爱，每年去好几个国家，今年已经去了南极和墨西哥。南极真的挺好的。我们去得不怎么费劲，南极那时也不冷，跟北京2月的天差不多，是夏天。现在我们跟老外的差距就在这儿，人家去南极能另外付900美元，玩儿独木舟，野外露营，我反正不敢玩儿。

我们是愿意去的人组织在一起报名。这次去南极我年龄不是最大，最大的一个有70岁，体内安了3个支架，他还在南极跳到了冰海里，叫南极跳。我们当中有3个人去跳了，一个小伙子，两个老头。我们一起共有15个人，其中有多年结伴或者是结伴的人的朋友，这个核心人物之一喜欢每年策划去一些地方。2013年，她就说我们如果要是2015年1月份去南极的话，现在订船票会比其他时间便宜多少，如果要是1月份之前去的话，比方说12月底可能也有便宜船票，但是不敢肯定。她是2013年六七月组织的，等于说是提前了一年半报名。谁愿意去，当时就交定金。我们这次一人一共花了11万，我旅游从来没花过这么多的钱，一共就是一个多月的时间。是很多钱，好多人不愿意去就是觉得贵，但我为什么还是坚持去了呢？当时谁也没有说总数是这么多，先说了一个船票，然后再交定金，分了5次交，就显得没那么多了，每次的压力不是那么大。如果要一下子交，我也可能会咬牙的。我们这15个人分了两队，有8个人是从欧洲走的，从北京先到阿姆斯特丹，再到阿根廷。我们是到美国，在西雅图买的飞机票到阿根廷，便宜很多。当时我问为什么要从西雅图走而不从纽约走。朋友说从纽约走要贵1000多美元。

从阿根廷上船，在船上13天，算上阿根廷的乌斯怀亚那一天是15天，很有意思。船上一共是189个乘客，有英国人、德国人、美国人，澳大利亚的很多，还有日本的、中国的。船分三个部分，一部分是做旅馆，一部分是餐饮，一部分就是船员们使用的地方。负责我们旅游的是夸克公司的探索旅游，这帮人都是科学家，什么鸟类学家、海洋生物学家、地质学家、地质史

我是一只自由飞翔的鸟
——熊蕾访谈录

学家等。我就佩服人家那个专业精神，去得最多的是有人去了150多次。那公司是专门做极地旅游的，南极、北极的旅游都做。去了150多次，接待你还跟第一次一样，一点儿没有厌烦。你问什么问题人家都非常热情。他们每天有好多讲座，不同的专家去讲课，你想听就听，都是用英文讲。

后来我们有一个统计，我们有11次巡游，就是下船坐冲锋舟游这个冰海，有7次登岛，登南极的各种小岛。我们最远到了将近南纬69度的地方，90度就到南极点了。那些科学家讲课讲企鹅、南极鸟类，讲南极海洋，讲南极的地质史、极地的变化。我大概听了一两次课，其他时间我们净打扑克了。我不爱学习，有的真的也听不懂，尤其是那鸟类。我们当中有一个人英语不是很好，但几乎每课都去听，为什么呢？他喜欢看他们放的片子，他喜欢摄影。还有让你看鲸鱼，保证你能看到。

旅游目的地不是我自己选择，我是随大流，我现在根本不动脑子。我跟他们去意大利时要去一个博物馆，他们说你帮我看看每个画室的什么画在哪里，他是从网上搜的中文的介绍，他让我对照那英文的说明，找到这画在哪儿，人家那功课都做到这份上了，你说我能不跟他们去吗？我什么功课都不用做。人员开始是自由组合的，不认识，以后就经常一起出游了。我第一次跟他们旅游是去埃及，以后他们去哪儿我去哪儿。埃及、意大利、俄罗斯、东欧什么的，他们不追求数量多，特点就是要去哪几个城市，重点要看什么。每次回来还有人做一个录像片，每次看了她拍的片子我都惭愧透了，因为就好像我都没去过一样，我不知道我都看什么了，就是跟着走。斯里兰卡、印度、尼泊尔……有时候一年出去两次，有时候一年就出去一次，很享受。

去尼泊尔，他们说要去看世界文化遗产，也是根据兴趣来。比如尼泊尔有一个地方叫蓝毗尼，是世界文化遗产。他们说蓝毗尼是佛教圣地，但它是重建的，不是原汁原味的，所以不用去。尼泊尔那次，大家共同的兴趣就是几个原汁原味的世界文化遗产。我们原来准备到博卡拉分手，到时候有人想徒步游，就是转山。我说我不想走路，就自己去蓝毗尼。结果没想到在博卡拉这个地方，转山的也不想转山了，我这去蓝毗尼的也不想去了，就在博卡拉那儿待着，原定住 3 个晚上，结果住了 5 个晚上。我跟旅馆说我们还要待两天时，那个斗鸡眼的老板眼睛都瞪圆了："还要待两天？"没有人在这儿待这么长时间。我们都不想走了，挺喜欢那儿的。我们是 2009 年去的。订飞机票时，他们还研究了，只有从成都走，第二天飞机上能看见珠峰，就是看得比较清晰。我们都是自由行，12 个人一路同行都没"打架"。行李是各人负责各人的，大家年龄都差不多的，原则就是你不要让人帮你，你必须得带你自己能拿得动的行李，别人没这个义务帮你扛行李，对吧？

我们还去过肯尼亚，那次我大大地表现了一把用英文"吵架"的本事。我们坐阿联酋航空公司的飞机，从北京出发，半夜里快飞到西安时返航了：飞机有问题。回来让我们在丽都酒店待了一晚。第二天再到迪拜就赶不上原来要转乘的飞机了，得住一晚上才能转到内罗毕。第三天早上的飞机满员坐不了，就把我们给调到下午肯航的航班。上午没事，我们就自己搞了一个迪拜游，跟人讲讲价，一个人大概是十来美元，玩了一上午。谁知到下午肯航罢工，所有飞机都不起飞。这下子大家就急了，我们是 10 天的肯尼亚游，结果这儿都耽误两天了！我就跑去找阿联酋航空公司在迪拜的办事处，在机场转啊转，整个一个机场游，最后把人给找着了，我说你得给我们免费顺延两天返回北京的航班。他说为什么？我就说，我们搭乘你们航空公司的飞机，刚出北京，你们飞机就返航了。到了迪拜，你们未经我们同意，把我们转到肯航，结果人家罢工。一共 10 天的行程，你给我们耽误了两天，你能不给我们免费顺延两天返回的航班吗？他觉得我说得有理，同意了。可是一查记录，他说顺延两天不行，飞机没有空位，不过顺延 3 天就可以有足够的空位。那行，就顺延 3 天。结果北京这个旅行社的人乍刺了，导游跟北京联系，北京说多出来一天的费用得我们自己承担。我说那没门，出了这么多事儿，你都没有去交涉，都是我们自己交涉的，我们也不想顺延 3 天，只想顺延两天，那你去跟航空公司交涉好了。如果你们也不能保证顺延两天，那多出来的那一天是你们旅行社和阿联酋航空公司的事，跟我们无关。他没词了，只好接受这个方案。我们就免费多玩了 1 天。我们还去了巴西、阿根廷和秘鲁。今年我马上要去北欧,下一步打算去以色列和约旦。

我原来也有一段时间张不开嘴说英语,后来心理障碍被人消除了。是谁消除的呢?我刚进新华社的时候,一个同事跟我们一个外国专家吵起来了。这位外国专家是位美国老太太,人很好,业务非常棒,但是很严厉,不许我们有拼写错误,一有拼写错误就画大叉,如果拼写错误多了,她有时就当面训斥你。那时候,没有电脑,都是打字,打字就容易有错。一次,外国专家把那个同事训急了,同事顶起来了,说:"你在中国都待了30年了,我学英语才3年,你中文有我英文好吗?"老太太气坏了。我们都非常高兴。老太太找到领导,领导特别无可奈何地对我那同事说:"你怎么能这么说呢?"但是我们都说,说得好。其实老太太也没错,真是人挺好的。但是我心想,你在美国待了一辈子,你说英文一辈子了,我就说了这么几年,我怕什么呀?然后一下就开窍了。

访谈员后记

听熊蕾讲故事非常过瘾，如果不是受篇幅的限制，还有许多人生经历和生活细节当问却只能止住。她长期从事中国问题对外报道，在美国、英国、法国、印度、菲律宾、泰国等国家和地区的报纸杂志发表中国政治、文化、妇女、儿童、教育、科学、宗教、民族和社会生活等方面的英文专题报道数百篇。作为以对外传播为主业的记者，她的每篇文章都是精彩的历史记录，这里也只是择其要点叙述。她的主要研究领域为中国问题的对外报道、西方国家的中国报道以及生命科学研究伦理中的人权问题。主编和参与过几本显赫著述，诸如《形形色色的中国人》《撑起中国半边天——中国妇女面面观》《变化中的中国儿童与妇女》《妖魔化中国的背后》《我看美国新闻界》等，也参加过许多重要国际会议，这里也都未及展开，仅聊几个故事，已然惊鸿一瞥，涵盖丰富的信息，足够读者品味。

"三岁看大，七岁看老"，熊蕾似乎是长不大的"儿童"，永远睁大了眼睛看世界，永远是一只自由自在任我飞翔的鸟。但其质朴率真的性格背后，是她长年吃苦耐劳、勤奋学习和善于思考的执着。中国新闻界需要这样的记者。

我和《中国日报》的故事
——黄庆访谈录

- 访谈时间：2015年4月28日全天
- 访谈地点：北京黄庆家中
- 受访者：黄庆
- 访谈员：卢小飞
- 摄影师：王权增
- 整理者：任然 卢小飞

编者按

　　黄庆的稳健用功在圈内是有名的。她从上海外国语大学附属中学读书到进入上海外国语大学,再到毕业留校任教,一步一个脚印,扎扎实实,稳稳当当。即便是传奇般进入新闻界,从零干起的她依然是那么从容。她是当年上海外国语大学最年轻的学术委员,又是早期中国日报社最年轻的副总编辑。她做事沉稳但不保守,她思维缜密却不乏尖锐,她为人低调但高调地开拓新的事业,诸如创办《21世纪报》,策划外语演讲大赛等。

1. 我的父亲母亲

我出生在上海卢湾区妇婴保健院里。父亲原是国家保密542厂的印刷工人,这个厂现在叫上海印钞厂。母亲以前也是一名女工,有了我们兄弟姐妹4人后,就在家操持家务。我排行第二,有一个哥哥,两个妹妹。

我父亲叫黄骏根,生在上海,长在上海。父亲是一个智慧和大度的人。他受过教育,印刷工作做得挺好的。印刷工作需要技术,因此,他也属于技术工人,技术级别总共就八级,他达到七级半。因为他手艺很好,退休以后,很多地方都聘他,他也欣然前往,年纪很大干不动了才停止工作。他还写了一手好字,从小也督促我们要好好写字,要把字写工整。

母亲是江苏常州人,家里是从事手工业的,小时候家境原本殷实,但外公败家,把家败光了。外公去世早,我从来没见过他。但我外婆很能干,带着几个女儿到上海寻出路。母亲在上海做女工,像现在的打工妹一样。后来结婚生子她就不工作了,一直在家。

母亲一手带大4个孩子,挺辛苦的。她心灵手巧,我们吃的穿的,全都自己做。我长大后会做衣服、裤子和鞋,也是我母亲教我的。这些手艺我妹妹学得更好。我仍记得,我中学同学来我家后,感叹我母亲做的饭菜好吃。童年的记忆中我们无忧无虑,父亲养家,母亲持家。

父母亲都很重视我们几个孩子的教育。我受父亲的影响挺大的。记得那时,我父亲最爱说的一句话是"学好数理化,走遍天下都不怕"。虽然我家有男孩也有女孩,但在受教育的机会上,男孩女孩都一样,我父母从未轻视过女孩的教育。从小,父母便教育我们要先学做人,然后要好好读书,我们四兄妹从小学习都挺好的。

我哥高中毕业报名参军要当飞行员,后被长春航校录取。他是独子,父母都支持了他。

2. 我考上了上外附中

我小学时学习成绩一直很好，小学毕业后，学校推荐我去考上海外国语学院附属外国语学校（简称"上外附中"），那是上海最好的中学。考试是一级一级地考，我最后考上了。

说实在话，那时候那么小，哪知道学外语将来能干什么，只是学校让我一个人去考，就觉得这是荣誉。

我本是生在上海卢湾区，后来上海修建了第一个工人新村——曹杨新村后，我们家就搬过去了。于是，我上的幼儿园是曹杨新村幼儿园，后来这个幼儿园很出名，经常接待外宾参观访问。

我小学一、二年级是在真如新村小学上的，后来我们整个班从真如新村小学转入曹村八小。我是从曹村八小毕业，再从曹村八小考到上外附中的。

记忆中，小学时好像天天都在外面玩儿，唱歌、跳舞的什么都玩儿，曹杨八村的每个角落几乎都玩儿遍了。同学之间经常串门，今天到这家，明天到那家。小时候就这些记忆了，反正觉得挺幸福的。哪像现在的小孩，学习负担那么重啊。

上外附中是寄宿制学校，学生一律住校。上外附中纪律很严，起床、睡觉、吃饭都有严格的时间要遵守，活动也都是集体活动，所以上中学后就感觉跟小学不一样了，有纪律约束。

同宿舍的同学都很好，至今都过去半个世纪了，我们那时的同学至今都还关系很好。这些同学是当时上海最优秀的学生，都是从各个学校挑的最好的学生。同学之间相处都很好，学校的老师也不错。但是"文化大革命"以后，就全都散了。

3. "文化大革命"中成为三班倒的工人

我们中学才读了两年,"文化大革命"就开始了。

"文化大革命"时,我觉得我属于逍遥派。最开始时我也有点儿热情,如参与写批判文章,但后来我发觉有些同学很疯狂,还抄家打老师,我觉得老师即使有问题也不至于被学生打,于是我便退出了。期间"大串联"到了北京,我们在天安门广场,见到了毛主席。

我参加的是第四批"大串联",串联是跟着上海外国语学院的大学生去的。跟着大学生,串联到北京,感觉挺好,很兴奋,住哪儿、吃哪儿全都不花钱。

我觉得我们那时候在学校受的教育还是比较纯粹,虽然有些同学做得有点儿过分,但这些同学中有些人现在也反省,并向老师道歉。也有一部分同学,可能和我的想法一样,比较逍遥。

1967年和1968年之间,一部分同学上山下乡去了内蒙古、黑龙江、云南,一部分去了工厂。我进了上海香料三厂。我是因为我哥已在部队,所以我就留在上海,进了工厂。在厂里,我又一次感受到了什么是纪律,这次是受到了上海工人阶级纪律的熏陶。

上海香料三厂是化工厂,一天24小时运行。工人"三班倒",这礼拜白班,下礼拜中班,再下礼拜夜班,就这样倒。我是1968年秋季进工厂的,那个时候我17岁,开始"三班倒"做工人,工种属于一般化工厂的操作工。操作工就是每天进料,观察变化,固定时间做记录,这一锅料完成了就放料,然后再加料,就做这些事情。我在工厂共当了3年学徒。

"文化大革命"期间,我也没有什么特别的体验。那时我还年轻,虽然进了工厂,但那个厂可能比较小,不是那种大厂,所以政治运动好像没有什么气氛,我也没感觉有特别大的风波。

4. 我成了上海外国语大学的学生

20世纪70年代大学开始招工农兵学员，1972年，我被招进了上海外国语学院。其实我们也算不上是工农兵学员，因为我们比他们进校晚，可能是上海外国语学院（现上海外国语大学）想起了我们这些上外附中的学生了吧。当时学校把附中曾经学英语的十几个学生从工厂、农场等地找了回来，在学校英语系里另组了一个班，叫11班。

原来英语系是10个班，把我们找回来，编成了11班，给我们配的也是比较好的老师。但也出了问题，当时工农兵学员革命斗志仍然很高，就说："凭什么要给他们吃小灶？"我们便成了批判的对象。

我们这个班因为大家底子比较好，又都挺用功的，所以被人批"走白专道路"。我想，大家当时可能觉得被学校找回来，就这么十几个人，还有比较好的老师给我们上课，挺不容易的，所以特别珍惜，读书也就比较用功。我觉得那时候大家都很清醒。

5. 在堪培拉教育学院认识了我的他

1972年，我回到学校，学了3年，工农兵学员就3年。1975年，我毕业了。毕业后，学校送我出国，所以我出国留学也是很早的。

我去了澳大利亚堪培拉高等教育学院。去澳大利亚留学的这一批人在出国前，是要考试的，我的考试成绩最好。出国后，我的目的也很简单，就是想出国了要好好读书，与人交流、做作业，都应该认真对待。在我们一块去读书的一帮人里头，也有一些人不好好读书。令人想不到的是，我们认真学习的人后来反倒被批为"白专"。

那时使馆管得严，我们每周周末都要到使馆学习。使馆人员认为，留学生年纪都很小，不能脱离管理。原来我们住学校宿舍，后来使馆专门找了房子，让我们集中住一块儿，集中学习，集中管理。我想是为了避免我们随便接触其他人，那时候就这样管的。现在想想还觉得挺荒唐的，但就那样过来了。

我在澳大利亚学了不到两年，那是没有学位的进修。那个年代，使馆明确提出不让我们参加考试，不走人家学校的程序，也不提学位的目标。不过，那时候出国，并不图什么学位，上海外国语大学也没有给我出国留学的具体目标任务。

我当时努力学习凭的是良心和自觉。我觉得国家花钱把我送出国读书，条件还那么好，要珍惜这个机会，更要对得起国家。

也正是在澳大利亚学习时，我认识了我后来的先生。

我先生名叫童锦荣，甘肃人，比我大两岁。他原在新疆部队，由部队送到武汉大学，也是工农兵学员。后从武汉大学到了澳大利亚留学。

我们俩是同一批到澳大利亚堪培拉高等教育学院留学的学生，留学时互相产生了好感，就在一起了。我们1975年出国，1977年回国。回国后，我回到上海外国语大学教书。而他先回到新疆，后去了北京，进了总政（中国人民解放军总政治部），总政那时候开始成立外事局，缺少外事人才正好就把他调来了。

1979年1月，我们结婚了。

6. 为解决两地分居忍痛割"爱"

结婚后，我们便遇到了问题，两地分居的状况不能长期下去。他在部队肯定不能来上海。而我很喜欢教书，让我放弃也很难。我想学校待我很好，那时学校成立学术委员会，我是最年轻的委员，不到30岁。

于是我不好意思先跟学校提要往北京调的事，就自己跑到北师大联系工作，因为我先生居住的总政黄寺大院离北师大不远，我想找一个离得近的单位。

到北师大后，我找到人事部门，自我介绍后说我想来北京工作。人事部门的人说，我们也缺外语老师，能否先考试一下。我想考就考吧。结果，他们为我一个人单设考场。我那时候根本不害怕考试。考完了他们说可以呀，我们这儿缺老师，但是你的户口问题我们没法解决。我说户口问题不用你们解决，我可以随军。

回到上海，我便跟学校说："我要去北京，解决两地分居问题。"我们系的书记说："你不应该提这个问题，有好几位老师都是夫妻两地分居。"这么一说，我就再不好意思提了。

碰巧的是，我的同事张宝珠老师听说了这件事，便告诉了我一个信息，说北京正在筹办一份英文报纸，现在他们正在上海招人，其中一位招聘人员名叫关在汉，张宝珠认识他的夫人，关在汉的夫人当时就职于北京第二外国语学院。张宝珠说，关在汉以前外语也很好，"文化大革命"时曾被打成右派，原在北京教书，后来要办这份报纸，他便被调去筹备办报了。

1979年夏秋之交时，关在汉和夫人都在上海，他的夫人刚好在上外进修。一天周末，关在汉去了他夫人在上外的宿舍。我听到消息，便直接找了过去。见面后，关在汉又对我进行了一场考试。关在汉说："我们到上海是来招人的，但我们要招有办英文报纸经验的人，因为上海以前办过英文报，有这样的人才。而你肯定没有这样的经历，但你来了，就给你一个机会考考。"

他翻出来一份人民日报，让我把其中一篇文章翻译编辑一下。我还记得那是一篇关于尼克松访华的报道。编就编吧，那时候也没打字机，手写的，编完了就给他了。

然后，我就等着听回复。他们后来回复我说："你外语可以，但你显然没有新闻工作经验。"我确实没有新闻工作的经历。

后来我又得到消息说，他们本要招的一些老人，就是那些有新闻工作经历的人，都拖家带口，没人愿意去北京。而我是愿意去北京的，于是他们就决定要我了。要办的这份报纸，就是现在的《中国日报》。

学校一开始都不知道这事，直到1979年底，有天在校园里，我碰到了胡孟浩院长，他说："你好啊！没让学校知道，中组部直接发调令了。"收到了调令，学校没什么说的了，就放人了。于是，我把1979年秋冬那学期的书教完后，在1980年初搬到了北京。

7. 《中国日报》筹备小组英才济济

1979年寒假，我来到北京。

1980年3月，我去英文日报筹备组报到，在人民日报社，当时在王府井那儿，在王府井大楼里有两间办公室。

现在开始说《中国日报》的故事。

1978年、1979年中国改革开放之后，有些外国游客来到中国。当时中国没有英文报，也没有英语电视，游客到中国后很迷茫。于是，是游客先提出来，中国能不能办一份英文报纸？

外文局、新华社以及人民日报社的人，一起成立了一个筹备领导小组。小组共4人，又称四人小组，有时任人民日报社秘书长的安文一、时任外文局局长的汪溪，还有江牧岳，后来是中国日报社的社长，还有一个冯锡良，后来担任中国日报社总编辑。

四人小组成立后，冯锡良、关在汉便到上海去招人，关在汉是一个很好的英语老师，后来是中国日报社评论部主任。

我去中国日报社时，汪溪因为是外文局局长，有外文局的工作，安文一是人民日报的秘书长，他有他的事情，真正投入很大精力在操办的是江牧岳和冯锡良。江牧岳是一个老报人，曾任《新华日报》太行版特派记者、编委、副总编辑。

冯锡良是美国密苏里大学新闻学院的硕士，早年毕业于上海圣约翰大学新闻系，在哥伦比亚大学新闻学院也学过一年。他当年在外文局工作，曾任《人民中国》（英文版）主编，《北京周报》副总编辑，就整个英文报纸而言，他是中国日报报纸业务的一个奠基人。

江牧岳江老非常不简单，我认为他是我党一个非常优秀的媒体领导者。可能因为他原来在新华日报社当过副总编辑，还在浙江日报社当过社长，所以在整体管理上很有经验，他办报的管理理念，大框架的东西都比较正确，和上层机构的交流也都是他在做。

《中国日报》原来叫英文日报筹备组，后来正式命名《中国日报》，是江牧岳当时去找中宣部部长王任重后，最后敲定的。

有关江牧岳的信息传播得太少，因为他不懂英文，大家便说他是外行领导。但是他领导得非常好，冯锡良在海外学到的一些国际传播理念，他都能够认同。举个例子，《中国日报》成立时，有一个关于用中文还是英文定稿的决策。新华社从来是中文定稿的，对外传播，也是中文定稿，再翻译成外文对外发布。

但是冯锡良，还有我们的刘老刘尊棋，那时候就主张办英文媒体必须用英文定稿。刘尊棋是《中国日报》的第一任总编辑，《中国日报》开始筹备创办的时候，他不在。报社成立后，中央很重视，就调来了刘尊棋。刘尊棋当时是大百科的总编辑。他外语也很好，还是老新闻人，当年在国际新闻社等机构都待过。他是一位非常儒雅的学者，是对外传播的开拓者之一。

刘尊棋和冯锡良等专家都主张英文定稿，江牧岳社长虽然不懂英文，但他也非常赞同这个意见。除了英文定稿，还有一个他们当年的决策，我觉得也非常英明，就是可以直接采用外电。当然，这是经过批准的。

我们那时候的外电全部都由新华社控制，发什么消息全部从新华社转发的消息中找。而我们《中国日报》当年从一开始就可以直接用外电。美联社的、路透社的、法新社的都可以直接用。这个渠道对读者来说是非常重要的。你报纸上没有这些通讯社的新闻，那些外国读者是根本不接受的。美联社、路透社、法新社是他们熟悉的媒体，他需要直接看到。你只能借助这些外电吸引外国读者，这样把中国的新闻送出去，才能将愿望变成可能。

我觉得江牧岳挺伟大的，他能有这样开放包容的心态很不容易，在那个年代不多，现在也不多。此外，他还挺风趣，刘尊棋、冯锡良曾从国外请来一批新闻传播的专家来报社进行指导帮助,江牧岳不懂外语,照样和这些外国专家们谈笑风生,他用他的肢体语言和他们交流,有好几个国外专家都很喜欢他。

这些国外专家后来和我也成了朋友,是几十年的老朋友。江牧岳在世时,他们还要去看他,都觉得他是个可爱的老头。

江牧岳就是这样一个非常平易近人、善解人意的老先生。所以我觉得当时《中国日报》整个报社的框架,以及一些办报理念,给《中国日报》奠定了基础,使得《中国日报》被外国读者接受。

8. 参与《中国日报》创办工作

我是1980年初到北京的,其实那个时候我已经怀孕了。我还记得,关在汉一看见我,就说:"我们上当了,我们想找一个年轻能干活儿的,你来了就不能干活儿。"因为我的预产期是5月,3月份去上班,就已经不大方便了。

那时,就帮着做一些有关筹备的杂活儿。比如招人的工作。刚开始我们就两个小办公室,没几个人,我现在工号是80001,第一号。因为那时候人事关系直接进中国日报社的就一两个。

当年5月,我就要生孩子了,当时在英文日报筹备组,没有医疗关系,通过人民日报的医疗关系,去了协和医院生孩子。就在我们单位的对面。协和医院妇产科很棒,医生开始让我自己生,但我宫缩无力,没生下来就剖了。现在剖腹产休息的时间长,但我们那时候休的时间很短,就两个月,单位领导说:"你赶紧来上班吧,我们现在缺人啊!"

那时候我上班,还要惦记着给孩子喂奶。我把我妈接来帮我带孩子,然后我每天上班中途回来喂奶,喂完奶再去上班。那段时间主要是筹备工作,我刚开始时从事的基本是人力资源方面的工作。那时候招人,还要审看档案,我还记得跑到人家单位里看档案,我是党员,能担任查看档案的工作。

当年《中国日报》的招聘工作算是走在前列的,是登报公开招聘,然后进行笔试。笔试后，我们批卷、评分，通过笔试定下来的人选再进行政审，我就帮着做这些事情，我没有学过人力资源，那时候领导叫我去干什么我就去干什么。

9. 1981年6月1日《中国日报》正式创刊

报社招进来一批人之后，就开始进入试刊的阶段。但当时那些人员里，大部分是没办过报纸的，没有新闻工作经验。于是当时很现实的问题是人员怎么培训呢？然后报社就联系了英国汤姆森基金会，他们派了3个老师来给我们培训，培训地点就在报社，培训时分了两个班。

那时候，报社已经搬到金台西路了。安文一通过沟通协调，安排人民日报社的一栋楼给我们用，还让我们使用人民日报社的食堂、医务室等。

1980年，我们就开始试刊，一直到1981年6月1日创刊，试刊期1年。

我们从开始接受培训起，就开始试着编报纸，做小样，后来慢慢正式做报纸。这期间，我们还解决了一些技术上的问题，那时候中国没有英文报纸，一套英文排版的系统都没有。

冯锡良在国外有一些资源，请墨尔本《时代报》的行家做了一套排版系统，这套系统拿回来安装后怎么用，也需要一个专业的人。当时我们报社也没人懂，有一位同事大家叫他老周，也很不简单，跟老外学，从不懂到懂。当年的人没有多少束缚，开放的心态和现在真是不一样。

我们硬是从不懂到完全掌握了这一套照排的系统。

那个时候还属于铅字印刷时代，"中国日报"（China Daily）最早的几个英文字，还是从外文局的铅字库里挑出来的。用挑出来的铅字，做了这个报纸报头。后来全改成照相排版，照出一条一条，一栏一栏的，有7栏，也有6栏，因为我们报纸当时设计的有7栏也有6栏，最后一条一条地拼上去。后来的计算机排版系统，我们比人民日报社等都用得早，我们当年已经全用电脑输入了，人民日报的记者还是手写字呢。再后来就完全数字化了，胶卷都不用了，变成了激光照排。

那时从技术到新闻写作，全部都是从零开始，我们一众业务人员，不仅要学习英文新闻写作，还要学报纸的版面策划及设计。最在行的是冯锡良，他曾在密苏里大学学过新闻，又在哥伦比亚大学专门学过设计。而刘尊棋在新闻界是老前辈，英语方面又是专家。我们就是靠跟着这些我们都非常尊敬的前辈学习，才开始慢慢掌握新闻写作、报纸制版出版的各种技术的。

《中国日报》最早试刊的时候不到60人，正式出版时候已有100多人。

《人民日报》当时是8个版，我们100多人的一个队伍，也要办8个版面的报纸，还是全英文，我们当时觉得这很难，不可思议。但是后来还真的就办出来了。1981年6月1日，《中国日报》正式创刊。

当时挺有成就感的，那时候好像全国就我们能办英文报纸。刚开始是一周5天出报，周一到周五，后来变成6天，现在变成7天都出报。

10. 《中国日报》的几个突破

《中国日报》创刊，我觉得有几个突破，除了此前提到过的英文定稿、直接用外电、有国外专家指导以外，还有一个突破，也算是在中国新闻界开了先河，那就是摄影新闻和图片的运用。我们遵循的五字原则，即"新、真、人、活、大"，在新闻界是挺突出的。

当年，《人民日报》的照片就那么一点点，火柴盒大小，而《中国日报》使用的照片大很多。有关《中国日报》的照片使用原则，是很知名的，因为照片就是新闻，过去老把照片当成一个陪衬。这个在当年中国新闻界，我们是首创。

我觉得能有这个首创，可能与当时我们从海外请的一批老专家有关系，因为他们就是第一读者。他们跟着一块办报，介绍说他们国家的报纸没见用这么小照片的，于是我们也跟着用大照片。

还有就是新闻漫画，《中国日报》也倡导得比较早。后来，《中国日报》

的新闻漫画得了很多奖,这也和有外国专家指导有关系,他们让我们学习并运用了国际上的通用做法。当然,最根本的原因,还是我们报社的人思想很解放。

当年,中国日报社的摄影队伍、漫画队伍都是非常优秀的,我自己也很自豪,因为曾经有很长一段时间,我是摄影部和美术部的分管领导。

办了报纸后,我常常回想,我从学外语走上了从事新闻职业这条路,或许并不全是偶然。我血液里头有我父亲这个印刷工人的基因,而且我从小就喜欢写东西。但比较遗憾的是,因为后来担任了领导,要应对大量的行政事务,写作的机会就少多了。我常常在想,如果我能一直在一线进行新闻写作的话,可能会取得另外的成就。

朱迪(外国专家)一直说我可惜了。她一直认为我是一个很好的记者,她那时特别喜欢我采写的东西。她说:"你就不该走当领导这个路。"但在我们那个时代,比较听从组织的安排,我被提拔得很早,觉得是领导器重我,得珍惜,自己好像不能再有其他什么想法了。

我很早就当副总编了,是在1987年,才36岁。当了20多年的副总编辑。

《中国日报》第一任总编辑刘尊棋,第二任总编辑冯锡良,第三任总编辑陈砾。这些前辈都有非常优良的品格。我跟他们学到了许多东西,他们又都那么真诚地对我,我很感恩。

11.《中国日报》对我的培养

1981年6月1日,《中国日报》创刊。我还记得那年年底,刘尊棋刘老就跟我说:"咱们从1982年1月1日开始,要专门开辟一个版面,你来负责。"创刊才半年,他就叫我负责一个版面。

开个什么版面呢?叫"life/people",人民生活版。刘老跟我说:"我们对外宣传,需要政治性的新闻,但也需要'糖衣炮弹'。我们的'糖衣',就是介绍人民的生活以及人物,让国外读者了解我们。"我当时觉得真好,而我也正好对这个挺感兴趣，于是我就开始编这个版。

年底，要迎接新年，我们就以"老百姓的新年"这个主题，开始街头巷尾采访。新年愿望做了一个版。这是第一任总编辑给我的重任。从 1982 年开始，我就负责这个版。那个时候还没有主编的说法，就是说你负责这个版。

冯锡良冯老也给了我一个重任。我记得那时我们和记协共同办了一个活动，叫"重访中国"。解放以前，有一批外国记者去过延安，当时我们就请这批外国记者中的部分人员回来重访中国。冯老让我跟着这个记者团去采访，去了延安、南京等地，和他们一起走了一路。

重访团的 19 名记者和他们的亲属，有原《纽约时报》记者 Tillman Durdin 夫妇，原美新处人员（亦曾任《纽约时报》记者）Henry Lieberman 夫妇，原《太阳报》记者 Philip Potter 夫妇，原《芝加哥每日新闻》和合众社记者 Albert Ravenholt 夫妇、John Hlavecek 夫妇，原美军观察组成员，原《时代》和《生活》杂志记者 Clifton Fadian，还有原合众社记者 Robert Martin，原《基督教科学箴言报》记者 Hugh Deane 等，还有那个斯特朗的侄外孙。这些记者都是中国通。

那次重访，邓小平还接见代表团，并发表了讲话。1985 年 3 月 26 日，我采写的有关这次采访团的文章，登在了《中国日报》的头版头条。

但是这样写作的机会其实没有太多，因为更多的时间都放在事务性的工作中去了，如果自己再勤快一点儿，再给自己更大一点儿的压力，可能还会有更多的作品。

我的同事黎星就给自己的压力很大，半夜 2 点都能写稿。我不会，我的作息相对比较规律。我也挺佩服她有那么好的精神，要是到半夜，我的脑子就不清醒了，什么都写不了了。

《人民生活》这个版面，我编辑了两年。从 1981 年底开始筹备起接手一直负责到 1983 年。

中国日报社其实很眷顾我，1983 年，有一个美国的访问学者项目，就派我去了美国。

我比较随缘，有的人可能就挑剔，觉得要出去学习就得拿个学位，但这个拿不到学位，是访问学者。我觉得报社对我那么好，给我一个学习机会，还挑什么，于是就去了，做了一个学年的访问学者。

这是在美国密执安大学的一个为人文学科设立的学者项目，项目的对象主要是美国新闻界的一线新闻工作者。其中拿出3个名额给海外。那年，除了我，还有一个斯里兰卡的和一个韩国的新闻工作者。

单位对我的培养派我参加的项目不止这一个，还有一个。1982年，德国柏林有一个国际新闻学院开办了一个短期训练班，两个月时间。这是个国际性的项目，学员来自世界各地，如塞浦路斯、马来西亚……报社也派我去学习两个月，反正报社送我去我就去，我也从来不多想。

这个项目让我收获很大，有版面设计这样的课。最后考试中，我和来自马来西亚的一位男记者得了并列第一。我觉得我们新闻职业可能更需要的是技术、技巧的训练。它需要训练，需要实践。

而在美国密执安大学的这个项目是个学者项目，学校给访问学者提供了诸多便利。比如，你想去听什么课，学校都会给你安排，学校还会给你专门指派一个相关的教授，你可以去听他的课，有问题也可以去问他。

我们这一批人，有的对经济学感兴趣，有的对社会学感兴趣，有的对电影感兴趣，大家选了各种各样的课，但是每个星期有两个半天是要集中讨论的。讨论会定一个课题，比如说今天讨论一个社会问题，明天讨论一个电影问题。你若没选这方面的课，也可以发表意见。大家在一起思想交流，很像我们现在所说的头脑风暴。

那时，我在密执安选的课程很杂，社会学、艺术类的课都听过。我对艺术类的很感兴趣，只要是艺术类的课，如电影、美术，我都去听，心想有这个便利就要好好使用。我们不用像注册学生那样必须要先学习本科目的课程，因为是访问学者，也不用积累学分，多好。

最后结束时，我写了两个项目总结，一个英文的，一个中文的。中文总结和英文总结不一样。反正这就算是我的一个经历吧。

在国外当访问学者，肯定比在国内通过阅读了解西方要深刻得多。所以，这些培训游学经历，对我办《中国日报》有非常大的帮助。

在这期间，还有一个插曲，就是 1984 年，我还在密执安大学进修，报社就任命我为总编室副主任了，算是又提拔了。我想可能那时候真的是缺人吧。

所以我回报社后，就去做总编室副主任了，于是工作中有一半的精力要去应付一些行政的事了。我们的总编室不太一样，不用上夜班。我们上夜班的是发稿部，我也上过夜班，总编室更多的是做舆情研究、对外联络工作。

12. 1999 年参加艾森豪威尔项目后的感想

在《中国日报》，我还去过一些其他国家，但去的不多，时间最长的一次是当艾森豪威尔学者那次。那是 1999 年，我去了两个月，基本都是旅行。

1999 年的这个项目，是老布什总统和江泽民商定的一个项目。美国艾森豪威尔基金会是以美国前总统艾森豪威尔命名的非营利组织，基金会主席一般由美国前国务卿担任。基辛格曾长期担任该组织主席。这个项目在美国是一个规格比较高的项目，过去总想在中国开展，但一直没成功，最后是江泽民交由教育部负责，教育部国际交流协会承办这个事。1999 年，参加这个项目的除了我，还有审计署董大胜副署长（现在已经退休了）、中国联通董事长常小兵，教育部现任的副部长郝平，以及外交部、商务部等各界人士。

我们去了以后，每个人都有自己的项目，然后项目承办方就根据各人的主题给安排。我当时就提出了两个感兴趣的领域，一个是妇女问题，另一个是媒体，特别是新媒体发展。项目承办方就安排了我到学校跟媒体教授进行交流，并到一些媒体如纽约时报社去访问，然后也和一些妇女团体等研究人员进行交流、考察，去了美国不少地方。

通过这个项目虽然走了不少地方，见的人也很多，但和 1983 年、1984 年在校园当访问学者比起来，不太一样。因为密执安是美国的中部地区，有时候考察会下农庄，是比较基层的地方。

1999年这个项目很不一样。记得我去《纽约时报》时,还和《纽约时报》的执行总编吵了一架,是有关"李文和间谍案",后来除了李文和认可了一项罪名外,美国政府收回了其他58项指控并将其释放。李文和的事情后来证明《纽约时报》根本就是判断有误。这种经历让我觉得我们虽然做了多年对外工作,但真的是太封闭,不知道怎么跟海外媒体打交道。有时候你觉得自己很真诚地与他们交流,但他们不可能理解,因为是不同的话语体系。

和外国专家在一起

"二战"以后,西方的那套话语体系,是在我们没有参与的情况下形成的。我们又完全是另外一套话语体系。我们现在加入了WTO,那套体系也是在"二战"以后形成的,然后我们经常在这中间讲一些体系外的话,我们想让别人不产生怀疑是不可能的。

我还写过一些关于国际意识的文章。我认为,无论你是否从事对外传播工作,作为新闻界工作者,应该要走在时代的前面。如果没有一点国际意识,就不是一个优秀的新闻工作者,而我们整个社会在这方面都比较缺失。我觉得有点儿可惜,经济发展了,但其他方面跟不上,也是要拖慢社会整体发展进程的。

今天,我认为提出加强国际传播,投入很多钱,当然很好,也要做,但如果你理念不变的话,会很滑稽。投入产出想一想就觉得很多钱打水漂了。我觉得我们在话语权这方面真的很弱,以后随着我们地位的提高,我们可以说要改变这个世界的现状,可以有所作为,但是在自己都没有成体系的情况下,我们在国际上的交流如果没有与他们的接触话语基础,要话语权就挺难,会牛头不对马嘴,会是自说自话。

到今天这种情况仍未改变。我们在政协开会的时候,新闻出版界有一个政协委员说,我们的语言就火药味很浓,都是奋斗、战线等语言。这些语言要是与海外人士交流,让他们理解是有难度的,因为这与他们说话的语境太不一样了。

13. 新闻工作者是在记录历史

我在《中国日报》干了30年,见证了《中国日报》的成长。最开始时我们出去采访,人家都不知道什么是《中国日报》,没见过《中国日报》,现在一提起《中国日报》,很多人都说知道了,是份英文报纸。

在《中国日报》,我奉献了人生中最美好的一段时光。我认为,新闻工作者是历史的记录者。我们做对外传播,不能说记录得很全面,但我们经历了中国从一个封闭到开放的过程。我们是比较前沿的新闻工作者,只是我们一直在话语上与海外说不到一起。但无论是与他们针锋相对,还是对话沟通,这都是一段难得的经历。

我每次去给中国人民大学的学生讲课,都要举一个例子。"9·11"事件发生后,《中国日报》是把该事件放在头版头条位置上的。中国主流媒体都没有放在头版,我们《中国日报》却放在头版头条,这是很自然的一种选择,因为这是国际上的一个大事件。

那时候,中国的主流媒体没在头版呈现这条消息,也是很自然的。但现在的学生不理解,我就告诉他们,这就是中国的新闻史,我们就是这么走过来的。《中国日报》能这么做,是因为我们做的是对外传播工作,直接与国际对话,所以比较前沿。

这个事件如果不放在头版头条的位置,在当年的我们看来,都是不可思议的，与我们一起工作的外国人都非常肯定，这个事件是当天的头版头条。但对当年的中国主流媒体而言，他们又是另一种语境，可能认为这并不适合放在头版头条的位置。

但是这么多年再回头看，这个事件放在头版头条的位置，已无可非议。所以，我觉得，新闻工作者就是在记录着这一段历史，这个工作也挺有意思的。

14. 创办《二十一世纪英文报》

我还做了一件比较有意思的事情，就是创办了《二十一世纪英文报》。因为我是做老师出身的，到《中国日报》工作以后，发觉我们整个社会不太适应全球化，报社内部有很多人觉得《中国日报》是应该给学生看的，但是我总认为学生看《中国日报》有难度，所以我就极力主张要办一份受众是学生的报纸。因此1993年，我们办了《二十一世纪英文报》。

1993年，我国刚办完亚运会，正在申办奥运会。全社会都需要营造一个学英语的环境。

当时我们的陈砾总编辑开明开放，非常赞成办一份可以让学生读的英文刊物的想法，很积极地与申奥委联系，批了我们一个刊号，办了《二十一世纪英文报》，受众就是学生。

为什么要与申奥委联系呢？那时，中国申办刊号是比较难的，但申奥是我国非常重要的事，所以和申奥委联合，说明我们办学生英文刊物，是为了在年轻人中普及奥运知识，所以刊号就申请下来了。

虽然1993年我国第一次申奥没有成功，但是《二十一世纪英文报》办起来了。1993年创刊，定位是面向年轻的学生，并以提升年轻人的国际素质为目标。虽然当时定此目标还有些压力，当时我们报社很多人希望办成一份应试报纸，办成英语辅导类教材。但我不太主张，我觉得由《中国日报》办，就不应该是为应试服务，我们是一个主流的媒体，总归要有一点儿价值在那里头，所以一直主张要办一份提升年轻人国际素质、开拓其国际视野的英文报纸，要有东西方文化的交流，要有开放的心态，要有做好小公民的意识。最开始，这份报纸是办给大学生看的，慢慢地发展到现在，有小学、初中、高中、大学版；高中版的，还分了高一、高二、高三多个版本了。每个版本1周1期。

说起这份报纸，我挺有自豪感，因为现在很多地方都把我们这份报纸作为阅读材料，或推荐我们报纸为阅读材料。还有一些英文的考题，也常常从我们报纸里摘。

我以前当过教师，我很清楚大学很多教材都是自己编纂，但中国的很多英语教材与国际的差距还很大。我们这份报纸可以和国际接轨，所以学生想要学活的语言，他就会喜欢读这份报纸。

《二十一世纪英文报》，我是第一任总编，很多人都说这份报纸是我的Baby。最近，一个华东师范大学的老师跟我说，这是一件积德的事，我听了心里挺高兴。她说，他们学校有一个非常好的老师，开的读《二十一世纪英文报》课，学生很多，她用我们这个报纸做教材。

15. 发起全国大学生英语演讲比赛

1995年，英国驻华大使和他夫人请时任外交学院副院长的任小萍、电视大学（现开放大学）的主任刘黛琳和我3个人到大使馆里喝茶。大使夫人Lady Appleyard，当时是英国英语联合会的副主席。英国人把英语当成国宝，在全世界推广，所以他们有一个英语联合会。喝茶的时候，大使就说："我们能不能做点什么，帮助中国人提高一下英语水平。"我想了想说："那我们做一个英语演讲比赛吧。"然后《中国日报》就开始主办全国大学生英语演讲比赛，这个活动办了20年，一直延续到现在。每年我们得奖的选手通过英语联合会，到英国去参加全世界的比赛，有好几次中国选手都得了金奖。

当时，任小萍和刘黛琳老师都非常支持，我虽然是英语演讲比赛的提议者，但没有他们的鼎力支持，我也办不成，因为她们都在教学一线。任小萍后来外派当过两任大使，当时在外交学院是副院长，她在她的课程设计当中，添加了"演讲"这门课程。想当年我们自己上学时，有英语听说读写，但没有培养在大庭广众之中演讲能力的课程。20世纪90年代的时候，大的国际性的会议，中国人在那儿发表演讲的凤毛麟角。

最早我们的目的只是让学生在公众场合演讲，能够自信一点儿，但是后来发觉这些得奖的学生都成了国际交流的人才。如今我们常在电视中看到的习近平身后的那位翻译，就是从我们的比赛中脱颖而出的，叫孙宁。

任小萍后来到外交部翻译室当副主任，她就在比赛中看上了这个学生，就把他挑到外交部去了。那时候，孙宁还是北京外国语大学的学生，在我们的演讲比赛中得了冠军。还有李克强身后的翻译，叫张璐，也是我们演讲比赛中的选手，她当年是外交学院的。

还有一个叫王冠，是中央电视台驻美国的记者。2013年，习近平同奥巴马在安纳伯格庄园会晤的电视报道，就是王冠做的。

我认为，现在的学生如果能够熟练使用英语，他不仅能够非常自信，还懂得了怎么用语言去跟外国人沟通，传达自己的想法。我们老说价值观，但语言不通，如何体现价值观，老是靠政府的宣传，效果并不好，但这些学生在各种场合把中国的价值观通过通用的语言传播出去了。

这个英语演讲比赛，到今年刚好是20年，每年一次，今年是在河南大学开展的演讲比赛。这也算是做了一点儿有意义的事吧。

16. 世界妇女大会的会刊和论坛

1995年，北京要开世界妇女大会。世妇会决定要办会刊，就叫我去挂帅。但会刊不是我一个能干得了的，我得带着一帮人干。我还把新华社的大记者熊蕾给请来了。因为办世妇会会刊，非常需要像熊蕾这样有女性意识的人，不然，有些有关女性的角度和信息，就发挥不出来。那时，我刚好是女记协的副会长，会长是李琴，是新华社的。女记协还在世妇会上组织了妇女传媒论坛，我做了具体的组织工作。

'95世妇会期间留影

在世妇会上，会场为每个论坛配一个帐篷，用于存放宣传资料。开展论坛是固定一个地点，半天时间，参加论坛的人员集中讨论，我请记协的陈秀霞当主持人，我记得当时发言的人有陈崇山、卢小飞、谢丽华、熊蕾，还有上海电视台的王小平。

我们办的世妇会会刊叫《世界妇女》，是日报，每天出，16个版，一共19天19期。我都得天天盯着。据当时参会人员反映，每天通过这张报纸知晓各种活动，很有帮助。发行量有数万份。

17. 对中国性别平等进程的忧思

我个人认为，在我国应该要有一点女性的声音，中国的某些文化思想意识太根深蒂固了，要想改变一些刻板的性别印象，提高社会的性别意识还是太难了。到现在为止，我觉得中国在性别意识方面，与很多国家相比还是很落后。虽说男女平等是一个基本国策，但不是作为一个硬性的国策被贯彻执行，它是一句没有检查、没有监督、没有实体保障的口号。

当前，在各行各业里，女性地位仍旧偏低。其实女性优秀人才很多，但是到关键的时候都不被重用。真正能体现女性力量的地方是在商界，有些女性通过自己的努力和打拼，在企业中做出了成绩，提高了自己的社会地位。就如董明珠。

两性平等才是社会进步的标尺，但目前两性平等的目标还没有实现。现在一些年轻人，如蒋方舟这些作家，他们写的东西好像没有我们那个年代那么传统了，但能不能达到一种新的男女平衡这种高度我不知道，就目前的社会来看，希望很小。

像我这种性格的人，在中国有很多，有性别平等的意识，却没有争取性别平等、激流勇进的精神。也可能是我们受到的家庭培养和文化教育的影响，中国的妇女从来就属于比较容易退让的性格吧，所以不太可能形成促进性别平等的推动力，不知道"90后""00后"是不是会有所不同。

现在有一支很小的力量，是职业的女权主义团体，她们很弱，受到的阻力重重，因此她们行进得非常难，但她们能做成这样，我要向她们致敬。我认为性别平等的目标实现，可能就得靠这样的团体来做。

总之，世妇会的时候，我组织了一个非政府的论坛，同时还要办报，而办报是一个硬的工作，因为每天都得出报。幸运的是，这些工作有熊蕾、黎星这些能手帮忙，还有我们本报社的人才。其实中国日报社有很多人才的。

近期，我去单位，遇到报社现在经常跟领导专机采访的一个年轻女记者，她的孩子也快上学了，报社跟专机就她一个人，她跟我说："跟专机的记者，新华社几十个人，中央电视台几十个人，我一个人什么事情都得管。"我安慰她说："这确实辛苦啊，但是这能锻炼人，他们只是处理稿子，其他什么行程事物不用管，而你什么自己都得管，你的本事就更大。"我觉得这些年轻人都挺能干的。一些比较优秀的女孩子，没有进入领导层的愿望，而男性普遍都有这种愿望，于是男性很积极，女同胞往后一退，领导的视野里便没有女性了。记得中办有一次来考察干部，问我有什么意见，我说我希望我们领导班子里要有女性。

18. 对外传播，从自卫到自信

1987年，我当了副总编以后，我开始特别关注海外舆论及舆情，天天浏览几大通讯社的报道，阅读《时代周刊》《新闻周刊》等。

每天都必须做这些舆情研究，才能每天安排有针对性的采访、报道。我们当年从事对外传播工作的时候，还没有意识到应该与国际上使用共通的一套话语体系，这样才能通过交流，把我们想说的传达给世界。当时感觉，这个世界好像都是我们听别人说，别人说中国什么样，中国就是什么样，没有我们中国自己说话的份，也没有我们说话的地方。

有了《中国日报》后，我们可以自己说点儿话了，但一开始，总感觉像是和别人在干仗，经常要反击，总用一种反驳性的说话方式。尽管我们天天研究《时代周刊》《新闻周刊》、美联社、路透社，希望能与国际平等交流，但最开始我们是自卫性的。所谓自卫性的，就是想尽办法捍卫我们自己的说法。

过了这么多年后，回头看，觉得当时总是一种自卫的态度，其实是暴露了我们的弱小，听不得批评，别人一批评我们马上要反驳，像个孩子一样，遭到批评就要站起来强辩几句。现在长大成熟以后，就觉得批评是很正常的事，所以现在被人批评的时候，心态就像毛主席讲的那样"有则改之，无则加勉"，美国人也天天被人家批评，很正常，世界上没有百分之百的完美，哪个制度也不完善。我们自己说自己这些年是进步了，但是也有很多做得不够的地方，批评你就听呗，你觉得你有更好的，你就说呗。

我在给人民大学的学生上课的时候，我就谈到过，我国对外传播工作的一种变化，原来是自卫性的态度，到现在我们则更多注重的是交流。

我快退休前，就强烈感觉到，自从中国在经济上强大后，说话的底气就足了。我还记得，当年，我们有个新闻作品得了奖。这是个关于人民币的报道。当年，国外传说我国人民币要贬值了，我看到这个消息后，马上就想到要反击一下,我派经济部的一名记者去写,记者一开始说:"这没什么好写的。"我说:"没有什么好写的?这很重要,是关于人民币的。"国外有舆论说中国人民币贬值了,而那时候国内不会有应对的稿子。我就跟这个记者说,赶紧找有关部门,告诉他们,外面在说我们人民币贬值。

结果文章写了,还得了奖,得了第九届中国新闻奖一等奖,标题是《项庄舞剑,意在沛公——明传人民币贬值,实为投机谋暴利》。

但如果现在,海外再有这样的舆论,我们就会更冷静一些,会把报道做得更全面。这是因为我们在国际舞台上交流多了以后,自信度也提高了,对自己的认识也更加清醒了,我们传播的方式就会有变化。还是拿人民币举例,我们就会参与到人民币的讨论中去,讨论如何使世界的经济更好的发展。心态会更成熟了。但这种心态我认为还只是在经济方面,中国在其他方面仍是持一种自卫的态度,包括刚才说的有关女权运动的事情,有关我们的政治问题,我们也总是在捍卫。我认为,国家的成熟,应该体现在政府层面、社会层面、个人层面各个方面。承认自己的优点,更要认识到自己的缺点,这才是自信的表现。而且,如果你希望对方接纳你,就不能总是处在对立的状态当中。

19. 我又回到熟悉的大学讲堂

我曾到清华大学、北京大学、人民大学、上海外国语大学、中南工学院等学校讲课,上海外国语大学和中南工学院还给我发了特聘教授的聘书。

讲课的内容大部分都与国际传播有关,在北大讲的是中西跨文化的交流。我还在香港浸会大学讲过课,介绍中国的现状和媒体。在澳门大学也讲过课。

前年,我还给中国教育国际交流会办公室的两岸青年领袖研习营项目讲过课,今年又邀请我去讲,我给推掉了。当时我给他们讲的是有关西方传媒的偏见,因为我觉得作为青年领袖应该了解媒体的偏见,讲课时我以伦敦奥运会为例,讲了很多西方对伦敦奥运的报道。讲了中西方文化的差别,但这种差别不该影响我们看问题时应具备的客观态度。不能戴着有色眼镜看问题,有意识地去过滤一些客观的东西。就是这样一个主题,听课的那些台湾年轻人对此很认同。因为主要讲的是中国人和西方人的思维不同,他们就能理解,若要讲大陆和台湾的不同,他们可能有时候会有点儿抵触。

还有好几次接待富布莱特学者的访问,其中很多人都是老师,他们来华访问,经常到我们报社参观,退休前我就给他们讲课,讲过好几次。因为我了解他们的背景和我们的背景之间的距离,我就通过这种搭桥的方式,让他们也有意识地感觉到,他们所处的舆论环境实际上是有点儿缺失的。我觉得跟他们讲讲这一点,对我们之间的沟通认识,能更增加一点信任。

20. 对于女性来讲,玻璃天花板哪里都有

作为一个女性传媒人,很多西方人有时候会问我:女新闻工作者在这种环境下有玻璃天花板么?你们有没有被审查?我就会回答,对于女性来讲,玻璃天花板哪里都有。而回答审查的问题,我说你们传统上认为在我们这样的国家,会有政府官员在我们办公室审查,事实上这种现象是不存在的。但我们自己会有自我审查的意识,知道哪些事该做,哪些事是不该做的。我说你们国家的媒体人也是一样的,他们也会清楚哪些该做,哪些不该做,有个界限,不能跨界。有时候,他们还会接着问,你们会不会批评政府。我就回答,批评政府那太正常了,我们还批评美国政府,你们美国大使馆还批评我们,找我们麻烦呢。我说我们中国日报社编辑部里很多人都是从美国学习回来的。然后对方就不说话了。每次说到美国大使还批评我们呢,他们笑笑就完了,反正就是说知道了。你要人家能够跟你继续对话,你就要说得人家能听懂。

在人民大学,我对学生说,在和国外人士交流时,必须有东西与大家共享,是大家都认同的。我举了个例子,我们去国外时,发现外国人都喝凉水,

晚年工作照

早上都喝凉水，可我们不习惯，总要向他们要热水喝。有一次，在葡萄牙饭馆吃饭时，我问服务员要热水。我注意到，服务员的眼神很奇怪的。有一个中年女服务员，忍不住问了，说你们为什么喝热水？刚一听到这个问题，觉得很滑稽，但我必须回答她，我说我们从小就是喝热水长大的。我跟学生讲这个例子是想说明，热水和凉水虽然不一样，但都是水，这就是一个大家都能理解的介质，所以我说我们从小就是喝热水长大的，她就能很快地理解。

最近一次我们去瑞士旅游，发现很多饭店都会有一个热水装置，专门方便中国人打热水的。现在国外有些地方知道中国人习惯喝热牛奶，甚至会提供热牛奶，有的旅馆里都有烧热水的壶。这就是西方理解了东方，在双方有一个都能理解的介质的基础上，进行交流后的结果。

说这个例子后，学生就理解了，明白人们之间交流时，要有一个彼此都能共同认识的核心，谈话才能继续，彼此才能理解。

有时候，我觉得这是种宿命，大学毕业后我就当了老师，后来做了传媒，等老了又回到了教学岗位。其实我蛮喜欢当老师的，当年我想来北京，先选了北师大。后来我办《二十一世纪英文报》，也是与教育有关。现在给学生上课，还是当老师。

我觉得做教师，最让我高兴的是可以永远和年轻人交流。我们报社很多人总说我心态很年轻，可能就是因为我有和年轻人打交道的习惯。而做传媒，可以培养年轻的心态，因为你永远可以很好奇。可能我从小就是好奇心比较强的人，又喜欢写东西。因此，做传媒对我也吸引力很大。做教师和做传媒，两个轮流做很有意思。

21. 至今清晰记得第一次英文采访

目前我已从《中国日报》退休。我觉得我是典型的 A 型性格人，我不是什么事情一定要做到，但有些事情我认准了就一定会做，比如来北京。

工作后，很多事领导让我做我就去做，我没试过怎么知道我做不了，只有试过了才知道能不能做，做得了我就做，尽力而为。我记得第一次让我去采访外国人，那时候我们还在试刊。我们有一位美国老专家叫 Charlie Whipple，是《波士顿邮报》的一名资深评论员。他说美国著名的花腔女高音 Bevely Sills 来北京了，让我去采访她。那时候我多年轻啊，刚接受完汤姆森基金会的培训，中文采访还没完成几个，现在就要开始英文采访了。

年纪大了，很多事都记不清楚了，唯独这件事我一直记得。这件事是人生的一个里程碑，我开始明白要做记者就要随时准备应付各种情况，所以记得很清楚。这位美国女高音歌唱家当时很忙，第二天就要离开北京。那时我打电话和她联系，只能和她约了她吃早饭的时间进行采访，时间半个小时，那个时候没有录音器材，全靠手记和脑子记，想着就是挺难的一个事情，但还是硬着头皮去了。采访是在她吃饭的过程中进行的。

采访回来后，因为那时没有网络，报社里也找不到任何她的资料，后来就采访 Charlie，他向我介绍了一点儿背景，以及我半个小时的采访，写了一篇东西。1981 年 5 月 23 日登在了我们的试刊上。稿子的署名是青青，年轻嘛，那时候都不用真名，这是我给自己起的笔名。

我记得，这位女高音说，她不是来中国表演的，是来中央音乐学院给学生上课的。她发现中国不缺好嗓子的人，她说中国过几年，就会诞生一批世界顶级的花腔女高音。这些内容都在我这篇报道里。

那时候真是年轻，自己喜欢做的事就去做，也不怵，采访回来后还觉得挺高兴。这是我第一次采访外国人。和我一同去的，还有一个女摄影师王肖梅，我采访，她摄影。她现在已在比利时定居了。

那时候什么都干过，经常在外头跑，采访、写稿子、编稿子、画版样。不像现在，有严格的区分，编辑就是编辑，记者就是记者。不过那时候我在特稿部，采访的对象，艺术界的人物要多一点儿。

我其实蛮喜欢艺术，最初我采访了很多画家、舞蹈家。写的稿子发在我们报纸的"人民生活版"和"艺术版"。

我还记得一个人，叫过士行，他是《北京晚报》的记者，后来转行当了编剧，写了《鸟人》那个话剧。我看完这个话剧后很激动，抑制不住地就写了个评论。后来有年轻记者给过士行看了我这篇评论，他的评价是："挺老到的嘛。"过了几年，《鸟人》话剧重演，我们报社有个年轻的记者去采访了，采访回来也写了一篇评论，那天她到我办公室，我让她看我当年写的关于《鸟人》的评论，她看完以后就不作声了。

22. 对于父母，我还有一点儿遗憾

别人评论我是一个好女儿、好妻子、好妈妈，但我自己认为只能算合格吧。

去年7月1日，我母亲去世，98岁高龄，本来我们都盼她能够活到100岁，但她前年年底摔了一跤，熬了半年，7月1日还是走了。父亲2005年去世，享年90岁。

要说尽孝，我不如妹妹，因为我离父母远，而她一直在父母身边。我只能每年过年回去陪陪父母，自己越上了年纪，就越想陪陪父母，原来年轻时，忙工作没有这个意识。自己50岁以后，快60岁时，就很想念他们，可能因为他们这时年纪大了，需要我们在身边。但我离父母远，有点遗憾。

我母亲年轻时没受过教育,是个文盲。新中国成立后开展扫盲活动,我母亲积极参加,后来能自己看报了。她是很聪明的一个人,认字,她全是自学的。她的生活很规律,我至今记得,她每天早上起来,早饭以后,一定是戴着老花镜坐在那儿看报,看两三个小时,还一直念,每天都看报,在上海看《新民晚报》,在北京就看《北京晚报》。

她下午休息一下,晚上一定要看电视,新闻一定要看,关心物价。在上海,电视播放新闻时,屏幕下方会有白菜等蔬菜及各种生活用品的价格信息,她每天都关注,今天什么涨价,明天什么掉价。

她关心社会生活,也很热心居委会的事情,做了很多。我父母都是性格外向、比较开明的人,我父亲好像还做过印钞厂车间工会主席。他们都比较豁达、大度。我哥哥是独生子,说要去当兵,他们也不阻拦。我那时要到北京来,按理说,他们不会乐意,但也尊重我的选择。

我儿子也跟着我父母生活过一段时间,我儿子上幼儿园时在我身边,那时每天下午5点钟去接,我还能应付过来,但上小学后,放学早,我们都接不了,于是就把他送到上海上小学,让我父母帮忙带。但上完一年级后,我父母说孩子不能只是老人带,会宠坏,于是又把孩子送回到我们身边,我母亲也跟着来了,帮我们带了两年孩子。

我的公公婆婆一直在甘肃文县。甘肃文县隶属于甘肃省陇南市,离九寨沟很近,是个很美的地方,但山里头交通不太方便,去一趟很不容易。我只去过两回,见了公公婆婆。公公婆婆在老家走得早。他们去世后,我就再没去过了。但现在我想去了,想去山里住住。我准备今年就彻底退休了,把所有的事能推都推了。

我们家有4个兄弟姐妹,要说我父母完全没有偏心也是不准确的,他们对儿子的偏爱和对女儿的偏爱,表现得不太一样。我母亲会有一点儿表现,但父亲似乎对大家都一样。我母亲老爱念叨我的大妹妹,对小妹妹很偏爱,后来几乎一直都是我的小妹妹在照顾她。我觉得我生在这样的家庭还是很幸运的,父母兄妹都对我很支持,可以让我无牵无挂地去工作。我父亲因为技术好，退休后，贵州及江苏等好多地方又聘请他，他在贵州待了很长时间，在江苏也待了很长时间，好像一直干到 80 岁。我母亲有时候会去陪他。他们以前差不多每年都来北京我这儿住些日子，后来年纪大了，来得便少了。他们给我的帮助太多了。

23. 退休后写字、画画、出去走走

我和我爱人童锦荣这一辈子相处也挺好，偶尔拌拌嘴，有时候我觉得他说的没道理，就不高兴，不理他了，他会先主动过来说话，但不说软话，反正我绝对也不说软话。我们也就拌拌嘴，没有什么严重的冲突。

在事业上，我们虽然都是做对外工作，但他是在部队上从事对外工作，他在莫桑比克做武官时，我去那儿住过两个月。后来他去罗马尼亚当武官，我又去住了俩月，住在使馆里。他会在休息的时候带我出去转转。我们俩的工作性质是不一样的。

我是做文字工作的，我们当年工作上是没有太多交叉的。现在部队上有宣传意识了，总政宣传部开始重视对外新闻宣传了，才跟我们报纸有了一点联系，进行了一些互动。

我现在就想我们俩现在还走得动，应该出去走走看看。还有，有空的时候，把自己的东西整理一下。现在我还有一个兴趣就是写字，刚入门，学的是楷体，临摹的是柳公权的字帖。

虽然我小时候也挺喜欢画画，但我觉得我现在更需要练字，因为练字需要心静，需要静下心来练呼吸，越写越感觉自己在这方面需要修炼。以后有精力可以学学画画。

我现在身体还凑合，每天走路保证锻炼。我原来工作压力大，更年期没给予足够的关注，天天就知道盯着报纸版面，没时间锻炼，生活不规律，身体出现了问题。办了退休以后，现在有时间了我每天在公园里走一个小时，估计有六七千步，有 5 公里。

我每天都是下午走路，天冷的时候，2点半左右就去走路，因为再晚就没有太阳了。天暖和的时候，三四点开始走。因为每天走路，感觉自己结实多了，状态也好了。前不久，我和原来上海中学的同学一起去了趟杭州，他们有的走路喊累，脚上走出了泡，问我说："你怎么没事儿呀？"我说："我每天都在走路。"

访谈员后记

与黄庆相识在第四届记协理事会上,我俩住对门,正赶上海湾战争爆发,我凑到她那儿熬夜看 CNN 的报道,靠她即时翻译了解激战进程,那时她已是《中国日报》的副总编辑。一晃 24 年过去,其间发生了太多的事情,而她外表和内心依然沉静。我们之间从未中断联系,但坐下来正儿八经谈话这是第一次。她先生老童专门叫了好吃的外卖午餐,令我感动不已。访谈完毕时我感觉还有很多好奇未及探究,只是天色渐晚不忍耽误她太多工夫。

附 录

　　本书访谈了14位女新闻工作者,记录了她们鲜活的生命故事。这些女性是历史的书写者、见证者、彰显者和创造者,她们对历史的追忆,还原了历史的真相;她们丰富多彩的经历,为我们提供了珍贵的研究资料。

　　妇女传媒监测网络共同发起人、独立研究者冯媛在本书14篇口述史的基础上,形成了研究性论文《时代、组织和性别三重结构下的职业人生——听传播者述说自己》。编者将此文附于此,以供广大读者参考。

时代、组织和性别三重结构下的职业人生

——听传播者述说自己

冯 媛[①]

摘要：到目前为止，鲜见女记者口述史。本文以 14 位女媒体人的口述为基础，探讨 20 世纪 40 年代末到 70 年代末入行的女媒体人的职业生涯，从她们的入行、职业动力、工作条件和成就感，尝试对上几代女性媒体人参与中国新闻传播业的状况窥斑见豹。本文试图考察性别因素对这些女媒体人的影响，她们本人和家人的性别观念、家庭与工作中的性别分工如何影响其职业生涯乃至整个生活轨迹，透过她们自己的诉说来揣度她们对性别议题的认知情况和观念态度。结合其他研究的发现，本文对女性参与新闻传播、性别因素和传播内容等问题进行了初步的讨论。

关键词：女性媒体人 女记者 性别和新闻传媒 妇女参与传播

[①] 冯媛，女，1986—2006 年为报刊记者、编辑，妇女传媒监测网络共同发起人，现为独立研究者。

一、导言

(一) 背景

近 20 多年来，口述历史方法逐渐为国人熟悉。妇女作为叙述主体，早期里程碑式的著作包括张晓的《西江苗族妇女口述史研究》(贵州人民出版社，1997)，和钟华、杜芳琴主编的《大山的女儿：经验、心声和需要——山区的妇女口述》(贵州民族出版社，1998)，定宜庄的《最后的记忆——十六位旗人妇女的口述历史》(中国广播电视出版社，1999)，李小江主编的《20世纪中国妇女口述史丛书》(三联书店，2003) 等。中国历史学界也逐渐重视口述史方法，2004 年首届中华口述史高级论坛暨学科建设会议在扬州大学举行，会后成立了中华口述历史研究会。而在主流历史学家、口述史专家视野中，妇女口述史似乎没有一席之地。如关于首届中华口述史高级论坛暨学科建设会议的综述中没有提及妇女口述史，可见妇女口述史的概念仍在主流学界的视野之外。中国社会科学院近代史研究所研究员、中华口述历史研究会秘书长左玉河在《近年来的中国口述历史研究》中所列举的作品，很多实则是妇女口述史的成果。

新闻传媒喜欢采用口述史作为内容生产的一种方式。媒体人以观察和记录为己任，通常是传达别人的声音。媒体产品的幕后故事，媒体制作者自己的经历和角色，常常隐而不显。到目前为止，不少媒体人有自传和传记出版，但鲜见女记者口述史。

(二) 研究资料和研究问题

本文试图对 14 位女性媒体人的口述史作一初步研究。本文中的引用资料，未作说明的皆出自本项目的口述史资料。

女媒体人的职业生涯是这批口述的重点，也是本文的研究主题。从 1940 年代末到 2010 年代，14 位女媒体人所跨越的 60 年，正是中国当代社会跌宕起伏的时期。从报纸、杂志、通讯社、出版社到广播电台，她们从业的机构覆盖大多数媒体种类（但没包括电视和网络）；从科技、经济、文化、教育、军事到文化、儿童、民族、妇女，她们的工作领域有"硬"有"软"；从文字新闻采编到摄影、播音，从专题节目制作到主管一家媒体，她们在新闻传播内容生产中的职责或有不同；从新疆、西藏不通汉语文的维藏姑娘到城市小资、清室皇胄、工人之女以及"红二代"，她们出身于不同地区、民族以及阶层。中国有成千上万家媒体、数十万女新闻工作者，她们远不够折射全体，甚至她们的从业经历都主要集中在"官媒"，而没有包括最近20多年发展起来的影响巨大的商业性媒体。但这十几位记者的口述，仍然是我们研究妇女史、新闻史，乃至中国当代历史的一个较为丰富的样本。

披阅数十万字的口述史稿，本文试图对以下两个问题有所探讨：

（1）老一辈女记者的职业生涯。她们怎样入行、职业动力何在、工作条件和成就感如何？透过个人的生命故事，本文尝试对老一辈女性传播者参与中国新闻传播业的状况窥斑见豹。

（2）性别因素对这一代女记者的影响。本人和家人的性别观念、家庭和工作中的性别分工如何影响这批女性传播者的职业生涯乃至整个生活轨迹？从她们自己的诉说，包括对采访者有关性别问题的回应，可以如何揣度她们对性别议题的认知情况和观点态度？

本文的讨论部分，参考其他文献，包括性别和传播研究的成果，从不同角度和口述史的发现交叉分析，提出值得探究的问题。

二、时代、组织和性别三重因素影响下的女记者职业生涯

（一）职业生涯轨迹

1. 入行

这14位女记者入行的时间跨度为20世纪40年代末到80年代初。她们进入媒体的情况大致有4种类型：组织决定、机缘巧合、自愿选择、实现职业梦想。其中，约半数属于组织决定，她们多是20世纪50年代和60年代入行；

附录

时代、组织和性别三重结构下的职业人生

几乎一半属于机缘巧合,其中主要是20世纪70年代入行的;组织决定框架下的自愿选择和实现职业梦想的各有一人,分别是20世纪70年代和20世纪50年代入行。类型划分只是大致而言,现实情况则是在大一统的框架里各自有其丰富复杂的面相,有些故事在这方面语焉不详,在有两种或多种类型交织、某一类型为主的情形下,就归入该类型。无论在哪种情况下入行,口述者都很快热爱上了新闻工作。

组织决定、个人听从。从20世纪50年代到20世纪70年代,李钟秀、塔吉古勒、雅坤、白玛乔、郭玲春(未直接说明,但从上下文没有看出是本人的主动性)、金瑞英、王秀琳被调派入行。组织选拔让本人常常在不知情中就被推荐、被决定了职业,李钟秀、塔吉古勒、雅坤和白玛乔的入行显示了组织决定的极致形式。

塔吉古勒:1951年初,到了北京后,丈夫被分配在国家民委参事室工作,我在萨空了先生的关照下被送到新闻摄影局学习摄影。我是当时新闻摄影局最早的女记者,更是新中国培养的第一代少数民族摄影记者。这之前,不要说摸过相机,我自己连照片都没有照过。

组织上千方百计要把我培养出来,我一不懂汉语二不懂摄影,你可以想象培养我有多么困难!在训练班,领导专门给我配了翻译,很多时候,老师只能用手比划着给我讲相机。虽然不懂摄影,但一摸相机我就很喜欢,而且很迷恋相机。我一心想快快学汉语、学摄影,快快参加工作。那时,我虽然才十八九岁,但已经有了孩子。我把孩子放在托儿所,白天学摄影、晚上学汉语。吴印咸的《摄影常识》我根本看不懂,回到家我就让丈夫一字一句讲给我。我每天读报纸,读吴冷西报告,看不懂,硬着头皮看。

雅坤:1960年,我高二的后半学期,电台去我们学校招人,招的时候没说是招播音员,就说了解一下你们的朗读水平。……来的两位老师跟我们聊,问我:"你在广播站工作,除了干这些,你喜欢朗诵吗?"我说:"我很不喜欢,我一听人家朗诵我就起鸡皮疙瘩,但是我爱给大家读读报纸。"……试完了我们没当回事,然后就放暑假了。开学就是高三了。到校后,校长找我谈

话……就说:"现在电台需要人,周恩来总理特批在快要毕业的应届学生中挑选一些人去培训做播音员,他们选中了你。"……我说:"老师,咱们现在马上高三就要毕业了,上完大学再去行不行?"老师说:"人家现在就要去,去了要培训,完了就要到岗。"……我说:"我得回家跟家人商量一下。"家人也是这个意见,连学校也有老师说:"你问问大学毕业了再去行不?"不上大学多可惜啊!马上就要考大学了。我思想上很矛盾,那个年代组织上说啥,你得要服从,祖国的需要就是你的志愿,这没有你个人选择的余地。再说了,自己还是团干部,这个那个道理说了一大堆,现在轮到你选择了,你却要上大学,不服从祖国需要,你将来还怎么张嘴去做别人的工作?我觉得这说不过去,不能说一套做一套。所以思想上斗争来、斗争去,最后决定去吧,就这么到了电台。

机缘巧合。属于这种情况的有斯热歌、贾玉芝、金瑞英(不知已经录取就不能再参加高考的规定,先填报了新闻系)、叶咏梅、黄庆(为解决两地分居问题时的偶然选择)、周建英(没有具体讲为什么报考新闻系,看上去也似乎是机缘)。

斯热歌:(1947年16岁)乌兰鼓励我们几个办起了《卓东战地》小报,她亲自题写报头,撰写评论。我又当记者又当编辑,从前线部队采访回来,马上写出文章,立即发稿刻印。那会儿哪知道新闻采访有什么规律啊!就是赶鸭子上架。当时,一起办报的还有表姐莎蒂和小哥哥葛根。我们自己刻钢板搞油印,小报油印出来后我们自己发行,把带着油墨香味的报纸送到部队战士手中,大大鼓舞了士气。

如果说,贾玉芝、黄庆、叶咏梅的机缘巧合是皆大欢喜,那么,金瑞英的机缘巧合中,却有更多无奈的成分:

我想学医,可是偏偏撞进了新闻系……1957年……那会儿在全国统一考试之前,有几所学校是提前招生的,其中包括中国人民大学。……我在能填报的10个专业里,全都填上了新闻系。我就觉得瞎考呗,只是想体验一下,根本没打算考上,甚至最后一门的地理都没有答完。……而全国统考,我坚定地报了 8 年学制的协和医学院，为了考协和我复习着，下决心要考上。……结果进了考场没有几分钟，快发试卷了，监考老师……说："你不能考了，恭喜你啊，人大新闻系已经录取了你了。"我说："老师，我是想当大夫的，我要学医，人大我不去了，你就让我考吧，给我这机会吧。"他说："国家规定已经被录取的不能再考了。"……我站在太阳地里，又流泪又流汗，但已经无可奈何了，这辈子跟我的医生梦算是彻底说再见了。女四中几乎全校都报名考人大，就考上我一个，面对老师和同学们的祝贺，我哭笑不得。时至今日，我依然觉得学医特别好，整天在治病救人。

自愿选择。其实，在那个年代，自愿选择也是在"计划"的范围内不多的可能性。属于这种情况的是熊蕾：

1978 年，恢复招考研究生。我们农机院也有同龄的人一块说起来，我对历史感兴趣，我说我去考历史方面的研究生。她们说你算了吧，人家早就内定了，人家一个老师就招一两个学生。我不知道这内情啊，我说那历史系就没戏了。后来得知中国社科院的研究生院开了新闻系，有英语新闻写作专业，我觉得这不错。在兵团我也干过报道员，然后我就去报社科院研究生院新闻系的英语新闻专业。

实现梦想：朱军是这样入行的：

在军政干校……在学校学了不到一个月后，让我们填志愿书。我马上灵感来了，我想要当记者。我就写，我看《新华日报》，我知道一些女记者很不简单，我非常崇拜她们。军报的总编辑，还有新华社军事分社 46 军支社的社长也来干校招人。一翻到我的志愿表，两家都看中了我。后来他们说先到分社吧，因为军报社还在筹备。他们马上就把我调到新华社的 46 军支社，就这么调进去了，一共调了大概有 10 个人。到了 20 世纪 50 年代大转业，再到现在，就剩下我一个还坚持在新闻岗位。

2. 发展

无论哪种情况入行，这一批女性后来的传播生涯绝大多数情况下仍然是在组织安排的框架中发展。细察这一批女记者的职业动力和发展轨迹，可以强烈地感受到3个明显的特征，起主导作用的是党和国家的需要，相辅相成的是个人的专业追求和从小养成的性格与做人原则。

党和国家的利益是雅坤首要的职业动力/压力。尤其是在一个广播覆盖面最大、广播是"中央的声音"的年代：

雅坤： 新闻播音工作是党的喉舌，是代表党、代表政府说话，不能因为自己的疏忽纰漏，影响了整个国家、党的形象。所以，我说，我首先是党的新闻工作者，然后才是语言艺术工作者。

我没有刻意给自己提什么要求，都顺其自然。说好听点儿，就是比较听领导的话……我就这样一步一步走过来了。不像人家有什么规划，几年要达到什么目标，这些我都没有。

周建英则多少怀有一种职业浪漫主义。她忆及一次早期的历险：

我就在山路上跑。那里的山一座连着一座，中间有小木板桥。忽然走到一个山头时，发现前面的"桥"是用藤条扎在一起的两根毛竹，下面就是深渊。广西那时解放不久，还有土匪藏匿，没有人祸就算好的了。可两根毛竹的软桥难倒了我。

我就坐在山这边歇息，心想万一掉下去死了呢，就拿出笔记本，撕下一张纸，写了遗言，压在一块石头底下，内容大概是：爸爸妈妈，我不幸葬在大山里，其实这里风景、空气都很好，我是很幸福的，为工作而死值得。

很多女记者对新闻工作有一种热爱和激情，历经坎坷而不改初衷。如李钟秀：

1966年5月8日，署名高炬、何明的文章在《解放军报》《光明日报》上提出，《北京日报》《北京晚报》《前线》杂志是反党、反社会主义、反毛泽东思想的黑线。从那时起《北京晚报》就停刊了，报社开始"文化大革命"运动。我有10年的时间没有搞业务，耽误了我从33岁到43岁的最好时光。1978年，我迫切地想回到一个写作的岗位上，去寻找我丢掉的10年。这时候全国妇联的英文中国妇女杂志正在复刊，他们找到了我，我说只要是写文章，哪个单位都去，她们说就需要一个写文章的，于是我就去了英文中国妇女杂志社。

她们每个人都有自己的专业追求。贾玉芝对《小喇叭》的投入、黄庆创办《21世纪报》、朱军驻北大、金瑞英面对生命的威胁、郭玲春煞费苦心写出的稿件每次都被领导改得"体无完肤"……

无论是顺境还是逆境，她们都尽最大的努力实现自己的专业追求。如白玛乔曾经被安排到藏文报副刊《新竹》：

> 这份工作确实不错，比较清闲，也不会出什么差错，日子过得平平常常，有较多的时间放在家庭和孩子上。这样的日子过了一段时间，我觉得自己浪费了大好年华，十分焦虑，就鼓起勇气找到当时的尹锐总编，跟他提出了回到采编部工作的要求。见尹总编沉默不语，我又退一步说，实在不行，下地区驻站也行……去阿里也行。……这期间有很多人劝我，让我不要去驻站，理由也都很充分，有的说，这样照顾不了孩子；有的说，记者站任务重，为了完成任务，必须经常下乡，一个女同志一定吃不了那个苦，身体也吃不消。我是个认准了就很难再改变的人，一门心思要换岗位，就是想当记者，想跑新闻，重新找回那种成就感、满足感。

有些问题不能公开见报，她们就写内参。如斯热歌：

> 我认为光抓经济是不行的，解决民族问题，要消灭事实上的不平等。后来，我把采访所得以及我的观察思考以内参形式给予反映。因为我喜欢研究问题，所以有一段时间我写内参比公开稿件都多，以至于我走到哪，别人都围着我来，提供给我很多材料。

"因为喜欢研究问题，又能够坚持原则"，斯热歌说自己经历了"四起四落"，从土改时6岁受党内严重警告、反"右倾"中再受处分且丈夫自杀、"文化大革命"中内人党冤案到20世纪80年代被认为是"民族主义"几乎被调离新闻岗位，但是这些沉浮都没有让她放弃。最后"我没有服从"，自己当机动记者，自选题目独立采访。

3. 职业自豪感和成就感

专业追求——社会反响，读者认可，"没有出差错"——似乎是她们职业成就感的主要指标。雅坤提到党的需要，熊蕾则强调专业性和国家利益，尽管有4位口述者担任过总编或社长，但她们中似乎没有人把这作为职业成就专门提起。

采访、编辑或制作，新闻、评论都能写，她们中很多人是多面手。

朱军：1960年，我不到30岁就当了文教部副主任……我从来没有想过我去领导人家，后面这几十年真够我苦的了，又要做部门的事，又要当部门领导，我是绝对不离开一线的。我说我要离开一线就完了，生命力都没有了，做新闻就没有什么意思了，因为采访一线接触各种人，而且还受教育，吸收很多东西，使人的思想、境界升华。

……我在光明日报社，除了没有有在理论部工作过，哪个部都当过负责人。……"文化大革命"时成立办报小组，我是办报小组办公室负责人，相当于总编室主任的职责，只留了20个人办报。所有国内新闻部门、日常工作，全在我这统筹，我还负责出内参，还要管二版。我白天把稿子看完，晚上自己拼版，真的是特别辛苦。只有一个徐凯翔给我做助手，他是驻上海记者站的记者，非常老实，我们俩24小时盯班。

叶咏梅：我到电台的时候，正好赶上部门业务，我是可以两条腿走路，一是主打小说连播，还可以搞广播剧创作。我就把我的创作经验都投入在这个领域里，听众也喜欢。因为当时创作人很少，一般都是外请创作人员搞的，而我懂广播，能写广播剧，比外请创作人员感觉要好。我等于一直这么两条腿走过来的，但我主打的还是小说连播。

4. 设法突破新闻生产制度和机制的束缚

多数受访者都有设法逸出常规的经历。

周建英的一次尝试，是"文化大革命"期间：

当时有个古怪的规定：凡是中央新闻单位要送总理审阅的稿件，必须先给姚文元看后转呈，美其名曰为节省周总理的精力。我们天真地以为，王世芬这个典型是总理亲自抓的，姚文元一定很快地转呈。不料送审第二天，"姚办"一个电话打到新华社总编室说，活着的典型人物，没到盖棺定论时，不要提那么高。就这样,我们的稿件被"枪毙"了。

后来,我们几个记者下放农村"接受贫下中农再教育"。我在京郊平谷接受锻炼,一年后回城,仍然放不下王世芬,又列了题目上报新华社。……我们几人又去采访,我去得更多,有时候就睡在小王病床边,跟她聊,很快又写出一组稿件。这次,我们学聪明了,千方百计绕开姚文元,把稿件直接送到吴阶平那里,他说先跟总理汇报一下。第二天上午,吴阶平打来电话告诉我们说:"我看了稿子,写得很好。我把这几篇报道请周总理看了,周总理没有说不发,我看你们可以发了。"闻言,我们欣喜若狂,立即把这些话写在稿签上。值班室的同事当晚就向全国播报了。次日,《人民日报》等中央和地方一些党报均用显著版面刊登了,通讯的大标题是《青春似火胜于火》。……我们的稿子就这样冲出去了。

郭玲春则是在"解冻"时期发挥了标志性的作用:

文艺界拨乱反正,我负责采访中国作家协会,赶上了创作繁荣、人才兴旺的大好时光。

我写稿,不愿意用同样的词汇,也不愿意用别人用过的角度,这是我的"软肋":追求完美。每次摊开稿纸,看到横竖排列的方格格,就想,干吗要受它的约束?我们编发的稿件,有时连自己都不忍卒读,又怎么能吸引读者呢?我试着不按规矩出牌,就这样,有了往后被新闻界时常提起的《金山追悼会》一稿。

业内有人把这篇习作说成是改进新闻文风的开山之作,那是过誉了。如果没有新华社的电头,它还不如一篇作文,只是,我没有沿用多年来一成不变的格式来写追悼会的消息,仅此而已。但这则消息,我是有备而来的,把积攒多年的念想,放在最容易掉到程式化的新闻中去尝试。……晚上10点,我才交稿。那天,文教组副组长付军发稿,国内部的蔡修本值班,这两位大编辑尊重记者的劳动,对我的"试验品"准予放行!

……

那些年的新闻人很关注业务,北京、上海,还有外省市的新闻刊物都在讨论这篇稿子，还要采访我。我向领导李峰汇报，李峰的态度很明确，说："怕什么，你真出名了，以后写稿就一路通行了。"

在接受采访时，我把自己的尝试，比喻为吐丝为自己筑茧的蚕，当你咬破了裹在身上的茧，外面的天地是何等开阔！

……我写的，大多是应景之作，但即便是短小的消息，能否赋予更多的内涵呢？记者在传播新闻的同时，能否给人一些新闻之外的思考呢？我试着这样做，譬如对某些社会思潮的评价，对某些人事的不同看法，当我把想说、又无处说的一些话，写在了字里行间，那是我最满足的时候。有人看懂了，我得意，不被人觉察，也无关紧要。

朱军：在我的新闻生涯中，我最引以为豪的有两件事，一件是王选这个选题，我坚持到底了。

开始盯这个事是在1975年到1976年间，当时，有个不成文的口头约定，就是对王选他们的项目先不做报道。报道发表出来是1979年8月11日，当时只有朱军一个记者写了稿子，在报纸的头版头条报道了王选的发明成果，并配发了朱军写的评论员文章。

见报后，反对的电话接踵而至，总编辑很生气："你搞什么名堂？""不让报道你怎么报道了？""谁不让报道？我说你别着急，"我嬉皮笑脸地说："我给你科普科普吧。这个激光照排是怎么回事，我说你们大概不关心这些事，这是未来的方向，是印刷的革命。"我还没有讲完，他说"知道了"，他知道了，我站起来就走了。（后来又把不同意见的争论文章发了几个回合，最后，总编辑把朱军找去，说这个事就到此为止，反对的也不发了，你也别写了。）

熊蕾在记者招待会拒绝拟定的问题而自主提出自己的问题。叶咏梅则采取了"迂回"的手法突破禁令。1990年，她关于一个有争议的改革者的节目最终没能播出。这个打击让她在以后的一个多月都没缓过劲儿来。"我想，我得向刘日学习，只要对老百姓有利的事，再大的挫折也得直面迎击。东方不亮西方亮。在我的努力推荐下，一些地方台开始陆续播出《无极之路》，后来竟然有20多家省台播出了，至于省以下地方台和军队营区的播出量，那简直就无以计数了,直到1992年,还有省市台继续播出,我的心也渐渐平复下来。我想,历史已经对这桩不算公案的事件作出了回答。"

(二) 性别因素和新闻生涯

1. 家庭和婚恋

几乎所有的受访者都谈到了家庭和婚姻,而且很注重婚恋中自己的主体性。她们大都得到了家人,尤其是丈夫的支持。

这些女记者在青年时代,她们的父母或她们本人就意识到在既定的性别架构下,恋爱婚姻对女性个人发展可能的影响,尽量以晚恋爱、晚结婚来避免或推迟这种影响(如朱军、周建英)。她们的工作都得到了家人的赞同和支持,一些口述者强调了和丈夫生育、分担家务的安排,如朱军就是约定好要丈夫支持她工作、只要1~2个子女,然后再拍照、领结婚证的,"我老头对我支持真大,他一直都恪守着我们的约定"。

中年时期,李钟秀谈到和男性摄影记者长达数月在少数民族地区采访被人说闲话的经历,所幸有丈夫的理解和信任。白玛乔的丈夫前前后后病了七八年,每年最少住院几个月,丈夫去世时,她才42岁,同事们给了她安慰,"也有人说风凉话,意思是我没有尽到妻子的职责,这些言语伤我很深,但我知道,如果我的爱人还在世,他一定会理解我,他总是支持我的工作,鼓励我去干自己想干的事"。

这些女性媒体人均独立成就了自己的专业地位。塔吉古勒、郭玲春和黄庆分别于20世纪50年代、70年代和80年代入行,都因为丈夫工作地点或机构的缘故进入新闻业。丈夫人生轨迹的变化直接影响了3位口述者的职业生涯,尽管塔吉古勒、斯热歌和郭玲春婚姻状况、丈夫际遇和本人受影响的方式和程度各不相同。斯热歌、郭玲春和白玛乔经历了丈夫亡故,金瑞英经历了婚姻的变故以及其间的家庭暴力,但她们都继续从业,甚至更加投入工作。

金瑞英的婚姻亮起了红灯:孩子太小,大的才9岁,小的刚2岁半,我极力维护着这个家,不想让孩子的心灵受伤害,在痛苦中坚持了整整8年……除了努力工作,还要忍受殴打和精神上的折磨。我和孩子终于无法再忍了,最终在孩子的不断要求下，我下定决心跟他离婚。……我离婚以后工作上反而更有成就。

塔吉古勒是旧式婚姻。14岁订婚，15岁结婚，18岁已经做了妈妈。19岁学习摄影，成为新华社中央组的摄影记者。1957年，丈夫被打成"右派"，关入监狱。丈夫出狱后，被遣返回新疆。开始，她继续留在新华社坚持工作，更加努力也更加小心。后来她渐渐感到自己也被控制，便打消了和丈夫"划清界限"的念头。1962年，她交出相机，离开工作了11年的新华社，依依不舍地回到新疆，回到丈夫和孩子身边。她被安排在《新疆日报》工作，十几年中，几乎没能再拍什么东西。在"黑帮队"她一待多年，被安排看门、帮厨、扫地、种花。丈夫每月只有10元的生活费，一家五口人全靠她的微薄工资维持。人们"只把我看成托乎提·巴克的家属。但是我心里一直说：我不是家属，我还是塔吉古勒同志！""在北京的十一年是我的天堂一样的日子。……回来以后我后悔啊，后悔了几十年"。在丈夫否极泰来、庆祝其翻译成就的会上，没有人提到她，是一位女记者发现了这位"被遗忘的女人"，为她的被遗忘写下了报道。

王秀琳、郭玲春的丈夫是同行。她们和丈夫的工作上彼此独立，郭玲春甚至还因为丈夫处在管理位置而被派上令自己无奈的报道任务：1992年4月，我随丈夫邵泉到新华社香港分社供职，此后6年的经历，一言难尽。我领略了另一种生活方式，新鲜也有趣，但作为记者，显然是"黔驴技穷"，无法施展自己了。

邵泉任副总编，他把"不出活儿"、别人不愿承担的政治报道，派给了我。我很少关注香港事务，更谈不上研究了，我的无知和无奈，仅仅能把手头的任务完成，偶尔还会有差错。

2. 生育和照料职责

绝大多数受访者已婚已育，丈夫能分担家务，有的由父母或公婆协助照料孩子。但是，双重负担还是让女记者们格外辛苦。

金瑞英：1975年8月生儿子时产程太长，膀胱憋得太大不会收缩了，一直插了3个多月尿管，后来才慢慢治好。……我跑工业，生了儿子之后还去跑，去矿山、去工厂。当时刚平反，我也顾不上坐什么月子，一门心思扑在工作上。后来我母亲来太原帮我带了几个月的儿子。

李钟秀：正因为分工很默契，所以双方是通过对孩子的照顾，或做家务而加深了感情。我们不可能每天花前月下，他也要经常加班，由于他在院里上班，加班就到办公室去画图纸，而我恰恰是要把工作带到家里来。晚饭后他去加班，我在家里先弄孩子，孩子睡觉以后我开始写文章。记得有一次他到德国去买机器，一去也是一个月，我就得在家里头咬牙顶着，天天跟孩子们说："你们千万别把衣服弄脏了，咱们能不能隔几天洗一次呀！"我从生活中得出了一个结论，我们不可能时时刻刻陪着丈夫，也不可能时时刻刻抱着孩子，孩子是需要独立的、需要让他自己会管自己，该放手的就放手。我家俩孩子都是男孩子，小学六年级都会做全家人的饭了。

这些女记者们基本都没有中国媒体通常渲染的职业妇女的"自责""负疚"，性别陈规定型没有给她们过大压力，她们接纳自己在家庭和家务中的角色，如王秀琳：我有两个孩子，都是儿子。他们上学的时候，我忙得要命，顾不了孩子，我母亲在这儿，帮我带了几年。后来，我婆婆在这儿带了两年。孩子们上小学，那都是她们管的，我管不了。孩子们都不算调皮，我没操多大心。虽然在孩子小的时候都是老人帮助带大，但从培养他们的角度看，我还是用心的。

生活和工作的平衡更多是女性需要面对的问题。有人看似兼顾得相对容易，有人则不无纠结。

叶咏梅看似没有面临太多困难：我是事业和家庭都要兼顾的人。家庭教育是影响孩子一生的，妈妈给我的影响是很深的，她也是事业和家庭兼顾的人。……我是属于干什么事要快，要麻利的。因为咱们的职业就要求是高效、高质，得是那样才行。……在家里我是特幸福的人，因为爱人和女儿都特支持我。而且越是到了关键时刻，比如女儿的中考、高考我都没在，都是我爱人管的。

李钟秀在"文化大革命"后重返记者岗位时则不一样：现在我面临最大的挑战来自家庭。这时候，我已经有了两个孩子，过去报社都是在北京采访，而且那时我还没有孩子。现在呢我要到全国各地去采访，我的两个孩子都很小，正在上幼儿园和小学。这对我来讲真是一个挑战，我是为了工作扔下孩子呢，还是为了孩子扔下我的工作呢，这个取舍也是很痛苦的。对我来讲呢，机不可失，时不我待了，我当时已经是43岁了，"文化大革命"期间我一事无成，我必须在43~53岁时做出20年的事来，弥补10年来的损失。……后来我明白了，对女性来讲这就叫作角色矛盾。你是母亲，你应该有责任照看孩子，但是你又是个记者，你的事业天地在全国各地。身为女性，我既是妻子又是母亲，这个角色在一个人身上常常是被撕裂的，但我还是选择了职业第一，也要付出代价，这个代价就是我要"抛家舍业"。

3. 工作环境和条件

口述者似乎没有感觉到自己遭遇过性别歧视。多数认为自己得到了充分的锻炼机会，甚至受到领导一定的重视和肯定，如入行不久就被派去采访重要选题、写社论等。后来，周建英、李钟秀、王秀琳、金瑞英、黄庆等几位，从记者编辑岗位转到媒体管理和经营岗位，这不仅是个人事业的转型，其间还经历了中国社会经济及媒体经营体制的转型。

金瑞英：第一次受教育回来后，我们的部主任就不断地派我出去采写，因为想培养我。采访周总理接见表彰过的全国劳模王德合；采访侯马地区曲沃县的产棉县，这地方就有白面吃了，就是吃馍馍了，采访他们怎么实行生产责任制，小段包工。在那儿一个多月，走村串户，还摘棉花，跟他们一块在大队部里住。我不断地出差，皮肤晒得黑黑的，跟农民有些靠模样了。半年以后，领导就给我大任务，写农业的典型人物事迹和调查报告什么的。我的业务上手非常快，比较大的稿子，我不再发怵，文章还不断在观点和形式上有所创新。努力地去实践，对练就记者基本功真是大有益处。领导觉得我脑筋比较灵活，又特刻苦，不是假"三同"。

白玛乔：在采访组下去之前，就提出要求不能给当地老百姓添麻烦。采

附录
时代、组织和性别三重结构下的职业人生

访组里就我一个女同志,但有规定在先,我也不敢提出什么要求,就跟一帮男记者睡在一个屋子,所有的不便只能自己克服。

性别因素也给她们的采访带来过不便。例假和住宿的问题,是半数以上口述者经历过的难题。在基层,常常要住没有锁的地方。最极端的例子是朱军:从1952年9月到1955年的5月,我在朝鲜战场待了4个年头,过了3个冬天……我一个人住在一个山头的坑道里,因为我们那个单位没有别的女同志,过去有,后来这些女同志都分散到各个部门了。所以,我一个人住在一个山头上面,两支手枪都顶着子弹……子弹还得上膛,放在枕头旁边。那个时候手电都少,只有那种油灯。坑门口,我在里面堆上好多空子弹木箱子,我们经常吃罐头,罐头盒子留着,放在木箱上,一推门罐头盒子一掉下来不就醒了吗?就想这些办法保护自己。也怕,不能说不怕。毕竟是一个人住在那个山头,离另外一个山头喊话都听得见,但是要走下去,爬上去,起码得20分钟。这里没其他女同志,与男同志住一起也还是不方便,女同志总有女同志的事。

工作中,性别因素对女记者是否有影响,这个问题,口述者涉及不多。有的口述者明确认为没有歧视,有的则感到了"不一样"。

李钟秀:在北京日报、北京晚报没有感觉女记者会受到歧视,反而采访的时候可能女记者还更方便一点儿,因为女性天生就善于沟通,记者要求在3分钟之内消除对方对自己的陌生感。我们采访几乎天天遇到的都是不熟悉的人,而且要使人家向你谈出肺腑之言,那你必须有很诚恳的态度。如果对方一看你拿着采访本,他那种陌生感、距离感都产生了。怎样消除陌生感、距离感需要技巧,在这方面女记者比男记者好像更容易一些,因为女记者善于跟人家谈谈天,谈谈孩子,谈谈家务事。

有些冷遇,记者习以为常,和性别是否有关?周建英的述说中没有答案,白玛乔则认为:我觉得很多人一看到是个女记者,就会产生不信任的感觉。"我觉得当好一名记者,有一个好的心态非常重要,要学会理解、尊重和包容,但对于过分的行为,也不能一忍了事,要不卑不亢。我自己曾遇到这么

一件事,到拉萨站没多久,根据拉萨市委的安排,要求我们采写一组交通方面的稿子。我跟当时的拉萨市交通局局长联系,约定了采访时间。我如约而去,他却要出去办什么事,让我在办公室等。……好不容易等到局长拿着一堆文件回来,我期待着采访快点儿开始。局长却不紧不慢地看着桌上的材料,就当没有我这个人。我问:"局长,我的采访什么时候开始?"他竟然无理地说:"你没见我在工作吗?"我反问道:"你不是让我在这儿等吗?我等了一上午,你这样做是不尊重我。你墙上挂了这么多工作守则和文明礼貌公约,都是摆设吗?"我几声质问之后,还不解气,随后又跑到拉萨市委,向秘书长汇报了情况。

职业发展中的引路人和姐妹情谊。业界现实的性别生态所限,大多数口述者提及的职业引领者是男性的上司和长者。斯热歌和塔吉古勒特别提到两位女性。斯热歌提到的是领导乌兰,塔吉古勒提到的是同事牛畏予:我来摄影局后不久,牛畏予来了,我和她住在一间屋子里。老记者带我出去采访,我看他们的样子,他们拍什么我就拍什么。轮到我单独出去采访时,我就问牛畏予拍什么场面、从什么角度拍,然后按她说的拍回来,她没说的,我就不拍。有时我觉得没有完成好任务,情绪低落,牛畏予就鼓励我说:"你光难过不行!要找出失败的原因,找到毛病,下次拍照时就可以改正了!"我一直记得牛畏予对我的帮助。我直到现在还认为:牛畏予是我最好的姐妹。

4. 晋升/提拔

这些女记者大多在早期就得到业务上的重用,也有一定的内容生产主导权,后来也一直是业务主力,但在职称或职务的晋升上,并非都是按部就班的顺利,大约半数人没有占据一定的决策地位,4位口述者担任过报纸/杂志的总编辑,其中周建英担任《经济参考报》总编辑,金瑞英从《中国妇女》杂志副总编辑调任《全国政协报》总编辑、社长;李钟秀和王秀琳则始终在妇联的新闻出版机构。

斯热歌1949年18岁,兼职在团省委的《热河青年》报社工作,"后来说我是报社主编,其实就是我负责,当时没有正式的任命。《热河青年》半个月出一期，我想说啥写啥都自己做主。"

叶咏梅评职称从 1990 年到 2004 年，几次都失利。朱军很早就被提拔，但始终在中层岗位：

1960 年，我不到 30 岁就当了文教部副主任，那次提了 3 个，两个女的。领导说，为什么要提你们年轻人？是让你们先锻炼。……我在光明日报社工作 34 年，其中在教育部、科技部工作了 22 年，在其他部门工作 12 年。……我从成为办报组办公室负责人开始就是干正职的工作……不知道为什么就是不正式任命。中组部批下来教育部主任的任命时，已经干了 24 年，其中大部分时间干主任的活。有关女干部的问题，社科院新闻所研究员陈崇山在世妇会发言，说中国新闻界女性进入决策层的越来越少，解放初期还占 6%，不管你干了多少工作，组织领导过什么，提拔时都会有偏见。当时我还不知道。

黄庆被提拔的时间较早，1984 年，她还在密执安大学进修，报社就任命她为总编室副主任，"算是又提拔了"。1987 年，她被任命为副总编时，才 36 岁。她当了 20 多年的副总编辑。

如果从职业上升概率上看，这个位置的男性是有机会的，而朱军、黄庆等所在的机构，是从来没有女性总编、社长的。朱军所在的机构，甚至没有过女性副总编。

王秀琳十分明确自己不愿意担任行政领导。"文化大革命"后，全国妇联筹备的新一届书记处班子，希望王秀琳成为其中一员：当时我思想准备不足，当领导的愿望也没有那么迫切，可以说，根本就没有想过要当领导。

那时候中组部培养青年领导干部。每个单位都要提供干部名额，全国妇联又报了我，我在中组部挂了名，属于青年干部培养范围。

5. 关于妇女和性别议题的报道与观点

口述者中，李钟秀、金瑞英和王秀琳于 20 世纪 70 年代先后进入妇女媒体，王秀琳更是直接经历了 1995 年联合国北京世妇会，她们对妇女问题的看法，对有关妇女议题的报道，在口述史中有比较多的涉及。此外，大多数口述者没有谈到对性别和妇女议题的观点。谈得最多的是黄庆，她在国外交流时关注他国的妇女问题，对国内妇女权益和性别问题也有自己比较深入的思考及对策性意见。朱军在'95世妇会前后，由于有关学者的研究，以及在首都女记协的工作而注意到妇女参与新闻决策和管理的问题。

斯热歌谈到2000年去内蒙古西部，无意间遇到当地电视台的女台长：在世纪之交百年帷幕降下的最后时刻，我作为从烽火硝烟中走过来的第一代少数民族女记者，看见新闻传播舞台上一位少数民族女决策人翩翩走来，那心情该是多么激动。我已经年近七旬，再赴塞上鹿原采访时，无意中遇到了阿拉善王爷的后人，想不到竟是当地电视台的女台长，我那种高兴劲儿真是难以言表。《撞到笔尖的"鹿"——西行漫记话媒体女决策人》就这么出炉了。我为撞到我笔尖的"豁艾玛兰勒"叫好。"豁艾玛兰勒"，蒙语叫"白鹿"，文章标题和主题都有了。很多年后，这篇文章还被别的杂志转发了。我女儿在国外看见了告诉我，令人欣慰。

报道妇女方面，两位口述者特别提到有关经历。金瑞英到妇联工作之前，写过关于女工程师黄懋衡的报告文学，使她这样一个因海外关系在"文化大革命"中受到批判迫害的出色的女知识分子，从舆论上被平反，并扬眉吐气地参加了全国科技大会。这篇文章受到了省里主管书记的赞扬，影响很大。黄懋衡几年后当上了江西省副省长。周建英则回忆了不少采写和妇女有关的报道的经历，如写一个山村女教师，深山边疆扫盲中"4个孩子的妈妈也能学文化"。对女工王世芬的连续报道，占了她口述史中相当的篇幅，说是"最难忘的采访经历"。两人的关系，持续了几十年："后来我搞工业、搞经济，但一直关注着王世芬……我们建立起深厚的友谊，直到现在还有来往。每年春节、母亲节、记者节，她都会给我打电话。而我自己，每逢被病痛折磨，就会想到她的精神，自勉自励。"

朱军1991年退休后，本想玩一玩，轻松轻松，或者整理整理过去的资料。结果没多久，就被首都女记协的主要发起人王金凤动员去干"义务"：

那些年，不光义务劳动，我不知道贴了多少钱。为什么？我喜欢摄影，有好多照相机，又专门买了一套照相设备。我为女记协出的那本画册，里面好多照片都是我拍的。为组织这本画册,我真是呕心沥血,花了不少工夫。还有编那套《中国女记者》丛书,后来两册都是周建英和我编的。……

我在女记协干了4届,一直干到79岁,从第一届干到第四届。后来,我说我们下来吧。第五届我就没去了。大家在一块工作,也没有什么个人利益,都一心为女新闻工作者做事,大家商量着干,而且还互相关照,我自己也觉得更年轻了。

三、讨论和结语

这14份口述史让女性传播者从观察者、代言人转变为述说的主体。本文主要分析她们的专业生涯,并特别留意性别因素的影响。从记录中可以看出,访谈人特别询问了有关性别的问题。尽管如此,细读这些女性传播者的生命故事,在一些方面性别的视角尚未充分展开。今后的妇女口述史,或许可以发掘更多生动、丰富的线索,回答以下两个问题。

1. 性别因素如何影响女性参与新闻传播业

口述者作为女性传播者如何在具体的社会情形中从事专业实践,她们工作环境中性别因素如何发生作用,这方面的信息还是鲜少问及/谈及,如口述者对女性、女性作为新闻传播业者的看法、新闻采编不同主题/领域和岗位的性别分布、女记者的工作机会和条件、深造/职业发展和提拔情况、男性同行的态度和评价、两性的薪酬和福利,等等。

新闻行业是否存在某种性别歧视?一位口述者强调机构中没有性别歧视,甚至采访中女记者还有优势,另一位口述者则提到存在女记者不受重视的情况。我们可以看到大多数口述者对官位没有追求,甚至多次谢绝行政职务,但都有很强烈的专业追求。她们有的早年就得到提拔重用但直到退休都没有到主要决策或管理的职位;有的在评职称中遭遇不顺。其中是否有性别因素?读完这一批口述史,回答这个问题依旧需要更多的信息和更深入的探究——性别规范和性别角色定位,如何型塑她们的主观态度、个人目标和社会环境?

换言之，影响女性在新闻业的发展的因素，是体制性、机制性的，还是个体性、偶发性的？

工作相关的性骚扰问题没有被提问或谈到。国际上也有研究表明，当直接询问男女记者性别歧视的问题时，往往会得到否定的答案。而当问一些具体问题如对工作/任务分配、女记者的能力、成功归因、印象/评价时，则能揭示出性别歧视的存在。荷兰、美国、德国、加拿大、英国、塞内加尔、尼日利亚、埃及等国的研究中不乏这类例子[1]。性骚扰也是女记者普遍遭遇的职业风险，亚太地区7国约700名记者中，40%的女记者（26%的男记者）看见过工作中的性骚扰，而其中近1/5遭遇过性骚扰，半数以上的骚扰者是较高职位者或同僚，还有部分是采访对象或路人。[2]

国际和中国的数据都表明，迄今为止，新闻业中女记者的数量及其地位都远非平等。本书的口述者大都没有被问及/提到性别因素对事业发展的影响，可见，女记者生命故事中的有关经验尚待发掘。

2. 性别和传播内容

传播者性别、媒介生产机制和媒介对妇女/妇女议题的呈现之间存在怎样的关联？女记者是否一定会更多报道妇女和妇女议题？换言之，女记者的新闻价值观有无特殊之处、女记者性别观对报道内容（数量的多少、性别形象是否超越陈规定型）有无影响、女记者的性别关注和媒介生产机制的交互影响如何（女记者的性别关注在媒介产品中的最终体现情况如何）？

有些研究结论认为不同性别的传播者新闻价值观并无明显差异（如美国Johnstone，1970和Lafky，1990），而对英国和德国女新闻记者专业价值观的研究则指出，她们较坚持新闻工作者作为倡导者和参与者的角色（Van Zoonen and Donsbach，1988），丹麦女电视新闻人员更愿意邀请女性发言人

---

[1] 参见 Lesbet Van Zoonen：《Feminist Media Studies》，张锦华译，《女性主义媒介研究》，远流出版公司，台北，2001年，74页。

[2] 联合国教科文组织曼谷办公室、联合国妇女署亚太区域办公室、国际新闻工作联合会/IFJ：*Inside the News-Challenges and Aspirations of Women Journalists in Asia and the Pacific*，2015年6月。

(Jansen，1982)，日本女性播音员会援助居于劣势的受害者，更认同被压迫者(Muramatsu，1990)①。

全球传媒监测项目（GMMP）从 1995—2010 年的每 5 年一次的监测中发现，电视、广播、日报、新闻人物中女性分别占 17%、18%、21%、24%（2010 年和 2015 年），女记者的比例则从 28%增加到 37%（2015 年广播电视业女记者占 41%，印刷新闻业占 35%）；女记者的报道更多提出性别平等议题（11%，但亚洲男记者为 13%，略高于女记者），6%~7%的报道清晰挑战性别成见，约是男记者的 2 倍（2010 年和 2015 年）。过去 10 年，越来越多的新闻具有社会性别视角，特别是科学和健康新闻、经济和犯罪/暴力新闻以及名人新闻，分别上升 7%、6%、5%。

结合学术研究和全球媒体监测，可以看出新闻价值观和记者性别的相关性，还受到区域、国家、报道领域交互影响。口述史的方式应该可以极大地帮助我们观察到丰富具体的现象，去细致探究性别因素对她们个人职业生涯的影响、性别因素在她们的报道/节目中体现、媒介生产的性别结构及其如何影响报道/节目（"制码"），去深入观察女记者自己的性别观念对其报道/节目内容的影响。如果口述史采集过程中对这些问题有更多涉及，将十分有利于我们从一个新的角度了解老一辈中国女记者在媒介生产中的作用，以及女性对新闻传播业和性别平等的贡献。

总之，新闻传播史应该具有双性而不是单一男性的面貌和内涵，女性对新闻传播业和性别平等的作用需要得到呈现与认可，而妇女口述史可以极大地贡献于此。14 位女性从业者的口述史撞开了一扇重重的大门，希望更多的有志者相继进入，去发掘更多问题的答案。

---

① 转引自 Liesbet van Zoonen 著，张锦华译，《女性主义媒介研究》，远流出版公司，台北，2001年，77 页。